능엄경 강화楞嚴經講話 1

능엄경 강화 1
楞嚴經 講話

이운허 강설

동국역경원

『능엄경 강화』 개정판 간행에 부쳐

모든 사람이 이 땅에 태어나면 반드시 사대四大 환신幻身을 지니기에 보살이라 할지라도 탐욕이 없을 수 없으므로 아난존자 또한 마등가녀의 유혹에 빠지지 않을 수 없었다. 그러나 누구라도 청정하고 밝은 마음을 지녔기에 어리석은 중생 범부도 부처와 똑같은 불성을 지니어 백정이라 할지라도 칼을 내려놓는 찰나에 성불할 수 있는 것이다. 이러한 불법의 요체를 밝히려는 것이 바로 『능엄경』의 편찬 연기이다. 그러므로 이의 요지는 '혼탁하게 물든 욕심을 내려놓고 미묘하고 밝은 마음을 밝히는 것[棄濁染 發妙明]'이다. 중생의 삼독三毒을 버리고 제불의 본원인 무명 속의 진불眞佛을 찾아 범부에서 전변轉變하여 성불하는 데에 『능엄경』의 편찬 목적이 있다 할 것이다.

따라서 『능엄경』은 일찍이 우리나라에 전래하여 고려 보환普幻 스님, 그리고 조선의 유일有一 스님 등이 주석서를 남겼고, 간경도감의 언해본이 간행되어 총림과 강원에서 주요한 소의경전의 하나가 되었다. 이러한 연유로 일찍이 여러 판본에 대한 번역서가 없지 않았지만, 운허 스님은 근세의 대강백으로 이 경에 대한 깊은 조예와 대서원으로 『능엄경』을 강의하였는데, 당시 혜업慧業 스님은 이를 녹음하였고 경문京門 스님은 이를 정리하여 대강백의 상수제자이신 월운 스님이 이를 1993년도에 출간하였다. 이는 모두가 홍법弘法의 서원을 따라 일체대비의 마음으로 불국정토를 이루려는 데에서 이뤄진 일인바, 참으로 경하하는 마음 한량이 없다.

그러나 30년이 지난 오늘날, 작금의 독자 눈높이에 맞춰 이를 일부 수정하여 운허 스님의 큰 뜻을 계승하고자, 초판 당시의 국한문 혼용을 한자 병기로 바꾸고 원문에는 한자 독음을 달아 암송이 편리하도록 하였을 뿐만 아니라 원문과 번역문, 운허 스님의 강화講話 부분으로 알아보기 쉽게 순서를 두어 편집을 하였다. 현대의 맞춤법 규정에 맞추어 원형에 손상이 가지 않는 범위 내에서 문장을 수정하였으나 이는 스승의 강설講說 방식을 지키기 위하여 최소한으로 제한하였다. 그뿐만 아니라, 봉선사 능엄승가 대학원의 학장이신 정원 스님 또한 대강백의 서원을 따라 꼼꼼하게 오류를 바로잡고 감수하여 소중한 법보인 운허 스님의 『능엄경 강화』를 선방의 수좌들과 제방의 학인, 그리고 독자들을 위해 다시 출간하기에 이르렀다.

부처님과 아난존자의 문답을 통하여 이뤄진 이 『능엄경』이 말법중생의 암흑 속에서 널리 부처님의 햇살이 거듭 빛나 무명 속의 참 부처를 찾아가는 나루요 손가락이 될 것임을 믿어 의심치 않으며, 다시 한 번 운허 대강백 스님의 서원에 대한 흠선欽羨과 감계鑑誡의 마음을 찬탄의 게송으로 갈음하고자 한다.

像季業重黑浪裡
魔說喧豗法未聞
紅蓮舌兮長廣舌
大杜筆下撑天文
말법중생 업이 많아 암흑의 격랑 속에
마군의 삿된 말로 불법 들을 길 없었는데

연꽃 같은 스님의 혀여, 장광설법이셨고
기둥처럼 큰 붓으로 하늘을 버티는 대문장을 쓰셨습니다.

2022년 5월

동국대 불교학술원 동국역경원장 혜거

운허 스님의 『능엄경 강화』를 엮으며

본 원고는 나의 스승이신 운허 선사耘虛先師께서 1974년 여름부터 가을까지 봉은사 역장譯場에서 역경연수생을 위하여 강의하실 때 녹음했던 것을 녹취하여 상재上梓한 것이다.

연수생 중에는 이미 고인이 된 혜업慧業이라는 스님이 있어 꾸준히 강의를 들으면서 녹음을 해 두었는데, 전문가가 아닌지라 상태도 좋지 못하고 잡음도 많았다. 더구나 시간과 테이프의 여백 활용 때문에 순서가 착간錯簡됨이 많은 채 인연 따라 유포되고 있었다.

본인이 이 녹음테이프를 차분히 들어 볼 수 있었던 것은 1982년 겨울 대구 서봉사捿鳳寺에서였다. 그때 무슨 입한법회立限法會가 있어 3일을 묵는데, 객실 한구석에 있는 책장에 이 녹음테이프가 있기에 일과지여日課之餘에 틈틈이 끝까지 들어 보았다.

알고 있던 대로 녹음 상태가 안 좋은 데도 있고, 잡음이 섞이기도 한 것은 약과이지만 순서가 뒤바뀐 곳과 누락된 부분도 많아 소중한 법보法寶가 갈등 속에 묻혀 있는 것 같아 아쉬웠다.

이를 바로잡아 천하에 공개하면 『능엄楞嚴』을 좋아하는 동지들에게 큰 이익이 되리라 생각하여 뒤바뀐 곳을 바로잡고, 빠진 곳은 선사의 『능엄경 주해

楞嚴經註解』에 의해 보완하여 총 56집으로 만들어 1983년 4월, 봉선사 불교전문통신강원을 개설하고 제방諸方에 유포하기 시작하여 오늘에 이르고 있다.

그러나 근일에는 사회의 풍요화에 따라 "이 좋은 법보가 음질이 나빠서 잘 알아들을 수 없어 유감이다."라고 하는 아쉬움의 소리가 일기 시작했다. 이러한 제방의 요청에 의해 그 대응책으로 생각한 것이 이 출판 불사의 동기이다.

이 일을 위해 동학사 강원의 경문 학인京門學人이 녹취를 전담했는데 원고가 무려 5천 매에 이르니, 그 노고야 어찌 간단한 한두 마디의 인사말로써 위로할 수 있겠는가? 오직 노선사老禪師의 소중한 법보장法寶藏을 오롯이 간직하고 싶어 하는 마음씨임을 너무도 잘 아는 터이다.

녹취된 문면文面을 다듬음에 있어 구두로 강의하신 것이므로 때로는 중첩된 곳도 있고, 때로는 말씀을 진행하시다가 문득 끊으신 곳도 있어서 부득이 약간의 손질을 했고, 그 어른의 독특한 평안도 사투리, 또는 청중의 질문 등은 현장감을 살리기 위해 되도록이면 원형대로 두었다.

평소 선사께 들은 말씀인데 그 어른께서 강석講席에 계실 때, 제방 강원에서 강사 한 분이 제경諸經을 다 가르치니 깊은 연구를 못 하는 아쉬움이 있어서 몇 분의 제사諸師님들과 상약相約하기를 "경 하나씩만 전공하여 가르치자."라고 하고, 당신은 부피가 많은 『능엄경』을 맡으셨는데, 그것이 계기가 되어 평생을 『능엄』만 전공하시게 되었다는 것이다.

그래서 강의 중에는 『계환소戒環疏』, 『지장소指掌疏』, 『정맥소正脉疏』, 심지어는 고려 보환普幻의 『산보기刪補記』에 이르기까지 골고루 섭렵涉獵하셔서 그 딱딱한 경문經文을 아무런 부담 없이 듣고 이해하게 해주시니, 우리 같은 초학자들에게는 더없는 지침서가 됨은 물론, 이 출판을 계기로 이 땅에 『능엄』의 신행이 필경 견고해질 것으로 믿는다.

이 뜻있는 불사에 동국역경원이 출판을 맡아 주니 실로 감사한 일이며,

강의 듣기에도 바쁜데 꾸준히 녹음해서 소중한 법보를 남게 해준 혜업 스님 영전에도 감사드리고, 녹취한 경문 학인의 노고에도 다시 한번 감사드린다. 끝으로 결흠된 부분에 해당하는 선사의 녹음테이프를 보유하신 분이 계시면 다시 보완할 수 있도록 연락해 주실 것을 바란다.

흔히 진리는 언어 문자에 있지 않다고 한다. 그래서 언어 문자를 다루는 일을 순행수묵循行數墨이라 해서 가벼이 넘긴다. 더구나 자구字句 해석이나 하는 일은 학구學究의 정도가 아니라 해서 이른바 훈고訓詁라는 이름을 붙여 폄하한다.

그러나 우리들 같은 범부에게는 먼저 부처님의 뜻을 바로 알고, 그 뒤에야 무엇을 버리고 무엇을 취할 것인가가 가려진다. 결국 언어 문자, 그 자체가 진리는 아니라도 언어 문자를 떠나서 따로 진리에 접근할 길이 없는 우리들에게는 언어 문자의 올바른 이해는 입도入道의 첫 관문이 아닐까 한다.

특히 『능엄경』은 팔만대장경의 축소판이라 한다. 부처님의 일대시교一代時敎 중 맨 마지막에 총정리 하시고 최후 중범重範으로 분부하신 마감의 설법이다. 이 소중한 법보를 희대의 석학 대덕으로서 평생 연구하신 선사께서 72세의 고령으로 심혈을 기울여 강설하신 뜻은, 어쩌면 평생 간담肝膽을 토로하시는 비장함마저 감득하게 한다. 부처님의 뜻이 노선사에 의해 고구정녕苦口叮嚀하게 우리말로 풀이되었고, 그것을 다시 눈과 귀를 통해 입체적으로 오래오래 보존되기를 바라는 뜻에서 시작한 것이 이 불사이니, 보시는 분은 그 뜻에서 의의를 찾으면 이익이 적지 않을 것이나, 사소한 제작 솜씨 같은 것에나 눈을 주어 탓하기를 일삼으면 초료지군鷦鷯之群(뱁새의 무리)에서 벗어나기 어려울 것이다.

불기 2537년(1993년) 계유癸酉 정초正初

봉선사 고부학인辜負學人 월운月雲 편이지編已誌

일러두기

1 녹음테이프를 녹취 출판하는 과정에서 중복·단절된 부분은 부득이 임시 보완하고, 그 대목마다 [편자 주]를 넣었다.

2 문장에 있어 문어체로 다듬는 것을 원칙으로 했으나 노사老師의 체취가 담긴 특수한 어형은 되도록 원형을 살렸다.

3 독자의 지루함을 덜기 위해 노사의 『능엄경 주해』(동국역경원 간 『불교의 哲理와 수행의 완성』)에 준해 과분科分했다.

* 금번 개정판에서는 1993년 초판 출간 당시 국한문 혼용이었던 것을 한자 병기로 수정하였고, 원문 부분에는 한자 독음을 달아 놓았다. 또한 문장 및 맞춤법이 현행과 맞지 않는 것은 원형에 손상이 가지 않는 범위 내에서 수정하였으며, 원문이 고려대장경과 맞지 않는 것은 각주를 달아 놓았다. 그리고 초판의 일러두기에 열시列示 되어 있던 결흠된 부분은, 이 책이 녹음테이프와 함께 판매되지 않는 관계로 일러두기에서는 뺐고, 해당 부분의 본문 아래 있는 [편자 주]는 남겨 놓았다.

대불정여래밀인수증요의제보살만행수릉엄경 1
大佛頂如來密因修證了義諸菩薩萬行首楞嚴經

차례

해제

『능엄경』은 한국불교 근본경전 중의 하나로 10권으로 구성되어 있으며 『금강경』·『원각경』·『대승기신론大乘起信論』과 함께 불교 전문강원의 사교과四敎科 과목으로 채택되어 학습되고 있다. 원명은 『대불정여래밀인수증요의제보살만행수릉엄경大佛頂如來密因修證了義諸菩薩萬行首楞嚴經』이며, 줄여서 『대불정수릉엄경』·『수릉엄경』이라고도 한다.

인도의 나란타사에서 비장祕藏하여 인도 이외의 나라에는 전하지 말라는 왕명에 의해 당나라 이전에는 중국 및 우리나라에 전래되지 않았다고도 하며, 중국에서 후대에 찬술한 위경僞經이라는 설이 지배적이다. '소화엄경小華嚴經'이라 불리면서 널리 독송되었던 이 경은 전 10권의 각 권에 수록된 내용들이 모두 한국불교의 신행信行에 크게 영향을 미쳤다.

제1권은 칠처징심七處徵心을 주제로 하고 있다. 석가모니가 제자 아난과의 문답을 통하여 마음을 어느 곳에서 얻을 수 있는가를 밝힌다. 마음은 몸 안[在內], 몸 밖[在外], 감각기관[潛根], 어둠으로 감춰진 곳[藏暗], 생각이 미치는 곳[隨合], 감각기관과 대상의 중간지점[中間], 집착하지 않는 곳[無着], 그 어느 곳에도 있는 것이 아님을 밝혔다.

제2권에서는 깨달음의 본성이 무엇인가를 밝히고, 깨달음으로 나아가는 과정을 설한다. 물질과 나, 몸과 마음, 본질과 작용 등은 둘이 아니며, 오음(五陰:色 · 受 · 想 · 行 · 識)은 모두가 허망하여 자연도 인연도 아님을 설한다.

제3권에서는 세간世間의 만법萬法이 모두 '여래장묘진여성如來藏妙眞如性'이라 하여 마음의 영원불멸성을 깨우치고 있다.

제4권에서는 여래장如來藏이 무엇인가를 밝히고, 중생들이 미혹하게 된 원인과 업業을 짓게 되는 근원, 수행할 때의 마음가짐 등을 설명하고 있는데, 3 · 4권의 내용은 여래장사상 발달사에 있어서도 매우 요긴한 해설이 되고 있다.

제5권에서는 수행할 때 풀어야 할 업의 근원이 무엇인가를 밝히고 있다. 풀어야 할 근원적인 업의 매듭은 6근根 · 6경境 · 6식識 등이며, 이를 풀어서 깨달음으로 들어갈 수 있었던 인연을 법회에 참석한 제자들이 체험담으로 진술하였다.

제6권에서는 관세음보살이 중생을 제도하기 위해서 갖가지 몸으로 화현함을 밝히고, 이 사바세계에서 깨달음의 세계로 들어가는 가장 쉬운 방법이 관음수행문觀音修行門임을 설하였다. 이는『법화경』과 함께 우리나라 관음신앙의 유포에 크게 영향을 준 부분이기도 하다.

제7권에서는 해탈의 문에 들어가는 주문인 '능엄다라니'를 설하고 그 공덕을 밝히고 있다.

제8권에서는 보살의 수행하는 단계로 57위位를 설한 뒤 경의 이름을 밝히고, 지옥 · 아귀 · 축생 · 인간 · 신선 · 천인 · 아수라라는 일곱 갈래의 중생이 생겨난 원인과 그 각각의 생존양상을 설명하였다. 여기서『화엄경』의 53위와는 달리 사가행四加行을 넣어 57위로 한 점이나 중생의 갈래에 신선을 포함시킨 점 등은 이 경에서만 볼 수 있는 특이한 점이다.

제9권에서는 말세중생이 수행하는 도중에 나타나는 50가지 마魔에 관

해서 그 원인과 종류를 밝혔으며, 제10권에서는 오음의 근본을 설하여 경의 본론을 끝낸 뒤 이 경의 공덕과 유통에 관하여 부언하였다.

동국대 불교학술원 동국역경원장 혜거

대불정여래밀인수증요의제보살만행수릉엄경
大佛頂如來密因修證了義諸菩薩萬行首楞嚴經
|제1권|

당 천축 사문 반랄밀제 역
唐 天竺 沙門 般剌蜜帝 譯

오장국 사문 미가석가 역어
烏萇國 沙門 彌伽釋迦 譯語

보살계제자전정간대부동중서문하평장사청하 방융 필수
菩薩戒弟子前正諫大夫同中書門下平章事淸河 房融 筆授

봉선사 사문 운허용하 강설
奉先寺 沙門 耘虛龍夏 講說

능엄경 강화

제1권

먼저 제목 해설입니다.

대불정여래밀인수증요의제보살만행수릉엄경大佛頂如來密因修證了義諸菩薩萬行首楞嚴經이라 하는 스무 글자 가운데에서 큰 대大 자는 크다는 뜻이니, 작은 것을 상대해서 대大라 하는 것이 아니고, 당체득명當體得名이라 하여 그 자체에 당해서 이름한 것인데, 원칙, 그 자체가 크다는 말입니다. 가령 우리가 대허공大虛空이라 할 때에 조그만 허공을 대해서 하는 말이 아니고, 허공의 자체가 크다 해서 대大라고 하는 것입니다.

대불정大佛頂의 대大는 『능엄경』의 전체 법문, 곧 아랫줄의 여래밀인수증요의제보살만행수릉엄如來密因修證了義諸菩薩萬行首楞嚴의 자체가 다 절대지대絕對之大요, 그 자체가 크다고 하기도 합니다.

불정佛頂이란 말은 부처님의 무견정상상無見頂上相, 즉 부처님의 삼십이상三十二相 가운데 부처님의 정수리는 볼 수 없는 것이라 하여 존귀尊貴와 미묘微妙와 무상無上의 뜻을 표한 말입니다. 부처님 정수리는 우리만 볼 수 없는 게 아니라 보살들도 볼 수 없다고 합니다.

제9지第九地 보살인 응지보살應持菩薩이 부처님 처음 나신 후 유모乳母

가 되어 부처님을 안고 정수리를 보려고 한량없는 세계를 올라가고, 무량 세계로 올라가도 부처님의 정수리는 볼 수 없었다고 했습니다.

그래서 존귀하고 미묘하고 무상한 그것을 불정佛頂이라 했는데, 아래의 여래밀인如來密因이나 수증요의修證了義나 제보살만행諸菩薩萬行이나 수릉엄首楞嚴 등이 대大와 불정佛頂과 같은 의미입니다.

여래밀인如來密因은 여래의 비밀한 인행因行이니, 드러난 인행이 아니라는 뜻입니다.

우리가 인행을 한다면 닦아서 드러내야 하는데, 밀인密因은 닦아 증득하는 게 아니라 본래부터 구족具足해 있는데, 드러나 보이지 않기 때문에 밀인密因이라 할 뿐입니다.

다시 말하면 『능엄경』의 참마음이 밀인임을 밝히는데, 마음 자체를 드러내어 얘기할 수 없으니까 육근六根에 구족해 있는 자성自性, 육근의 자성을 가지고 얘기했던 것입니다.

그런데 중생이나 제불이나 다 구족해 있지만, 알지 못하는 고로 밀인이라고만 한 것입니다. 여래의 밀인은 범부에 있어서 줄어드는 것도 아니고, 부처에 있어서 더하는 것도 아니어서 대大하고 불정佛頂 같은 존재라는 뜻입니다. 이 밀인은 또한 교教 · 리理 · 행行 · 과果 사법四法 중 이理가 됩니다.

수증요의修證了義는 위에서 말한 여래밀인을 닦아서 증득할 요의법了義法이란 뜻이니, 요의了義란 불료의不了義가 아니라는 뜻으로 최고의 교법教法이란 뜻입니다. 이는 사법四法 중 교教에 해당합니다. 교 · 리 · 행 · 과 사법을 법이라고 하는데, 곧 여래밀인은 리理를 가리키는 말이고, 수증요의는 교教를 가리킵니다.

부처 되기 위해 닦아 불과佛果를 증證할 때도 이것을 가져야 하는 것이니까 수증修證을 요의한다. 즉 이 『능엄경』 안의 사실이 그걸 가리키는 말입니다.

제보살만행諸菩薩萬行은 '여러 보살이 만행을 닦아서' 이를 증證하는 것이어서 이렇게 말합니다. 사법 중 행行에 해당합니다. 곧 제보살만행諸菩薩萬行도 대大요, 불정佛頂과 같다는 말입니다.

수릉엄首楞嚴은 증證을 가리키는 말입니다. 수릉엄이란 범어인데, 한문으로 번역하면 일체사필경견고一切事畢竟堅固라 하여 모든 일이 끝까지 이르러 가서 흔들릴 수 없이 견고하게 되었다 하여 이렇게 번역이 됩니다.

그런데 옛적에 강원에서는 수首 자까지 해서 범어로 수릉엄이라 하기도 하고, 또 수首는 머리 수 자이고, 능엄은 보배라는 뜻으로, 이 『능엄경』을 증득한 보살들의 머리에 능엄이라는 구슬로 장엄을 한다고 해서 수릉엄이라 한다고 사기私記에는 되어 있는데, 본래 범어가 수릉엄이지 머리 수首 자는 아닙니다. 따라서 사법 중 과果에 해당하며, 닦아 성불하는 결과를 말합니다.

결론적으로 수증요의는 교敎요, 여래밀인은 리理요, 제보살만행은 행行이요, 수릉엄은 과果로서 이러한 것들을 말한 경經입니다.

대大와 불정佛頂과 경經, 이 세 가지는 그 속에 있는 여래밀인, 수증요의, 제보살만행, 수릉엄, 이 네 가지를 다 통해서 하는 말입니다.

반랄밀제般剌蜜帝가 중인도에서 유통시방流通十方의 원을 세우고, 『능엄경』을 가져올 적엔 인도 국법이, 이 경은 본국에만 유통하고 타국에는 전포傳布하지 못하도록 되어 있었으나 몰래 가지고 나왔어요. 나와서는 번역을 했는데 본국에서 이 경을 몰래 가지고 나온 사실이 탄로되면 변방에 있는 관리, 지금으로 말하면 해관海關 책임자가 죄를 당하게 되니까 범본을 가지고 고국으로 돌아갔지요. 죄는 자기가 당한다 하더라도 변방에 있는 관리는 다치지 않아야겠다 해서 범본은 가지고 갔지요. 그래서 범본이 없습니다.

이걸 번역하던 얘기로는 반랄밀제가 비장秘藏된 범본을 가지고 당 제4대 중종中宗 때 중국에 건너와 광동성廣東省 경주慶州에 있는 제지사制止寺에서, 당시 벼슬에서 좌천되어 있었던 방융房融이라는 사람을 만나 번역을 하게 되는데, 번역하는 격식도 잘 모르고 번역을 했었습니다.

그 후 번역을 해서 번역본을 나라에 바쳤는데, 그때 나라 안에 무슨 일이 있어 곧 발표를 안 하고 받아서 그냥 두었던 것을 신수神秀 대사가 궐내에 드나들면서 법문하다가 『수릉엄경』을 발견한 것이 처음 세상에 알려진 것이고, 그러니까 나라에서 직접 발표를 해야 하는데 일이 있어 못 하게 된 거고, 또 하나는 방융의 집에 초본抄本이 있어 살펴보니, 본래 발표되었던 것과 글자가 다르지 않았다 합니다.

그러나 나라에서 다른 경은 다 역장譯場에서 번역이 되었는데, 『능엄경』은 그렇게 한 일이 없고, 또한 번역한 역수歷數라도 삼장록三藏錄에 있었으면 하는데, 반랄밀제는 이 경을 몰래 가지고 나온 사실이 탄로되어 변방에 있는 관리, 지금으로 말하면 해관海關 책임자가 죄를 당하게 될까 염려하여 범본을 가지고 고국으로 갔고, 방융은 고인이 되어 애매한 데다 완전한 절차를 밟지 않아 모르겠다 하여 중국, 일본, 우리나라에선 위경僞經이 아닌가 혐의합니다.

그런데 천태天台 스님이 스스로 증證한 경험에 의하여 정定을 닦아 증證하는 삼지삼관三止三觀을 말하려 했으나, 분명한 경전 상의 의거가 없어 망설이다 인도의 한 범승으로부터 『능엄경』에 이런 내용이 있다는 말을 전해 듣고, 어서 빨리 이 경이 동토東土에 오기를 바라며 서쪽을 향해 18년을 기도했으나 원을 이루지 못하고 고인이 되어 버렸으며, 그 후에 들어왔으나 위경의 여부는 모르겠고, 위경이 아니란 걸 증명할 때는 이 말을 많이 합니다.

특히 다른 경과 달리 처음부터 조리 있게 이론적으로 구성되어 다른 어느 경도 이러한 구성법이 없으므로 의심이 나고, 또 한 가지 방융은 글을 잘하기 때문에 문장에 치우쳐 다른 경과는 달리 속가의 술어를 많이 써서 글 자체가 어렵다는 것입니다. 그래서 혹 비방하는 사람들은 부처님 경이 아니라 방융의 경이라 얘기합니다.

또 『능엄경』본에 대불정여래밀인수증요의제보살만행수릉엄경大佛頂如來密因修證了義諸菩薩萬行首楞嚴經이라는 제목 옆에 중인도나란타대도량경中印度那蘭陀大道場經이라 하여, 관정부灌頂部에서 초출抄出했다 이렇게 씌어 있는데, 퇴경退耕 스님처럼 "나란타에 있는 여러 경을 종합하여 교과서로 쓴 듯하다."라는 견해도 있습니다.

의거가 있어 하는 얘기는 아니고, 나란타대도량경이라 하는 걸 보고 그런 모양인데, 나의 생각은 이 경 중의 이론理論이 부처님이 아니고 어떻게 이러한 이론 전개가 되느냐 하는 것입니다. 부처님이 아니고는 이렇게 할 수가 없으니, 위경은 아니라고 생각합니다.

앞으로 범어에 대한 해역解譯은 안 하고, 글만 새기려 합니다. 요즘 학인들이 다 아는 것이고, 사전을 찾으면 될 뿐 아니라 해역하자면 시간도 많이 걸려서입니다.

질문 우리나라에는 언제 들어왔는지요?

답 그건 잘 모르겠어요. 우리나라는 고려 말년 충렬왕忠烈王 때에 한암보환閑菴普幻 선사가 『능엄경』을 연구하여 『수릉엄경환해산보기首楞嚴經環解刪補記』를 만들었습니다. 지금 제방에서 보는 『환해環解』는 송나라 때 계환戒環 선사가 지은 『요해要解』인데, 그 『요해』의 잘못된 부분에서 깎아 낼 것은 깎아 내고 보탤 것은 보태어 산보刪補를 한, 두 권의 큰 책입니다. 공민왕 때 다행히 책으로 출판되었는데, 그걸 보면, 그때부터 『능엄경』을 많이 숭상한 모양입니다.

그 외에도 『능엄경』에 대한 얘기가 많은데, 제방諸方에서 전하는 말이 계환 선사가 『법화경요해法華經要解』는 빈틈없이 잘했는데 『능엄경요해楞嚴經要解』를 짓고는 수정을 못 하고 돌아갔다가 계환 선사의 후신이 고려에 와 보환普幻 선사가 되어 당신이 전생에 잘못했던 것을 금생에 와서 수정하여 『산보기刪補記』를 만들었다 하나, 출처는 모르겠고 강원에 있을 때 전해 들었던 얘기고, 계환戒環 선사의 『능엄경요해』는 우리가 볼 때도 잘못된 부분이 있는데, 안목이 있는 이가 볼 때는 더하겠지요.

중국인들도 잘못되었다고들 하는데, 『능엄경』 사기私記에도 보면 『계환해戒環解』의 잘못된 부분이 있을 때는 『환해幻解』를 보라고 지적해 놓고 있습니다. 왜 많은 『능엄경』의 해解 중에 『계환해戒環解』를 보게 되었는지 알 수 없으나, 간략하기 때문인 듯하다고 생각합니다. 그러나 완전하지 못한 걸 보게 되었지요. 이제 원문을 얘기하겠습니다.

〔서분序分〕

如是我聞
여 시 아 문

이와 같이 내가 들었다.

이 말은 우리나라 문법으로도 맞지 않고 한문의 문법에도 변체變體로 된 글이지 원칙으로는 아문여시我聞如是라 해야 옳습니다. 우리나라 말로 '내가 이렇게 들었다' 해야 맞지 '이와 같이 내가 들었다'라는 것은 맞지 않는데, 국어를 전공한 사람은 더 잘 알 겁니다.

그래서 어떤 경에는 아문여시라고 한 경우도 있고, 또 아我 자를 생략하고 문여시聞如是라고 이렇게만 해석된 경우도 있는데, 대체로 여시아문이라고 씁니다. 아마 인도 말이 여시아문일 겁니다.

그래서 원래 경을 처음에 시작하는 경우 인도 말의 본뜻을 살리기 위해 번역할 때에 여시아문이라 합니다.

제방諸方에서 '여시아문如是我聞하사오니' 그러는데, '이와 같은 것을 내가 들었사오니' 하는 것의 아我 자는 아난 존자가 하는 말이니까 '내가 들었사오니' 하는 건 대중을 대하여 경례하는 말입니다.

'하사오니'는, 말로는 '이렇게 들었사오니'라는 뜻인데, 아난 존자가 지금의 독자를 상대해서 '아난 존자가 들었사오니'라고 할 수는 없는 일이고, 이러한 토吐를 단 것은 나라에서 언해諺解로 정해 놓은 토인데, 아난 존자가 결집할 당시에 가섭迦葉 존자가 필두가 되어 여러 유수한 노아라한老阿羅漢들이 있었고, 아난 존자는 어린 사람으로 공부도 아직 완전하지 못한 지경에 있었으니, 그때의 그 사람들을 상대로 하는 말일 겁니다. 그들을 상대해서 하는 말로 토를 다니, '여시아문하사오니' 이렇게 된 게지요.

여시如是라는 말은 어느 경이든지 그 경의 처음부터 끝까지를 다 가리키는 말이고, 이렇게 하는 걸 아난 존자인 내가 들었다는 건 부처님 말씀하시는 것을 직접 들었다는 말입니다.

一時佛
일 시 불

일시에 부처님께서,

이 말도 범어 그대로 일시一時인 모양인데, 지금 여기에서 말하는 일시는 '한때'라는 뜻으로, 말은 한때라고 하나 '어느 때'라는 뜻입니다.

한 일一 자는 미정사未定辭로서 '어느'라는 의미를 가지고 있습니다. 숫자로는 하나라고 쓰지만 미정사로 쓸 때는 '어느', 곧 한 일一이라고 합니다. 보통 얘기할 때 "옛적에 한 사람이 있었는데"라고 한다면 사람이 하나 있었다는 말이 아니라, 어떤 사람이 있었다는 뜻입니다. 그러니까 일一 자는 '어떤'이라는 의미입니다.

경經 그대로의 본뜻을 존중한다면 '한때에'라고 해도 되는데, 한때라는 말도 어느 때라는 뜻도 되지만, 우리가 잘 모르니까 알기 쉽게 한다고 어느 때라고 했는데, 이것도 지금 비난을 받고 있습니다.

在室羅筏城 祇桓精舍
재 실 라 벌 성 기 환 정 사

실라벌성 기환정사에서,

실라벌성은 서울인 성城을 이름한 것이고, 기환정사의 정사精舍란 절이라는 말입니다.

불교에서만이 아니고, 개인의 서재도 정사라고 쓰는데, 조용히 앉아서 공부하는 곳을 말하기도 하고, 대개는 절을 가리키는 말입니다.

기환祇桓이라는 말은 기타祇陀 태자가 시주한 삼림森林이라고 하여 기수급고독원祇樹給孤獨園의 기祇 자를 따서 기수祇樹라 하고, 환桓 자는 옛 어른께서 확실히 얘기하지는 않았으나 범어로 낭기(나무)라고 하는 반나槃那일 텐데, 반나를 번역하여 음으로 환桓 자를 썼을 거라 생각됩니다.

계환戒環 선사가 해석할 때도 기수祇樹와 같다고 했으나, 환桓 자의 한문 뜻으로는 수樹 자의 뜻은 없습니다.

인도 말로 수풀이라는 말을 이렇게 했는데, 우리나라 말로 하면 기치반나祇哆槃那라 이런 말입니다. 그렇게 된 것이라고 생각하는데 왜 그런고 하니, 어떤 데는 기원정사祇洹精舍라고 삼 점(氵) 변에 쓴 원洹이 있습니다. 그러니까 그건 물이라는 이름이니 더구나 안 맞는다는 얘기고, 그러니까 반나槃那를 번역한 것입니다. 기환정사는 기수급고독원을 가리키는 말인데, 부처님을 위해 지은 큰 절로 마갈타국摩竭陀國의 죽림정사竹林精舍와 함께 부처님께서 늘 설교하시고 제자들을 데리고 다니셨던 중요한 큰 절입니다.

與大比丘衆千二百五十人俱
여 대 비 구 중 천 이 백 오 십 인 구

대비구중 1,250인과 함께 계시었으니,

대비구大比丘의 대大 자를 쓴 것은 비구는 소승小乘에서 하는 말로, 그들 모두가 겉으로는 소승 비구 모양을 나투어 머리를 깎고, 가사를 입었으나, 속으로는 다 보살 지위에 들어갔다는 것입니다. 속으로는 보살을 비밀히 감추고, 밖으로는 성문을 나투었다 하여 내비 보살內秘菩薩, 외현 성문外現聲聞이라고 합니다. 그걸 나타내기 위해 대大 자를 써서 대비구중이라 한 것입니다.

중衆이란 말은 승가僧伽입니다. 요즘 흔히 승僧을 중衆이라고 하는데, 바로 이 중衆 자를 말합니다. 중 승僧 자는 불교가 들어오기 전부터 있던 글자로, 다른 데 필요하던 것이 승가僧伽의 승僧 자 음을 갖다 쓴 것이지, 글자 자체가 중이라는 뜻은 아닙니다. 후세에 와서 중이라는 뜻을 나타내는 말이 되었는데, 중衆은 중 승僧 자의 번역이요, 승가를 번역한 말입니다.

천이백오십인구千二百五十人俱는 부처님을 늘 따라다니는 이들을 말하는데, 이 대중과 더불어 부처님께서 함께 계셨다는 말입니다.

한문대로 하자면 '기환정사에 계셔서'의 구俱 자를 거기에 새겨야 하니까 '계셔서 대비구 1,250인으로 더불어 함께하셨다' 이렇게 되어야 합니다. 글자대로 번역하자면 그렇다는 것이고, 우리말로 고쳐야 되겠지요?

다음은 1,250인을 찬탄하는 겁니다.

皆是無漏 大阿羅漢 佛子住持
개 시 무 루 대 아 라 한 불 자 주 지

모두 누漏가 없어진 대아라한이라. 불자로 주지하며,

불자佛子란 부처님의 아들로 대를 이어가는 보살을 말하는데, 아라한들도 내불자內佛子는 못 되어도 외불자外佛子는 됩니다. 그래서 불자라는 말은 부처님의 계대繼代를 잇는다는 말이고, 아들 자子 자는 부처님의 입으로 좇아 태어났다는 뜻입니다. '종불구생從佛口生이요, 종법화생從法化生이라' 하여 부처님의 입으로부터 태어났고 부처님의 법을 좇아 화생化生했다는 뜻으로, 아들은 부모가 낳았다는 뜻이니까 그 뜻을 가지기 위해서 불자라고 하는 것입니다. 또한 부처님의 법을 이어서 대를 이어갈 사람으로 우리도 내불자는 못 되었지만 겉으론 불자라는 얘깁니다.

지금 현재 절의 주지住持라고 일컫는 글자도 이와 같고 뜻도 같습니다. 본래 주지란 절에 머물면서 삼보三寶나 대중이나, 재산 등을 유지한다는 뜻입니다.

여기에서는 보살 경계에 머물러 있으면서 부처님의 정법을 호지한다는 의미입니다. 곧 보살 경지에 이르러 간 큰 지혜를 가진 이로서 주지하고 있다는 말입니다.

善超諸有
선 초 제 유

모든 유有에서 잘 초출하였으며,

유有란 요샛말로 존재인데, 여기에서는 생사生死하는 장소를 말했습니다. 모든 유有라 하면 여러 가지인데, 우선 삼유三有라 하면, 욕계欲界 · 색계色界 · 무색계無色界를 말하는 것으로, 욕유欲有 · 색유色有 · 무색유無色有라고 합니다.

또 구유九有 · 이십오유二十五有의 여러 가지가 있습니다. 다 생사하는 중생이 사는 곳을 유有라고 했는데, 모든 유에서 초출했다는 말은, 생사하는 중생과 같이 나서 있지만, 우리야 생사에 얽히어 한 걸음도 자유로이 못 하나 불자佛子로 주지住持하는 1,250인의 대중은 생生하고자 하면 생하고, 사死하고자 하면 사하는 것이 우리와 같이 나는 게 아니라, 부모의 몸을 빌어 생하기도 하고, 또 없던 것이 나타나기도 하여 생사를 초출했다는 말입니다.

能於國土 成就威儀
능 어 국 토 성 취 위 의

능히 여러 국토에서 위의를 성취하며,

국토란 세계입니다. 어디든지 마음대로 가 나게 되는데 갈 때마다 위의를 성취한다는 건 용모 단정하고 공부도 잘하고 변재도 좋아 여러 사람에게 사표師表가 될 만하게 난다는 것입니다.

從佛轉輪
종 불 전 륜

불佛을 따라 법륜을 굴리어,

부처님을 따라 법륜을 전轉한다는 건 중생 교화하는 법을 가지고 중생을 교화한다는 말인데, 그것을 륜輪이라고 하는 것은, 자동차도 바퀴를 가지고 운전을 하듯, 이 륜輪 자는 온갖 것을 평평히 한다는 뜻입니다.

지금 큰길을 닦을 때 바퀴 넓은 차가 지나가면 길이 골라지듯이 부처님 법륜을 가지고 중생의 번뇌를 깎아 버린다는 의미로 륜輪이라고 하는데, 부처님을 따라 법륜을 굴린다는 것은, 부처님께서 여러 곳에 한꺼번에 가실 수가 없으니까 이 1천2백 대중이 부처님 법문의 명령을 가지고 여기저기에서 교화를 하는 것입니다. 부처님 말씀에, 둘이 함께 가지 말라고 했는데, 한 사람씩 가야지 둘이 한꺼번에 가게 되면 '교화할 사람은 많은데' 하는 뜻에서입니다. 그래서 부처님을 따라 법을 윤전輪轉한다는 건, 부처님 교화하시는 걸 도와서 다른 데 가서 중생들에게 법을 얘기해 줄 수 있는 것을 말합니다.

妙堪遺囑
묘감유촉

유촉을 묘하게 감임할 만하며,

유촉을 감임함은 죽을 때 유언한 것을 잘 지켜내는 일을 말하는데, 부처님께서 돌아가신 후에도, 불법을 펴서 중생에게 선전하고 제도할 수 있다는 뜻입니다. 혹 지금까지도 1천2백 대과大果의 후신後身이 있어, 지금 여기 모여 강의를 듣고 있는 줄 알 수 없지요.

嚴淨毗尼 弘範三界
엄정비니 홍범삼계

비니毗尼를 엄정히 하여 삼계에 널리 모범이 되고,

비니란 계율이라는 말인데, 1천2백 자신이 계율을 엄정하고 청정하게 가져서 혼자만이 가지고 있는 게 아니고, 홍범삼계弘範三界라 하여 욕계·색계·무색계에 모범을 넓힐 수가 있습니다.

범範 자는 모범이란 말이고, 홍弘 자는 넓힌다는 뜻입니다. 즉 삼계에 다니면서 법을 넓힐 수가 있다는 뜻입니다. 자기가 계율을 청정히 가져야 남에게도 지키라고 할 수 있다는 뜻입니다. 이것은 여러 곳을 다니면서 비니를 가지고 교화할 수 있다는 얘깁니다. 또한 이것은 으레 정定을 말하는데 수릉엄대정首楞嚴大定을 가리킵니다.

즉 계戒·정定·혜慧의 계를 지켜야 정定이 생기고, 정을 닦은 후에야 혜가 생기는데, 계가 없는 정은 생할 수 없다는 것입니다. 그래서 엄정비니嚴淨毗尼를 말했고, 『능엄경』 자체에도 사바라이四波羅夷를 중대하게 얘기합니다.

비니인 계율을 엄정하게 가져서 삼계에 모범을 넓힌다는 얘긴데, 그 당시 실라벌성 마갈타국에만이 아니고 여러 곳에 규범이 될 수 있다는 말이고, 한 몸만이 한 곳에 있는 게 아니라,

應身無量
응 신 무 량

응신이 무량하여,

응신이란 중생의 근기에 응해서 몸을 나투는 것이고, 그 사람이 얘기하면 들을 만하게, 곧 그 사람에게 상응하게 나투는 것입니다.

석가모니부처님께서 응화신應化身으로 중생의 근기에 응하여 나투는

몸이 한량없듯이, 관세음보살이 삼십이응신을 나투듯이, 그렇게 한량없는 공덕을 가지고,

度脫衆生
도 탈 중 생

중생을 제도하여 해탈하게 하며,

무량하게 나투는 공덕으로 중생을 해탈하게 하고, 즉 이런 분들은 혼자 다니면서도 불법을 선포해 현세의 중생을 제도할 수 있다는 말입니다.

아래글은 현세만을 말하는 게 아니라,

拔濟未來
발 제 미 래

미래를 발제하여,

미래에 있는 중생들도 다 생사의 고통 중에서 빼어 제도하여 열반 자리로 옮겨가게 해서,

越諸塵累
월 저 진 루

진루에서 초월하게 하니,

이 저諸 자는 '모든'이라는 말이 아니고 어조사이니, 진루에서 초월하게

한다는 말이지 모든 진루라는 말이 아닙니다.

갈 지之 자와 늘 어於 자를 합한 지어之於의 뜻이 저諸 자입니다. 진루에서 초월한다이지 모든 진루는 아니니, 저諸 자를 모두라고 하지 마십시오. 또한 제諸 자는 '모든'이라고도 하며, '어디에서나'라고도 하는데, 그렇게 보면 어디에서나 해탈하게 했다는 뜻입니다.

그때의 1천2백 대중이 이런 덕을 가진 것을 찬탄했습니다.

其名曰大智舍利佛 摩訶目乾連 摩訶拘絺羅 富樓那
기 명 왈 대 지 사 리 불 마 하 목 건 련 마 하 구 치 라 부 루 나
彌多羅尼子 須菩提 優波尼沙陀等
미 다 라 니 자 수 보 리 우 파 니 사 타 등

그 이름은 대지사리불, 마하목건련, 마하구치라, 부루나미다라니자, 수보리, 우파니사타 등으로서,

우파니사타는 다른 데는 잘 안 나오는 이름입니다. 수보리, 마하목건련, 사리불 등은 다른 경에도 많이 나옵니다만, 우파니사타는 『능엄경』에만 나오는지도 모릅니다. 다른 곳엔 안 나오기 때문에 한문으로 번역을 하는데, 번역하면 티끌 진塵 자, 성품 성性 자의 진성塵性이요, 미진微塵입니다.

而爲上首
이 위 상 수

(그들이) 상수가 되었다.

1천2백 대중 중에 이 여섯 명이 상수(우두머리)라는 말입니다.

復有無量 辟支無學
부 유 무 량 벽 지 무 학

또 무량한 벽지불과 무학과,

부유復有는 1천2백 대중 외에 또, 다시라는 뜻입니다. 무량벽지無量辟支란 한량없는 벽지불이니, 소승 가운데 연각緣覺을 한문으로 번역한 말이고, 벽지는 인도 말 그대로입니다.

어떤 사람이 해석하기를 '벽지인 무학과' 이렇게 하는데, 벽지와 무학은 성문聲聞과 아라한阿羅漢의 둘이 아닙니다. 벽지인 무학은 연각승緣覺乘으로서 무학위無學位에 올랐다고 했는데, 이는 성문이 나오니까 이건 벽지일 것이라 하여 그랬는지 모르나, 이의異義가 있는 것이 벽지불과辟支佛果를 증득하여 더할 수 없는 것을 벽지불이라 하지 무학이라 하는 데가 없습니다.

아라한을 무학이라고 했으니까 아라한은 성문에 대한 말이고, 벽지불은 연각에 대한 말이지, 연각에 대해서 벽지불의 극과極果인 벽지불과를 얻었다고 해서 무학이라 하는지 모르겠으나 벽지와 무학, 다르게 보는 것이 좋겠습니다.

幷其初心 同來佛所
병 기 초 심 동 래 불 소

그의 초심들과 함께 불佛의 처소에 왔으니,

위의 1천2백 대중은 상수중常隨衆이니까 올 것이 없고, 다른 데 있던 아라한들이 온 것입니다. 그러니까 위의 아라한이 있었다고 해서 무학을 따로 보는 것이 틀림없을 줄 압니다.

병기초심并其初心의 기其 자는 벽지와 무학을 가리키는 말입니다. 벽지, 무학은 과果를 증득한 사람이고, 초심은 성문이나 연각을 배우는 처음 마음입니다. 아울러 그 초심들이란 아직 과果에 이르지 못한 이라는 뜻입니다. 그런 이들이 동래불소同來佛所라, 다른 데 있던 이들이 지금『능엄경』을 설법하려고 할 때에 부처님 계신 곳에 왔더라는 말입니다.

屬諸比丘
촉 제 비 구

마침 비구들이,

촉제비구의 촉屬 자는 '붙일 속'인데, '마침'이라고 할 때는 촉이라고 봅니다. 이 경의 끝에 음을 낸 곳에 보면 촉이라고 되어 있습니다. '그때에 마침'이란 말입니다.

休夏自恣
휴 하 자 자

하안거夏安居를 휴休하고 자자하는 때인지라,

마침 여러 비구들이 여름 안거를 마치고 쉰다는 뜻으로, 지금의 해제解制와 같은 것인데, 자자란 인도나 중국에서 연중행사로 대중이 모여 살다가 해제하고는 으레 하던 법요法要입니다. 칠월 보름 해제 날이면 그날을 중심으로 앞뒤 하루씩 사흘 동안 구순안거九旬安居 동안의 덕업과 범한 것의 연유를 설명하고 참회하고, 탁마하는 일입니다.

위의 자自 자는 '내게 잘못된 것을', 아래의 자恣 자는 '대중은 기탄없이 말씀하십시오'라는 뜻으로 번역이 되었습니다.

十方菩薩 諮決心疑
시 방 보 살 자 결 심 의

시방의 보살들이 의심을 물어 결단하려 하여,

칠월 보름 해제가 되어 시방에 계신 보살들, 즉 부처님을 떠나 있던 보살들도 자결심의하여 그들 마음에 의심나는 것을 부처님께 물어서 결정하려고, 그런 의미로 왔다는 말입니다. 왔다는 말은 없지만 그 가운데 의미가 들어 있습니다.

欽奉慈嚴
흠 봉 자 엄

자비와 위엄을 받자와,

부처님의 자비와 위엄이니, 자慈는 자비를 표시하고, 엄嚴은 위엄을 말하여 자慈하고 엄한 부처님을 흠봉공경欽奉恭敬하여 받잡고 있다는 뜻입니다.

글자 한 자라도 그냥 지나쳐서는 안 되며, 분명하게 뜻을 알고 남이 물으면 대답할 만한 준비가 되어 있어야 합니다. 그래야 번역을 할 게 아닙니까?

그냥 볼 때는 모르고 지나가도 되지만, 번역할 때는 모르고 지나가서는 안 됩니다. 본뜻대로 번역이 나타나지 않는다는 말입니다.

將求密義
장 구 밀 의

비밀한 뜻을 듣고자 하니라.

장將 자는 아직 부처님 말씀을 들으려 하고만 있지, 듣진 않았으니까 장차 미리 부처님의 비밀한 뜻을 구하고 있더라, 그래서 시방 보살들과 아라한과 벽지불들이 와서 부처님께서 법문하시기를 기다리고 있다는 얘깁니다.

卽時如來 敷座宴安
즉 시 여 래 부 좌 연 안

즉시에 여래께서 법좌를 펴고 편안히 앉으사,

부좌는 설법 자리를 펴놓은 것이고, 연안은 편안히 앉으신 것이다, 그러니까 설법하시려는 겁니다.

爲諸會中
위 제 회 중

회중을 위하여,

여러 대중에 모인 보살이라든지, 아라한이라든지, 벽지불 같은 사람들을 위하여,

宣示深奧
선 시 심 오

심오한 뜻을 선시하시니,

깊고 오묘한 이치를 펴서 보여 주시더라, 뭐라고 법문한 내용은 없지만 이미 심오한 법문을 말씀하신 겁니다. 장구밀의將求密義한 그들에게 맞추어서 법문하신 것이지요. 그러니 선시심오라는 게 심오한 이치를 펴서 법문했다는 뜻입니다.

法筵淸衆 得未曾有
법 연 청 중 득 미 증 유

법연의 청중이 미증유함을 얻었으며,

설법 자리에 있던 당시의 청정한 대중들이 미증유한, 일찍이 있지 못한 것, 우리말로는 '처음 보는 것'인데, 우리말에 일찍이 있지 못하다고는 안 하니까 처음 보는 일을 얻다, 즉 참 좋은 법문을 처음 들었다고 생각하는 것입니다.

십이부경十二部經 중에 미증유가 있지만, 한문으로 미증유이지 우리말로는 처음 듣는다는 얘깁니다. 그때에 모여 있던 대중이 법문을 듣고 좋아하고,

迦陵仙音 遍十方界
가 릉 선 음 변 시 방 계

가릉 같은 선음이 시방계에 두루 하니라.

가릉迦陵은 가릉빈가迦陵頻伽라고 하는 인도에서 소리가 아름답기로 유명한 새인데, 부처님 말씀을 가릉빈가의 소리에 비유한 모양입니다.

가릉빈가와 같은 선음仙音의 선仙 자가 신선神仙이라는 뜻이 아니고, 한문 글자 가운데 선仙 자는 가장 위대한, 사람 이상, 인류人類 이상을 말하는 것입니다.

부처님의 온몸이 금색신金色身이라 하여 금선金仙이라고도 하는데, 한문 글자로는 인간을 초월한 존재를 선仙 자로밖에, 그보다 더한 뜻은 없습니다. '부처님이 뭐, 신선밖에 안 되는가? 신선 지나간 지가 언제인데'라고 생각할지 모르나, 한문에는 그보다 좋은 글자가 없기 때문입니다.

변시방계遍十方界란 시방세계에 가득히 선시심오宣示深奧한 법문이 찼고, 법연法筵에 있던 청중이 미증유를 얻어 여러 세계로 퍼졌으니, 멀리 있다가 부처님 법문하시는 소리를 듣고,

恒沙菩薩 來聚道場
항 사 보 살 내 취 도 량

항하사恒河沙 보살들이 도량에 와 모이니,

항하사와 같이 많은 보살들이 부처님 도량인 기환정사에 와서 모이니,

文殊師利 而爲上首
문 수 사 리 이 위 상 수

문수사리가 상수가 되었다.

문수사리는 그 항사 보살 중에 제일 우두머리로, 대중을 영솔領率하는 사람으로서, 지금의 찰중察衆이나 유나維那가 다 상수입니다. 예전에 추사秋史가 참 잘된 글이라며, 어떻게 이렇게 '항사보살恒沙菩薩이 래취도량來聚道場하니 문수사리文殊師利가 이위상수而爲上首라'라고 쓸 수가 있느냐며 글이 참 잘된 글이라 했답니다. 우리 같은 사람이야 글에 대해 모르니까 잘된 글인지 뭔지 모르지만, 추사는 글을 아니까 이런 말을 했을 겁니다. 그러니까 위는 부처님의 심오한 설, 즉 법문을 듣고 온 이들입니다.

경에는 서분序分과 정종분正宗分과 유통분流通分이 있는데, 부처님께서 그 경을 설하기 위해 서두序頭를 말씀하신 것을 서분이라 했고, 참 본뜻 말씀하신 것을 정종분, 끝을 유통분이라 합니다. 이건 서분에 속합니다.

서분 중에도 두 가지가 있는데, 하나는 대중이 그걸 믿도록 증거하는 것, 곧 여시아문일시불如是我聞一時佛 하는 그것은 어느 경에도 다 있는데, 이 경의 처소와 누구누구의 인물을 말하여 분명하다는 걸 내세우는 겁니다.

時 波斯匿王
시 바 사 닉 왕

그때 바사닉왕이,

실라벌성의 이름이 원래는 교살라국憍薩羅國인데, 서울이 실라벌성이요, 남방에도 교살라국이 있어서 같은 이름이니, 북방에 있는 나라라는 것을 표시하기 위해서 사위국舍衛國, 즉 실라벌국이라고 합니다. 그 나라의 수도 이름을 따서 나라 이름으로 하였는데, 그 교살라국의 임금이 바사닉

왕입니다.

爲其父王 諱日營齋
위 기 부 왕 휘 일 영 재

그 부왕을 위하여 휘일에 재齋를 경영하고,

돌아가신 왕인 아버지를 위해. 휘일諱日은 기일忌日과 마찬가지로 조상이 돌아가셔서 뭐라 얘기할 수 없다 하여 그날을 회피하고 기피한다는 말로 기일 또는 휘일이라 하니, 휘일은 우리나라 말로 제삿날이라 그 말입니다. 지금의 재齋라 하는 건 음식을 많이 차리고 돈을 많이 가지고 하는 것이고, 불공佛供은 돈을 조금 가지고 하는 것이라 하여 둘로 구별하는데, 재齋 자는 본래 점심 먹을 재니, 중이 점심 먹는 그것이 재입니다.

그런데 부처님께서 계실 때는 부처님께 불공이나 재를 하지만, 안 계실 때는 불상을 모셔놓고 하기도 하고, 또 대중에게 재齋하기도 합니다. 여기에서는 대중을 청해서 음식을 차린 것입니다.

영營 자는 재齋 자와 맞물려 공양을 차린다는 뜻입니다.

請佛宮掖
청 불 궁 액

부처님을 궁액으로 청하여,

'부처님을 궁액으로 청하여'에서, 궁액이란 궁궐 가운데, 가까운 손님을 청하는 지금의 안사랑, 즉 궁내宮內 곁에 있는 집으로서 액掖 자는 겨드

랑이와 같다는 말입니다. 또한 궁전 곁에 있는 조그맣고 조용한 집이란 말로, 이런 곳에 부처님을 청했다는 뜻입니다.

自迎如來
자 영 여 래

자신이 여래를 맞이하고,

바사닉왕 자신이 여래를 친영親迎해 맞아들여 부처님을 내전 가운데로 모시고,

廣設珍羞無上妙味
광 설 진 수 무 상 묘 미

진수와 무상한 묘미를 크게 차리고,

수羞는 보배로운 음식이라는 말인데, 지금도 음식 차린 걸 진수라고 합니다. 그러한 진수와 무상묘미, 그 진수 가운데 위가 없는 묘한 맛, 좋은 음식들이요, 광설이란 많이 차렸다는 말입니다.

그리하여 부처님만 청한 게 아니라,

兼復親延諸大菩薩
겸 부 친 연 제 대 보 살

겸하여 제대보살을 친히 맞이하니라.

겸하여 임금이 친히 모든 보살들까지 맞아들였다는 말입니다. 부처님을 내전內殿으로 청했고, 보살들은 또 방이 다르겠지요.

그래서 바사닉왕이 대중을 청해서 공양을 하고 있는데,

城中復有 長者居士
성 중 부 유 장 자 거 사

성중에 다시 장자와 거사들이 있어,

실라벌성 중에서 공양하고 있는데, 그 외에 또 공양을 청한 장자와 거사가 있었습니다. 장자는 십덕十德을 갖추어야 하는데 벼슬이 높아야 하고, 재물이 많아야 하고, 덕이 높아야 하는 등 여러 가지가 있는데 사전을 찾아보면 됩니다.

우리나라에서는 돈 많고 벼슬하는 사람을 이르는 모양인데, 불교에서 나온 말이겠지만, 인도에서는 십덕을 갖추어야 합니다. 거사나 장자나 다 같은데, 거사는 벼슬을 안 하고 집에 있는 선비를 말합니다. 지금은 집에 있으면서 불교를 믿는 남자를 거사라 하지만, 남녀 상관없이 여자는 여거사女居士라 칭합니다. 자기의 자칭自稱도 되고 남이 칭하기도 하지만, 본래 한문으로는 불교와 상관없는 사람도 거사라 합니다.

또한 같은 말로 처사處士가 있는데, 거가지사居家之士나 처가지사處家之士나 같은 말입니다. 다 같은 말인데도 요사이는 처사라면 좀 낮고 거사라면 높게 칭하고 있으나, 예전에는 다 처사라고 했을 뿐더러 결국 같은 말입니다. 어렸을 때 보면 처사가 장삼 입고 절에 와 조석예불朝夕禮佛하고 공양도 같이 하고 했었는데 비구 맨 끝에 앉았지요.

그 전에 세조대왕이 대중이 공양하는 데 참예參豫하고 싶은데, 속인이라 하여 안 시켜 주니까 대중 법공양에 참예하기 위해 거사계居士戒를 받았다 합니다. 그리하여 계를 받고 공양에 참예하게 되었는데, 임금이 거사계를 받아 거사 자리에 앉아 있으니, 보통이 넘는 사미가 있어서 임금에게 "거사님 밥 받으십시오." 하니, 좋아하더라는 말이 있습니다. 겨우 거사계를 받고도 거사라는 호칭에 좋아했다는 말입니다. 당시엔 임금도 대중공양엔 참예를 못 하게 되어 있었습니다.

거사란 장자와 덕이 같으면서도 벼슬 안 하고 행을 청정하게 하는 사람입니다.

同時飯僧
동 시 반 승

동시에 승僧에게 공양하려 하여,

바사닉왕이 부처님과 대중을 청하는 동시에 반승飯僧, 즉 스님네에게 공양하려 한다는 말입니다. 승僧 자는 부처님도 포함되는, 곧 부처님도 대중 가운데 한 사람이니까 스님 대중 전체를 가리키는 말입니다.

佇佛來應 佛勅文殊
저 불 래 응 불 칙 문 수

불佛이 와 공양에 응하기를 기다리니, 불佛이 문수에게 칙勅하여,

응應 자는 공양 받으라는 말인데 부처님께서 오셔서 공양 받으라는, 즉 공양 받아 주시기를 기다린다는 말입니다. 그러니까 부처님께서 장자나 거사 집에도 오셔서 청에 응하여 공양 받아 주시기를 바라고 기다리는, 즉 공양 받아 주시면 좋겠다는 애깁니다.

이제 꼭 바사닉왕이 청한 걸 알고 하는 것은 아니고, 따로였는데 동시 전개가 되었습니다. 부처님께서 여러 곳에 가실 수가 없어 임금인 바사닉왕이 청한 곳에 있고, 장자와 거사가 청하는 데는 문수사리에게 명령했으니, 칙勅 자는 윗사람이 아랫사람에게 명령하는 것입니다.

나중에 와서 임금의 명령을 칙敕이라 했으나 이전에는 쓰지 않았습니다. 부처님이 임금보다 높으니까요.

分領菩薩及阿羅漢
분 령 보 살 급 아 라 한

보살 및 아라한들을 나누어 영솔領率하고,

보살도 여럿이요, 아라한도 여럿이 왔으니까, 분령分領, 즉 나누어 가지고 문수보살 한 사람만 가는 게 아니라 누구는 누구를 데리고 가고 하는 등 이렇게 하도록 문수보살을 시킨 것이지요.

예를 들면 관세음보살은 아무 처사 댁에 누구누구를 데리고 가고, 또 다른 보살은 아무 장자 댁에 누구누구를 데리고 가는 식이겠지요.

보살 및 아라한을 둘로 나누어 영솔해 가지고,

應諸齋主
응 제 재 주

재주의 공양에 응하시니라.

여러 재주가 스님네를 청하는 데 맞추어 공양하러 갔다는 말입니다. 바사닉왕이 공양 차리는 얘기부터는『능엄경』발기서發起序에 소속됩니다.

唯有阿難 先受別請
유 유 아 난 선 수 별 청

오직 아난은 먼저 별청을 받아,

짐작하겠지만, 유唯 자는 다른 건 부인하고 이것만이라는 뜻으로, 가령 유물론 하면 온갖 것이 물질뿐, 정신은 없다 하여 정신은 부인하고 물질만 내세우는 걸 말합니다. 유唯 자는 이것만이지 다른 건 용납 않는다는 뜻입니다. 지금은 오직이라는 말을 잘 쓰지도 않고, 누가 오직이라고 말하면 짐작은 하겠지만, 이런 데는 분명하게 그 말이 드러나도록 하는 게 번역하는 묘수妙手입니다. 오직 아난만이.

선수별청先受別請은 '먼저 별청을 받고서'라고 새기는데, 별청은 재자齋者가 스님네 가운데 특정인을 청해서 공양하는 일입니다.

이와 반대로 승차청僧次請이라는 것이 있는데, 이것은 재자가 특정인을 지명하지 않고 그저 "몇 분 와 주십시오." 하면 대중 자체 안에서 순서에 따라 차출差出해서 보내는 제도입니다. 이 승차청은 칠월 보름 해제解制 날 성중城中의 장자와 거사들이 공양 청한 것을 부처님께서 문수사리에게 명령하셔서 승차청 제도에 의해 처리하게 하신 겁니다.

먼저라 함은, 오늘 이전, 그 시간 이전에 '이미'란 뜻으로 아난 존자는 벌써 별청으로 외출하였음을 뜻합니다.

편자 주 이 대목 강화 중간부터 다음 '기무상좌旣無上座 급아사리及阿闍梨'의 강화 중간까지 보완분임.

遠遊未還
원 유 미 환

멀리 갔다가 돌아오지 못하여,

'멀리 나가 아직 돌아오지 못해서' 이렇게 새겨야 하는데, 여기에서 놀 유遊 자는 돌아다닌다는 뜻으로, 이미 별청을 받아서 해제 날 승차청까지는 아직 돌아오지 못했다는 말입니다.

不遑僧次
불 황 승 차

승차에 참여하지 못하더니,

좀 전의 승차청에 미치지 못해서이니, 전에 말한 바와 같이 공양청장을 한 시주 집에서 청한 인원 수를 서열대로 차출해 보내는 절차가 바로 승차청인데, 이 시간에 미처 당도하지 못했다는 뜻입니다.

황遑 자는 미칠 황, 즉 미칠 급及과 같은 뜻이니, 알맞게 도착한다는 말입니다. 즉 알맞은 시간에 도착하는 것을 말합니다. 여기에서는 불황不遑이니까 미치지 못했던 거죠. 그러니까 아난 존자가 결국 칠월 보름날 단독적인 행동을 하게 되었다는 경위를 간접적으로 설명하고 있습니다.

旣無上座 及阿闍梨
기 무 상 좌 급 아 사 리

이미 상좌와 아사리가 없이,

'이미 상좌와 아사리가 없이'라고 새겨야 하는데, 계율에 '스님들이 외출할 때는 반드시 상좌 한 사람과 아사리 한 사람이 동반同伴토록'으로 되어 있습니다. 혼자서 다니면 아무래도 잘못되는 일이 있거나 잘못된 생각을 낼 수도 있기 때문에 서로서로 충고해 주기 위해 마련된 제도인데, 이 내용을 다시 분석해 보면 볼일이 있어서 가는 당사자와, 당사자보다 승랍僧臘이 높은 이가 상좌로 따라가고, 그 다음에 아사리는 궤범사軌範師인데, 절차를 다 아는 교수사敎授師로 당사자보다 아랫사람도 괜찮다고 그럽니다.

그리하여 상좌는 규모 있게 주축이 되진 못한다 해도, 대치해서 그 사람을 지도할 수 있으면 되고, 아사리는 가서 공양 받는 절차 등을 낱낱이 지도하는 것입니다.

으레 당사자와 상좌와 아사리 셋이서 가는 법입니다. 왜냐하면 혼자 다니면 잘못하는 게 많으므로 상좌와 아사리가 있으면 세 사람이나 되니까 혼자 잘못하진 못할 거라는 얘깁니다.

지금의 비구니도 혼자는 다니지 않는데, 만일 혼자 다닌다면 그것은 규모 없는 비구니입니다. 으레 둘 이상 다니는데 곁의 사람 때문이라도 잘못에 빠지지 않을 테니까 그러는 것인데, 우리나라뿐만 아니라 중국에도 그렇답니다. 그래서 둘씩 다니는 걸 비구니 다니듯 한다고 그럽니다.

이것은 별청을 받아 갔기 때문에 상좌도 없고 아사리도 없이 아난 존자 혼자만 오는 때입니다. 그래서 '기무상좌既無上座 급아사리及阿闍利'는 중이 갈 때에 규모를 차리지 못하고 갔다는 말입니다.

이미 상좌와 아사리가 없이,

途中獨歸
도 중 독 귀

혼자 돌아오던 길인데,

갔다 오는 동안에 혼자 기환정사에 돌아오게 되었다는 말로, 마등가摩登伽에게 가게 된 것입니다. 이것은, 아난 존자가 상좌와 아사리가 없이 다녔기에 잘못이라는 말입니다.

其日無供
기 일 무 공

그날엔 공양이 없었다.

기일其日엔 공양이 없어. 기일은 독귀獨歸하던 때, 도중 길에서 오던 그때입니다. 열두 시가 될 때에 공양을 해야 하는데 누가 공양 차려서 먹으라고 하는 사람이 없으니, 밥을 얻어다 먹을 밖에요.

그날은 도중에서 독귀하던 날이고, 그날이 마침 부처님께서 바사닉왕의 청을 받아서 공양하던 그날로 밥은 먹어야 하는데, 공양이 없어,

卽時阿難 執持應器
즉 시 아 난 집 지 응 기

그때 아난은 응기를 집지하고,

응기는 발우鉢盂니 응량기應量器요, 응기라고 그러는데, 자기 밥 먹는

분량을 맞춘다고 응기라고 그럽니다.

집지는 받들고, 즉 발우를 들고 독귀獨歸하는 것입니다.

於所遊城 次第循乞
소 어 유 성 차 제 순 걸

돌아오던 성중城中에서 차례로 걸식하되,

차례로 순걸循乞한다. 즉 그 '법을 좇다'라는 뜻으로 순循 자니, 규모를 좇아서 걸식하려고 했다는 말입니다. 순循 자는 순방循方하다, 방법을 좇다. 즉 밥을 얻어야 할 터인데 공양하는, 걸식하는 방법을 좇아서 하려 했다는 말입니다.

그런데 그 걸식하던 때에 아난은,

心中 初求最後檀越 以爲齋主
심 중 초 구 최 후 단 월 이 위 재 주

심중에 최후의 단월을 처음으로 구하여 재주를 삼으려 하였다.

처음으로 최후 단월檀越을 구한다고 새기니, 최후 단월은 아직까지 스님들에게 공양 대접하지 못한 시주施主라는 말입니다. 단월이란, 두 자가 다 범어로 시주라는 말인데, 단檀 자는 시주란 말이고, 월越 자는 주인이라는 말입니다. 또 중국의 어떤 이가 해역解譯하기를 단檀 자는 보시布施한다는 뜻이고, 월越 자는 보시한 공덕으로 생사를 초월한다는 뜻이니, 단檀 자는 인도 말이고, 월越 자는 한국말이라고 하는 사람도 있는데, 그건 아닌 것 같습니다. 단월은 으레 시주의 뜻인 것 같고, 두 자 모두 범어로 보는 게 좋을 듯합니다.

최후 단월이라는 건 아직 단월 노릇 못 해 본, 아직 스님들을 받들지 못한 사람, 그런 단월을 구해서 재주를 삼겠다. 왜냐하면 아직도 부처님에게 공양 안 해 본 사람은 복을 못 지었으니, 복 못 지은 사람을 위해 복 지어 주겠다는 얘깁니다.

최후 단월을 찾아서 재齋하는 주主, 보시하는, 밥 대접하는 주인을 삼겠다는 것이 아닌 존자가 그때 올 때 걸식하는 심중의 본뜻입니다.

無問淨穢 刹利尊姓 及旃陀羅
무 문 정 예 찰 리 존 성 급 전 다 라

더럽고 깨끗한 찰리 존성 및 전다라를 묻지 않고,

더러운 집이나 깨끗한 집이나, 찰리를 가리지 않는다는 것이니, 찰리는 인도 사성四姓 가운데 두 번째인 찰제리족刹帝利族인데, 임금도 찰제리에서 나오고, 벼슬하는 이들이 다 그 종족입니다. 첫째가 바라문婆羅門인데 벼슬은 안 하고, 임금에서부터 벼슬하는 사람이 모두 찰제리입니다.

그건 높은 이들이니까 존성이라 했고, 전다라란, 우리나라 말로 하면 백정으로서 네 계급 중에 가장 천한 계급입니다.

우리나라에서도 예전엔 '관사람'이라 해서 성균관 앞에서 고기를 팔던 사람으로 누구든지 양반이 가면 으레 '무엇 무엇 하게' 했지, 존댓말을 쓰지 않았었어요. 성균관 앞에 많이 살았다 해서 '관사람'이라 하는데, 백정은 고기를 파는 천한 사람입니다.

그러한 전다라든지 찰제리 등을 묻지도 가리지도 않고, 처음 받드는 사람만 구하려 한다는 말입니다. 부처님의 본뜻은, 걸식할 때에 전다라든지 기생집 같은 술 파는 집에는 못 가게 했습니다. 그런데 아난의 뜻에는 최후 단월을 구해서 복을 지어 주려고 해서 그걸 묻지 않았던 것이지요.

方行等慈
방 행 등 자

평등한 자비를 행하여,

방행方行은 규모 있게 평등한 자비를 행해서 누구든지 공양 안 시켜 본 사람에게 공양 받으려 하니까 그건 등자等慈, 평등한 자비입니다.

그래서,

不擇微賤
불 택 미 천

미천한 이도 가리지 아니하였으니,

전다라든지 이러한 미천한 곳을 가리지 않고 밥을 얻어먹는 것이 아난의 속뜻이니,

發意圓成 一切衆生 無量功德
발 의 원 성 일 체 중 생 무 량 공 덕

그 발의는 일체중생의 무량한 공덕을 원만히 성취하려 함이었다.

발의發意는 본의本意이니, 일체중생의 한량없는 공덕을 성취해 주기 위해서 맨 처음 공양하는 사람은, 누구든지 천하고 높고를 막론하고 재주齋主를 삼겠다 했는데, 이건 평등한 마음으로 공양을 해야 공덕이 무량하고, 차별이 있게 하면 무량공덕이 못 된다는 얘깁니다.

이러한 아난의 생각은 매우 좋지만, 그만 전다라한테도 가서 밥을 구하려 했기 때문에 마등가摩登伽에게 들어가게 되었다는 얘기를 하기 위해서 그런 말을 했습니다.

그리고 또 여기 평등하게 하려는 뜻이 또 하나 있는데,

阿難已知 如來世尊 訶須菩提 及大迦葉
아 난 이 지 여 래 세 존 가 수 보 리 급 대 가 섭

아난은 이미 여래께서 수보리와 대가섭을 꾸짖으시되,

여래가 내내 세존이니까 십호十號 가운데 처음과 나중을 쓴 겁니다.

아난 존자가 이미 알기를 여래 세존께서 수보리 및 대가섭을 꾸짖으시되,

爲阿羅漢 心不均平
위 아 라 한 심 불 균 평

아라한이 되어 마음이 균평하지 못하다 하심을 알고,

마음이 균평하지 못하다는 것입니다. 왜냐하면 수보리는 부잣집에만 가서 밥을 얻어먹거든요. 수보리 생각엔 부잣집에 가서 구해야 주지, 없는

집에 가서 달라고 하면 자기네 먹을 것도 없는데 그럴 수 없다는 것이고, 가섭 존자는 가난한 집에만 가서 밥을 빌되 가난한 사람은 한 번도 복을 못 지었으니 복을 지어 주어야겠다는 생각에서 가난한 집만 갔던 그걸 부처님께서 책망하신 사실을 이미 알고 있다는 것입니다. 부잣집만 가서 얻어먹는 것도 평등하지 못하고, 가난한 집만 가서 얻어먹는 것도 평등하지 못하다고 책망하신 거죠.

수보리와 가섭 존자의 부잣집만 가고 가난한 집만 간다는 경문이 『유마경維摩經』에 있는데, 가섭 존자한테도 유마힐維摩詰이 못쓴다고 얘기했고, 수보리에게도 안 된다고 얘기했는데, 여기 보면 여래 세존께서 꾸중하셨다고 되어 있습니다.

그래서 이것도 정명淨名(유마힐)이 꾸중했지 왜 부처님께서 꾸중하셨느냐고 얘기하기도 하는데, 또 대답은 유마힐이 꾸중할 때 부처님께서 증명하셨으니, 유마힐이 꾸중한 게 부처님께서 꾸짖으신 거나 같다 하기도 하고, 또 어떤 사람은 『유마경』만 보고 한 말이지 다른 경에 어디 있는지 드러내지 못하겠다 하기도 하고, 그 외에 많은 얘기가 있습니다.

그러나 뭐 여기에서 더 이상 말할 건 없고 어쨌든 하나는 부잣집만 가고, 하나는 가난한 집만 가는 게 잘못되었다는 말입니다.

그렇게 부처님께서 수보리와 가섭 존자를 책망하시는 것을 아난 존자가 알고, 당신은 부자고 가난하고를 상관하지 않고 밥을 빌겠다는 것입니다.

欽仰如來 開闡無遮 度諸疑謗
흠 앙 여 래　개 천 무 차　도 제 의 방

여래께서 무차를 개천하며 모든 의방 건너심을 흠앙하여,

여래께서는 개천무차開闡無遮라, 다 툭툭 털어 버리신다. 열 개開 자와 열 천闡 자 다 열어 놓고, 무차라, 막는 일이 없다. 개천은 다 툭 열어 놓았다는 말이고, 무차는 제한을 하지 않는다. 즉 부잣집과 가난한 집에 다 가서 밥을 빌지 제한이 없다는 말입니다. 그러니까 부처님께서는 어디든지 가서 밥을 비시기 때문에 도제의방度諸疑謗이라, 의심과 비방을 다 초월할 수가 있다는 뜻이고, 도度 자는 의심과 비방에서 도탈度脫해 넘는다는 뜻입니다.

이걸 따로 볼 때는 의심 의疑 자는 어째서 가난한 집에만 가서 밥을 비는가 하고 가섭 존자를 의심할 게고, 또 수보리는 부잣집만 가서 맛있는 음식을 얻어먹나 보다고 비방할 것이다, 이렇게도 봅니다. 그냥 봐도 되지만, 의심 의疑 자는 가섭에게, 비방할 방謗 자는 수보리에게 갖다 붙여서 예전에는 그렇게 글을 새겼습니다.

글자 하나라도 놓치지 않으려고 아주 그렇게 세밀히 해역解譯을 해 놨어요. 그런 것을 흠앙, 즉 흠모했다는 말입니다.

아난 자신도 부처님처럼 평등하게 해 보겠다고 마음을 먹고 바리때를 들고 걸식하러 나가는 것입니다.

經彼城隍
경 피 성 황

저 성城과 황隍을 지나서,

피彼 자는 그때, 즉 아난이 오던 때 어느 성城인지는 모르나 아난이 오던 데를 가리키는 말입니다. 성은 돌로 쌓아서 대적大敵이 못 들어오게 하는 성벽, 지금도 우리가 볼 수 있는 것이고, 황隍은, 못 지池 자를 써서 성지城池라고 하기도 하는데, 성을 쌓고는 성 밑에 깊게 파서 물을 돌려 놓아 깊고 넓어서 건너오지 못하리만치 해 놓은 것입니다. 또 성황城隍이라고 하기도 하는데, 마른 돌을 쌓아 물이 없는 것을 말합니다. 성황을 지나 밖에서부터 지금 성중으로 들어오는 것이니까, 이건 밖에서 들어오는 것이지요.

徐步郭門
서 보 곽 문

곽문으로 서서히 걸어서,

곽문으로 천천히 걸어오는 것인데, 성은 두 겹으로, 성안은 성이라 하고, 성 밖에 또 성이 있는 걸 곽郭이라고 그랬는데, 예전의 성은 성안을 튼튼하게 쌓고, 밖에 둘째 성을 쌓았었습니다.

嚴整威儀
엄 정 위 의

위의를 엄정히 하여,

이건 밥 비는 위의, 걸식하는 위의를 엄정히 하고, 정돈하게 해서,

肅恭齋法
숙 공 재 법

재법을 엄숙하고 공손히 하였다.

재齋는 법, 밥 비는 법을 엄숙히 공손히 하고 있더라. 여기, 아난 존자가 밥 비는 걸 규모 있게 했다고 하는 것은, 마등가한테 빠진 것이 도력道力이 부족해서이지, 아난의 밥 비는 위의가 잘못되지 않았다는 걸 증명하려고 이렇게 써 놓은 것입니다.

爾時阿難 因乞食次
이 시 아 난 인 걸 식 차

그때 아난이 걸식하던 차제에,

차次 자는 차제次第라고 해도 되지만, 여기에서는 처소란 뜻으로 지금도 어른 계신 곳에 편지 쓰려면 아무 행차소行次所라고 하는데, 행차소라고 하는 게 행하던 처소라는 뜻입니다.

걸식하던 그곳을 인해서, 걸식하다가,

經歷婬室
경 력 음 실

음실을 지나다가,

음실은 매음賣婬하는 집인데 그곳을 지나게 되었다.

본래는 그런 데 가서 밥을 빌지 않는 법인데, 아난 존자가 처음부터 찰리 존성이나 전다라를 묻지 않고, 방행등자方行等慈한다고 했기 때문에 거기서 밥을 달라고 했는데, 마침 만난 것이,

遭大幻術 摩登伽女
조 대 환 술 마 등 가 녀

대환술하는 마등가녀를 만나니,

'큰 환술을 하는' 이건 요술인데, 다른 사람을 그 나쁜 주문을 가지고 정신없이 홀려서 들어오게 하는 기술입니다.

대환술을 하는 마등가라고 하는 것은, 인도에서 가장 천한, 길이나 쓸어 주고 매음賣淫이나 하는 이런 이들을 다 마등가 족속이라 하는데, 한 사람의 성姓이나, 한 집안의 성이 아니라 그런 부류를 다들 말한 것입니다.

녀女 자는 두 가지인데, 마등가의 어머니가 있고 딸이 있는데, 환술은 어머니가 했고, 아난을 붙들어 간 것은 딸이 했습니다. 여기는 대환술을 하는 마등가녀를 만났다고만 되어 있는데, 따로 『마등가경摩登伽經』이 있어서 아난 존자가 마등가녀에게 홀렸던 이야기를 자세히 해 놨는데, 경이 하나만도 아니고 몇 가지가 있습니다.

대개 이렇게 전합니다. 지금 만났다는 얘기를. 그래, 아난 존자는 뉘 집인지는 모르고서 그저 아무 집이나 가서 밥 달라고 했는데, 딸인 마등가녀가 나와 아난을 보니, 아난 존자가 부처님의 삼십이상三十二相은 못 갖췄지만 이십상호二十相好를 갖추어 부처님과 거의 같아지니, 잘생기고 뛰어나 마등가가 그냥 보낼 생각이 없었던 것이지요.

그래, 처음엔 밥을 가지고 나오다가 아난 존자를 보고는 다시 들어가서 수건을 밥 위에 덮어 가지고 나왔는데, 그 수건이 마등가녀의 환술을 적어 놓은 수건이라는 것으로 그 밥만 받아도 그만 환술에 걸리게 되는 것입니다. 어머니도 마등가녀니까 기생 노릇 하는지는 모르나, 환술을 하기에 딸이 어머니를 졸라 "나는 저이와 결혼해야겠는데 저이를 남편으로 못 삼으면 죽을 터이니, 어머니의 환술로 붙들어 달라."라고 하니, 그 환술은 죽은 사람과 '성聖 제자' 부처님 제자에게는 안 되는 것이라는 게지요. 부처님은 나라에서 임금이 받들고 있는데, 그 제자를 홀리면 안 된다고 하니, 딸이 죽는다고 하니까 주문을 해서 아난 존자를 홀리게 한 것입니다. 아난 존자가 밥 빌던 걸 그만두고, 기환정사로 가다가 홀려서 어떻게 되었는지 모르고 그만 걸어서 마등가녀의 집으로 갔습니다. 마등가녀의 집으로 가니까 마등가녀가 붙들어다 자기 방으로 데려다 놓고 그 사실이 그렇게 되었다는 것이고, 또 다른 데는 다르게 얘기한 것도 있는데, 어찌되었든 『마등가경』 하나만이 아니라 마등가녀가 아난 존자에게 홀려 간 이야기가 이 경과 사실이 좀 다르게 되어 있습니다.

以娑毗迦羅先梵天呪
이 사 비 가 라 선 범 천 주

사비가라선범천주로써,

마등가 같은 환술하는 사람이 하는 주문인데, 인도에서는 범천梵天이 최상이므로 예전에 범천이 하던 주문이라고 말을 갖다 댔답니다. 실상은 사비가라 외도들이 하는 요술로 사람을 홀리는 주문입니다. 그 주문으로 매음하는 집에서 아난 존자를 붙들어 갔다는 말입니다.

그러니까,

攝入婬席
섭 입 음 석

음석으로 섭입하여,

섭攝 자는 억지로 붙들어 갔다는 말이고,

婬躬撫摩
음 궁 무 마

음궁으로 무마하여,

마등가녀가 음란한 몸으로 만지고 주무르고 하여,

將毁戒體
장 훼 계 체

계체를 훼손하려 할새,

장차 계체를 훼손할 뻔했더라. 아직 훼손되진 않았고, 아난 존자를 붙들어다 놓고 파계시키려는 순간이라는 말입니다. 이 계체란 말이 여기의 『요해要解』에서는, 아난의 육신을 계를 지키는 몸이라고 해석을 했는데, 계율 가운데 계체라는 명사가 따로 있어서 계의 원주체原主體를 말합니다. 계사戒師가 계를 일러 줄 때에 계사가 따로 있어서, 가령 살생殺生을 하지 마라, 도둑질을 하지 마라 할 때, 그이가 살생을 하지 않는, 곧 그 계에 계법 자체가 있는데 그것이 계체요, 애초에 계를 설해 줄 때에, 이 계체가 전해진다 합니다. 그래서 계를 받으면 효력이 생기는 것이지요.

글만 읽으면 무슨 효력이 있겠느냐, 그래서 계사戒師에게 계가 있어야 하는데, 계가 없다면 헛 계사가 되는 것이지요. 그래서 무표색無表色이라 하여, 눈으로 보이는 것도 아니고 만질 수도 없는 이런 신비한 힘이 있다 하여 계체입니다. 그래서 그 계를 한 번 받으면 그 계체를 전해 받았기 때문에 살생하는 일에 당했을 때, 이래서는 안 되겠다는 생각이 남아 있는 게 계체라는 말입니다.

즉 계의 원주체原主體로 그것이 남아 있기 때문에 살생을 안 하게 되는 것을 계체라고 하는 명사名詞로서 사전을 찾아보면 나와 있을 겁니다. 아난 존자의 계를 지키는 육신체肉身體라고 해도 상관은 없지만, 짚고 넘어갑니다.

장훼將毁란 장차 훼손할 뻔했다고 하니까 아직 파계破戒는 하지 않고, 파계할 지경에 이르러 갔다는 말이고, 음궁무마婬躬撫摩는 파계할 행동을 하려고 하는 태도, 무마撫摩는 손으로 만지는 등의 위험한 때를 당했는데,

如來知彼
여 래 지 피

여래께서 그가,

피彼 자는 아난을 가리키는 말이고, 부처님께서 그 아난이,

婬術所加
음 술 소 지

음술의 가加한 바 되었음을 아시고,

음란한 매음녀賣淫女들이 하는 술術, 곧 사비가라선범천주娑毗迦羅先梵天呪를 가리키는 말로 요술의 가加한 바입니다. 가피加被라고 하는 건 부처님의 좋은 뜻이지만, 여기는 나쁜 것이 그 사람의 몸에 가해져서 정신을

못 차리게 하는 그런 것이죠. 그 음술에 가한 바 된 줄을 아셔서, 즉 아난 존자가 이렇게 위급함을 당한 줄 바사닉 왕궁에서 공양 받으면서 아셨다는 말입니다.

그리고는,

齋畢旋歸
재 필 선 귀

공양을 마치고 이내 돌아오시거늘,

재齋를, 공양을 마치고는 곧 돌아왔다, 선旋 자는 곧장 돌아왔다는 말인데, 선귀旋歸란 다른 때는 공양 받고 나서 시주를 위해 법문을 하고 오시는데 법문할 여가가 없어요, 아난 존자가 위급하니까.

그래서 법문하지 않고 오신 것을 말할 때 선귀라고 그랬던 것으로, 재齋를 마치고 곧 돌아오시거늘,

王及大臣 長者居士
왕 급 대 신 장 자 거 사

왕 및 대신과 장자와 거사들이,

바사닉왕과 대신들과 장자, 거사 등 음식 대접하던 그런 이들이,

俱來隨佛 願聞法要
구 래 수 불 원 문 법 요

다 따라와서 부처님의 법요法要 듣기를 원하였다.

다 부처님을 따라오더라. 부처님께서 법문하실 터인데 안 하고 오시니, 무슨 일이 있어 기환정사로 가서 법문하실 줄 알고 듣기 위해 따라온 것이지요. 이 사람들은 부처님께서 왜 먼저 가신 줄은 모르고 따라온 것입니다.

이제 부처님께서 아난 존자를 구하시게 되는데,

于時
우 시

그때에,

기환정사에 와 앉으셔서,

世尊 頂放百寶 無畏光明
세존 정방백보 무외광명

부처님께서 정상頂上으로 백 가지 보배롭고 무외無畏한 광명을 놓으시니,

이 정수리를 이마 정頂이라고 해 버리는데 이마가 아니고 정상육계상頂上肉髻相을 말합니다. 대불정大佛頂 하는 그 정頂과 같고, 그 정상으로 백보百寶란 백 가지 훌륭한 수효가 꼭 백 가지라는 말이 아니고, 보寶 자는 훌륭한 그런 빛을 구족해 있는 무외광명, 즉 두려움이 없는 광명으로 이 광명은 어디의 어떤 존재든지 다 소멸할 수 있는 것이기에 무외광명입니다.

조금도 두려울 것이 없는 백보광명百寶光明을 정상으로부터 놓으신 게 처음이고,

光中出生 千葉寶蓮
광 중 출 생 천 엽 보 련

광光 중에 천 엽 보련이 출생하거늘,

광명 가운데 천 엽 되는 보배 연꽃을 출생하는 것으로, 이 엽葉 자는 이 파리 엽 자가 아니고 꽃잎입니다.

그러니까 꽃이 천 잎이나 되는 보배롭고 훌륭한 연꽃이 광명 가운데 출생했는데,

有佛化身
유 불 화 신

부처님의 화신이,

석가모니불이 화신불인데, 석가모니불 외에 화신불이 계셔서,

結加趺坐
결 가 부 좌

결가부좌하사,

보련寶蓮 위에 화신불이 결가부좌하고 앉아서,

宣說神呪
선 설 신 주

신주를 선설하시고,

제7권에 있는 능엄주楞嚴呪를 선설하는 것인데, 석가모니부처님 당신이 하신 게 아니라 당신의 정상頂上에서 광명이 나오고, 광명 가운데는 천 엽보련화가 있고, 연꽃 위에 부처님의 화신불이 앉아 계십니다.

그러니까 광명 속의 화불化佛은 부처님의 심법心法을 상징하는 심불心佛이요, 정상頂上은 가장 무외無畏한 걸 표시하는데, 그러한 화불이 앉아 그 신주를 선설해 가지고는,

勅文殊師利 將呪往護
칙 문 수 사 리 장 주 왕 호

문수사리에게 칙勅하여 신주를 가져가 구호救護하라 하시니,

문수사리에게 직접 시켜 능엄주를 가지고 가라 했으니, 가지고 간 건 외워 간 거겠지요? 그 주呪를 가지고 가서 아난 존자를 구호해 오라고 했습니다.

지금 마등가한테서 파계를 하게 되었으니, 문수사리에게 칙勅하여 주呪를 외워 가지고(외웠다고 얘기는 안 되어 있지만) 가서 능엄신주楞嚴神呪를 하니,

惡呪消滅
악 주 소 멸

악주가 소멸하거늘,

악주란 마등가의 선범천주先梵天呪인데, 그 세력이 소멸하는 겁니다. 선범천주 때문에 마등가의 방에 가서 아난 존자가 손발을 마음대로 할 수 없는 그런 경계라고 얘길 했습니다.

그런데 이 능엄주 때문에 악주惡呪의 세력이 없어지니, 아난도 정신을 차렸고, 마등가도 잘못을 알거늘,

提奬阿難 及摩登伽
제 장 아 난 급 마 등 가

아난과 마등가를 이끌고,

제提 자는 끈다는 말이고, 장奬 자는 권장한다는 말인데, 이것도 예전에 경을 새기는 이들이 제提 자는 아난을 가리키고, 오고 싶든 안 오고 싶든 간에 끌어온다는 뜻이며, 장奬 자는 마등가를 가리키는 말로 마등가도 가자고 권하는 뜻이라고, 예전 분들은 아주 세밀히 보려고 이렇게 했는데, 그럴 만한 일입니다.

아난과 마등가를 끌고서,

歸來佛所
귀 래 불 소

부처님의 처소에 돌아왔다.

부처님께서 계신 기환정사에 돌아왔더라. 여기까지는 『능엄』을 설하게 된 발기서發起序입니다.

〔정종분正宗分〕

Ⅰ. 사마타奢摩他를 말하여 진심을 알게 하다

1. 망심妄心을 밝히다

阿難見佛 頂禮悲泣
아 난 견 불 정 례 비 읍

아난이 부처님을 뵙고 정례하고 비읍하며,

아난이 문수사리에게 끌려 마등가와 함께 부처님께서 계시는 처소로 와서 부처님을 뵙게 되었고, 부처님을 뵙자마자 비읍悲泣, 슬피 울었다. 아난 존자의 입장에서 보면, 자신의 지금 모습이 후회스럽기도 하고, 마등가에게 빠진 게 부끄럽기도 하여 비읍하면서 한탄하는 것입니다.

恨無始來 一向多聞
한 무 시 래 일 향 다 문

무시이래에 일향一向으로 다문多聞만 하고,

무시이래로, 무시無始적으로부터 오면서 일향다문이라.

아난 존자는 석가모니부처님뿐만 아니라 과거 많은 부처님께 다문제일多聞第一이라는 것입니다. 그래야만 무시이래가 되는 것입니다.

일향다문만 했고, 경을 많이 듣고 외우고 글자 하나도 잘못되지 않게 외울 수는 있었지만,

未全道力
미 전 도 력

도력이 온전하지 못한 것을 한탄하여,

글만, 경만 외웠지 도력은, 도는 닦지 못했다, 도력은 실제 수행인데 그걸 온전히 못했다는 말이고, 다시 말하자면 혜慧만 익혔지 정定을 익히지 못했다는 말입니다.

한恨 자는, 무시이래에 일향다문하고 미전도력한 것을 이래서는 안 되겠다고 한탄하는 것이고,

般勤啓請 十方如來 得成菩提 妙奢摩他 三摩 禪那
은근계청 시방여래 득성보리 묘사마타 삼마 선나
最初方便
최초방편

시방 여래께서 보리를 이루신 묘한 사마타와 삼마와 선나의 최초 방편을 은근히 청하였다.

은근般勤이란 정성스럽게 한다는 한문 문자인데, 정성스럽게 계청啓請, 계啓 자는 부처님께 여쭈어서 청하는 겁니다. 시방의 어느 부처님이든지 득성보리得成菩提하신, 보리를 얻어 이루신, 즉 시방 부처님께서 성불하실 때 무슨 공부를 해 가지고 했을 터인데, 그 성불하신 사마타 · 삼마 · 선나가 다 묘하다, 보통 닦는 선법禪法이 아니라 아주 미묘한 것이라 해서 묘妙 자 하나가 묘사마타 · 묘삼마 · 묘선나라는 그런 말입니다.

그런데 『원각경圓覺經』에도 이 사마타 · 삼마 · 선나의 이십오륜二十五輪이 나오는 것으로, 말로 보통 하는 술어인데, 『능엄경』에서는 좀 특별하다고 얘기합니다.

『원각경』과 다름없는 보통의 것이라 해석해 버리기도 하는데, 좀 다르다고 한 것은, 보통으로 하는 것은 수행해서 생기는 선정禪定인데, 묘妙 자를 쓴 건 닦는 것이 아니라 내 본자성本自性 가운데, 육근六根 가운데 본래 구족해 있는 점이 수증修證하는 세 가지와는 다르다. 즉 『능엄경』에서 말하는 사마타 · 삼마 · 선나는 다른 데서 말하는 세 가지와는 다르다고 얘기하는 것입니다.

보통 사마타는 고요할 지止, 고요할 정靜 자로 번역하는데, 처음 선禪하려고 앉을 때 몸도 자세를 갖추고 마음도 고요히 해서 일체 분별망상을 다

쉬고 있는 경계라고 할 수 있고, 삼마는 삼마발제三摩跋提, 즉 보통의 삼마라고 할 때도 이렇게 쓰지만『원각경』엔 삼마발제라고 나와 있으니까 삼마제三摩提라는 말입니다.

삼마제는 환幻인데, 꼭두각시 환幻 자, 그러니까 사마타가 정定을 의지했다면 삼마는 혜慧를 의지한 것인데, 다시 말하면 처음 선禪하려고 앉을 때는 온갖 것이 다 쉬니까 사마타 경계이고, 얼마를 앉아 있으면 혜慧가 생겨 지혜 편으로 나오는 것이, 즉 온갖 물건이 다 생기는 것을 환幻이라고 합니다. 그래서 삼마입니다.

다시 말하면 흐리터분하고 흔들리던 물을 고요한 그릇에 떠서 갖다 놓으면 처음 갖다 놔서 흔들림이 없이 고요히 있는 것이 사마타이고, 얼마 있으면 흐리던 것이 가라앉고 흔들리던 것이 흔들리지 않으면 뭐든지 비칠 수 있는 이것이 삼마제의 경계입니다.

환幻이라고 한 것이 같은 선禪이지만 정定 쪽으로 치우친 것을 사마타라고 하고, 혜慧 쪽으로 나오는 것을 삼마라고 하고, 선나는 둘 다 합한 말입니다.

보통 선禪이라고 하면 선나禪那를 말하는데, 고요함에서도 드러난다는 말, 즉 정려靜慮, 정靜 자는 고요하다는 말이고, 려慮 자는 생각한다는 말이니까 정 자는 사마타에 속하고, 려 자는 삼마에 속하며, 사마타와 삼마 경계가 한데 어울린 것을 선나라고 할 수 있습니다. 이게 달라지진 않지만 방면이 그렇게 다르다는 말입니다. 사마타 · 삼마 · 선나의 일반 해석은 그렇습니다. 여기에서도 꼭 그러는지는 모르겠지만, 보통으론 그렇습니다.

시방 여래께서 이러한 정定을 하여 성불을 하셨는데, 그런 최초 방편, 즉 사마타 · 삼마 · 선나를 세 가지로 보는데, 세 가지가 보리를 이루는 첫 방편이라 해서 최초 방편이 따로 있는 게 아니라, 이 세 가지가 바로 최초 방편이다 이렇게 해석하는 이도 있고, 또 사마타에 들어가는 최초 방편,

즉 삼마에 들어가는, 선나에 들어가는 최초 방편이 있으니, 이 세 가지는 정定을 가리키는 말인데, 그 정을 익히는 처음 방편이 있다, 이렇게 두 가지로 새깁니다.

정리하자면 사마타 · 삼마 · 선나를 시방 부처님께서 보리를 이루시는 첫 방편이라 해서 매양 세 개가 최초 방편이다, 이렇게 보기도 하고, 이 세 가지에 공부해 들어가는 방편이 또 있다고 해서 『능엄경』에서 무엇 무엇은 사마타에 들어가는 방편이고, 무엇 무엇은 삼마에, 무엇 무엇은 선나에 들어가는 방편이라고 이야기하고, 또 이것을 명나라 진감眞鑑의 『정맥소正脈疏』에서는 최초 방편이 있고, 초방편初方便이 있으니, 가령 사마타에 처음 들어가려고 하면 맨 처음엔 최초 방편이 있고, 그 방편을 지나서 초방편이 있고, 초방편을 말미암아서 사마타에 들어간다고 이야기했고, 또 경의 어느 부분까지는 최초 방편이고, 초방편이라는 등의 이야기를 해 놓았습니다.

시방 여래께서 사마타 · 삼마 · 선나를 의지해서 부처님이 되셨으니, 그 방법을 가르쳐 주십시오 하는 말입니다. 이것이 『능엄경』에서 처음으로 아난 존자가 부처님께 물은 것이고, 아래에서 대답해 주실 것인데, 물음 그대로 대답했지 물음 이외의 다른 것은 안 했을 것입니다.

그럼 이 『능엄경』 전체가 사마타를 대답하고, 삼마 · 선나를 대답했겠는데, 그냥 보고 어디까지는 사마타다, 삼마다, 선나다, 이렇게 하기가 어렵다는 말입니다.

그래서 누구든지 『능엄경』을 볼 때에 이 세 가지의 물음에 부처님께서 세 가지에 답하셨지 다른 걸 답해서는 안 될 터인데, 분명히 이 세 가지가 나와야 하는데 그렇지 못해 의심을 하였지만, 경의 어디까지는 사마타 법문이고, 어디까지는 삼마, 어디까지는 선나 법문이라고 얘기하기 힘듭니다. 이것을 증거를 대서 얘기해 놓은 이가 『정맥소』를 지은 진감 선사입니다.

그걸 보면 여기 지금 계환사戒環師는 견도분見道分, 수도분修道分, 증과분證果分, 결경분結經分, 조도분助道分 이렇게 구분했는데(견도분이 제4권 중간까지인데), 여기까지를 사마타에 대답했다 그랬고, 수도분 법문을 삼마를 대답했다 그랬고, 증과분 법문을 선나에 대답했다고 처음으로 해 놓았습니다. 다른 건 몰라도, 그건 해 놓아야 묻는 대로 대답한 게 되고, 그냥 해도 되겠지만, 묻는 데 의지해 대답하시는 부처님의 규모가 정연하지 못하겠지요.

이 『정맥소』가 좀 다른 것이, 다른 이들은 수행해서 얻는 걸 얘기했는데, 즉 사마타 · 삼마 · 선나를 의지해서 수행해 얻는 걸 얘기했는데, 『정맥소』에서는 그것이 본래 우리에게 구족해 있다고 하였습니다.

우리가 지금 선禪한다고 하면, 분별하는 식識을 가지고 해야 하는데, 『정맥소』에서는 식識은 생멸하는 것이니, 생멸하는 걸 가져서 공부하면 생멸하는 결과밖엔 못 된다고 했습니다.

그것은 『능엄경』에서 부처님께서도 말씀하셨습니다. 생멸하는 마음을 가지고 인因을 삼아 닦으면 생멸하는 과果를 얻지, 불생멸과不生滅果가 얻어지지는 않는다는 것입니다. 원인과 결과가 같아야지 어떻게 다르겠느냐 하여 그래서 불생멸하는 걸 의지해야 한다고 했는데, 이 『정맥소』에서는 우리 육근문두六根門頭에 눈으로 보고 귀로 듣는, 보고 분별하는 건 식識이 하는데(눈으로 보고서 분별하는 건 眼識이 하는데), 보기만 하는 건 안식眼識이 상관이 없다는 것입니다.

밝고 어두운 것을 드러내는 건 육근의 성性이라는 겁니다. 식識이 작용하기 전에 귀로 소리를 들을 때, 즉 이건 종소리, 이건 사람 소리라고 할 때는 식識이 분별한 것이지만, 식識이 분별하기 전에 듣기만 한다거나 하는 것(性)은 언제든지 있다는 것입니다.

그래서 『정맥소』에서 주장하는 것이 다릅니다. 『정맥소』는 과거에 천년을 내려오던 것을 뒤집어 놓은 것인데, 역시 그의 이론을 따르자면 그럴듯하기도 하고, 또 계속 내려가면서 보면 분명히 안근眼根이라고 할 때의 그 성性, 본래부터 구족해서 가지고 있는 성품 자리 그게 위의 여래밀인如來密因이라고 하는 겁니다.

그래서 내가 지금 『정맥소』에 반한 터이지요. 『정맥소』가 옳다고 하는 것은, 첫째는 묘사마타 · 삼마 · 선나를 구분해 놓은 것을 따라가야겠고, 또 한 가지 식識을 가지고 하는 것이 아니고, 근根을 가지고(六根의 성품을 가지고) 한다는 것이 부처님 말씀과 같은 그런 의미와 이유에서입니다.

여기부터는 정종분正宗分입니다. 아난이 부처님을 뵈옵고부터 물어서 내내 부처님께서 대답하시는 끝까지가 정종분입니다.

於時復有恒沙菩薩 及諸十方 大阿羅漢 辟支佛等
어시부유항사보살 급제시방 대아라한 벽지불등

이때에 또 항하사 보살과 시방의 아라한과 벽지불 등이,

이건 위에서 다 설명했습니다. 여기의 아라한과 벽지불은 소승小乘의 공부를 해서 결과를 얻어 극極에 이르러 간 이름이고, 보살은 대승大乘으로써 공부하여 부처 되기 전까지를 말합니다.

처음 발심해서, 대승은 나 혼자만이 성불하려는 게 아니라 일체중생과 다 같이 성불하려고 하는, 자기보다는 남을 이롭게 한다는 생각이 많은 것이 보살행菩薩行인데, 초발심初發心 보살, 우리도 지금 할 수 있습니다.

불교의 대승법을 배워 가지고 일체중생을 제도하겠다는 성의를 가지고서 그런 마음을 발하면 보살이 됩니다.

부처가 될 때까지 계급이 쉰다섯을 지나가야 하는데, 가령 초등학교

1학년에서 2학년, 6학년이 지나고 중학교, 고등학교, 대학교를 가듯이, 그러한 쉰다섯 계급을 지나가면 부처가 됩니다.

법상종法相宗에서는 석가모니부처님께서 처음 발심해서 성불하실 때까지의 시간이 3아승지겁阿僧祇劫이라고 했습니다.

아승지阿僧祇라는 건 범어인데, 번역하면 무수無數, 수가 없다는 말인데, 아승지라고 하는 것은 아마 지금 여기 모인 이는 다 기억할 수 있을 겁니다.

인도에서 대수大數를 얘기할 때 낙차落叉가 시작입니다. 낙차가 대수의 처음으로 10억이라고 합니다. 1낙차가 10억인데, 낙차를 또 제곱하면 나유타那由他요, 나유타를 제곱하면 아유다阿由多인데, 우리의 경우 대수 올라가는 게 만씩 해서 올라가지만, 인도에서는 제곱해서 올라가는 것이 대수 올라가는 방법인데, 이렇게 해서 낙차에서부터 백다섯 번째가 아승지입니다.

낙차에서부터 제곱해서 올라가고, 또 제곱해서 올라가는 낱낱의 이름이 다 있는데, 그 백다섯 번째가 아승지이니, 그 수가 얼마나 많은지 짐작할 수 있을 겁니다. 표현은 못 하겠지만, 아마 신문의 글자와 같은 크기로 숫자를 놓는다고 하더라도, 모르긴 해도 1아승지만 해도 여기에서 태양까지 가고도 숫자가 남을는지 모르겠습니다.

그런 아승지를 세 번 지났다고 그럽니다. 그래서 불교 공부하는 것을 장사하는 사람같이 주판으로 따져서는 안 됩니다. 시간으로 10년이고 백년이고 얼른 하겠다는 생각은 대승심大乘心이 못 됩니다. 얼마든지 성불할 때까지 이 길밖엔 없으니까 시간에 관계없이 가는 것이 대승심입니다.

이게 보살입니다. 조급한 생각으로 해서는 안 됩니다. 그래서 대개는 소승성문小乘聲聞이나 연각緣覺 같은 이런 이들도 보살도를 말씀하시는 걸 부처님 곁에서 듣습니다.

우리가 보살행은 못 하지만 보살도를 닦으려는 얘기는 안 하고 아라한이 된다든지 벽지불이 되려 하는데 그건 쉽습니다. 세월이 한두 생은 아니지만, 그래도 몇 겁 안 되어서 쉽게 되는데, 보살이 되어 성불하는 건, 세월이 많다 보니 못 하겠다고 그러지요. 1백 겁, 2백 겁을 닦아 아라한, 벽지불이 되어도 생사生死는 초월합니다. 또한 나라고 하는 아집我執을 꺾기 때문에 생사를 초월하면 윤회는 하지 않습니다. 그러니까 그걸 하게 되는 겁니다.

여간한 경지가 아니고서는 보살심을 발하기 어려운데, 아난 존자가 지금까지 아라한도 못 된 소승이지만, 지금 여기에서는 시방 부처님께서 성불하신 것을 물은 겁니다. 그게 보살입니다.

항하사와 같은 많은 보살과 시방에서 모인 아라한이나 벽지불들이,

俱願樂聞 退坐默然 承受聖旨
구원요문 퇴좌묵연 승수성지

모두 듣잡기를 원하여 물러앉아 묵연히 성지를 승수하려 하더라.

부처님께서 묘사마타 · 삼마 · 선나 말씀하시는 것을 듣잡기를 원하여 물러가 앉아 잠자코 있으면서 성지聖旨, 부처님의 거룩한 뜻과 말씀을 기다리고 있다. 그 말은 아난 존자가 청하는데 다른 이들도 다 듣기를 원하고 있다는 뜻입니다.

佛告阿難
불고아난

부처님께서 아난에게 말씀하시었다.

汝我同氣 情均天倫
여 아 동 기 정 균 천 륜

너와 내가 동기라. 정의情誼가 천륜과 같으니,

동기同氣란 조상의 기운이 같다는 말입니다. 가령 사촌이라든지 칠촌, 팔촌 등 아마 십촌까지는 다 동기라고 할 겁니다. 아난과 부처님은 사촌간입니다. 그래서 동기라 했고, 가까운 동기지만 정의情誼가 천륜天倫과 같습니다. 천륜은 부자 간이나 친형제처럼 천연적, 선천적으로 정해져 있는 것을 말합니다. 임금과 신하, 남편과 아내, 친구 등의 사람으로 생겨나서 정해 놓은 건 인륜人倫입니다.

지금 여기에서의 부처님 말씀은 너와 내가 사촌이지만 정기情氣로 보면 친형제나 같다는 말입니다.

當初發心
당 초 발 심

네가 처음 발심할 때에,

중 되려고 마음을 내는 게 발심입니다.

於我法中 見何勝相 頓捨世間 深重恩愛
어 아 법 중 견 하 승 상 돈 사 세 간 심 중 은 애

나의 법 중에 무슨 승상을 보았기에 세간의 심중한 은애를 한꺼번에 버렸느냐?

승상勝相은 훌륭한 모양이고, 심중한 은애는 부모라든지 형제 등인데, 어째서 다 떠나서 나왔느냐는 말입니다. 출가한다고 하면, 아주 집을 나와 속가는 버리고 절에 와서 불법을 배우는 것이니까 은애를 다 끊어 버리는 것입니다. 요사이는 출가해서도 자꾸 집엘 가고 그럽니다만, 예전엔 한 번 나오면 다시는 가지 않는 게 출가라고 했습니다.

출가는 불교에서만 하는 게 아니라 인도의 여러 바라문들도 종파가 많았었는데, 이들도 집을 떠나 스승을 따라 시봉하면서 공부를 합니다. 여기까지는 어째서 심중한 은애를 버리고서 출가했느냐, 이런 말입니다.

阿難白佛
아 난 백 불

아난이 부처님께 아뢰었다.

我見如來 三十二相 勝妙殊絶
아 견 여 래 삼 십 이 상 승 묘 수 절

저는 여래의 삼십이상이 수승殊勝하게 절묘絶妙하고,

부처님의 삼십이상이 있습니다. 삼십이대인상三十二大人相이라고도 하는데, 우리나라에서도 위인偉人이나 대인大人이 되려면 귀가 커야 한다든지, 코가 어때야 한다는 등의 얘기가 있듯이 인도에서도 훌륭한 사람은 삼십이상을 갖춰야 한다고 말합니다. 부처님만이 삼십이상을 갖춘 게 아니라, 전륜성왕轉輪聖王도 삼십이상을 구족했다고 그럽니다.

전륜성왕은 인도 전체를 총괄할 수 있는 임금으로, 우리나라나 일본처럼 한 나라를 다스리는 경우, 속산왕粟散王이라고 해서 좁쌀을 흩트려 놓은 것같이 조그만 곳에서 왕 노릇 하고 있다는 뜻입니다. 전륜왕이란 금으로 된 바퀴라든지, 은으로 된 바퀴를 굴리고 다니면, 온 나라의 조그마한 왕들이 복종한다는 말입니다. 부처님의 삼십이상이 수승하고 절묘하게 잘 생겼다는 말입니다.

形體映徹 猶如琉璃
형 체 앙 철 유 여 유 리

형체가 맑게 사무침이 마치 유리와 같음을 보고,

부처님의 형체, 몸이 밝게 사무쳐 환하게 유리 모양으로 그 속이 다 보이게, 우리와 같이 텁텁한 게 아니라 유리와 같음을 뵈옵고 그렇게 잘생겼기 때문에 생각하기를,

常自思惟 此相非是欲愛所生
상 자 사 유 차 상 비 시 욕 애 소 생

항상 생각하기를, 이 상相은 욕애로 생긴 것이 아니리니,

우리 몸은 다 부모의 욕애로 생겼기 때문에 변변하지 못한데 부처님의 몸은 우리와 같이 욕애로 생기지 않았겠다는 말입니다.

何以故 欲氣麁濁 腥臊交遘 膿血雜亂
하 이 고 욕 기 추 탁 성 조 교 구 농 혈 잡 란

왜냐하면 욕애는 추탁하여 비린내, 누린내가 어울리고 고름과 피가 잡란한 것이어서,

우리 몸은 사실 그렇지만 부처님은 그렇지 않다는 말입니다.

不能發生 勝淨妙明 紫金光聚
불 능 발 생 승 정 묘 명 자 금 광 취

능히 승정묘명한 자금광취를 발생發生하지 못하리라 하고,

저렇게 깨끗하고 묘하고 밝은 자금광 덩어리를 발생하지 못하리라고 하는 이런 생각을 했다는 말입니다. 자금광이란 금빛을 가리키는데 지금의 누런 금을 떠올리지만 참말 좋은 금은 누런빛이 아니라 붉은빛이 난다고 그럽니다. 누렇다 못해 붉은빛이 나는 걸 자금광, 즉 자금이라 그러는데 부처님도 인도 어른이다 보니 우리보다 좀 더 붉은 기운이 있었을 겁니다.

그래서 금 가운데 제일 좋은 걸 자금이라 하는데, 부처님의 자금광 덩어리 같은 상相을 발생하지 못하리라 하고,

是以渴仰 從佛剃落
시 이 갈 앙 종 불 체 락

그러므로 목마른 듯이 앙모仰慕하여 부처님을 따라 머리를 깎았나

이다.

그래서 부처님을 따라 머리를 깎고 중이 된, 출가한 본의가 이렇다는 말입니다.

佛言善哉
불 언 선 재

부처님께서 말씀하셨다.
선재라.

선재란 좋다고 칭찬하는 말인데, 지금 하는 말을 잘했다고 칭찬하는 것도 있고, 또 그렇게 말한 것을 의지해서 부처님께서 가르쳐 주실 만한 기틀을 만들었다는 의미도 있고, 생각이 그렇지 않다고 바로잡아 줄 터인데 미리 놀라지 않도록 위로하기 위해서 선재란 말을 한다고 했습니다.

阿難汝等 當知 一切衆生 從無始來 生死相續
아 난 여 등 당 지 일 체 중 생 종 무 시 래 생 사 상 속

아난아, 일체중생이 무시이래로 생사가 상속함은,

무시이래란 불교에서 많이 씁니다. 생사가 상속한다는 것은 죽고 나고 하는 것이 계속되는 것입니다. 불교의 본의가 생사를 초월하려는 데 있습니다. 우리는 생사하기 때문에 병이 들고 괴로운 것이지만, 나고 죽고 안 한다는 게 아니라, 생사의 속박을 받지 않고 초월한다는 말입니다. 늘 이렇게 죽고 나고 하지만 우리가 나는 건 나고 싶어 나는 게 아니며, 죽는 것

도 죽고 싶어 죽는 게 아니라 할 수 없이 하는 것이니, 속박되는 것이지만 부처님이나 보살들은 생사를 자유로이 합니다.

중생을 교화하기 위해서 필요하면 이 세상에 나타나고, 또 교화하는 일이 끝나면 이 세상에서 없어지고 하는 것을 생사를 초월한다고 합니다.

생사를 초월한다는 말과, 생사하지 않는다는 말은 다릅니다. 생사에 상속한다는 말은, 생사가 계속되어 속박 받는다는 말입니다. 왜냐하면 상주진심常住眞心이어야 하는데, 우리는 진심이 상주常住하지 않고 변천하지 않습니까? 그런데 부처님 마음은 상주라, 항상 머물러 있는 진심의 자성, 우리의 참마음이 정명, 깨끗하고 밝은데, 무명 때문에 깨끗하고 밝은 게 없어지고 흐리터분해지고, 욕심과 진심이 있게 되었습니다. 정명한 그 당체는 알지 못하고, 망상으로, 허망한 생각으로 달리게 되었습니다.

일체중생이 뭣 때문에 생사가 상속되고 있느냐, 참 마음자리가 깨끗한 걸 모르고 있기 때문이다, 그 말입니다. 경을 보겠다고 한다든지 부처 되겠다는 생각을 가진다 하더라도 그것은 망상입니다. 그 생각까지도 없어진 게 참 명정明淨입니다. 아무것도 없이 밝고 깨끗한, 털끝만치라도 뭐 하겠다, 좋다, 나쁘다 하는 건 다 망상입니다. 우리는 진심을 경험하지 못했습니다. 우리에게 진심 자체가 있지만, 중생 노릇 하면서부터는 진심 자체를 경험하지 못했습니다. 어느 경이든지 망상을 떼어 버리고, 우리의 본마음, 참마음, 부처님과 같은 마음을 경험해서 터득해 내 것을 만들도록 되어 있습니다.

皆由不知常住眞心 性淨明體 用諸妄想
개 유 부 지 상 주 진 심 성 정 명 체 용 저 망 상

다 상주하는 진심의 자성이 정명淨明한 당체當體는 알지 못하고, 망상으로 작용한 탓이니,

망상이 참되지 못하다는 말입니다.

此想不眞 故有輪轉
차 상 부 진 고 유 윤 전

이 망상이 참되지 못하므로 윤전하게 되는 줄을 알아야 하느니라.

망상의 작용으로 생사하는 것이니 참되지 못하므로 윤전하게 되는데, 윤전이란 수레바퀴 돌듯이 생사가 돌아간다는 말입니다.

『능엄경』만이 아니라 불교 전체의 본뜻이 여기에 포함되어 있습니다. 생사상속生死相續하는 건 망상 때문에 하니까 망상 가지고 늘 생사윤회하게 되고, 망상이 없어지고 진정한 진심 자리를 회복하면 생사가 없다는 것이고, 아래 내려가면서 하는 말이 다 이걸 풀이한 말입니다.

汝今欲硏 無上菩提 眞發明性
여 금 욕 연 무 상 보 리 진 발 명 성

네가 이제 무상보리의 참되고 밝은 성性을 연구하려거든,

무상無上이란 더 위가 없다는 말이니, 아주, 가장, 지극히, 이보다 더 높은 게 없다는 뜻입니다.

참말로 진심 자리를 연구해 보려거든,

應當直心 酬我所問
응당직심 수아소문

마땅히 직심으로 내가 묻는 것에 수답酬答하라.

참마음, 바른 마음을 가지고, 누가 물으면 물을 때 생각나는 대로 하는 게 아니라, 그저 내가 묻거든 아는 생각대로 그대로 대답하라는 것입니다. 그러니까 직심으로, 곧은 마음으로 제 마음 두고 체면을 위한다든지 다른 얘기 하면 가르쳐 줄 수가 없다는 얘깁니다.

十方如來 同一道故 出離生死
시방여래 동일도고 출리생사

시방 여래께서 동일한 길을 가지고 생사에서 출리하시나니,

시방의 부처님께서 다 같은 길로 생사에서 출리해 나오셨는데 동일한 도道란 바로 직심直心입니다.

皆以直心 心言直故 如是乃至 終始地位 中間永無
개이직심 심언직고 여시내지 종시지위 중간영무
諸委曲相
제위곡상

다 직심이라. 심心과 언言이 곧은 연고로 내지 종시終始의 지위나 중간에 모든 위곡상이 영원히 없느니라.

같은 도道라고 하는 게 곧은 마음입니다. 왜냐하면 마음과 말이 곧은 연고로 말이 곧으면 마음이 곧고, 마음이 곧으면 생각이 곧고, 마음과 말이 곧은 연고로 내지 처음부터 나중, 처음 중생 노릇 한 데부터 나중에 성불할 때까지 그 중간에 위곡委曲한 상相이 영원히 없다는 말입니다.

위곡은 구부러졌다는 말인데, 곧은 마음으로 하니 구부러진 게 없다는 말입니다. 곧은 마음으로 하기 때문에 보살심을 낸 그때부터 성불할 때까지 3아승지겁을 가는 동안에 조금도 구부러짐이 없다는 말입니다.

阿難 我今問汝
아난 아금문여

아난아, 내가 이제 네게 묻노라.

직심直心으로 대답하라 하시고 묻습니다.

當汝發心 緣於如來 三十二相 將何所見 誰爲愛樂
당여발심 연어여래 삼십이상 장하소견 수위애요

네가 처음 발심할 때에 여래의 삼십이상을 말미암았다 하니, 무엇으로 보았으며, 무엇이 애요하였느냐?

애요愛樂의 요樂는 즐거울 락 자인데 좋아한다고 할 때는 요라고 하여 흔히 애요라고 합니다. 이건 낙까지는 채 안 가고, 좋아한 것뿐이기 때문에 애요라고 읽습니다. 나의 삼십이상을 보기는 무엇이 보았고, 좋아하기는 무엇을 가지고 좋아했느냐, 이렇게 묻습니다.

阿難白佛言 世尊 如是愛樂 用我心目
아난백불언 세존 여시애요 용아심목

아난이 부처님께 아뢰었다.

세존이시여, 제가 부처님의 삼십이상을 애요한 것은 저의 마음과 눈으로 한 것입니다.

여래나 세존은 부처님 십호十號 가운데 하나입니다.

由目觀見 如來勝相 心生愛樂 故我發心 願捨生死
유목관견 여래승상 심생애요 고아발심 원사생사

눈으로는 여래의 거룩한 상相을 뵙고, 마음으로는 애요하였으므로 발심하여 생사를 버리려 하였나이다.

그래서 생사를 버리려고 부처님께 왔습니다. 위에서 생사하는 것이 망상 때문이라고 했는데 생사를 버리려는 망상도 없어야 합니다.

佛告阿難 如汝所說 眞所愛樂 因于心目
불고아난 여여소설 진소애요 인우심목

부처님께서 아난에게 말씀하셨다.

네가 말한 바와 같이 참으로 애요함은 마음과 눈으로 말미암았느니라.

참말 무엇을 사랑하고 좋아한다는 것은 눈으로 보고, 마음으로 좋아한다는 네 말이 옳다는 그 말입니다.

若不識知 心目所在
약 불 식 지 심 목 소 재

만일 마음과 눈이 있는 데를 알지 못하면,

이것은 애요하는 것이 마음과 눈으로 되는데 마음과 눈이 망妄입니다. 아난이 지금 부처님의 삼십이상을 보고 좋아서 출가했다는 것도 망상이니까 이걸 끊어야 생사를 안 하게 됩니다. 그러려면 눈과 마음이 어디 있는지 알아야 끊어 버릴 게 있지 않겠습니까?

마음과 눈이 있는 데를 알지 못하면,

則不能得 降伏塵勞
즉 불 능 득 항 복 진 로

진로를 항복받을 수 없느니라.

진로塵勞는 번뇌망상입니다. 진塵 자는 티끌입니다. 티끌은 몸에 닿으면 몸을 더럽히고, 옷에 닿으면 옷을 더럽힙니다. 우리의 깨끗한 마음을 더럽히는 걸 티끌이라고 하는데, 그 티끌이 망상입니다. 먼지가 우리의 몸과 옷을 더럽힌 것과 같이 우리의 깨끗한 마음을 망상이 들어와서 더럽힙니다.

그 진로, 티끌 때문에 몸이 피로하듯 정신이 흐리터분해 가지고 중생이 되어 진로를 항복받을 수 없습니다. 이제 비유를 얘기합니다.

譬如國王 爲賊所侵 發兵討除 是兵要當知賊所在
비여국왕 위적소침 발병토제 시병요당지적소재

마치 국왕이 대적의 침략을 받고 군대를 보내어 토벌할 적에 그 군대가 적병이 있는 데를 알아야 하는 것과 같으니라.

그러니 마음과 눈 때문에 생사를 하고 있으니까 마음과 눈이 있는 데를 알아야겠다, 이 말입니다.

使汝流轉 心目爲咎
사여유전 심목위구

너로 하여금 유전하게 함은 마음과 눈의 허물이니,

유전은 생사의 유전입니다. 세월이 흘러가면서 여기에서 나고 저기에서 죽고 하는 게 유전입니다. 즉 생사를 계속하는 게 유전입니다.

吾今問汝 唯心與目 今何所在
오금문여 유심여목 금하소재

내 이제 네게 묻노라. 마음과 눈이 어디 있느냐?

마음과 눈이 어디 있는가를 묻습니다. 그러니까 이 마음과 눈을 없애버려야 할 터인데 어디 있는지 알아야 한다는 말입니다.

阿難白佛言 世尊 一切世間 十種異生
아 난 백 불 언 세 존 일 체 세 간 십 종 이 생

아난이 부처님께 아뢰었다.
세존이시여, 일체 세간의 열 가지 이생이,

열 가지 중생은 세간의 일체중생을 다 가리키는 말입니다. 가장 알기 쉬운 것이 태란습화胎卵濕化입니다. 사람이나 말처럼 나는 태생胎生, 굼벵이가 매미가 되는 화생化生 등 나는 형편이 다른 것이 태란습화 사생四生이고, 모두 열두 가지가 있는데, 여기에서는 두 가지를 빼고 열 가지만 얘기를 했습니다.

그 열두 가지는 아래 7권에 가면 다 나옵니다. 중생의 종류가 열두 가지가 있는데, 마음과 눈을 가진 것이 열 가지이기 때문에 열 가지 중생을 얘기했습니다. 이생異生이나 중생은 같은 말입니다. 마음은 몸속에 있다고 누구든지 생각하듯이 아난도 역시 그렇게 하는 말이지요.

同將識心 居在身內 縱觀如來 靑蓮花眼 亦在佛面
동 장 식 심 거 재 신 내 종 관 여 래 청 련 화 안 역 재 불 면

마음은 모두 신내에 있으며 여래의 청련화 같은 눈은 불佛의 얼굴에 있고,

청련화는 인도의 연꽃의 한 종류인데, 화판이 가늘고 길어 부처님의 눈에 비유됩니다. 우리의 눈은 크게 뜨고 있지만, 부처님의 눈은 가늘고 길며, 역시 삼십이상의 하나입니다.

我今觀此 浮根四塵 秖在我面 如是識心 實居身內
아 금 관 차 부 근 사 진 지 재 아 면 여 시 식 심 실 거 신 내

저의 부근사진은 제 얼굴에 있으니, 이와 같이 인식하는 마음은 실로 몸속에 있나이다.

부근사진浮根四塵이란 본래는 부진근浮塵根 그러는데, 부浮하고 실제가 되지 못하는 티끌로 되었다고 해서 우리의 귀 · 눈 등 볼 수 있는 건 다 부진근입니다.

사진四塵이란 뭐든지 형상 있는 물건은 다 빛이 있고, 향기나 냄새가 있고, 혀를 대면 맛이 있고, 손으로 만지면 촉감이 있습니다. 그래서 일체 유형 물건은 다 색色 · 향香 · 미味 · 촉觸의 4종의 부진浮塵을 구족해 가지고 있습니다. 그래서 그 색 · 향 · 미 · 촉을 사진이라 하며, 부근浮根은 부진근이란 말이고, 살로 된 육안肉眼을 말합니다.

이와 같이 인식하는 마음자리는 몸속에 있다고 합니다. 여기에서 눈은 필요하지 않습니다. 눈으로 보고 애요愛樂하기 때문에 끌고 들어왔지만, 여기에서 눈을 얘기하려는 것이 아니라 마음자리를 얘기하려는 것입니다.

이제부터는 눈은 별로 얘기하지 않고 마음자리를 얘기합니다. 마음이 몸 안에 있다고 했는데, 누구든지 몸 안에 있다고 생각하는데, 참말 마음 존재를 알아야 할 것이 가장 필요합니다. 여기에서 우리의 마음이 몸 안에 있다는 이 마음은 진심이 아니고 허망한 마음인데 참말 몸 안에 있는지 부처님 말씀을 들어 봅시다.

佛告阿難 汝今現坐 如來講堂 觀祇陀林 今何所在
불 고 아 난 여 금 현 좌 여 래 강 당 관 기 타 림 금 하 소 재

부처님께서 아난에게 말씀하셨다.

네가 지금 여래의 강당에 앉아서 기타림을 보나니, 지금 어디 있느냐?

기환정사祇桓精舍 강당이 있는데, 이 강당이 한 층이 아니라 여러 층입니다. 기타림이란 게 기환정사인데, 기타림에 앉아서 보나니, 기타림과 강당의 위치를 얘기하라는 것입니다.

世尊 此大重閣 清淨講堂 在給孤園
세존 차대중각 청정강당 재급고원

세존이시여, 이 중각으로 된 청정한 강당은 급고독원給孤獨園에 있고,

중각이란 거듭거듭 지어진 각閣이라는 뜻입니다. 급고독원의 유래는 다음과 같습니다. 급고독 장자, 즉 원래 이름은 수달다須達多 장자인데, 그가 혜선사업慧善事業을 많이 했답니다. 고孤 자는 부모가 없다는 말이고, 독獨은 늙어서 자손이 없다는 말로 고독하고 불쌍한 사람들인데, 이들을 종종 이바지해 준다는 의미에서 사람들이 급고독이라는 별명을 지어 불렀습니다. 그 급고독 장자가 지은 거니까 급고독원給孤獨園, 원園 자는 집만이 아니라, 인도에서는 비 올 때는 집도 필요하지만 해를 가려야 하니까 동산이 많이 있고, 그래서 원園이라고 합니다.

今祇陀林 實在堂外
금기타림 실재당외

기타림은 실로 강당 밖에 있나이다.

강당 밖에 숲이 있다는 말입니다.

阿難 汝今堂中 先何所見
아난 여금당중 선하소견

아난아, 네가 강당 안에 있어서 먼저 무엇을 보느냐?

世尊 我在堂中 先見如來 次觀大衆 如是外望 方矚林園
세존 아재당중 선견여래 차관대중 여시외망 방촉임원

세존이시여, 제가 강당 안에서 먼저 여래를 뵙고, 다음에 대중을 보고, 밖으로 내다보아야 기타림과 급고독원을 보나이다.

강당 안에 있으면서 보는 순서를 얘기했습니다.

阿難 汝矚林園 因何有見
아난 여촉임원 인하유견

아난아, 네가 기타림과 급고독원을 본다 하니, 어떻게 보게 되느냐?

世尊 此大講堂 户牖開豁 故我在堂 得遠瞻見
세존 차대강당 소유개활 고아재당 득원첨견

세존이시여, 이 대강당이 문과 창이 활짝 열렸기에 제가 강당 안에서 멀리 바라볼 수 있나이다.

爾時世尊 在大衆中 舒金色臂 摩阿難頂 告示阿難
이시세존 재대중중 서금색비 마아난정 고시아난
及諸大衆
급제대중

그때 세존께서 대중 가운데서 금색 팔을 펴서 아난의 정수리를 만지시고 아난과 대중에게 말씀하셨다.

위에서 부처님의 몸이 자금광紫金光이라고 그랬는데, 그 금색 팔을 펴서 아난의 정수리를 만지셨는데, 이것도 위의 '선재善哉라' 하는 말과 같이, 무슨 말씀을 하시려면 지금도 어른이 아이에게 귀여워하면서 정수리를 쓰다듬듯이, 이것도 역시 지금까지 생각지 않은 수승한 법문을 너에게 할 터이니 놀라지 말라고 안위安慰하는 것입니다.

有三摩提 名大佛頂首楞嚴王
유삼마제 명대불정수릉엄왕

삼마제가 있으니 이름이 대불정수릉엄왕이라.

삼마제三摩提란 삼매三昧라고도 하는데 큰 법문입니다. 선정禪定을 삼매라고 한 것인데, 사마타奢摩他와 삼마발제三摩跋提와 선나禪那를 다 통틀어서 삼마제라 그럽니다. 삼매나 삼마제나 같은 말인데 한문으로 번역한 것은 달랐지만, 인도 말로는 같은 말이며, 본래 삼매라는 말도 삼마지三摩地의 지地 자가 줄어 삼매가 된 것입니다.

그러한 선정법禪定法이 있으니 대불정수릉엄왕이라, 앞에서 경 제목을 설명했듯이 수릉엄법首楞嚴法이 원체 크다고 한 것이 다른 것에 비해서 하는 말이 아니라 세대지대細對之大요, 불정佛頂이란 부처님의 삼십이상 중 무견정상상無見頂上相을 가리킨 것으로, 유모乳母 되는 응지보살應持菩薩이 부처님의 정수리를 보려고 사왕천四王天까지 올라가도 보지 못했다고 하여 위가 없는 것을 표하는 것입니다.

수릉엄이란 범어로, 한문으로 번역하면 필경견고畢竟堅固이며, 끝까지 이르러서 견고하다는 뜻이니, 삼매 중에 가장 크다는 말이며, 자유자재하다는 말이니, 그 삼마제의 이름이 대불정수릉엄삼매입니다.

具足萬行 十方如來 一門超出 妙莊嚴路
구 족 만 행 시 방 여 래 일 문 초 출 묘 장 엄 로

만행을 구족하였으며, 시방의 여래께서 한 문으로 초출하시어 묘하게 장엄하시는 길이니,

보살들의 만 가지 행行, 하나라도 모자란 것이 없이 죄다 구족해서 삼마제법문三摩提法門 가운데 들어 있다는 것입니다. 그리하여 시방 여래께서 모두 수릉엄삼매, 이 길로 생사를 초출하여 묘하게 장엄하시는 길이니, 부처 되는 자리를 묘장엄이라 그럽니다.

묘장엄 자리, 성불成佛하는 자리를 그 자리에 이르러 가는 길이니,

汝今諦聽 阿難頂禮 伏受慈旨
여금제청 아난정례 복수자지

네가 자세히 들으라.
아난이 정례하고 자비하신 말씀을 듣잡고 있었다.

佛告阿難 如汝所言 身在講堂 户牖開豁 遠矚林園
불고아난 여여소언 신재강당 호유개활 원촉임원
亦有衆生 在此堂中 不見如來 見堂外者
역유중생 재차당중 불견여래 견당외자

부처님께서 아난에게 말씀하셨다.

네가 말하기를, 몸이 강당 안에 있어서 문과 창이 활짝 열렸으므로 기타림과 급고독원을 본다 하니, 어떤 중생이든지 이 강당 안에 있어서 여래를 보지 못하면서 강당 밖을 보는 이가 있겠느냐?

강당 안에 있는 사람이 부처님은 보지 못하고 밖에 있는 기타림을 보는 그런 일이 있겠느냐고 묻는 말입니다. 그러니까 보는 차례가 있다는 말인데, 강당 안에서는 부처님으로부터 대중을 보고, 밖으로 내다봐야 기타림과 급고독원을 본다고 아난이 말했는데, 누구라도, 어떠한 사람이라도 이 안에 있는 사람이 부처님과 대중은 보지 못하면서 창문 밖으로 해서 밖의 것만 보는 그런 사람이 있겠느냐는 말입니다.

阿難答言 世尊 在堂不見如來 能見林泉 無有是處
아난답언 세존 재당불견여래 능견임천 무유시처

아난이 대답하였다.

세존이시여, 강당 안에 있는 이가 여래는 보지 못하면서 기타림과 샘을 본다는 것은 있을 수 없는 일이겠습니다.

그렇지 못하다는 말입니다. 안에 있으면 안에 있는 이를 먼저 보고 나중에 밖을 보지, 안에 있는 걸 보지 못하고 밖에 있는 걸 볼 수 없다는 것입니다.

阿難 汝亦如是 汝之心靈 一切明了
아 난 여역여시 여지심령 일체명료

아난아, 너도 그러하느니라. 너의 신령한 마음이 온갖 것을 분명하게 알거니와,

내가 얘기하려는 게 그렇다는 말입니다. 또 우리의 마음이 온갖 것을 다 아니까 신령하다고 합니다.

若汝現前 所明了心 實在身內 爾時先合 了知內身
약여현전 소명료심 실재신내 이시선합 요지내신
頗有衆生 先見身中 後觀外物
파유중생 선견신중 후관외물

만일 현재의 분명하게 아는 마음이 몸속에 있다면 몸속의 것들을 분명하게 알아야 할 터인데, 어떤 중생이나 먼저 몸속을 보고, 나중에 밖의 것을 보는 이가 있느냐?

그러니까 그럴 수는 없다는 말입니다.

縱不能見心肝脾胃 爪生髮長 筋轉脉搖 誠合明了 如
종불능견심간비위 조생발장 근전맥요 성합명료 여
何不知 必不內知 云何知外
하부지 필불내지 운하지외

비록 염통, 간, 지라, 위장 같은 것은 보지 못한다 하더라도, 손톱이 나고, 머리카락이 자라고, 힘줄이 움직이고, 맥이 뛰는 것쯤은 알아야 할 터인데, 어찌하여 보지 못하느냐? 몸속의 것을 알지 못한다면 밖의 것은 어떻게 아느냐?

몸속의 염통이나 간 등은 너무 깊어서 못 본다 하더라도 살가죽 밑에서 돋아나는 손톱 같은 것은 왜 보지 못하느냐는 말이니, 몸속에 있다는 말이 안 맞는다, 그 말입니다.

是故應知 汝言覺了 能知之心 住在身內 無有是處
시고응지 여언각료 능지지심 주재신내 무유시처

그러므로 알아라. 네 말대로 깨닫고 알고 하는 마음이 몸속에 있다는 말이 옳지 아니하니라.

몸속에 있지 않다는 말입니다. 여지껏 마음이 몸속에 있다고 생각을 했는데 지금 이 말씀을 듣고는 모르니까 참말 몸속에 있는 것이 아닌 듯하죠.

본래 몸속에 있는 것도 아닌데 있다고 하는 것이 몸을 중심해서 몸속에 있다면, 마음이 몸보다 작아야 할 겁니다. 그러나 마음은 이상하게도 타향, 미국도 갈 수 있는 굉장하게 한정 없이 넓고 큰 것입니다.

어떻게 이런 작은 몸속에 들어가 있겠어요? 우리의 헛된 마음, 망상심도 몸속에 있지 않은데, 더구나 참마음이 어떻게 몸속에 있다고 하겠습니까.

阿難稽首 而白佛言
아 난 계 수 이 백 불 언

아난이 머리를 조아리고 부처님께 아뢰었다.

그래서 자기가 얘기한 것이 맞지 않으니까 또다시 얘기를 합니다. 부처님이 몸속에 있지 않다, 있을 수 없다고만 했지 다른 데 있다고는 안 하셨는데, 아난이 자기 생각대로 얘기를 합니다.

我聞如來 如是法音 悟知我心 實居身外
아 문 여 래 여 시 법 음 오 지 아 심 실 거 신 외

제가 여래의 이러한 법문을 듣고 제 마음이 몸 밖에 있는 줄을 알았나이다.

몸속에 있지 않다는 법문을 듣고는 몸 밖에 한번 있다고 해 봐야겠다, 이런 말인데, 그 이유가 있어야 할 겁니다.

所以者何 譬如燈光 然於室中 是燈必能先照室内 從
소 이 자 하 비 여 등 광 연 어 실 중 시 등 필 능 선 조 실 내 종
其室門 後及庭際
기 실 문 후 급 정 제

그 까닭은 마치 방 안에 불(燈)을 켜면 그 등불의 빛이 먼저 방 안을 비추고, 다음에 문을 통하여 뜰과 마당을 비추는 것처럼,

그러니까 방 안에 있다면 안의 것을 비추어야 할 텐데 그렇지 못했다는 말입니다.

一切衆生 不見身中 獨見身外 亦如燈光 居在室外
일 체 중 생 불 견 신 중 독 견 신 외 역 여 등 광 거 재 실 외
不能照室
불 능 조 실

일체중생이 몸속은 보지 못하면서 몸 밖의 것만 보는 것은, 마치 방 밖에 있는 등불 빛이 방 안을 비추지 못함과 같나이다.

방 밖에 있는 등불은 외등입니다. 우리 마음이 몸 밖에 있으니까 몸속은 모르지만 밖의 것은 다 안다는 말입니다.

是義必明 將無所惑 同佛了義 得無妄耶
시 의 필 명 장 무 소 혹 동 불 료 의 득 무 망 야

이 이치가 반드시 분명하여 의혹할 것이 없으니, 부처님의 요의了義와 같고 잘못되지 않겠나이다.

여기의 이치란 몸 밖에 있다는 이치입니다. 요의了義란 끝까지 이르러간 이치입니다. 마칠 료了는 마쳤다는 얘기니까 끝까지 얘기한 게 요了입니다.

부처님께서 말씀하신 경전 가운데 요의경了義經이 있고 불료의경不了義經이 있습니다. 『능엄경』 같은 대승실상법문大乘實相法門을 요의법문이라 하며, 소승 경전이라든지 대승 가운데도 법상종法相宗이라든지, 그런 것들은 그 사람이 알아들을 만큼만 얘기했지, 그밖의 이해할 수 없는 것은 얘기하지 않았습니다. 이것이 불료의입니다.

끝까지 얘기한 것은 요의이고, 좀 남겨둔 게 불료의인데, 지금 아난이 몸 밖에 마음이 있다고 한 말이 부처님의 요의와 같아서 조금도 잘못된 것이 없다, 이 말입니다.

佛告阿難 是諸比丘 適來從我 室羅筏城 循乞摶食
불고아난 시제비구 적래종아 실라벌성 순걸단식
歸祇陀林 我已宿齋 汝觀比丘 一人食時 諸人飽不
귀기타림 아이숙재 여관비구 일인식시 제인포부

부처님께서 아난에게 말씀하셨다.

이 비구들이 아까 나를 따라 실라벌성에서 단식摶食을 빌어 가지고 기타림에 돌아왔는데, 나는 이미 먹었다만 네가 비구들을 보라. 한 사람이 먹어서 여러 사람의 배를 부르게 할 수 있느냐?

비구계는 스무 살이 지나야 받습니다. 그래야만 참말 큰스님을 참례할 수 있으며, 사미는 큰스님이 되지 못합니다. 비구계를 받아야 참말 불자가 되는 것이지요.

실라벌성에 가서 단식摶食을 빌어 왔다는 것은, 지금도 남방에선 그렇다는데, 제각기 바리때를 가지고 밥을 빌어 절에 와서 먹습니다. 부처님을 따라 실라벌성에 가서 밥을 빌어 온 모양입니다.

음식에 네 가지가 있는데, 욕계 중생은 형체가 있어서 토막토막 잘라 먹고 물도 한 모금씩 먹는데, 이것을 모두 다 단식이라고 합니다.

귀신은 촉식觸食이라 하여 촉觸하기만 하면 배가 부르답니다. 그렇기 때문에 불교에서는 조상에게 시식施食할 때 수저를 놓지 않는 것이라고 합니다.

욕계천은 사식思食, 생각만 하면 배가 부르다는데, 우리가 밥을 먹는다는 건 이 몸을 유지하는 영양을 섭취하는 겁니다. 그래서 먹어 섭취하는 것도 있고, 생각으로 섭취하는 것도 있는 것입니다. 이는 꼭 사식은 아니지만, 가령 노름하는 이들이 사흘씩 굶어도 거기에 정신이 팔려서 만족한다는 얘기이고, 영화를 보다가도 재미가 있으면 배고픈 줄 모르는 그런 자양滋養만 도와주면 되니까, 그런 것을 사식이라 그럽니다.

무색계천은 식식識食인데, 우리는 식識이 주인 노릇을 하는데, 식 그대로가 먹는 것이지 사식思食까지도 안 한다는 말입니다.

부처님께서는 사시巳時에 공양을 하십니다. 10시에서 11시 사이인데, 다른 대중은 11시에서 오후 1시까지 하니까 지금 대중은 한참 밥 먹는 때이므로 부처님께서는 벌써 공양하신 것이지요. 그래서 한 사람이 먹어서 다른 사람까지 배부르게 할 수 있느냐고 묻는 것입니다.

아난 존자가 마등가한테 홀렸다가 부처님께 와서 울면서 시방에 계신 부처님들께서 과위果位를 이루시던 사마타奢摩陀와 삼마三摩와 선나禪那, 세 가지의 방편을 물었습니다.

부처님께서 네가 중이 될 때에 무엇이 좋아서 되었느냐고 물으니, 부처님의 삼십이상이 훌륭한 걸 보고 되었다고 하니, 그 마음이 있는 데를 물었습니다. 그것이 참마음이 아니니까 어디 있느냐고 물었습니다. 처음에는 몸 안에 있다고 하니, 부처님께서 몸 안에 있으면 속에 있는 오장을 다 보아야 할 터인데 못 보니까 아니라고 하시니, 다음에는 몸 밖에 있다고 그랬습니다. 부처님께서 몸 밖에 있는 것도 아니라고 말씀하시던 중에 시간이 되어 끝났습니다.

앞으로 내려가면서 아난 존자가 일곱 번을 안에 있다, 밖에 있다는 등의 얘기를 했는데, 부처님께서 이렇게 물으신 것은 아난이 부처님의 삼십이상을 보고 좋아했다는 그 마음 자체가 참마음이 아니니까 부처님의 사마타 · 삼마 · 선나를 얻으려는 공부를 하려면 참마음을 가지고 해야 하는 걸 얘기하기 위해서 지금 아난이 가지고 있는 것은 참마음이 아니라고 얘기할 터인데, 그냥 아니라고만 하면 잘 믿지 않을 것 같아서 마음 있는 데를 물어서 일곱 번을 아난 존자가 대답했는데, 다 아니라고 했습니다. 아니라고 한 본의는 참마음이라면 처소가 있을 터인데, 허망한 마음이니까 허망한 존재는 있는 곳이 없다는 걸 말씀하신 겁니다.

아난 존자가 일곱 번이나 마음 있는 곳 말한 것을 부처님께서 다 증명해서 아난 존자로 하여금 자기가 생각하는 이 마음이 참말 마음이 아닌 것을 알게 하셨습니다.

위는 부처님께서 실라벌성에 가서 밥을 빌어 가지고 와서 밥을 먹는데, 한 사람만 밥을 먹어도 여러 사람이 배가 부르겠느냐 물으셨는데, 거기에 대하여 아난 존자가 답하는 것입니다.

阿難答言 不也世尊 何以故 是諸比丘 雖阿羅漢 軀
아 난 답 언 불 야 세 존 하 이 고 시 제 비 구 수 아 라 한 구
命不同 云何一人 能令衆飽
명 부 동 운 하 일 인 능 령 중 포

아난이 대답하였다.

그럴 수 없나이다, 세존이시여. 왜냐하면 이 비구들이 비록 아라한이나 몸과 생명이 같지 않거늘, 어떻게 한 사람이 여럿의 배를 부르게 하겠나이까?

아라한이란 앞에서도 얘기했지만 소승 성문聲聞 가운데 더 배울 게 없으리만치 결과를 증득한 겁니다. 나라는 생각이 없고 신통이 자재한 게 아라한입니다. 그러니까 아난 존자 말이 아라한이긴 하지만 그러나 몸과 생명이 다르니, 한 사람이 먹어서 다른 사람을 배부르게 할 수가 없다는 얘깁니다.

佛告阿難 若汝覺了 知見之心 實在身外 身心相外
불 고 아 난 약 여 각 료 지 견 지 심 실 재 신 외 신 심 상 외
自不相干 則心所知 身不能覺 覺在身際 心不能知
자 불 상 간 즉 심 소 지 신 불 능 각 각 재 신 제 심 불 능 지
我今示汝兜羅綿手 汝眼見時 心分別不
아 금 시 여 도 라 면 수 여 안 견 시 심 분 별 부

부처님께서 아난에게 말씀하셨다.

너의 깨닫고 보고 알고 하는 마음이, 만일 몸 밖에 있다면 몸과 마

음이 따로따로 있어서 서로 관계가 없을 것이니, 마음이 아는 것을 몸은 깨닫지 못하고, 깨닫는 것이 몸에 있으면 마음은 알지 못해야 하리라. 내가 지금 도라면兜羅綿 같은 손을 네게 보이노니, 네 눈이 볼 때에 마음이 분별하느냐?

몸과 마음이 따로따로 있어서 몸 밖에 있으니까 어디 있는지를 모르지만 몸 안에는 있지 않다는 얘깁니다.

또한 이 사람이 먹어서 저 사람을 배부르게 못 하니까 마음과 몸이 따로 있으면 마음이 하는 것을 몸이 몰라야 하고, 몸이 하는 것을 마음이 몰라야 몸 밖에 따로 있는 것이 증명된다는 말입니다.

도라면이란 인도에 있는 보드랍고 결백한 좋은 솜인데, 부처님 손에 비유를 했습니다. 위에서 부처님의 눈이 청련화 같다고 한 것처럼. 눈이 볼 때에 마음이 분별하느냐고 물은 것은, 몸과 마음이 따로 있으니까 눈이 볼 때에 마음은 몰라야 하겠다는, 그러니까 몸 밖에 있는 건데 분별하는 걸 아느냐, 그 말입니다.

阿難答言 如是世尊 佛告阿難 若相知者 云何在外
아 난 답 언 여 시 세 존 불 고 아 난 약 상 지 자 운 하 재 외

아난이 대답하였다.
그러하오이다, 세존이시여.
부처님께서 아난에게 말씀하셨다.
만일 서로 안다면 어째서 몸 밖에 있다 하겠느냐?

몸 밖에 있으면 마음이 모를 터인데 눈이 볼 때에 마음이 안다면 몸 밖에 있는 게 아니지요. 그래서 옳지 않다고 했습니다.

是故應知 汝言覺了 能知之心 住在身外 無有是處
시고응지 여언각료 능지지심 주재신외 무유시처

그러니 알아라. 네 말대로 깨닫고 알고 하는 마음이 몸 밖에 있다는 것이 옳지 아니하니라.

阿難白佛言 世尊 如佛所言 不見內故 不居身內 身心相知 不相離故 不在身外 我今思惟 知在一處
아난백불언 세존 여불소언 불견내고 불거신내 신심상지 불상리고 부재신외 아금사유 지재일처

아난이 부처님께 아뢰었다.

세존이시여, 부처님의 말씀과 같아서 속을 보지 못하는 탓으로 몸 속에 있는 것 아니고, 몸과 마음이 서로 알며 서로 여의지 아니한 탓으로 몸 밖에도 있지 않으니, 지금 다시 생각하온즉, 한 곳에 있는 줄을 알겠나이다.

아직 지정은 안 했지만, 한 곳에 있는 데가 있다는 말입니다.

佛言 處今何在
불언 처금하재

부처님께서 말씀하셨다.

그 있는 데가 어디냐?

阿難言 此了知心 旣不知內 而能見外 如我思忖 潛
아난언 차료지심 기부지내 이능견외 여아사촌 잠
伏根裏
복근리

아난이 말하였다.

이 분명하게 아는 마음이 속을 알지 못하면서도 밖의 것을 잘 보는 터인즉, 제 생각에는 근根 속에 들어 있겠나이다.

사람에게 여섯 가지 근根이 있습니다. 보는 것은 눈이니까 안근眼根이요, 듣는 것은 귀이니까 이근耳根이라는 등이 있는데, 눈으로 보기 때문에 밖의 것을 분별하니까 마치 뿌리가 있어야 거기에 잎과 가지가 나는 것과 같이, 근이 있어서 알아 가지고야 식識이 생긴다고 합니다. 그 식 생기는 것이 뿌리에서 가지와 잎이 생기는 것과 같다고 해서 근이라고 얘기합니다.

아래로 내려가면서 눈으로 본다든지, 귀로 듣는다든지, 보는 것, 냄새 맡는 것, 맛보는 것, 몸으로 감각하는 것, 마음으로 생각하는 것 이런 것들이 육근입니다. 여기에서 근에 있다는 말은 안구眼球, 즉 눈알맹이 속에 있다는 말입니다.

猶如有人 取琉璃椀 合其兩眼 雖有物合 而不留礙
유여유인 취유리완 합기양안 수유물합 이불류애
彼根隨見 隨卽分別
피근수견 수즉분별

마치 어떤 사람이 유리완을 취하여 두 눈에 댄다면 비록 물건이 가렸지만 조금도 장애가 되지 아니하고, 눈이 보는 대로 따라서 분별하는 것과 같나이다.

유리완琉璃椀은 안경인데 그때는 그런 말이 없었든지, 유리완이라 그랬습니다. 그런데 요즈음 창문 등에 유리가 많이 쓰이는데, 부처님 당시에는 인조 유리가 생기지 않았습니다.

여기에서 유리라고 하는 건 산에서 나는 수정입니다. 우리가 경주 남산의 돌을 가지고 안경을 만든다 하는데 그게 다 수정이요, 자연으로 생긴 옥돌을 가리키는 말이지 사람이 만든 유리는 아닙니다.

어느 경에든지 유리 얘기가 많이 나오는데 다 수정을 말하는 것이며, 본래 인도 말로는 패유리琊琉璃인데, 패琊 자가 줄어 유리가 되었고, 유리란 인도 말입니다. 지금 우리가 쓰는 유리는 인조 수정이겠지요.

유리완을 두 눈에 대면, 비록 물건이 가렸지만 조금도 장애되지 않고 잘 본다, 즉 종이를 대면 못 보지만 유리를 대면 본다는 말입니다.

지금 눈 속에 마음이 들어 있는 것이, 눈에 댄 유리를 안경 낀 눈알에 비유한 게고, 또 눈을 들어 안경을 통해서 밖을 분별하는 것은 눈 속에 있는 마음이 눈을 통해 밖의 것을 분별한다는 이것을 비유한 얘깁니다. 따라서 분별한다는 건, 눈이 보는 대로 마음이 따라서 본다는 얘깁니다.

然我覺了 能知之心 不見內者 爲在根故 分明矚外
연 아 각 료 능 지 지 심 불 견 내 자 위 재 근 고 분 명 촉 외
無障礙者 潛根內故
무 장 애 자 잠 근 내 고

그와 같아서 저의 깨닫고 알고 하는 마음이 속의 것을 보지 못함은 근根에 있는 탓이옵고, 분명하게 밖의 것을 보는 데 장애가 없음은 근 속에 들어 있는 연고입니다.

다 같은 근 속에 있다고 해서 몸속을 못 본다는 건, 몸속을 나와 근에 있기 때문이고, 또 밖의 것을 분명히 본다는 것은 근 속에 있어 가지고 눈동자가 수정처럼 맑아서 내다보는 것과 같다는 겁니다. 눈을 마음에 비유했는데, 안경을 통해 밖의 것을 보는 것이 마음이 눈 속에 있어 가지고 눈동자를 통해서 밖의 것을 보는 것이라고 비유했습니다.

佛告阿難 如汝所言 潛根内者 猶如琉璃 彼人當以
불고아난 여여소언 잠근내자 유여유리 피인당이
琉璃籠眼 當見山河 見琉璃不
유리농안 당견산하 견유리부

부처님께서 아난에게 말씀하셨다.

네 말대로 근根 속에 들어 있는 것이 유리를 댄 것 같다면, 유리완을 눈에 댄 사람이 산과 강을 볼 적에 유리를 보느냐, 못 보느냐?

안경 낀 사람이 산을 보고 밖의 것을 볼 때 유리를 보느냐, 못 보느냐, 이 말입니다. 그러니까 여기에서는 본다고 해도 안 되고, 못 본다고 해도 안 된다는 얘기를 합니다. 둘을 물었는데 우리도 각각 다를 겁니다. 유리를 본다고 할 수도 있을 터이고, 못 본다고 할 수도 있을 터이고.

아난의 대답입니다.

如是世尊 是人當以琉璃籠眼 實見琉璃
여 시 세 존 시 인 당 이 유 리 농 안 실 견 유 리

그러하나이다, 세존이시여. 그 사람이 유리를 눈에 대었으므로 유리를 보겠나이다.

밖의 것을 볼 때에 유리를 본다는 게 첫째입니다.

佛告阿難 汝心 若同琉璃合者 當見山河 何不見眼
불 고 아 난 여 심 약 동 유 리 합 자 당 견 산 하 하 불 견 안

부처님께서 아난에게 말씀하셨다.

네 마음이 눈에 유리를 댄 것 같다면, 산과 강을 볼 적에 어째서 눈을 보지 못하느냐?

이건 안경 안 쓰고 하는 말입니다. 안경 안 쓴 사람이 눈 속에 마음이 있는데 밖의 산을 볼 때에 눈을 보지 못하느냐, 이겁니다. 안경 낀 사람이 밖의 산을 볼 때에 유리를 본다고 하면 안경 벗고 산을 볼 때에도 눈을 보아야 할 텐데 눈은 보지 못합니다.

若見眼者 眼卽同境 不得成隨 若不能見 云何說言
약 견 안 자 안 즉 동 경 부 득 성 수 약 불 능 견 운 하 설 언
此了知心 潛在根內 如琉璃合
차 료 지 심 잠 재 근 내 여 유 리 합

만일 눈을 본다면 눈이 대경對境과 같아서 따라 분별한다는 말이

성립하지 않으며, 눈을 보지 못한다면 어떻게 깨닫고 알고 하는 마음이, 근根 속에 들어 있는 것이 유리를 댄 것 같다고 하겠느냐?

따라 분별한다는 말이 성립하지 않는다고 했는데, 대경對境이란 상대한 경境, 눈을 본다고 하니까 유리가 눈과 상대되었습니다. 눈 속에 있는 마음이 눈을 본다면 눈이 경계가 되었습니다. 다시 말하면 우리 눈은 경계를 능히 볼 수 있는 것이지 피견被見, 보는 것을 입는 소견所見이 아닙니다.

불교에서는 능소能所를 많이 얘기하는데, 능히 보는 것과 볼 바입니다. 대경이란 눈앞에 상대된 경계를 말하는 것이니까, 만약 마음이 눈을 본다고 하면 눈이 대경과 같으니까 능히 볼 수 있는 힘이 없어지고, 그래서 따라 분별한다는 건 성립이 안 됩니다.

인도에서는 논리법이 자기가 어떤 이론 하나를 정립해 놓고는 그것을 다른 사람이 인식하도록 비유를 드는데, 그 비유가 조금이라도 틀리면 그 이론이 성립하지 못하는 게 일반적인 통례입니다.

여기에서도 유리를 댄 것 같다는 비유를 들어 눈으로 볼 때에 유리를 본다고 했는데, 안경을 안 끼고 산을 볼 때는 눈을 보지 못하니까 비유와 맞지 않다고 했습니다.

우리의 경우는 비유와 맞지 않아도 된다 할는지 잘 모르겠지만 인도의 논리법이 꼭 법과 유喻가 맞아야 한다고 해서 세계 논리법의 비조鼻祖라고 합니다.

是故應知 汝言覺了 能知之心 潛伏根裏 如琉璃合
시고응지 여언각료 능지지심 잠복근리 여류리합
無有是處
무유시처

그러니까 알아라. 네 말대로 깨닫고 알고 하는 마음이 눈 속에 들어 있는 것이 유리를 댄 것 같다고 하는 말이 옳지 아니하니라.

눈 속에 들어 있는 건 아니라는 얘기지요. 몸속에 있다고 하다가 몸 밖에 있다고 하다가 눈 속에 있다고 한 것까지 세 번째 아니라고 했습니다.

阿難白佛言 世尊 我今又作如是思惟 是衆生身 腑[1]藏
아난백불언 세존 아금우작여시사유 시중생신 부 장
在中 竅穴居外 有藏則暗 有竅則明
재중 규혈거외 유장즉암 유규즉명

아난이 부처님께 아뢰었다.

세존이시여, 제가 또 이렇게 생각하나이다. 이 중생들의 몸이 오장육부는 속에 있사옵고, 구멍은 밖에 있사오매, 내장은 어두운 것이요, 구멍은 밝은 것이오니,

사람의 몸 구조가 오장육부는 몸속에 있고, 구멍은 밖에 있으며, 즉 구멍은 눈이나 코나 귀 등을 가리킵니다.

---

1 고려대장경에는 부府로 되어 있으나, 송본宋本 · 원본元本 · 명본明本에는 본문과 같이 되어 있다. 이하 같음.

今我對佛 開眼見明 名爲見外 閉眼見暗 名爲見内
금아대불 개안견명 명위견외 폐안견암 명위견내
是義云何
시의운하

제가 부처님을 대하여 눈 뜨고 밝은 것을 보는 것은 밖의 것을 본다 하옵고, 눈 감고 어두운 것 보는 것은 속의 것을 본다 하오면, 그 이치가 어떠하겠나이까?

부처님을 뵈어서 눈 뜨고 밖의 것 보는 것은 밖의 것을 본다고 했고, 눈 감으면 어두우니까 내장은 어두운 것이기에 어두운 것 보는 게 내장 보는 거다, 그 말입니다.

처음에 안에 있다고 하다가 내장을 못 본다고 해서 성립되지 않았는데, 내장 자체가 어두운 것이니, 지금 눈 감고 어두운 것 보는 것이 내장 보는 것이라고 하는 말로 마음이 다시 몸속에 있다는 말입니다.

구체적으로 밝히지는 않았지만 마음이 몸속에 있다는 걸 전제하고, 눈 뜨면 구멍으로 나와서 밖의 것을 보고, 눈 감으면 내장을 보는 이 이치가 어떠하겠나이까? 분명히 얘기는 못 하지만, 이치가 그렇다 함이 어떻습니까 하는 그 말입니다.

佛告阿難 汝當閉眼 見暗之時 此暗境界 爲與眼對
불고아난 여당폐안 견암지시 차암경계 위여안대
爲不對眼
위부대안

부처님께서 아난에게 말씀하셨다.

네가 눈을 감고 어두운 것을 볼 적에 그 어두운 대경對境이 눈과 상대하였느냐, 눈과 상대하지 않았느냐?

눈 감고 어두운 걸 볼 때에 그 어두운 게 있기 때문에 보는데, 눈과 상대한다는 건 어두운 것이 눈과 마주 섰느냐, 마주 서지 않았느냐 하는 말입니다. 우리는 언제든지 눈과 마주 선 것을 보지 마주 서지 않은 것은 못 봅니다. 그러니까 아난 존자가 생각하기에 어두운 것 볼 때에 내장을 본다고 했는데, 내장을 보는 게 아니라는 얘기를 하기 위해서 눈 감고 어두운 것을 볼 때에 어두운 대경이 눈과 상대해 있느냐고 했습니다.

若與眼對 暗在眼前 云何成內
약 여 안 대 암 재 안 전 운 하 성 내

만일 눈과 상대하였다면 어두운 대경對境이 눈앞에 있을 터인데, 어떻게 몸속이라 하겠느냐?

눈앞에 있는 게 아니라는 말입니다. 그 어두운 걸 가지고 몸속의 것을 본다는 것이 안 되지 않느냐, 눈앞에 대어 있어 눈꺼풀이 가려 어두워졌을 터이니까. 눈 뒤는 아니고 앞이라는 말입니다. 어두운 게 눈 뒤라고 해야 내장을 본다고 할 터인데 눈앞에 있으니까 내장이라는 말은 안 됩니다.

若成內者 居暗室中 無日月燈 此室暗中 皆汝焦腑
약 성 내 자 거 암 실 중 무 일 월 등 차 실 암 중 개 여 초 부

만일 속이라 한다면 어두운 방 안에 있으면서 해와 달 등이 없을 적에 그 어두운 방 속이 모두 너의 삼초三焦와 육부六腑이겠구나!

아난 존자가 눈앞에 있는 어두운 것도 그래도 몸속이라 하니, 그렇다면 캄캄한 방 속에 있어서 해와 달 등의 발광체가 없어서 눈을 떠도 캄캄한 경계가 눈앞에 있으니, 방 속이 다 내장이겠다는 말입니다. 그러니까 눈앞에 있는 어두운 경계를 네 몸속이라 하는 건 맞지 않는다는 뜻입니다.

위에서 어두운 대경對鏡이 눈과 상대하였느냐, 상대하지 않았느냐라고 하여, 눈과 상대했다고 하면 눈 밖에, 몸 밖에 있으니까 몸속이라는 말이 안 되고,

若不對者 云何成見
약 부 대 자 운 하 성 견

만일 상대하지 않았다면 어떻게 보게 되느냐?

이 말은 눈을 상대한 것이어야 보지, 상대하지 않은 건 못 보는 것이라 해 놓고,

若離外見 內對所成
약 리 외 견 내 대 소 성

만일 밖으로 상대한 것을 보는 이치를 떠나서 안으로 상대한 것도 본다고 하여,

눈으로 상대한 밖의 경계만 보는 게 아니라 안으로도 뒤로도 대對한다

는 말입니다. 그러니까 캄캄한 것이 눈 뒤에 있다고 하면, 눈 뒤에 있는 것이 오장육부라고도 할 수 있으니까 외대外對만 하는 게 아니라 눈이 돌이켜서 내대內對를 본다는 말인데, 자세히 챙겨 보아야 알 수가 있습니다. 결론적으로 내대소성이란, 안으로도 볼 수 있다고 하면 그렇게 이론을 펴서 안에서 밖만 보는 게 아니라 바깥에서 속도 본다고 했습니다.

合眼見暗 名爲身中 開眼見明 何不見面
합 안 견 암 명 위 신 중 개 안 견 명 하 불 견 면

눈 감고 어두운 것 보는 것으로 몸속을 본다고 할진대 눈 뜨고 밝은 것을 볼 적에는 어째서 얼굴을 보지 못하느냐?

몸속에 있다고 하면, 반관反觀하는 작용이 있는 게 아니냐는 말로, 눈 감고 뒤로 본다면 눈 뜨고도 뒤로 봐야 할 것이 아닌가, 그렇다면 눈이 제 얼굴을 보아야 반관하는 작용이 내대內對할 수 있지 않겠는가? 그런데 왜 네 얼굴을 보지 못하느냐, 이런 말입니다.

若不見面 內對不成
약 불 견 면 내 대 불 성

만일 얼굴을 보지 못한다면 안으로 상대한다는 이론이 성립하지 못하리라.

만일 얼굴을 보지 못한다고 하면, 눈이 반조反照한다는 말이 성립하지 않는다는 뜻입니다.

見面若成 此了知心 及與眼根 乃在虛空
견면약성 차료지심 급여안근 내재허공

만일 얼굴을 본다면 이 깨닫고 알고 하는 마음과 눈이 허공에 있는 것이거늘,

앞에서 마음이 몸 안에 있다고 한 것부터 안근까지입니다. 제 얼굴을 볼 때에 상대했어야 보니까 허공이 있을 것 아니냐, 얼굴에 있는 눈이 보지 못하고 허공에 눈이 있어야 하겠다, 이 말입니다.

마음과 눈이 허공에 있어야 네 얼굴을 본다는 말로, 본다는 것은 상대하는 걸 보는 거니까 안근이 내재허공이니, 허공에 있는 것이 될 터이니,

何成在內
하성재내

어찌 마음이 속에 있다 하겠느냐?

여기에서 재내在內라는 건 마음이 몸속에 있다는 것이 되지 않는다, 그 말입니다.

허공이기 때문에,

若在虛空 自非汝體 卽應如來 今見汝面 亦是汝身
약재허공 자비여체 즉응여래 금견여면 역시여신

만일 허공에 있다면 그것은 너의 자체라 할 수 없으며, 또 지금 여

래가 네 얼굴을 보는 것도 역시 네 몸이라 하겠구나!

네 눈이 네 몸을 떠나 허공에 있으니, 어찌 네 몸에 있는 눈, 네 몸에 있는 마음이라 하겠느냐? 안 된다는 말이고, 부처님께서 아난의 얼굴을 보는데, 지금 아난의 얘기가 자기 몸을 떠나서 허공에 있는 눈과 마음이 자기 얼굴을 본다고 하면, 부처님께서 아난을 보실 때에 부처님 눈은 아난 존자의 얼굴을 떠나서 허공에 있어야 하니, 부처님께서 아난의 얼굴을 보시는 것도 네가 본다고 하겠구나, 이 말입니다.

汝眼已知 身合非覺
여 안 이 지 신 합 비 각

네 눈은 알더라도 몸은 깨닫지 못해야 하리라.

부처님 눈으로 아난의 얼굴을 볼 때에 아난의 얼굴 모습을 부처님의 눈이 알지 아난은 모르니까, 네 마음이 네 얼굴을 볼 때에 눈은 몸을 알지 못해야 하겠고, 그런 이치도 없지만, 그렇게 한다 해도 안 된다는 얘깁니다.

必汝執言 身眼兩覺 應有二知 卽汝一身 應成兩佛
필 여 집 언 신 안 양 각 응 유 이 지 즉 여 일 신 응 성 양 불

네가 기필코 고집하여 몸도 알고 눈도 안다면 마땅히 두 알음알이가 있는 것이니, 너 한 사람이 두 부처를 이루어야 하리라.

몸을 떠나서 있는 눈도 알고 몸도 아는 두 작용이 있다고 하면 지각하는 마음이 둘이 있다는 말입니다. 우리가 깨닫고 알음알이하는 이걸 가지

고 성불합니다. 그런데 아난의 몸을 떠나 허공에 있는 것도 한 알음알이이고, 또 자기 몸도 알음알이가 있다고 하면, 아난에게 알음알이하는 작용 자체가 둘이 있으니, 부처 될 때에도 둘이 될 터이니, 아난 혼자서 두 부처를 이루어야겠다고 해서 안 맞는 이론이라는 말입니다.

是故應知 汝言見暗 名見內者 無有是處
시고응지 여언견암 명견내자 무유시처

그러니까 알아라. 네 말에 어두운 것 보는 것이 몸속을 보는 것이라는 이치가 옳지 아니하니라.

몸속에 있는데, 어두운 것 보는 것이 내장을 본다고 하는 것이 성립하지 않는다는 말입니다. 위에서 어두운 방 속에 있을 때에 방 속이 다 너의 삼초육부三焦六腑이겠구나라고 했는데, 삼초란 상초上焦 · 중초中焦 · 하초下焦의 통칭으로 의학상으로는 한 기관입니다. 그것이 몸속에 있는 건데, 육부란 밥통이나 창자 등 오장육부가 다 몸속에 있는 거니까 눈 감고 어두운 것 보는 것이 내장을 보는 것이라고 한 것이 맞지 않는다 할 것입니다.

阿難言 我常聞佛 開示四衆
아난언 아상문불 개시사중

아난이 말하였다.
제가 일찍이 들었나이다. 부처님께서 사중四衆에게 말씀하시기를,

由心生故 種種法生
유 심 생 고 종 종 법 생

마음이 나는 탓으로 여러 가지 법이 나고,

마음으로 법을 인정하게 되는 것이니까 마음이 생기는 걸 말미암기 때문에 가지가지 법이 생기니, 마음 혼자 있을 수도 없고, 법 혼자 있을 수도 없고, 서로 의지해서 있다, 그 말입니다.

由法生故 種種心生
유 법 생 고 종 종 심 생

법이 나는 탓으로 여러 가지 마음이 난다고 하시더이다.

마음이 무릇 일을 생각하니까 법이 있는 줄 깨닫고, 또 법이 있기 때문에 법을 생각하는 마음이 생기는데, 이렇게 하여 마음과 법이 혼자서 있는 게 아니라 서로 의지해서 있다는 말입니다.

마음이 생기기 때문에 법이 생긴다 하는 것은, 또 이렇게도 얘기합니다. 팔식八識이 있기 때문에 산하대지가 생기니까 그건 팔식심八識心을 가리키는 말이니, 심생고心生故로 종종법생種種法生이라 하는 심心 자는 팔식심을 가리키는 말이고, 법생고法生故로 종종심생種種心生이라 하는 심心 자는 전육식前六識을 가리키는 말이다, 이렇게 하기도 합니다. 법이 있기 때문에 그 법을 분별하되 눈으로 보고 알고, 귀로 듣고 알고 하는 게 생긴다고 이렇게 얘기하기도 한다는 말입니다. 그러나 그것까지 얘기할 필요는 없고, 법과 마음이 혼자서 생기는 게 아니라 서로 의지해서 있다는 것을 부처님께서 말씀하신 것이다, 이렇게 봅니다.

我今思惟 卽思惟體 實我心性
아금사유 즉사유체 실아심성

지금 생각하오니, 곧 생각하는 자체가 나의 심성心性일 것인즉,

생각하는 그것이 심성이란 말이니, 따로 어디에 있는 게 아니라 법생고法生故로 종종심생種種心生이라 함을 가리켜서 하는 말이고, 또한 법을 사유하는 자체가 나의 심성이라고 할 것이다, 그런 말입니다.

隨所合處 心則隨有
수소합처 심즉수유

합하는 곳을 따라서 마음이 따라 있는 것이옵니다.

합하는 곳을 따라서 마음과 법이 있다고 생각하니, 가령 우리가 눈으로 빛을 보고 생각하는 곳에 마음이 거기에 있는 것이라고 생각한다, 그 말입니다. 그러니까 수합처隨合處, 마음과 법이 합하는 곳을 따라서, 곧 수합隨合하는 처소가 곧 심즉수유心則隨有라, 마음이 곧 따라 있게 됩니다. 그래서 마음으로 물건을 보고 생각하는 거기에 언제든지 마음이 있는 것이다, 이 말입니다.

亦非內外 中間三處
역비내외 중간삼처

또한 안에나 밖이나 중간에 있는 것이 아니겠나이다.

중간은 근根 속이라는 애깁니다.

佛告阿難 汝今說言 由法生故 種種心生 隨所合處
불고아난 여금설언 유법생고 종종심생 수소합처
心隨有者
심수유자

부처님께서 아난에게 말씀하셨다.

네가 말한 대로 법이 나는 탓으로 여러 가지 마음이 난다고 하여 합하는 곳을 따라서 마음이 따라 있다고 하거니와,

위에서 심생고心生故로 종종법생種種法生이라 함은 필요하지 않고, 법생고法生故로 종종심생種種心生이라 함이 필요하다 해서 그렇게 대답한 것입니다. 그렇다고 해서 합하는 곳을 따라서 마음이 따라서 있다고 네가 그렇게 말하니, 참말로 그렇다고 하면, 이 뜻입니다.

是心無體 則無所合
시심무체 즉무소합

그 마음이 자체가 없으면 합할 것이 없고,

마음이 법을 따라 있다 하니, 마음이 생각하는 곳을 따라서 있다고 하면, 그 말입니다. 자체가 없으면 하는, 이 말의 뜻은 자체가 있느냐, 없느냐를 따지는 겁니다.

若無有體 而能合者 則十九界 因七塵合 是義不然
약 무 유 체 이 능 합 자 즉 십 구 계 인 칠 진 합 시 의 불 연

만일 자체가 없어도 능히 합한다고 하면, 그것은 십구계가 칠진을 인하여 합한다는 말과 같을 것이니, 그럴 이치가 없느니라.

즉무소합則無所合이라는 말은, 자체가 없는데 뭘 합하겠느냐, 자체가 있어야 다른 것과 합하지 자체가 없으면 무엇이 합하겠느냐, 이 말입니다. 마음 자체가 없다고 하면 소합처所合處가 없을 터이니 안 된다는 말입니다.

약무유체, 이 말은, 마음 자체는 없지만 합한다는 뜻이므로 약무체若無體 이러면 되므로 유有 자는 있으나 없으나 마찬가지입니다. 육근六根, 육진六塵, 육식六識을 십팔계十八界라 하는데, 그 외에 있을 게 없기에 십구계가 있다고 하면 이름뿐이요, 실체가 없다는 얘깁니다. 칠진이란 말도, 색 · 성 · 향 · 미 · 촉 · 법의 여섯뿐이므로 공연히 말만 있는 것이지, 실체가 없다는 말입니다.

若有體者
약 유 체 자

만약 수합隨合하는 마음의 자체가 있다고 하면,

체體가 없는 것을 체를 대는 것이 옳지 않은 증거라는 얘깁니다.

如汝以手 自挃其體 汝所知心 爲復內出 爲從外入
여 여 이 수 자 질 기 체 여 소 지 심 위 부 내 출 위 종 외 입

네 손으로 네 몸을 찌를 적에 네가 아는 마음이 속에서 나오느냐, 밖에서 들어오느냐?

질搯 자는 찌를 질 자입니다. 만진다든지 찌른다는 뜻입니다. 소지심所知心이란 찌르는 줄을 아는 마음이며, 찌르는 곳이 수합처隨合處인데, 여기에 마음이 있다고 하면 찌르는 걸 아는 마음이 그 안에서 나오느냐, 아니면 밖에서 들어오느냐? 손으로 찌를 때 찌르는 줄을 아는 자리에 마음이 있다고 하면, 마음의 체體는 있다는 것이니, 여기에 마음이 있다고 하면, 마음의 체가 어디에 있다가 알게 되느냐, 그러니까 마음의 체가 없던 것이 찌를 때 생기는 것은 아니리니, 그 마음의 체가 어디 있다가 여기로 오느냐, 이 말입니다. 즉 밖에서 들어오느냐, 안에서 나오느냐 그겁니다.

若復內出 還見身中
약 부 내 출 환 견 신 중

만약 속에서 나온다면 몸속을 보아야 할 것이요,

안에 있던 마음이 손으로 찌를 때에 거기로 나왔다고 하니까 도로 몸 가운데를 보아야 한다, 즉 몸속에 있었으니까 몸속을 보았어야 할 터이니, 저 위의 재내在內와 같은 말입니다.

若從外來 先合見面
약 종 외 래 선 합 견 면

만약 밖으로부터 들어온다면 먼저 얼굴을 보아야 할 것이니라.

몸 안에 있는 게 아니라 밖에 있다가 찌를 때 여기에 왔다고 하면, 밖에 있었을 테니까 얼굴을 보았어야 합당하지 않느냐, 그러니까 얼굴을 보지도 못하고 몸속을 보지도 못하니까 안에서 나왔다고 할 수도 없고, 밖에서 나왔다고 할 수도 없으니, 체體가 있다고 하면 안 된다는 그 말입니다.

체가 있다고 하면 어디 있다가 나왔느냐, 안에서 나왔다고 할 수도 없고, 밖에서 나왔다고 할 수도 없으니, 어디 있던 것이 여기에 와서 합해졌느냐, 그 말입니다.

阿難言 見是其眼 心知非眼 爲見非義
아 난 언 견 시 기 안 심 지 비 안 위 견 비 의

아난이 말하였다.

보는 것은 눈이 하는 일이옵고, 마음은 알기만 하고 눈이 아닌데 보아야 할 것이라는 말씀은 마땅하지 않나이다.

안에서 나왔다고 하더라도 지금 몸 가운데를 봐야겠다고 하니, 마음이 뭐 봅니까, 눈이 보는 것이지. 마음이 여기 있는데 뭘 봅니까, 이런 말입니다. 그러니까 부처님께서 거기에 대답을 하십니다.

佛言 若眼能見 汝在室中 門能見不
불 언 약 안 능 견 여 재 실 중 문 능 견 부

부처님께서 말씀하셨다.

만일 눈만이 볼 수 있다면 네가 방 안에 있을 적에 문이 능히 보느냐?

본다는 것이 방 안에 사람이 있어야 문을 통해서 밖의 것을 보지, 사람은 없이 문만이 그 물건을 보지 못한다. 네 눈이 있었기 때문에 문을 통해서 밖의 것을 보는 것이다. 그러니 눈은 문과 같고 마음은 사람과 같으니까, 사람은 없이 문만이 능히 볼 수 없으니까 눈만 있고 마음이 없으면 보지 못한다. 그러니까 마음이 있어야 본다, 그 말입니다.

아난의 말은, 마음은 보는 게 아니고 알기만 하는 거라고 하니까 부처님께서는 마음이 알기도 하고 보기도 한다, 마음이 없이 눈만이 어떻게 보느냐, 그러니까 이것은 마음이 없이 눈만이 보지 못한다고 말씀하시는 것입니다.

또 아난의 말과 같이 설사 눈이 본다고 하면,

則諸已死 尚有眼存
즉 제 이 사 상 유 안 존

금방 죽은 이도 눈은 있는 터이라,

오히려 눈이 존재하고 있다는 말인데, 방금 죽은 사람의 눈은 망가지지 않았다는 말입니다. 오래되면 썩겠지만.

應皆見物 若見物者 云何名死
응 개 견 물 약 견 물 자 운 하 명 사

마땅히 물건을 보아야 할 것이며, 만일 물건을 본다면 어떻게 죽었다 하겠느냐?

마음이 없이 눈만이 본다고 하면, 죽은 사람도 마음은 없지만 눈은 있으니, 그 눈을 가지고 물건을 보아야 하지 않겠느냐, 이 말입니다. 지금 죽은 사람이 눈만 가지고 본다고 할까 봐서 하는 얘기입니다. 물건을 보지 못하기 때문에 죽었다고 하지, 물건을 다 보는데 죽었다고 할 수가 있겠는가라는 뜻이지요.

언젠가 『능엄경』 이력履歷을 보는 사람이, 위의 즉제이사則諸已死를 즉제기사則諸己死라 하여 몸이 죽었다고 해도 된다고 그랬었는데, 그건 말이 안 됩니다. 알고 보면 정도가 옅어서 그렇게 잘못 보는 수가 있습니다. 부처님 말씀이 눈만이 보지 못한다고 하시고, 마음이 있어야 본다고 하셨는데, 법상종法相宗에서도 눈은 환하게 비추는 작용만 하고, 그것이 밝은지 어두운지 아는 것은 제6 의식이 눈과 안식이 볼 때에 동시 작용을 해줘야 본다는 것입니다.

안식이 작용할 때에 의식이 같이 작용을 해줘야 저건 무엇이라고 본다는 것입니다. 그러니까 안식 혼자만도 환하게 밝은 것은 볼 수 있다는 것입니다. 그러나 전기 빛인지 해가 비추었는지 사람인지 소인지 분별하여 아는 것은 의식이 같이 작용을 해줘야 안다는 말입니다.

阿難 又汝覺了 能知之心 若必有體 爲復一體 爲有多體
아난 우여각료 능지지심 약필유체 위부일체 위유 다체

아난아, 또 깨닫고 알고 하는 네 마음이 반드시 자체가 있다면 그 체가 하나이냐, 여럿이냐?

각료, 즉 깨닫는다는 말은 좀 더 자세하게 살펴본다는 말이고, 능지能知라는 말은 범연凡然하게 하는 말입니다. 이 마음에 자체가 있다고 하면, 체가 하나냐는 이 말은 온몸에 마음 하나뿐이라는 말이니, 일체라는 말은 사지를 통해서 마음 하나만임을 일컫습니다.

今在汝身 爲復遍體 爲不遍體
금 재 여 신 위 부 변 체 위 불 변 체

지금 네 몸에 두루 하여 있느냐, 두루 하지 아니하였느냐?

일체一體란 말과 변체遍體란 말이 거의 같지만, 일체라고 할 때는 온몸의 사지가 다 마음 자체 하나 가지고 된 거냐 이런 말이고, 변체란 마음이 온 사지에 두루 해 있느냐, 이런 말입니다. 결과적으로는 마찬가지겠지만, 일체다, 다체다, 변체다, 불변체다 할 때는 그렇게 차별을 내는 것이지요. 그러니까 체가 있다고 하면 하나라든지 여럿이라든지 온몸에 두루 했다든지, 한쪽에만 있다든지, 이래야 할 겁니다.

그렇게 네 가지를 물어 놓고 낱낱이 일체도 아니고 다체도 아니고 변체도 불변체도 아니라는 말을 합니다.

若一體者 則汝以手 挃一支[2]時 四支應覺
약 일 체 자 즉 여 이 수 질 일 지 시 사 지 응 각

2 고려대장경에는 지肢로 되어 있으나, 송본 · 원본 · 명본에는 본문과 같이 되어 있다. 지支는 지肢와 통한다. 이하 같음.

만약 그 체가 하나라면 네가 손으로 일지를 찌를 적에 사지가 모두 깨달아야 할 것이며,

일지一支의 지支 자는 가지 지枝 자와 같으니까 팔이나 다리, 어느 한 부분을 가리키는 말이며, 사지는 팔 둘과 다리 둘을 말하는 것이니, 사지 가운데에서 일지 하는 건 하나만을 가리키는 말입니다. 손을 가지고 팔 하나를 찌를 때에 사지응각四肢應覺이라, 사지가 한꺼번에 다 깨달아야 한다. 즉 마음의 체가 하나이니까 깨달으면 다 알지, 왼팔을 찌를 때에 왼팔에서만 알고, 다리에서든지 오른팔에서는 모른다고 하면, 아는 체도 있고 모르는 체도 있으니, 일체라고 할 수 없다는 말입니다. 일체라고 한다면 한 군데를 찌를 때에 사지가 한꺼번에 깨달아야 할 터인데, 지금의 우리는 그렇지 못합니다. 그러니 일체라는 말이 맞지 않는다는 것입니다.

若咸覺者 挃應無在
약함각자 질응무재

만일 모두 깨닫는다면 찌르는 데가 재在한 처소가 없을 것이요,

한 곳을 찔러도 사지가 다 깨닫는다고 할까 봐서 하는 말입니다. 팔을 찌른다고 하면 팔만 알아야지, 한 번 찌를 때에 온 사지가 다 안다고 하면 찌르는 것이 마땅히 재在한 처소가 없어야 할 텐데, 우리는 그렇지 않으니, 일체라는 말이 안 되는 것입니다.

若挃有所 則汝一體 自不能成
약질유소 즉여일체 자불능성

만약 찌르는 데가 따로 있다면 체가 하나라는 것이 될 수 없느니라.

팔을 찌른다든지, 다리를 찌른다든지, 찌르는 처소가 있다면 네가 말한 마음이 일체라 하는 것이 성립하지 않는다는 얘깁니다.

若多體者 則成多人 何體爲汝
약 다 체 자 즉 성 다 인 하 체 위 여

또 체가 여럿이라면 여러 사람이 될 것이니, 어느 체를 너라 하겠느냐?

사람 하나에 마음 하나씩이니까 마음 체가 여럿이면 곧 여러 사람이어야 할 테니, 다체라는 말이 안 된다는 뜻이겠지요.

若遍體者 同前所搔
약 변 체 자 동 전 소 질

만일 네 몸에 두루 해 있다면 앞에 말한바 찌르는 것과 같을 것이요,

어딜 찌르든지 마음이 두루 해 있으니까 한 번 찌를 때 온 데가 다 알아야 할 거란 말입니다. 앞에서 한 곳을 찌를 때 사지가 다 깨달아야 하겠다는, 그와 같을 테니 변체라는 말이 안 된다는 뜻입니다.

若不遍者 當汝觸頭 亦觸其足
약 불 변 자 당 여 촉 두 역 촉 기 족

만약 두루 하지 아니하였다면 네 머리를 만지면서 발까지 만져 보아라.

마음이 우리 몸에 있는 데는 있고 없는 데는 없다 하여 두루 해 있지 않았다고 하면, 머리를 만지고 발도 만져 보라는 말입니다. 만약 두루 하지 않았다면 한 곳에 있을 테니까.

頭有所覺 足應無知 今汝不然
두 유 소 각 족 응 무 지 금 여 불 연

머리가 깨닫는다면 발은 만지는 줄을 몰라야 할 것이거늘, 지금 너는 그렇지 아니하니라.

머리에만 있다고 하면, 머리는 깨닫는 바가 있지만, 발은 알지 못해야 할 테니 머리에만 있고, 발에는 없어야 불변不遍이라고 할 텐데, 머리도 만지고 발도 만지면 머리도 알고 발도 알아서 열 군데 만지면 열 군데 다 아는 것이니, 불변이란 맞지 않다는 말입니다. 그래서 마음이 물건을 생각할 때에 물건과 마음이 합하는 곳에 마음이 있다는 것이 안 된다는 얘깁니다. 일체一體냐, 다체多體냐, 변체遍體냐, 불변체不遍體냐가 다 성립되지 않으니, 그 마음이 체가 있다고 할 수 없다는 말입니다. 위에서 십구계가 칠진과 합한 것이라고 하는 건 말할 것도 없습니다.

是故應知 隨所合處 心則隨有 無有是處
시 고 응 지 수 소 합 처 심 즉 수 유 무 유 시 처 이런고로 마땅히 알아라. 합하는 처소를 따라서 마음이 따라 있다는 말이 옳지 아니하니라.

다섯째 수합隨合까지입니다.

阿難白佛言 世尊 我亦聞 佛與文殊等 諸法王子 談
아난백불언 세존 아역문 불여문수등 제법왕자 담
實相時 世尊亦言 心不在內 亦不在外
실상시 세존역언 심불재내 역불재외

아난이 부처님께 아뢰었다.

세존이시여, 저도 들었거니와 부처님께서 문수 등 여러 법왕자와 더불어 실상을 말씀하실 적에 마음은 안에도 있지 않고 밖에도 있지 않다고 하셨나이다.

문수 등 하는 건, 관세음보살觀世音菩薩이라든지, 대세지大勢至보살, 보현普賢보살을 말하겠지요? 법왕자란 보살을 말하는데, 부처님을 법 중의 왕이라고 해서 법왕이라 하고, 부처님의 아들, 즉 불자佛子라고도 합니다. 위에서 '불자佛子로 주지住持한다'라고 했는데, 부처님께서 열반하시면, 보살들이 대신하기 때문에 법왕자라고 그럽니다. 보살이라 하면 법왕자란 말인데, 대개 경전에 쓰기는 등각等覺 이상 큰 보살을 법왕자라고 했지, 보통 보살을 법왕자라 하지 않았고, 또한 그 가운데에서도 문수보살을 법왕자라고 많이 했습니다.

실상이란 진리, 진여眞如, 여여如如, 우주의 진리, 중생의 마음자리, 불성佛性 자리 이런 것을 말하는 것으로, 우리가 생각하는 바라든지 밖에 있는 물건 등은 다 가상假相이지 실상, 즉 참 실재한 모양이 아닙니다. 왜 그런고 하니, 금으로 반지도 만들고 비녀도 만들었다고 하면, 반지는 반지대로 동그랗고 비녀는 비녀대로 길쭉하니, 동그랗거나 길쭉하거나 모양은 가상입니다. 둥그런 반지를 두들겨 비녀를 만들 수 있고, 길쭉한 비녀를 두들겨 반지를 만들 수 있으니, 모양은 실상이 아닌 가상인 것입니다. 그러니 실상은, 그러한 모양은 금으로 만들었다고 하면 금 자체를 실상이라 하는 것이요, 금 자체는 동그랗거나 길쭉하거나 네모이거나 언제나 같은 거니까, 그래서 우리의 불성 자리, 우주의 진리를 실상이라고 그럽니다.

如我思惟 內無所見 外不相知
여 아 사 유 내 무 소 견 외 불 상 지

제가 지금 생각해 보건대 속에 있다면 보는 바가 없고, 밖에 있다면 서로 알지 못하니,

마음이 안에 있다고 하자니 안을 보는 바가 없어 안 되고, 밖에 있다고 하자니 서로 알지 못해 안 되고, 그래서 다른 계교를 찾아낸다는 말입니다. 외불상지外不相知의 아니 불不 자를 본문 그대로 하면 '서로 알지 못해야 할 텐데' 이렇게 새기고, 예전의 스님들이 아니 불不 자보다는 또 우又 자가 낫겠다고 하여 외우상지外又相知, '밖에 있다고 하면 또 서로 아니' 이렇게 새기기도 했는데, 말이 안 되면 모르지만 하필 경을 고칠 게 뭐 있느냐는 생각입니다.

內無知故 在內不成 身心相知 在外非義
내 무 지 고 재 내 불 성 신 심 상 지 재 외 비 의

안으로는 알지 못하므로 속에 있다고 할 수 없고, 몸과 마음이 서로 아는 연고로 밖에 있다는 것도 옳지 않나이다.

몸과 마음이 서로 안다는 건 외불상지外不相知를 얘기하는 것이고, 때문에 밖에 있다는 것도 뜻이 맞지 않는다는 말입니다.

안에도 밖에도 있지 않다는 얘기를 해 놓았습니다.

今相知故 復內無見 當在中間
금 상 지 고 부 내 무 견 당 재 중 간

지금 서로 알면서도 안으로는 보지 못하오니, 마땅히 중간에 있겠나이다.

안도 아니요 밖도 아닌 중간에 있겠다는 그 말인데, 중간이란 말이 안도 아니고 밖도 아니라는 뜻은 되지만 어디라는 건 지정하지 않았습니다.

佛言 汝言中間 中必不迷 非無所在
불 언 여 언 중 간 중 필 불 미 비 무 소 재

부처님께서 말씀하셨다.

네가 중간이라 말하니, 그 중간이 막연하지 아니하여 있는 데가 없지 아니하리라.

어디 있는지 모르는 흐리터분한 중간이 있을 수 없으니 반드시 미迷하지 않을 것이고, 결정되어 있을 거라는 말입니다.

今汝推中 中何爲在
금여추중 중하위재

네가 중간을 추측하여 보라. 중간이 어디 있느냐?

추推 자는 미루어 추측해 보라는 뜻입니다.

爲復在處 爲當在身 若在身者 在邊非中 在中同內
위부재처 위당재신 약재신자 재변비중 재중동내

처소에 있느냐, 몸에 있느냐? 만일 몸에 있다면, 곁에 있으면 중간이 아니고, 안에 있다면 속에 있는 것과 같으니라.

처소란 몸을 떠나 밖에 있는 물건인데, 처지중處之中이냐, 신지중身之中이냐, 그 중中을 말해 보아라, 이 뜻입니다.

변邊 자는 곁을 뜻하는데 몸 곁에 있다고 하면 중이라 할 수 없고, 몸속에 있다고 하면 안에 있다고 하는 말과 같으니, 신지중身之中이라 해서는 안 됩니다.

若在處者 爲有所表 爲無所表
약재처자 위유소표 위무소표

만일 처소에 있다면 표시할 수 있느냐, 표시할 수 없느냐?

목수가 집을 지을 때에 막대기를 세워 집의 중심을 표하듯이, 처소가 있다면, 어디가 중간이란 걸 표할 수가 있느냐는 말입니다.

無表同無 表則無定 何以故
무 표 동 무 표 즉 무 정 하 이 고

표시할 수 없다면 없는 것과 같고, 표시할 수 있더라도 일정하지 아니하니, 무슨 까닭이냐?

어디가 중간이란 걸 표시할 수 없다면 중간이 없다는 것이나 마찬가지이니, 표시할 수 없을 리가 없을 것이라는 말입니다.

如人以表 表爲中時 東看則西 南觀成北
여 인 이 표 표 위 중 시 동 간 즉 서 남 관 성 북

어떤 사람이 표시하여 중간이라 할 때에 동에서 보면 서가 되고 남에서 보면 북을 이루어서,

表體旣混 心應雜亂
표 체 기 혼 심 응 잡 란

표시하는 자체가 혼잡한 것과 같이 마음도 잡란하리라.

阿難言 我所說中 非此二種
아 난 언 아 소 설 중 비 차 이 종

아난이 말하였다.

제가 설한바 중간이라 함은 이 두 가지가 아니옵니다.

몸의 중간과 처소의 중간이 아니라는 말입니다.

如世尊言 眼色爲緣 生於眼識
여 세 존 언 안 색 위 연 생 어 안 식

세존께서 평소 말씀하시기를, 안근眼根과 색진色塵이 연緣이 되어 안식眼識을 낸다 하셨나이다.

안근은 보는 눈이고 색진은 빛인데, 형상이 있든지 빛이 있어 눈으로 볼 수 있는 게 다 색진입니다. 눈과 색진, 그 둘이 합해서 그게 인연이 되어 안식을 낸다는 것은, 부처님께서 소승을 말씀하실 적에 으레 말씀하셨습니다.

眼有分別 色塵無知 識生其中 則爲心在
안 유 분 별 색 진 무 지 식 생 기 중 즉 위 심 재

안근은 분별함이 있고, 색진은 알음이 없사온데, 안식이 그 중간에서 생기는 것인즉, 이것을 마음이 있는 데라 하겠나이다.

우리가 볼 때에 눈으로 보고 분별하는 것 같지만 따져 보면 눈 혼자서는 분별하지 못한다는 것입니다. 지금 우리가 척 보아서 밝고 어두운 중에 환한 것을 보는 이게 안근의 작용입니다. 이건 무엇, 이건 누구라는 등을 아는 것은 안근만 가지고는 알지 못합니다. 안근이 밖에 있는 색진을 볼 때에 의식이 내 마음에 따라 작용해 줘야 합니다. 그렇기 때문에 우리가

한 곳에 정신이 팔려서 생각하고 있다든지 할 때에 눈을 뜨고도 사람이 오면, 오는 것은 알지만 누구인 줄 모르는 것입니다. 눈, 안근 혼자만은 감각하지 못합니다. 거울 가운데 뭐가 비치는 것과 같아서 그저 뭐가 있거니, 이렇게만 생각하게 되지, 어떤 것이라고 분별하진 못합니다. 불교에서 마음의 작용을 이렇게 말합니다. 여기에서 안근이 분별이 있다는 것은 대충 알아보는 작용일 뿐, 낱낱이 따져서 무엇이라고 분별해 내지 못한다는 말이고, 색진은 물건이니까 알음알이 하는 것과는 관계가 없습니다. 중간이란 근根과 진塵의 중간인 것을 말했습니다. 거기에 대하여 부처님께서 말씀하십니다.

佛言 汝心 若在根塵之中 此之心體 爲復兼二 爲不兼二
불언 여심 약재근진지중 차지심체 위부겸이 위불겸이

부처님께서 말씀하셨다.

네 마음이 만일 근根과 진塵의 중간에 있다면, 이 마음의 자체가 둘을 겸하였느냐, 겸하지 않았느냐?

이론이 좀 어렵습니다. 안근, 눈 하고, 색진, 밖의 물건 하고 이 둘이 어울려 안식이 생겼다고 하니, 겸했다는 건 안식이 안근의 성품과 색진의 성품을 합해 가지고 있느냐는 말이고, 겸하지 않았다는 건 안근의 성품은 안근대로, 색진의 성품은 색진대로 해서 안식이라는 존재가 겸하지 않았느냐는 말입니다. 겸했다는 말도 우리가 보통으로는 하지 않는 말이고, 말하자면 안근 하고 색진 하고 둘이 합해서 안식이 생겼다고 하니, 가령 아버지와 어머니가 있어서 아들을 낳았다면, 그 아들이 아버지의 성품도 있고, 어머니의 성품도 있느냐는 그 말입니다.

若兼二者 物體雜亂 物非體知 成敵兩立 云何爲中
약 겸 이 자 물 체 잡 란 물 비 체 지 성 적 양 립 운 하 위 중

둘을 겸하였다면 물物과 자체가 잡란할 것이며, 물物은 자체의 알음알이가 아니므로 적대가 되어 양편으로 갈라설 것이니, 어떻게 중中이 되겠느냐?

체體 자는 안근을 가리키는 말이고, 물物은 색진을 가리키는 말인데, 물은 안근 자체의 알음알이 하는 존재가 아니므로 적대하여 양편으로 갈라져 한쪽은 알음알이 하는 눈의 편이 되고, 한쪽은 알음알이가 없는 색진의 편이 되어 적대상립敵對相立하여, 즉 안식의 존재가 성립하지 못한다는 그 말입니다. 한데 합해야 중간이라는 존재가 생길 터인데, 한쪽은 안근에서 나오는 성질이기 때문에 알음알이가 있고, 한쪽은 색진에서는 알음알이가 없으니, 둘이 적대해서 중간이란 말이 될 수가 없다 했습니다. 참말 중中이란 존재가 없는 것인지, 이론은 어렵습니다만 생각해 보십시오.

兼二不成 非知不知 卽無體性 中何爲相
겸 이 불 성 비 지 부 지 즉 무 체 성 중 하 위 상

둘을 겸하지 아니하였으면 지知도 아니고 부지不知도 아니어서 체성이 없을 것이니, 중간이 무슨 모양이겠느냐?

안근의 성질과 색진의 성질을 겸하지 않았다고 하면 아는 것도 모르는 것도 아니란 말인데, 왜냐하면 눈의 성질을 겸하지 않았다면 아는 것이 아니요, 색진은 모르는 것인데, 색진의 성질을 겸하지 않았다고 하면 모르는 것도 아니기 때문입니다. 안식의 존재가 아는 것도 모르는 것도 아닐 것이다, 알든지 모르든지 체성이 있어야 할 텐데, 아는 것도 모르는 것도 아닌 그런 자체가 어디 있겠냐는 말이니, 중간이란 존재의 모양이 생기지 않는다는 말입니다.

是故應知 當在中間 無有是處
시 고 응 지 당 재 중 간 무 유 시 처

이런고로 알아라. 중간에 있다는 말이 옳지 아니하니라.

阿難白佛言 世尊 我昔見佛 與大目連 須菩提 富樓
아 난 백 불 언 세 존 아 석 견 불 여 대 목 련 수 보 리 부 루
那 舍利佛 四大弟子 共轉法輪
나 사 리 불 사 대 제 자 공 전 법 륜

아난이 부처님께 아뢰었다.

세존이시여, 부처님께서 예전에 대목련 · 수보리 · 부루나 · 사리불, 사대 제자와 함께 법륜을 굴리실 적에,

법륜을 굴린다는 건 여러 사람들에게 불법을 얘기해서 알게 하는 것을 말합니다. 대목련 · 수보리 · 부루나 · 사리불, 사대 제자는 부처님 제자 중 가장 우두머리입니다.

常言 覺知分別心性 旣不在內 亦不在外 不在中間
상언 각지분별심성 기불재내 역불재외 부재중간
俱無所在
구무소재

항상 말씀하시기를, 알고 분별하는 심성이 안에도 있지 않고, 밖에도 있지 않고, 중간에도 있지 아니하여 아무 데도 있는 데가 없어서,

一切無着 名之爲心 則我無着 名爲心不
일체무착 명지위심 즉아무착 명위심부

온갖 것에 집착함이 없는 것을 마음이라 한다 하셨사오니, 제가 이제 집착함이 없는 것으로 마음이라 하오리까?

집착이란, 가령 크다 작다 하는 자기 생각을 고집해서 변하지 못하는 걸 말하는데, 집착함이 없는 것을 마음이라고 한 이것은, 부처님의 말씀이 아닙니다. 안에도 있지 않고 밖에도 있지 않고 중간에도 있지 않다고만 하셨지, 집착하지 않는 게 마음이라고 하지는 않으셨습니다. 그런데 아난이 이 말을 듣고는 '집착하지 않는 걸 마음이라 하는구나'라고 아난의 소견으로 말을 한 겁니다. "제가 이제 집착함이 없는 것으로 마음이라 하오리까?"라고 한 이 말은, '이렇게 말하면 또 어떻겠습니까?'라고 하는 그 뜻입니다.

佛告阿難 汝言 覺知分別心性 俱無在者 世間虛空
불고아난 여언 각지분별심성 구무재자 세간허공
水陸飛行 諸所物象 名爲一切
수륙비행 제소물상 명위일체

부처님께서 아난에게 말씀하셨다.

네가 말하기를, 알고 분별하는 심성이 아무 데도 있는 데가 없다 하거니와, 이 세간과 허공에서 물에 있고 육지에 있고 날아다니는 여러 물건을 온갖 것이라 하나니,

온갖 것이란 세간 가운데서 공중에 있다든지, 물속에나 육지에 있는 온갖 존재를 일체 물건이라 합니다.

汝不着者 爲在爲無
여불착자 위재위무

네가 집착하지 않는다 함은, 있다는 것이냐, 없다는 것이냐?

이 말은 온갖 물건의 존재가 있는데 집착하지 않는단 말이냐, 온갖 물건이 없는데 집착하지 않는단 말이냐 하는 그걸 물은 겁니다.

無則 同於龜毛兎角 云何不着
무즉 동어귀모토각 운하불착

없다면 거북의 털, 토끼의 뿔과 같은 것이니, 무엇에 집착하지 않는

다는 것이냐?

거북의 털과 토끼의 뿔은 말만 있고 실재하지 않는 걸 말하는 것이니, 아무것도 없는 것이라는 뜻입니다. 아무것도 없는데, 어찌 집착하지 않는다는 말이 성립하겠느냐, 이 말입니다.

有不着者 不可名無
유 불 착 자 불 가 명 무

있어도 집착하지 않는다 하면 집착이 없다고 말할 수 없느니라.

일체 물건인 온갖 존재가 있는데, 네 마음으로 집착하지 않는다고 하면, 있다고 하는 것부터가 집착 아니냐, 그 말입니다. 물건이 없다고 하면 집착 않는다는 말이 성립하지 않고, 물건이 있다고 하면 있다는 데 벌써 집착했는데 집착이 없다고 할 수 있겠느냐는 말입니다.

無相則無 非無則相 相有則在 云何無着
무 상 즉 무 비 무 즉 상 상 유 즉 재 운 하 무 착

형상이 없으면 아주 없는 것이요, 없는 것이 아니라면 형상이 있는 것이니, 형상이 있으면 집착하는 것이라, 어떻게 집착이 없다 하겠느냐?

일체 물상物相이 상相이 없다고 하면 아주 없는 것이니, 착着한다 착하지 않는다 할 수가 없고, 일체 물상이 없는 게 아니라고 하는 건 상이 있는 것이라는 말입니다. 그 상相 자 한 글자가 유상有相이란 말이며, 상유즉재

相有則在라 하는 재在 자는 착着이라는 말입니다. 벌써 있다고 하는 게 착하는 것이요, 있다고 하는 걸 마음에 인정하는 것 아니냐는 얘기지요. 마음에서 벌써 상相이 있다고 인정하는데 어떻게 무착이라고 할 수 있느냐 그 뜻이고, 재在 자는 착着의 뜻으로 보고 위의 불가명무不可名無라고 하는 걸 무착으로 본다는 것입니다.

是故應知 一切無着 名覺知心 無有是處
시 고 응 지 일 체 무 착 명 각 지 심 무 유 시 처

그러니 알아라. 온갖 것에 집착이 없는 것을 깨닫고 알고 하는 마음이라 하는 말은 옳지 아니하니라.

여기까지 일곱 번째입니다.

처음에 부처님께서 네 마음이 어디에 있느냐고 물으시니, 눈은 얼굴에 있고, 마음은 몸속에 있다고 하면서부터, 몸속에 있다고 해도 안 되고, 겉에 있다고 해도 안 되고, 눈알맹이에 있다 한 것도 안 되고, 눈 감고 어두운 것 보는 것이 몸속의 오장을 본다고 해도 안 되고, 수합隨合, 중간, 다 안 된다고 한 것까지 일곱 번입니다.

이걸 칠처징심七處徵心이라 하는데, 마음이 있는 곳을 물으니, 일곱 번을 갖다 댔지만 다 아니라고 하신 것이지요. 안에 있다고 해도 안 되고, 밖, 중간도 다 아니니, 어디 있느냐고 묻는 부처님의 대의는, 부처님의 삼십이상이 절묘한 그게 좋아 출가했다고 했으나 절묘하다고 생각하는 그 마음은 참마음이 아니라는 걸 일러 주는 데 있습니다.

아난이 마등가摩登伽에게 홀려 갔다 와서 부처님께 하는 말이, 시방 여래께서 보리를 이루신 사마타奢摩他 · 삼마三摩 · 선나禪那를 물었는데, 그걸 대답하는 과정에서 그 사마타 · 삼마 · 선나는 이 분별 식심識心 가지고는 안 된다고 하는 것입니다.

벌써 부처님께서 이 세 가지를 답하셨을 텐데, 먼저 아난이 마음이라고 말한 이것은 참마음이 아니라는 걸 인식시키기 위해 일곱 번을 말씀하셨는데, 참마음이라면 처소가 있어야 할 텐데, 일곱 군데에 다 있지 않으니, 그럼 어떻게 된 거냐, 이겁니다. 그러니까 부처님의 본뜻은 처소가 없다는 걸 가지고 그건 허망한 것이요, 마음이 아니라는 이걸 일러 주기 위해 말씀하셨는데, 지금까지도 아난 존자는 마음이 있는 처소는 있긴 있을 터인데 아마 내가 모르나 보다 생각하고 있습니다. 지금 여기는 처소가 없다는 말만 했지 어디 있다는 얘기는 안 했습니다. 왜냐하면 우리가 분별하는 이 마음 자체가 허망한 것이니, 처소가 있을 수 없고, 실재 존재하는 것이라야 처소가 있다는 말입니다.

그래, 일곱 번을 다 마음이 있는 처소가 없다는 것을 인식시켜 놓으니,

2. 견見이 곧 진심眞心이다

爾時阿難 在大衆中 卽從座起 偏袒右肩 右膝着地
이 시 아 난 재 대 중 중 즉 종 좌 기 편 단 우 견 우 슬 착 지
合掌恭敬 而白佛言
합 장 공 경 이 백 불 언

그때에 아난이 대중 가운데 있다가 자리에서 일어나 오른 어깨를 드러내고 오른 무릎을 땅에 대고 합장하고 공경하며 부처님께 아뢰었다.

우리나라의 지금 학교에서 의사 표시를 할 때 손들고 일어나서 하듯이, 인도에서의 풍속이 서로 앉아서 얘기하다 의심이 있다든지 뭘 물으려면 이렇게 일어섰는데, 이것이 종좌기從座起입니다.

편단우견偏袒右肩의 단袒 자는 살 드러낼 단 자입니다. 인도뿐만 아니라 중국에서도 좌단左袒, 우단右袒 한다 해서 팔을 드러내어 몸을 바쳐 어떤 일을 해결하겠다는 결심을 표한다는 것입니다. 그런데 본래는 가사를 위까지 둘러쓰고 있었지, 지금의 우리처럼 장삼 속에 바지, 저고리, 두루마기를 입고, 그 장삼 위에 가사를 입지 않았었습니다. 그렇게 둘러쓰고 있다가 무슨 얘기를 하려고 할 때는 팔 하나를 빼는데, 그것을 편단우견이라 합니다. 두 팔을 다 빼는 게 아니라, 편偏 자는 치우친다, 한 팔만이라는 말이니까 오른 어깨를 드러내는 것입니다. 단袒 자는 인도에서는 맨몸에 수하니까 팔 하나만 빼면 살이 드러나겠지요. 그 살 드러낼 단 자입니다.

우슬착지右膝着地는 오른 무릎을 땅에 대니까 왼 무릎은 땅에 안 댄다는 말입니다. 지금의 어린 사미들이 어른 앞에 와서 뭘 가져간다든지 할 때에 한 무릎을 꿇고 하잖아요. 그 꿇는데, 혹 왼발도 꿇겠지만 우슬착지니까 오른 무릎을 땅에 대는데, 발끝을 땅에 대지, 세우고 하는 건 아닙니다. 그러니까 이건 인도에서 어른께 뭘 물으려고 하면서 존경을 표하는 방법입니다.

여기에 지금 합장 얘기가 나왔으니까 경經과는 상관없지만 짚고 넘어가겠습니다. 요즘의 스님들은 편지를 한다든지 할 때에 어른한테도 합장이라고 쓰고, 은사 스님에게도 끝에 합장이라고 쓰는데, 처음 만나서 합장만 하고 그만둘 사람에게는 합장이라고 써도 무방하지만 절을 해야겠는데, 말하자면 오체투지五體投地를 해야겠는데 합장이라고 써서야 되겠느냐, 이 말입니다. 남이 그렇게 하니까 따라하지만, 나이보다 아래면, 가령 내가 지금 여기 있는 학인들에게 편지한다면 합장이라고 써도 괜찮습니다. 만나면 인사라고 해야 고작 합장이나 하지 다른 건 안 하니까. 하지만 같은 친구들끼리도 절을 합니다. 같은 친구끼리도 합장이라고 쓰면 소홀하다는 말인데, 하물며 자기 스님이나 어른스님께도 으레 합장이라고 쓰니 어떻게 되겠느냐 말입니다.

예전엔 으레 친구 간에도 그냥 만나면 절은 안 하지만, 편지에만은 재배再拜라고 쓰든지 그냥 배拜 자 하나만 쓰든지 이렇게 했습니다. 실지 만나서는 절을 안 할지라도 편지 쓰는 데는 절 한다고 쓰고, 나이가 조금 위이면 두 번 절한다 해서 재배再拜라고 썼는데, 지금 우리가 어른께 삼배를 하니까 '아무개 삼배' 한다든지, 또 그렇지 않을 때는 배拜 자 하나만 써도 됩니다. 그러나 배拜 자 하나만 쓰는 것도 가령 여기 있는 학인들이 나한테 편지할 때 나이가 50여 세는 위가 되는데, 합장한다고 쓰면 되겠습니까? 그렇게 해서는 안 되고, 그럼 어떻게 해야 하느냐. 우리나라 말로 올림, 드림, 이 정도는 괜찮습니다. 어른이 아무리 높아도 올린다는 말 이상은 없으니 괜찮고, 꼭 한문으로 쓰려고 하면 인도 말이지만 화남和南이라 쓰면 됩니다.

화남대성존和南大聖尊이라 해서 부처님께도 화남이라고 쓰는데, 번역하면 예배라든지 경례의 뜻이니까 그렇게 써도 괜찮고, 내가 받은 편지 중에는 정례頂禮라고 쓰는 이도 있었는데 그래도 괜찮고, 삼배나 구배九拜라고 쓰는 게 옳습니다. 지금 다 그렇게 합장이라고 쓰니까 나무랄 건 없지만, 스님네나 신도들 중에 불교 신문은 다 보니까 조금씩 잘못된 것들을 한 번에 하나씩 싣는다면 아마 1년 할 것은 있을 것 같습니다. 대강 50여 가지는 되는데, 그걸 한번 해 볼까 하는 생각을 가지고 있으면서도 하질 않고 있는데, 합장 얘기가 나온 김에 지적합니다. 세상이 다 그러니까 누가 얘기는 안 하지만, 예전 같으면 버릇없다 했을 것이고, 편지에 글자 한 자만 틀려도 만나지도 않고, 절교를 해 버리지 않아요?

본문으로 돌아와서, 합장 공경한다는 건, 벌써 편단우견하고 우슬착지하고 나서 합장을 하는데, 서서 하는 합장이 아니고, 한 무릎 꿇고 앉아서 하는 합장입니다.

我是如來 最小之弟
아 시 여 래 최 소 지 제

저는 여래의 가장 어린 동생입니다.

부처님과는 사촌간인데, 아난보다 더 어린 사람은 없었던 모양입니다. 부처님께서 성도成道하실 때 태어났다고 하는데 그때 부처님께서 서른다섯 살이었으니, 아난 존자가 부처님보다 서른다섯 살이 아래이기 때문에 최소지제라 그랬겠지요.

蒙佛慈愛 雖今出家 猶恃憍憐
몽 불 자 애 수 금 출 가 유 시 교 련

부처님께서 자비로 사랑해 주심을 입사와, 비록 지금에 출가했으나 오히려 교련만 믿고,

앞의 몽蒙 자는 '부처님의 사랑을 받자와서 출가는 했지만' 이런 뜻이고, 이 믿을 시恃 자는 믿을 신信 자와는 달라서 의지한다는 뜻입니다. 애들도 밖에 나가 놀다가 좋지 않은 일이 있으면 어머니한테 오잖아요? 또 '어머니' 하고 부른다든지 하는 게, 어머니의 위력을 믿고 호랑이가 와도 어머니한테만 있으면 괜찮을 줄 생각하는 것이거든요? 사실 어머니 품은 호랑이

가 와도 빼앗아 가진 못하지요. 그렇게 믿는 게 믿을 시恃 자입니다. 어머니의 힘을 믿는다는 것은 의지한다는 뜻이고, 련憐 자는 사랑한다는 련 자이고, 교憍 자는 부모가 사랑한다는 그걸 믿고 부모의 뺨을 때려 보기도 하는, 사람을 믿고서 자기가 아무렇게나 행동해도 용서하리라 하는 게 교憍입니다.

출가는 했지만 부처님께서 교련하시는 것만 믿고, 부처님께서 저를 사랑해 주시는 그것만을 믿고서, 그 말입니다.

질문 그걸 새길 때 '교련憍憐을 믿고'라고 하면 말이 안 되지 않습니까?

답 교憍 자도 사랑한다는 뜻이니, 사랑한다는 그것을 의지해서 버릇없는 생각이 나는 것입니다. 글로 그렇게 새길 수는 없는 것이나, 교憍라는 것도 사랑한다는 걸 의지해 가지고 그러한 뜻이 생기는 것이므로 교련함을 믿고라고 합니다. 여기의 주에서는 교련을 자애慈愛라고 그래 놨는데, 자애만은 아닙니다.

所以多聞 未得無漏
소 이 다 문 미 득 무 루

소이로 다문만 하고 무루를 얻지 못하였사오매,

부처님께서 설법하신 것을 모두 기억하는 이가 아난 존자인데, 듣기만 한 게 아니고 듣고 기억한다는 말입니다. 듣고는 잊어버리는 것이 아니고 한 번 들은 건 잊지 않는 그것이 다문多聞입니다.

무루無漏는 생사에 들어가는 번뇌가 누漏인데, 누가 없다고 하는 건, 생사번뇌가 없어졌다는 말이요, 무루를 얻지 못했다면 번뇌를 없애지 못했다는 말입니다. 다문만 해 가지고는, 경을 많이 읽고 외우기만 해 가지고는 번뇌가 없어지지 않습니다. 경에 있는 것을 배우고, 배운 대로 탐심貪心을 끊어라, 진심嗔心을 끊어라, 보시를 해라 하는 이런 것들을 실행을 해야 합니다.

지금 우리나라는 선종禪宗이라고 해서 다문은 경 가지고 하는 게고, 무루無漏는 참선參禪을 해야 하는 게다 하지만, 참선이란 게 부처님 당시에는 없었고, 사선팔정四禪八定이 있었습니다. 지금과 같이 일초직입여래지一超直入如來地 하는 이 참선은 없었고, 달마 스님 때부터 생긴 것인데, 참선을 해야 하지 경만 보아 가지고는 성불하지 못한다고 한다면, 부처님께서 경을 설하지 않으셨어야 합니다. 성불하라고 경을 설했는데 왜 경 가지고는 안 된다 하느냐, 그 말입니다. 그러니까 경을 보면 본 대로 행해야지, 외우기만 한다든지 해서는 안 된다는 것입니다.

뒤에 가면 수행하는 얘기가 나오는데, 경에는 다 수행을 얘기했습니다. 육바라밀六波羅密 · 팔정도八正道가 다 수행하는 것인데, 육바라밀을 닦자면 보시를 실지로 해야 하고, 계행戒行을 가져야 하고, 욕된 걸 참아야 하고, 정진精進을 해야 하고, 선정을 닦아야 하고, 지혜를 가지고 있어야 합니다. 그 육바라밀을 다 닦아야 생기는 것이지, 이름만 알아 가지고 보시 · 지계持戒 · 인욕忍辱 한다 해 봐야 내가 닦은 건 아닌 것이니, 실상實相으로 보시를 하고, 계율도 그대로 가지고, 정진을 하고 실제로 닦아야 한다는 말입니다. 앞의 육바라밀 중의 선정은 지금의 참선을 말하는 것이 아니고, 사선팔정을 뜻합니다.

다문만 했다는 건 경을 외우기만 했지 실상을 닦아 보지 않았다는 말인데, 왜 그랬느냐면 부처님의 사랑만 믿고, 무루를 안 닦았다는 얘기가 내려가다 보면 나옵니다. 부처님을 너무 믿기 때문에 다문만 하고 실수행實修行을 안 해서 무루를 얻지 못했기 때문에 번뇌가 없어지지 못했다, 그 말입니다. 그러니까 이것은 마음이 어디 있느냐는 질문에 일곱 군데를 얘기하다가 다 아니라는 말을 듣고는 "제가 다문만 해서 모르는 터이니, 일러주십시오." 이런 말입니다.

그래, 무루를 얻지 못했기 때문에,

不能折伏 娑毗羅呪
불 능 절 복 사 비 라 주

능히 사비라주를 절복시키지 못하여,

위에서 마등가가 하는 사비가라선범천주娑毗迦羅先梵天呪를 절복시키지 못했다고 했는데, 절복은 굴복한다는 말이니, 힘이 도력道力이 있거나 무루를 얻었으면 그 사비가라주에 홀리지 않았을 텐데, 다문만 하고 법력이 없다는 말입니다.

그 법력이 없기 때문에 사비가라주를 절복시키지 못했고, 그렇기 때문에,

爲彼所轉
위 피 소 전

저의 전轉한 바가 되어,

피彼 자는 사비가라주를 가리키는 말이고, 그 주呪에 전轉한 바 되었다 함은 지배를 받았다는 말과 같아서, 사비가라주가 나를 맘대로 홀렸다는 그 말입니다.

전轉 자는 내가 법륜을 굴린다고 할 때는 능히 굴리는 것이고, 다른 것에 전轉한 게 된다고 하면 지배를 받는 것인데, 지금 여기는 사비가라주의 지배를 받았다는 말입니다.

그렇기 때문에,

溺於婬舍
익 어 음 사

음사에 빠졌으니,

마등가녀의 음사婬舍에 들어갔다는 말입니다. 그것은 다문多聞만 하고 무루無漏를 얻지 못했기 때문에 이렇게 되었다는 말입니다.

當由不知眞際所詣[3]
당 유 부 지 진 제 소 예

참마음이 있는 데를 알지 못하기 때문이로소이다.

진제는 진심실제眞心實際라는 말과 같습니다. 예詣 자는 나아갈 예 자이나 어떤 때는 잘못된 걸 가르친다는 가르칠 예 자라고도 하지만, 본자는 나아갈 예이고, 여기에서 나아간다고 하는 진제소예는 진제가 있는 곳, 있을 재在 자를 써서 진제소재眞際所在라 하여 '진제가 있는 바를 알지 못함을 말미암았습니다', 이렇게 했습니다.

지금까지도 아난 존자는 자기가 분별하는 이 마음을 가지고, 참말 허망

3 고려대장경에 지指로 되어 있으나, 원본 · 명본에는 본문과 같이 되어 있다.

한 이 마음을 가지고 진제라고 생각하고 있습니다. 여기에서 지금 일곱 군데를 애기했다가 다 아니라고 하니까, '그래도 마음 있는 처소가 있을 터인데 나는 모르니 그 있는 처소를 말씀해 주십시오', 그 말입니다. 그 마음이 허망해서 진眞이 아니라는 건 모르고, 부처님의 삼십이상을 보고 좋아하던 그 마음 있는 데를 모르겠다 하여 묻는 말입니다. 결론적으로 진제의 나아갈 바를 몰라서 음사婬舍에 빠졌다는 말입니다.

唯願世尊 大慈哀愍 開示我等 奢摩他路
유 원 세 존 대 자 애 민 개 시 아 등 사 마 타 로

오직 원컨대 세존께서는 큰 자비로 어여삐 여기사 우리에게 사마타로를 보여 주십시오.

민愍 자는 가련하게 여긴다는 뜻입니다. 지금 아난은 참 자기 마음이 어디 있는 줄 아는 이게 사마타라고만 생각하여 참말 진심 자리를 알아야 할 텐데, 부처님께서 차차 진심 자리를 알려 주기 위해서 아난의 이러한 생각이 네 참마음이 아니라고 나오는 건데, 아난은 아직까지도 거기에 이르지 못하고 마음자리가 있는 처소를 알려 주시면 공부하겠다는 이런 뜻입니다.

여기에서 이제 사마타로 얘기가 나오는데 제4권 중간까지가 사마타 법문을 한 것이라 합니다. 처음에 볼 때는 잘 모르지만 여러 번 보면 알게 됩니다.

令諸闡提 隳彌戾車
영 제 천 제 휴 미 려 차

천제들로 하여금 미려차를 깨뜨리게 하소서.

천제闡提란 말은 범어인데 일천제一闡提라 해야 맞습니다. 그 한 일一 자는 숫자를 말하는 게 아니고 범음梵音을 음역한 것이니, 일천제라는 말은 단선근斷善根이라, 그래서 성불할 선근이 끊겨서 불성이 없다는 말입니다. 소나무를 끊어 버리면 다시 움이 돋지 않듯 선근을 끊어 버리면 성불할 희망이 없다는 말인데, 법상종法相宗에서는 '천제는 성불하지 못한다', 그리고 성종性宗에서는 『열반경涅槃經』에서와 같이 '천제도 성불할 수 있다'라고 했습니다.

미려차도 범어인데, 번역하면 악견惡見 · 낙구예樂垢穢라고 합니다. 이 수레 거車 자가 차라고도 발음되는데, 예를 들자면 자전거自轉車를 자전차라고도 하듯이 말입니다. 그래서 사람들이 미려거라고 할는지 모르지만 범어를 보면 미려차라고 해야 합니다.

천제란 아무리 가르쳐 주어도 모르는 걸 말하는데, 우리말에 하우불이下愚不移라고 하는 것과 같습니다. 휴隳 자는 깨뜨릴 휴인데 천제로 하여금 '미려차를 깨뜨리게 해주십시오'라는 말은, '나쁜 소견이 다 없어지고 부처님과 같은 소견을 가지도록 해주십시오' 하는 그 뜻입니다.

作是語已 五體投地 及諸大衆 傾渴翹佇 欽聞示誨
작 시 어 이 오 체 투 지 급 제 대 중 경 갈 교 저 흠 문 시 회

이 말을 지어 마치고 오체를 땅에 엎드리고 대중들과 함께 정성을 다하여 갈앙渴仰하여 가르침을 듣자오려 하였다.

지금의 우리가 부처님께 예배하는 걸 오체투지라고 보는데, 인도 사람들이 절하는 건 배를 땅에 대고 팔을 앞으로 쭉 뻗어서 엎드려 하는 것이니, 참 오체투지라고 해야 할 겁니다. 이걸 정례頂禮라 하기도 하는데, 그렇게 잘 가르쳐 주십시오 하고 절을 하는 겁니다.

경갈교저傾渴翹佇의 갈渴 자는 목마른 사람이 물 기다리듯이 부처님 법문 듣기를 간절히 한다는 뜻이고, 기울 경傾 자는 뭘 듣고자 할 때 고개를 기울이고 기다리는 기다림이 지극한 것을 표현한 뜻이며, 교翹란 발돋움할 교 자인데, 뭘 멀리 보려고 할 때 발을 들고 보듯 한다는 말이며, 저佇 자는 제비 같은 새의 어린 새끼가 엄마 새가 먹이를 물어오면 채 눈도 뜨지 않았는데도 먼저 받아먹으려고 날개를 벌리는 간절한 기다림의 모습이니, 모두 다 부처님 말씀을 간절히 기다리는 그것을 경갈교저라고 합니다.

爾時世尊 從其面門 放種種光
이 시 세 존 종 기 면 문 방 종 종 광

이때 세존께서 면문으로부터 종종의 광명을 놓으시니,

면문面門이란 얼굴 전체를 말하기도 하고, 입이라 하기도 합니다.

其光晃耀 如百千日 普佛世界 六種震動
기 광 황 요 여 백 천 일 보 불 세 계 육 종 진 동

그 빛이 황요하여 백천 일과 같으며, 모든 불세계가 6종으로 진동하며,

황晃 자는 한정 없이 찬란하게 밝은 것이고, 요耀 자는 빛난다는 말이니, 황요라고 하면 천 촉짜리 전등 켜 놓은 것만큼이나 현란하게 빛나는

걸 말합니다.

보불세계라 할 때 보普 자는 온통 다 빼지 않는 전체를 가리키는 말인데, 여러 부처님 세계라는 건 삼천대천세계가 한정 없이 많다는 얘깁니다. 불세계라고만 할 때는 삼천대천세계 하나만, 즉 사바세계가 삼천대천세계인데, 그 삼천대천세계 하나가 부처님 한 분이 제도할 장소입니다. 여러 불세계라고 하는 건 사바세계만이 아니고 극락세계 등을 다 가리키는 말일 겁니다.

6종진동이란, 동動 · 기起 · 용湧 · 진震 · 후吼 · 격擊이니, 동動은 흔들린다는 말이고, 기起는 흔들리다 쑤욱 올라가는 것이고, 용湧은 한쪽은 올라가고 한쪽은 내려간다는 말인데, 남섬부주南贍浮洲로 올라가면 북구로주北俱盧洲로 내려가고 하는 이게 물 끓을 때 한쪽은 올라가고 한쪽은 내려가듯 하는 게 용湧이고, 진震은 흔들려서 우루루 소리 나는 것이고, 후吼는 쾅 하는 소리, 격擊은 아주 가까운 데서 우레와 같은 소리가 나서 쾅 할 새도 없이 딱 하고 마는 이런 것들을 말하는데, 우리나라에서는 지진地震 한다든지 하는 걸 흉하다고 하지만, 인도에서는 대단히 좋은 일이 있어야 6종으로 진동한다고 한답니다.

진震 · 후吼 · 격擊은 소리로써 가리키는 말인데, 좀 작은 소리, 큰 소리, 아주 큰 소리를 말합니다. 진동振動의 진振은 소리를 가리키고, 동動은 모양을 가리키는데, 또 18진동이 있어서 이 여섯 가지를 각각 셋으로 하는 걸 말합니다.

이건 다 부처님께서 큰 법문하시려고 하니까 여러 세계가 다 진동한다는 얘기고, 그 결과는,

如是 十方微塵國土 一時開現
여시 시방미진국토 일시개현

이와 같이 시방의 미진 국토들이 일시에 나타나니,

미진 국토란 말은, 국토가 미진처럼 작다는 게 아니고 삼천대천세계에 있는 걸 모두 부수어 가루가 되면 그 가루 수만큼 많은 세계, 그걸 말하여 미진 국토라 그럽니다. 그 티끌 하나씩을 계산해서 다 없어지도록 세계를 계산할 수 있는 그렇게 많은 세계를 말합니다.

일시개현이란 말은, 그 6종 진동하는 바람에 일시에 환하게 전라도, 경상도가 보이는 건 말할 것도 없고, 미국도 보이고 극락세계도 보이고 만월滿月 세계도 모두 다 보이는 것입니다. 우린 그런 경험이 없고 책에서만 보아 믿지 않을는지도 모르지만 그때는 다 이렇게 되었을 겁니다.

佛之威神 令諸世界 合成一界 其世界中 所有一切
불지위신 영제세계 합성일계 기세계중 소유일체
諸大菩薩 皆住本國 合掌承聽
제대보살 개주본국 합장승청

부처님의 위신으로 여러 세계가 합하여 한 세계가 되니, 그 세계 안에 있는 여러 대보살이 모두 본국에서 합장하고 듣잡고 있었다.

미진 국토의 따로따로 있던 것이 한 세계가 되었다는 말이, 우리의 망식妄識으로는, 눈은 보기만 하고 귀는 듣기만 하고 코는 냄새만 맡지만, 진심眞心과 불성佛性 자리로는 눈으로 보고 듣고 냄새 맡으며, 귀로 보고 냄새 맡고 하는 이걸 하는 것이라야 합성이 된다는 걸 뜻합니다.

제대보살 개주본국이란 말은, 아라한이나 중생들은 그렇게 할 수 없지만 대보살들은 각각 자기의 본국에서, 가령 관세음보살이 극락세계가 고향이지만 극락세계에서 사바세계를 다 보게 되는 그런 걸 말합니다. 이런 것들은 다 부처님께서 법문하시려 하니까 온 세계가 동하는 것입니다.

佛告阿難 一切衆生 從無始來 種種顚倒 業種自然
불고아난 일체중생 종무시래 종종전도 업종자연
如惡叉聚
여악차취

부처님께서 아난에게 말씀하셨다.

일체중생이 무시이래로 종종으로 전도하여 업종이 자연함이 악차취와 같으며,

일체중생이란 크게 말하면 부처님 빼고는 보살까지도 포함됩니다. 보살의 살薩 자가 중생이라는 뜻이니까요. 전도란 지금부터 뒤바뀌고 잘못된 게 아니라 처음부터 잘못된 걸 말합니다. 업業이란 것은 업을 지은 종자에 따라 잘살고 못살고, 건강하기도 하고 건강하지 못하기도 하는데, 모두 다 잘못된 것입니다.

악차취란 인도에 있는 식물인데 두 가지 설이 있습니다. 씨가 열릴 때에 한 곳에 셋씩 열린다 하기도 하고, 씨가 떨어지면 셋씩 한 곳에 모인다는 두 가지인데, 중국이나 우리나라에는 없는 데다가 인도에 가 본 사람도 별로 없어서 인도에서 스님이 오면 물어서 알게 되는데, 낱낱이 다 묻지도 못하다 보니, 해석이 일정하지 않습니다만, 지금 여기에서도 열매 셋이 한 꼬투리가 되었다고 그랬습니다.

諸修行人 不能得成 無上菩提
제 수 행 인 불 능 득 성 무 상 보 리

수행하는 사람들도 무상보리를 이루지 못하고,

무상보리는 아뇩다라삼먁삼보리阿耨多羅三藐三菩提를 가리키는 말로서, 부처 된 자리를 말합니다.

乃至別成 聲聞緣覺 及成外道 諸天魔王 及魔眷屬
내 지 별 성 성 문 연 각 급 성 외 도 제 천 마 왕 급 마 권 속
皆由不知 二種根本 錯亂修習
개 유 부 지 이 종 근 본 착 란 수 습

내지 성문, 연각이 되거나, 외도나 천天이나 마왕이나 마魔의 권속이 되는 것은, 다 2종의 근본을 알지 못하고 착란하게 수습하는 탓이니,

성문이나 연각은 전에도 밝혔지만 소승과小乘果입니다. 부처 되는 것이 본의이지 성문이나 연각 되는 것이 본의가 아닙니다. 그러나 처음엔 부처 될 것 같지가 않으니까 우선 성문, 연각만 되어도 생사를 벗어난다고 해서 소승을 처음 말씀하셨습니다만, 이것은 다 불교, 부처님교 안에 들어와서 되는 겁니다. 또한 외도는 불교 밖의 도를 닦는 이들입니다.

마왕은 신력이 상당해서 스스로 변하여 부처님 열반하신 지 얼마 안 되어 그 마왕이 부처가 되어 모두가 마왕이 된 부처님 앞에 와서 절했다고 하는 얘기가 있습니다. 그런데 마魔가 되는 것은 부처 되는 일이 싫어서 세상의 욕락을 좋아하기 때문입니다. 그러나 중생이 공부를 해서 부처가 되면

마구니의 근성은 다 부서집니다. 그들이 가진 좋은 집, 좋은 사람 등의 이러한 것들이 다 없어지는데, 지금의 우리처럼 부처 될 희망이 없는 사람은 상관도 않겠지만, 정말 참으로 공부하는 사람에게는 여러 가지로 못 하도록 방해를 합니다. 그래서 그런 것을 마왕이라 그럽니다.

猶如煮沙 欲成嘉饌 縱經塵劫 終不能得
유여자사 욕성가찬 종경진겁 종불능득

마치 모래를 삶아 좋은 음식을 만들려는 것 같아서 비록 미진 같은 겁을 지나도 될 수 없는 일이니라.

云何二種 阿難 一者無始 生死根本 則汝今者 與諸
운하이종 아난 일자무시 생사근본 즉여금자 여제
衆生 用攀緣心 爲自性者
중생 용반연심 위자성자

무엇이 2종인고? 아난아, 하나는 비롯함이 없는 생사의 근본이니, 지금 너와 중생들이 반연하는 마음으로 자기의 심성을 삼는 것이요,

반연이라는 말은 육식심六識心을 일컬음이니, 아난이 마음의 처소를 일곱 번이나 말하던 망상심妄想心인데, 주위 환경을 눈으로 보고, 귀로 듣고, 좋고 나쁘다는 등등을 마음으로 생각하는, 즉 주위 환경의 지배를 받아 거기에 끌려 헤어나지 못하는 걸 말합니다.

二者無始 菩提涅槃 元淸淨體 則汝今者 識精元明
이자무시 보리열반 원청정체 즉여금자 식정원명
能生諸緣 緣所遺者
능생제연 연소유자

둘은 비롯함이 없는 보리 열반의 원래 청정한 본체이니, 지금 너의 식정의 원래 밝은 것이 능히 모든 연緣을 내었거든 그 연으로 유실된 것이니라.

성불한다고 하면 보리와 열반을 증득하는 것인데, 더러운 것을 새로이 닦아 깨끗하게 만드는 게 아니라 본래부터 청정한 것을 말합니다.

식識이란 인식하는, 즉 보고 들어 아는 것이고, 정精 자는 식識 가운데 가장 정미로운 것을 뜻합니다. 정미소精米所라는 말이 벼를 찧어 뉘가 하나도 없이 깨끗한 쌀을 만드는 곳인데, 그보다 더 깨끗하게 만들 수 없는, 가장 깨끗하게 만드는 게 정精이라는 말입니다. 그러니까 우리 식識 가운데 가장 정미로운 식, 곧 불성佛性 자리입니다. 망상이 없어지고 순정한 본래부터 생기어 있는 본 마음자리니까 새로이 공부를 해서 밝은 게 아니라 식정 자체가 원래부터 밝은 것을 말합니다.

능생제연했다는 것은, 불교 사상에서 볼 때 산이라든지 물이라든지 하는 중생 세계가 다 식정에서 나왔다는 말입니다. 즉 불성 자리에서 나왔다는 말인데, 중생에 있어서는 불성이요, 우주 전체에 있어서는 진리입니다. 그 진리를 진여眞如라고 하는데, 참 진眞 자는 거짓이 아니라는 말이고, 여如 자는 변하지 않는다는 말입니다. 그 불성을 여기에서는 식정이라 표현했습니다만, 우주의 진리에서 산하대지나, 지금 우리의 온갖 존재가 나온 것입니다. 가령 예수교에서 하느님이 조성했다고 하는 설도 내가 생각할 때는 그 하느님이 곧 우주의 진리입니다. 우주의 진리를 하느님이라고 한다면 진리로부터 온갖 세계가 생겼으니, 하느님이 조성했다는 것도 마찬가지라고 생각합니다.

연소유자, 그 연緣은 우리가 이耳·목目 등으로 반연할 수 있는 환경인데, 그 연緣 때문에 진여불성眞如佛性 자리는 도리어 잊어버리고 산하대지를 실재라고 생각합니다. 이건 나쁘고, 저건 좋고, 이런 모든 연緣의 지배를 받기 때문에 불성 자리를 모르는 것입니다.

由諸衆生 遺此本明 雖終日行 而不自覺 枉入諸趣
유제중생 유차본명 수종일행 이부자각 왕입제취

모든 중생들이 이 본래 밝은 것을 잃어버린 탓으로 종일토록 행하면서도 스스로 깨닫지 못하고 억울하게 제취에 들어가게 되느니라.

잃어버렸다는 건 불성 자리까지 없어진 건 아니고, 있는데 모르니까 잃어버린 것입니다. 종일토록 행한다는 것은 '식정識精 본성本性 가운데 행동하며 거기 있으면서……', 이런 말입니다.

제취란 육취六趣를 말하니, 곧 생사입니다. 우리의 본 불성 자리는 생사할 자체가 아닌데, 불성이 없다고 하면 생사하는 게 원칙일는지 모르지만, 생사하지 않는 불성 자리가 있는데, 그걸 모르고 생사하게 되니 억울하다고 말했습니다.

阿難 汝今欲知奢摩他路 願出生死 今復問汝 卽時如
아난 여금욕지사마타로 원출생사 금부문여 즉시여
來 擧金色臂 屈五輪指 語阿難言 汝今見不 阿難言見
래 거금색비 굴오륜지 어아난언 여금견부 아난언견

아난아, 네가 지금 사마타의 길을 알아서 생사에서 벗어나려 하기에 다시 네게 묻느니라.

즉시 여래께서 금색 팔을 들어 다섯 손가락을 구부리고 아난에게 말씀하셨다.

네가 이것을 보느냐?

아난이 답하였다.

보나이다.

부처님의 몸은 자금색이기 때문에 빛이 난다고 말했습니다.

佛言 汝何所見
불언 여하소견

부처님께서 말씀하셨다.

네가 무엇을 보느냐?

阿難言 我見如來 擧臂屈指 爲光明拳 曜我心目
아난언 아견여래 거비굴지 위광명권 요아심목

아난이 말하였다.

여래께서 팔을 들고 손가락을 구부려 빛나는 주먹을 만들어 저의 마음과 눈에 비추심을 보나이다.

佛言 汝將誰見
불언 여장수견

부처님께서 말씀하셨다.
네가 무엇으로 보았느냐?

阿難言 我與大衆 同將眼見
아난언 아여대중 동장안견

아난이 말하였다.
저와 대중이 다 눈으로 보았나이다.

佛告阿難 汝今答我 如來屈指 爲光明拳 耀汝心目
불고아난 여금답아 여래굴지 위광명권 요여심목
汝目可見 以何爲心 當我拳耀
여목가견 이하위심 당아권요

부처님께서 아난에게 말씀하셨다.
네가 지금 대답하기를, 여래가 손가락을 구부려 빛나는 주먹을 만들어 네 마음과 눈에 비춘다 하니, 네 눈은 보겠지만, 무엇을 마음이라 하여 나의 주먹이 비춤을 받느냐?

'네 눈은 보겠지만' 이 말은, 너의 눈은 내가 보고 알겠다는 말인데, 통리通理는 '네 눈은 내 주먹을 보리라'라고 해석하였다.

阿難言 如來現今 徵心所在 而我以心 推窮尋逐 卽
아난언 여래현금 징심소재 이아이심 추궁심축 즉
能推者 我將爲心
능추자 아장위심

아난이 말하였다.
여래께서 지금 마음이 있는 곳을 물사오매, 제가 마음으로 추측하고 찾아보는 터이오니, 이렇게 추측하고 찾아보는 것을 마음이라 하겠나이다.

이 『능엄경』은 이론이 분명합니다. 그냥 지나치지 않는다면 잘 알게 될 것이며 누구나 그럴듯하게 생각할 겁니다.

佛言 咄 阿難此非汝心
불언 돌 아난차비여심

부처님께서 말씀하셨다.
아니다, 아난아. 그것은 네 마음이 아니니라.

단적으로 부인했습니다. 처음부터 여기까지 아난이 망상심을 오인하여 자기의 마음이라 해도 거기에 있지 않다고만 하셨지, 아니라고 단적으로 하시지는 않았습니다만, 여기에서는 아니라고 갈파하십니다. 아난 존자는 성인인데 모를 리가 있겠습니까만 일부러 물어서 경을 보는 사람이 알 수 있도록 하기 위해서 이러한 전개를 하고 있습니다.

阿難矍然 避座合掌 起立白佛言
아 난 확 연 피 좌 합 장 기 립 백 불 언

아난이 놀라면서 자리에서 비켜서서 합장하고 여쭈었다.

지금까지 마음이라고 했는데 아니라고 하니까 놀랐으며, 자리를 피한다는 건 으레 어른 앞에서 얘기하려면 이렇게 하는 게 법입니다.

此非我心 當名何等
차 비 아 심 당 명 하 등

이것이 저의 마음이 아니라면 무엇이라 하리까.

분명히 내 속에 있어 내가 행동하는 건데 마음이 아니라고 하면 무엇인지, 바른 마음을 묻기 전에 자체가 무엇인지를 묻습니다.

佛告阿難 此是前塵 虛妄相想 惑汝眞性 由汝無始
불 고 아 난 차 시 전 진 허 망 상 상 혹 여 진 성 유 여 무 시
至于今生 認賊爲子 失汝元常 故受輪轉
지 우 금 생 인 적 위 자 실 여 원 상 고 수 윤 전

부처님께서 아난에게 말씀하셨다.

그것은 전진의 허망한 모양의 생각이라, 너의 진성을 의혹하게 하는 것이니, 네가 무시로부터 금생에 이르도록 도적을 오인하여 아들인 줄 여기고, 너의 본래 항상 한 것을 잃어버린 탓으로 윤전함을 받느니라.

전진前塵은 환경입니다. 눈으로는 보는 것이 전진이요, 귀로는 소리가 전진인데, 감관을 가지고 주위 환경을 인식할 수 있는 그 환경을 전진이라 합니다. 또한 우리 몸 앞에 있는 그것이 티끌과 같은 존재라 하여 색진色塵이니 성진聲塵이니 하기도 합니다.

전진의 허망한 모양이란, 분명히 우리는 사람이나 산하대지가 있는 존재라고 생각하지만 이것은 전진의 허망한 모양이지 참말 존재가 아니라는 얘깁니다. 앞에서도 밝혔지만 금으로 만든 반지나 비녀는 분명히 자체는 금일 뿐이요, 반지나 비녀는 없습니다. 그런데 우리는 금은 못 보고 모양만 봅니다. 색色 · 성聲 · 향香 · 미味 · 촉觸 · 법法이 전진의 모양이요, 우주 진리의 모양과 이름이지 우주 진리 자체는 아닙니다.

우리의 눈은 실제實際를 못 보게 되어 있을 뿐 아니라 또한 육근의 감관이 실제를 보지 못하게 되어 있습니다. 그런데 가진 것은 이것밖에 없으니까, 모양이 분명하니까 실로 본다고 생각하는 것이지요. 바로 이 전진의 지배를 받는 것이 생사하는 근본입니다. 전진의 허망한 모양을 인식해 아는 그것이 참마음이 아니라는 얘깁니다. 이것은 매우 중요한 얘깁니다. 진성眞性을 의혹하게 한다는 것은 참 성품이 있는데 그걸 모르고 허망한 생각을 자기의 마음인 줄 아는 그것이 들어서 참 성품을 의혹하게 한다는 말입니다.

도적을 오인하여 아들을 삼는다는 것은, 전진의 허망한 생각이 도둑인데 참마음인 줄 알고 그가 하자는 대로 따라하는 것이니, 그 참마음, 참 아들을 잃어버렸으니, 생사에 윤전함을 받는 것입니다.

처음에 아난 존자가 묻기를 시방 부처님의 성불하신 사마타 · 삼마 · 선나의 셋을 물었는데, 부처님께서 답하시길 이 허망한 마음을 가지고는 공부를 해야 모르니, 그걸 떼어 버려야 한다고 하셨는데, 불교 전체에 중요한 얘깁니다.

阿難白佛言 世尊 我佛寵弟 心愛佛故 令我出家 我
아난백불언 세존 아불총제 심애불고 영아출가 아
心 何獨供養如來
심 하독공양여래

아난이 부처님께 아뢰었다.

세존이시여, 저는 부처님의 사랑하는 아우로서 마음으로 부처님을 사랑하여 출가하였사오니, 저의 마음이 어찌 여래만 공양하오리까?

하소연하면서 존경하고 찬탄하는 뜻이 들어 있습니다.

乃至遍歷 恒沙國土 承事諸佛 及善知識
내지편력 항사국토 승사제불 급선지식

내지 항하사 같은 국토로 다니면서 여러 부처님과 선지식을 섬기오며,

석가모니부처님만이 아니고 시방세계 부처님과 선지식도 이 마음으로 섬긴다는 말입니다.

發大勇猛 行諸一切 難行法事 皆用此心
발 대 용 맹 행 제 일 체 난 행 법 사 개 용 차 심

대용맹을 내어 모든 난행법사를 행함도 이 마음으로 할 것이옵고,

난행법사란 행하기 어려운 법사인데 부처님께서 보살행을 하실 때 호랑이가 새끼를 낳고 먹이 구할 힘이 없어 먹이지 못하고 있을 때 그걸 본 부처님께서 그 늪에 떨어져서 새끼들을 먹이도록 하셨습니다. 한 중생을 위해 열 번, 백천 번을 죽어서라도 행하기 어려운 행을 하는 이것이 난행법사입니다.

縱令謗法 永退善根 亦因此心 若此發明 不是心者
종 령 방 법 영 퇴 선 근 역 인 차 심 약 차 발 명 불 시 심 자
我乃無心 同諸土木 離此覺知 更無所有 云何如來
아 내 무 심 동 저 토 목 이 차 각 지 갱 무 소 유 운 하 여 래
說此非心
설 차 비 심

비록 법을 비방하고 선근에서 영원히 물러나는 것도 역시 이 마음으로 할 것인데, 만일 이것이 마음이 아니라 발명하오면 저는 마음이 없어 토목과 같을 것이오며, 이렇게 깨닫고 알고 함을 여의고는 다른 것이 없삽거늘 어찌하여 여래께서 마음이 아니라 하시나이까?

이것밖에 없고 다른 것은 없는데, 어떻게 된 일인가 하고 놀랍니다.

我實驚怖 兼此大衆 無不疑惑 唯垂大悲 開示未悟
아 실 경 포 겸 차 대 중 무 불 의 혹 유 수 대 비 개 시 미 오

저는 실로 놀라우며 이 대중들도 의혹이 없지 않으니 바라옵건대 대비하신 마음으로 알지 못하는 저희들을 가르쳐 주소서.

이런 마음 아닌 다른 마음 있는 걸 분명히 가르쳐 주십시오, 이 말입니다.

爾時世尊 開示阿難 及諸大衆 欲令心入 無生法忍
이 시 세 존 개 시 아 난 급 제 대 중 욕 령 심 입 무 생 법 인
於師子座 摩阿難頂 而告之言
어 사 자 좌 마 아 난 정 이 고 지 언

이때 세존께서 아난과 대중에게 열어 보이어 마음이 무생법인에 들게 하려 하사 사자좌에서 아난의 정수리를 만지며 말씀하셨다.

우리가 알지 못하여 숨어 있었던 불성佛性 자리를 열어 보인다는 말입니다. 무생법인이란 생멸이 없는 존재를 아는 지혜인데, 무생은 무생멸을 가리키며, 인忍은 지혜를 가리키며, 법이란 형상이 있건 없건 일체의 존재를 말합니다. 우리나라의 원효 스님이 겨우 무생법인을 증득했다고 하는데, 초지初地에 이르러야 증證하는 지혜입니다. 우리나라에 불법이 들어온 지 2천6백 년 동안 원효 이상 가는 스님이 없었다 하는데, 여러 증명을 들어 초지 보살이라 그럽니다.

사자좌는 부처님께서 앉아서 설법하시는 자리인데, 사자는 짐승 가운데 가장 크기 때문에 두려울 게 없습니다. 호랑이가 더 무섭다고 하지만

사자의 소리만 들어도 어디로 숨는지 모를 정도입니다. 그런 사자는 동물 가운데 왕 노릇을 하니까 두려울 게 없듯이 부처님의 설법은 조금도 두려움과 공포가 없는 설법이라 하여 사자좌라고 그럽니다.

아난의 정수리를 쓰다듬는 것은 아난이 지금 놀라고 있으니까 놀라지 말라고 요즘의 어른들이 아이들을 쓰다듬듯이 위로를 하는 겁니다.

如來常說 諸法所生 唯心所現 一切因果 世界微塵
여래상설 제법소생 유심소현 일체인과 세계미진
因心成體
인심성체

여래가 항상 말하기를, 모든 법이 생기는 것이 마음으로 나타나는 것이며, 일체 인과와 세계와 미진이 마음으로 인하여 자체가 된다고 하였느니라.

여기에서 마음이란, 식정識精이 본래 밝은 우리 참 마음자리를 말합니다. 인과라 함은, 중생이나 범부를 인因이라 그러고, 부처 되는 길로 가서 과果를 얻는 것을 과라 하는데, 중생과 성현을 가리키는 말입니다.

세계와 미진은 모두 무정물인데 큰 것은 세계요, 작은 것은 미진입니다. 미진이 모여 세계가 되고, 산도 미진이 모여야 됩니다. 세계, 미진, 유정, 무정이 모두 마음으로 된 것인데, 아난이 마음이 없다고 하니까 왜 없겠느냐고 하는 얘깁니다.

阿難 若諸世界 一切所有 其中乃至 草葉縷結 詰其
아난 약제세계 일체소유 기중내지 초엽누결 힐기
根元 咸有體性
근원 함유체성

아난아, 모든 세계의 온갖 것 중에 내지 초엽과 누결이라도 그 근원을 따지면 모두 체성이 있고,

초엽이나 누결은, 온갖 존재 중에 가장 보잘것없이 미천한 것을 가리키는데, 그러나 초엽은 초엽의 체성이 있고, 실오라기는 실오라기의 체성이 있다는 말입니다.

縱令虛空 亦有名貌 何況淸淨 妙淨明心 性一切心
종령허공 역유명모 하황청정 묘정명심 성일체심
而自無體
이자무체

허공까지도 이름과 모양이 있거늘 어찌 하물며 청정하고 묘정한 밝은 마음이 일체의 마음을 성性하면서 자체가 없겠느냐?

허공은 자체가 없는 것 같지만 이름은 허공이요, 모양은 걸릴 게 없이 툭 트여 있다는 말입니다. 청정이란 본래부터 더럽지 않은 것을 말하며, 묘정은 연꽃에 물을 뿌리면 한 방울도 묻지 않고 흘러내리듯 아무리 더럽혀도 더럽혀지지 않는 것입니다.

참 불성 자리를 끌고 육취六趣를 다니면서 중생 노릇 하지만 본체는 부처님이나 범부나 조금도 다르지 않고, 아무리 더러운 가운데서도 변하지

않는 우리의 본마음을 말하여 묘정이라 합니다. 그런데 일체의 성품이 그러한 마음으로부터 되었는데 자체가 없을 리 있느냐, 즉 아난이 마음이 없다면 목석과 같을 것이라고 하니까 걱정하지 말라는 뜻이고, 진심을 보여주고자 위까지 얘기한 겁니다.

若汝執悋 分別覺觀 所了知性 必爲心者
약 여 집 린 분 별 각 관 소 료 지 성 필 위 심 자

만일 네가 분별하고 각관하여 분명하게 아는 성품을 고집하여 마음이라 한다면,

분별이란 눈으로 본다든지, 귀로 듣는다든지, 좋다 나쁘다 하는 것이고, 각관이란 분별하는 것보다는 세밀히 관찰하고 이치를 따지는 것인데, 분별은 보통으로 좋다 나쁘다 하는 것이고, 그걸 따져서 더 분명하게 살펴서 관찰해 보는 것이 각관입니다. 둘은 같은 것이지만 분별은 대체적으로 하는 것이고, 미세하게 연구하는 건 각관입니다.

此心 卽應離諸一切色香味觸 諸塵事業 別有全性
차 심 즉 응 리 제 일 체 색 향 미 촉 제 진 사 업 별 유 전 성

이 마음이 마땅히 온갖 색 · 향 · 미 · 촉의 모든 진塵의 사업을 여의고도 따로 완전한 성性이 있어야 하리라.

육진六塵 가운데 성진聲塵과 법진法塵이 빠졌습니다만 글을 만들다 보니 그렇게 된 것이고, 모든 진塵이 다 포함되어 있습니다. 사업은 일 자체

인데 크다, 작다, 좋다, 나쁘다 하는 게 다 사업입니다. 참마음이라면 색 · 성 · 향 · 미 · 촉을 여의고도 자체가 있어야 할 텐데, 눈으로 분별하는 마음은 빛이 없으면 없어지고, 소리를 분별하는 생각은 소리가 없으면 없어질 것이니, 전진前塵의 허망한 모양 생각하는 것밖엔 참마음이 아니라는 겁니다. 그래서 허망한 마음과 참마음을 여기에서 분별하는 것입니다.

如汝今者 承聽我法 此卽因聲 而有分別
여 여 금 자 승 청 아 법 차 즉 인 성 이 유 분 별

마치 네가 지금에 나의 법문을 듣는 것은, 성진聲塵을 인하여 분별이 있는 것이며,

법문 듣는 그 마음도 소리가 있기 때문에 마음이 생긴 것이니, 소리가 있든 없든 자체가 있어야 할 텐데, 그건 참마음이 아니라는 것입니다.

縱滅一切 見聞覺知 內守幽閑 猶爲法塵 分別影事
종 멸 일 체 견 문 각 지 내 수 유 한 유 위 법 진 분 별 영 사

비록 모든 견見 · 문聞 · 각覺 · 지知를 멸하고, 안으로 유한함을 느끼더라도 그것은 법진을 분별하는 그림자니라.

육근으로 환경을 접촉해 아는 것이 견 · 문 · 각 · 지입니다. 곧 선정에 처음 드는 상태가 유한입니다. 그런데 이것이 참 유한일지라도 객客이요, 법진을 분별하는 그림자입니다. 법진은 마음으로 생각하는 대상입니다. 색진이나 성진 등의 오진五塵은 실로 존재해 있는 것이고, 법진은 그 오진

의 그림자입니다. 예를 들자면 사진을 찍을 때 찍는 순간은 없지만 사진은 남아 있듯이 마음 가운데 법진은 그렇게 남아 있으며, 우리가 마음으로 어제의 일도 생각하고 좀 전의 일도 생각하지만 눈은 1초 전의 것은 보지 못하며, 귀도 역시 현재 있는 소리만 듣지 지나가면 듣지 못하지만, 법진은 과거 · 현재 · 미래를 다 생각하는데, 선정에 들어 있을 때도 참마음이 아니고 법진을 분별하는 그림자밖엔 안 된다는 얘깁니다.

我非敕汝 執爲非心 但汝於心 微細揣摩
아 비 칙 여 집 위 비 심 단 여 어 심 미 세 췌 마

내가 네게 명령하여 마음이 아니라고 고집하라는 것은 아니다만, 네가 마음으로 자세하게 헤아려 보아라.

불교는 억지를 부리지 않습니다. 여기에서도 강제적으로 하는 게 아니라는 말입니다.

若離前塵 有分別性
약 리 전 진 유 분 별 성

만일 전진을 여의고 분별하는 성품이 있으면,

눈으로 보고, 귀로 듣는 걸 떠나서 참 성품이 있다면, 그 말입니다.

卽眞汝心 若分別性 離塵無體 斯則前塵 分別影事
즉 진 여 심 약 분 별 성 이 진 무 체 사 즉 전 진 분 별 영 사

그것은 참으로 너의 마음이라 하려니와 분별하는 성품이 전진을 여의고는 체성이 없다면 그것은 전진을 분별하는 그림자일 뿐이니라.

부처님 법문 듣는 것도 음성을 생각하는 것이니까 참마음이 아니며, 전진을 분별하는 것이니 마음이 아니라고 하는 게 요要입니다.

塵非常住 若變滅時 此心 則同龜毛兎角 則汝法身
진비상주 약변멸시 차심 즉동귀모토각 즉여법신
同於斷滅
동어단멸

전진前塵은 상주하는 것이 아니므로 만일 변멸한다면 마음이 귀모, 토각과 같으리니, 그렇다면 너의 법신이 단멸함과 같으리라.

전진이 변하여 없어질 때는, 곧 전진을 분별하는 것은 거북의 털이나 토끼의 뿔과 같이 말만 있고 실재하지 않아서 참마음이라고 할 수 없다는 말입니다. 참말 법신은 아닌데 아난 존자가 참마음이라 하니까 법신 자체는 늘 상주하는 것인데, 전진 생각하는 마음을 법신이라고 하면 전진이 없어질 때는 법신도 단멸하는 것과 같다는 말입니다.

其誰修證 無生法忍
기수수증 무생법인

무엇이 무생법인을 닦아 증證하겠느냐?

무생법인을 증득하려면 왔다 갔다 하는 헛된 마음 말고 전진前塵이야 있든 없든 늘 상주해 있는 이 마음을 얻어 공부해야 한다는 것입니다. 『능엄경』의 본뜻이 특별히 다른 게 그겁니다. 『능엄경』에서는 참선하는 것도 처음 앉을 때는 망상밖에 못 한다 하여 인정하지 않습니다. 처음부터 생멸이 없는 항상 하는 존재의 이 마음을 가지고 시작해야 결과가 항상 하는 존재를 보게 된다는 말입니다.

卽時 阿難與諸大衆 默然自失
즉시 아난여제대중 묵연자실

그때 아난과 대중들이 잠자코 무엇을 잃어버린 듯하였다.

지금까지 말한 것이 마음이 아니라 하니 그렇다고 다른 마음은 없고, 뭘 잃어버린 것 같아 판명할 수도 없고 잠자코 있는 모양입니다.

佛告阿難 世間一切 諸修學人 現前雖成 九次第定
불고아난 세간일체 제수학인 현전수성 구차제정
不得漏盡 成阿羅漢 皆由執此 生死妄想 誤爲眞實
부득루진 성아라한 개유집차 생사망상 오위진실

부처님께서 아난에게 말씀하셨다.

세간에서 여러 수학하는 사람이 현전에 구차제정을 이루더라도 누漏가 다하지 못하고 아라한을 이루는 것은 모두 이 생사하는 망상을 집착하여 진실한 것인 줄로 오인하는 탓이니라.

구차제정이란, 사선四禪과 사공처四空處와 멸진정滅盡定을 말하는데, 사선은 사선정四禪定이며 색계의 사선천四禪天입니다. 사공처는 무색계의 사공四空을 말하는 것으로 모두 여덟인데, 누구든지 범부도 외도도 성인도 할 수 있는 것입니다. 아홉째 멸진정은 칠식 이하가 다 없어진 자리이며, 증證하면 소승 아라한이 되는 것이니, 범부는 들어갈 수 없습니다. 누漏는 번뇌망상을 말하며, 아라한은 소승 성문으로서 더 배울 것이 없는 자리에 이르러 생사를 초월한 자리입니다.

是故汝今 雖得多聞 不成聖果
시 고 여 금 수 득 다 문 불 성 성 과

그러므로 네가 지금 다문은 얻었으나 성과를 이루지 못하였느니라.

아난 존자는 성문 사과 중 초과인 수다원과須陀洹果를 증득했으니, 수다원과는 입류入流로서 성인에 참예參預는 했는데 아라한을 이루지 못했으므로 성과를 이루지 못했다고 했습니다.

阿難聞已 重復悲淚 五體投地 長跪合掌 而白佛言
아 난 문 이 중 부 비 루 오 체 투 지 장 궤 합 장 이 백 불 언

아난이 이 말을 듣고 다시 슬퍼 눈물을 흘리면서 오체를 땅에 던져 장궤하여 합장하고 부처님께 아뢰었다.

장궤란 극히 존경하는 뜻입니다.

自我從佛 發心出家 恃佛威神 常自思惟 無勞我修
자아종불 발심출가 시불위신 상자사유 무로아수
將謂如來 惠我三昧 不知身心 本不相代 失我本心
장위여래 혜아삼매 부지신심 본불상대 실아본심

제가 부처님을 따라 발심하여 출가한 뒤로부터 부처님의 위신만 믿고 항상 생각하기를, 제가 애써 닦지 아니하여도 여래께서 삼매를 얻게 하시리라 하였고, 몸과 마음은 본래 대신할 수 없는 줄을 알지 못하여 나의 본심을 잃었사오니,

마치 자식들이 부모만 믿고 공부를 안 하면서도 부모가 이끌어 주리라 믿는 것과 같습니다. 아무리 부처님이라도 몸과 마음을 대신해서 공부해 줄 수 없다는 걸 알지 못했기에 보리를 얻으려고 출가했던 본마음을 잃었다는 말입니다. 즉 잘못된 걸 깨닫고 하는 얘깁니다.

雖身出家 心不入道 譬如窮子 捨父逃逝
수신출가 심불입도 비여궁자 사부도서

몸은 비록 출가하였으나 마음은 도에 들어가지 못한 것이 마치 궁한 아들이 아버지를 버리고 도망한 듯하나이다.

『법화경法華經』의 비유인데, 본성 · 불성 자리를 아버지에 비유하였고, 중생이 육취六趣를 다니면서 생사에 빈궁해 다니는 걸 궁한 아들에 비유하였는데, 마치 중생이 부처를 모르고 육취에 다니면서 중생 노릇 하는 게 이와 같다는 말입니다.

今日乃知 雖有多聞 若不修行 與不聞等 如人說食
금일내지 수유다문 약불수행 여불문등 여인설식
終不能飽
종불능포

오늘에야 아무리 다문하더라도 수행하지 못하면, 다문하지 못함과 같아서 음식을 말하는 사람이 배부르지 못함과 같은 줄을 비로소 알았나이다.

다시 말하면 경을 아무리 잘 안다 하더라도 몸소 행해 선정을 닦아 익히지 않으면 안 된다는 얘깁니다.

世尊 我等今者 二障所纏 良由不知 寂常心性
세존 아등금자 이장소전 양유부지 적상심성

세존이시여, 저희들이 지금 이장에 얽매인 것은 적상한 심성을 알지 못하는 탓이오니,

등等 자는 아난과 대중을 가리키는 말입니다. 이장二障은 번뇌장煩惱障과 소지장所知障을 말하는데, 세밀한 행상行相이 많이 있지만, 아집我執은 번뇌장이고, 법집法執은 소지장입니다. 아집이란 색신色身, 내 몸을 아我라고 집착하는 것이고, 법집은 아我는 공空했으나 법에 대한 국집局執을 하여 일체 만법이 내 마음 밖에 참으로 있는 줄 아는 그것도 그중의 하나입니다. 또는 소승을 배워 아공我空까지 공부해 얻은 그것을 애착하여 참 성불 아닌가 하는, 자기가 증득한 법에 대한 애착의 두 가지가 있습니다.

번뇌장은 번뇌 자체가 장障이라는 뜻이며, 아공에 이르러야 하는데 번

뇌가 장障하여 방해하는 것이니, 장障이란 막는다는 말입니다. 눈을 막아 못 보게 하는 것처럼 번뇌 그 자체가 장障이란 말이며, 소지장은 그와 달리 소지所知가 장障이라는 뜻이 아니고, '소지를 장障한다', 즉 알 바, 소지는 법공인데 그 법공의 이치를 알아야 하겠는데, 다른 것이 와 장애를 한다 해서 소지를 장障한다 그럽니다. 다시 말하면 진공眞空의 이치는 알아야겠는데 법집이 들어서 법공의 이치를 알지 못하게 한다 하여 번뇌장은 지업석持業釋이요, 소지장은 의주석依主釋이라 그럽니다.

아난 존자는 지금 수다원이 되었으니, 번뇌장 가운데 일부, 즉 견도위見道位의 견혹見惑은 깨달았지만 수도위修道位에서는 아직 깨닫지 못했으므로 번뇌장의 반은 깨닫고 소지장은 전부 모르고 있습니다.

량良 자는 진실로라는 뜻이며, 적寂 자는 동하지 않는다는 뜻이고, 상常이란 변하지 않는다는 뜻이며, 심성心性은 따로 떨어지는 게 아닌 한 단어입니다.

唯願如來 哀愍窮露 發妙明心 開我道眼
유 원 여 래 애 민 궁 로 발 묘 명 심 개 아 도 안

오직 바라건대 여래께서 궁하고 드러난 것을 애민히 하사 묘명한 마음을 발명하여 저의 도안을 열어 주소서.

궁窮 자는 돈 한 푼 없는 거지라는 뜻이고, 로露 자는 집이 없어 몸이 밖으로 드러나며 옷이 없어 몸뚱이가 드러난 그런 의미입니다. 묘妙는 진심을 말하는데, 지금껏 진심 자체를 모르고 있으니 알게 해 달라고 하는 글입니다.

도를 아는 것을 도안道眼이라 하는데, 묘명심妙明心은 마음을 가리키는 말이고, 도안은 견見을 가리키는 말입니다.

卽時如來 從胸卍字 湧出寶光
즉 시 여 래 종 흉 만 자 용 출 보 광

이때 여래께서 가슴의 만卍 자로부터 보배 광명을 놓으시니,

만卐이란 글자가 아닙니다. 쉽게 말하면 하나의 마크인데 한문에 만덕진선萬德眞禪이라 하여 만 가지 덕의 참된 모양을 표한 뜻이라고 중국 사람이 해 놓은 말입니다. 인도 말에는 무늬라는 뜻이니, 만상萬狀(象), 모양이라 하는 게 좋을 듯합니다만, 다른 책은 모르겠으나 내가 보는 책은 만卐자로 직접 되어 있습니다. 그런데 좌만左卍과 우만右卐이 있어서 우리나라에서는 좌만을 많이 쓰는데, 일본의 불교사전을 보면 우만으로 되어 있고, 우리나라에 불교사전이 처음 나왔을 때도 우만으로 되어 있었습니다. 우만은 순順하는 것이고, 좌만은 거스르는 것이니, 우만이 옳다고들 합니다. 증거로는 해인사의 장경에도 모두 우만을 썼습니다. 언젠가 불교를 연구하는 이가 와서 묻기를 사전을 찾으면 다른 게 그르고, 다른 걸 찾아보면 사전이 그르니 어찌된 거냐 하길래 앞의 얘기를 다 해준 적이 있는데, 만덕萬德이 길상하다는 뜻으로 이름을 만卐이라 했지, 그런 이름이 있는 것은 아닙니다.

其光晃昱 有百千色 十方微塵 普佛世界 一時周遍
기광황욱 유백천색 시방미진 보불세계 일시주변
遍灌十方 所有寶刹 諸如來頂 旋至阿難 及諸大衆
변관시방 소유보찰 제여래정 선지아난 급제대중
告阿難言
고아난언

그 빛이 황욱하여 백천 색이 있으며, 시방의 모든 불세계에 일시에 두루 하여 시방세계에 계시는 여러 여래의 정수리에 대고, 다시 돌아와서 아난과 대중에게 대고, 아난에게 말씀하셨다.

전에도 밝혔거니와, 보불세계란 삼천대천세계 하나를 가루를 내어 가루 하나가 삼천대천세계 하나, 즉 부처님 한 분이 교화하실 곳이니까 그 세계마다 계시는 부처님의 정수리에 석가모니부처님의 가슴에서 나온 광명이 대어지고는 돌아서 부처님 회상에 있는 아난과 대중에까지 광명이 비쳤다는 말입니다. 이것은 범부와 부처님이 같다는 본심 자리는 범부의 진심이나 부처님의 진심이나 같다는 그런 의미입니다.

吾今爲汝 建大法幢 亦令十方 一切衆生 獲妙微密 性
오금위여 건대법당 역령시방 일체중생 획묘미밀 성
淨明心 得淸淨眼
정명심 득청정안

내가 이제 너를 위하여 큰 법당을 세우며, 시방의 일체중생으로 하여금 묘하고 현미玄微하고 비밀한 성性과 깨끗하고 밝은 마음을 얻으며, 청정한 눈을 얻게 하리라.

당幢이란 당간幢竿 같은 것으로서 불법이 있는 절이라는 표시입니다. 지금도 각 학교나 나라별로 기가 있듯이 나름의 상징을 세워 '우리는 이것이다'라는, 다른 건 나쁘고 이것이 옳다는 걸 드러내는 것인데, 최사현정摧邪顯正과도 같은 뜻입니다. 삿된 것은 꺾고, '이것이 불법이다', '참된 법이다'라는 말로 나무나 돌로 된 당幢이 아니라 법으로 된 당幢, 곧 불법의 표준을 세워 놓는다는 말입니다.

획묘미밀 성정명심을 글자 그대로 본다면, 묘하고, 미微하고, 밀密한 성품이 정명한 마음을 얻게 하며, 이렇게 해야 넉 자씩이 되는데, 묘미밀은 형용한 것이어서 '묘미밀한 성정명심을 얻게 하며' 이렇게 됩니다.

『정맥소正脉疏』에서는 '묘미밀성妙微密性 묘정명심妙淨明心' 이렇게 하여 '묘미밀한 성性과 묘정명한 심心을 얻게 하며' 이렇게 보는 게 좋겠다고 되어 있습니다. 성性 자와 심心 자를 따로 하자는 말인데, 위에서도 보면 아난이 말하기를 '발묘명심發妙明心하여 개아도안開我道眼케 하소서' 했는데, '양유부지良由不知 적상심성寂常心性하니 도안道眼을 열어 달라'라고 했듯이, 이렇게 성性 자와 심心 자가 따로 있으니, 앞에서 아난이 도안을 열어 달라고 했던 것의 대답이니, 이렇게 보는 것이 더 뜻이 있을 듯합니다. 그래서 '묘미밀한 성품과 묘정명한 마음을 얻어서 득청정안케 하리라' 이렇게 본다는 것이 『정맥소』의 뜻입니다.

阿難 汝先答我 見光明拳 此拳光明 因何所有 云何
아난 여선답아 견광명권 차권광명 인하소유 운하
成拳 汝將誰見
성권 여장수견

아난아, 네가 먼저 대답하기를 광명한 주먹을 본다 하였으니, 이 주먹의 광명이 어떻게 있으며, 어떻게 주먹이 되었으며, 네가 무엇으로 보았느냐?

주먹은 어떻게 되었고, 광명은 왜 있으며, 보기는 무얼 봤느냐는 말입니다.

阿難言 由佛全體 閻浮檀金 赩如寶山 淸淨所生 故
아난언 유불전체 염부단금 혁여보산 청정소생 고
有光明
유광명

아난이 말하였다.

부처님의 전신이 염부단금이어서 빛나기가 보산과 같아서 청정하게 생겼으므로 광명이 있사옵거늘,

염부단은 금의 이름이며, 단檀 자는 범어 염부단하閻浮檀河의 단하를 줄인 말로서, 단하는 강이나 바다라는 말입니다. 염부는 염부수閻浮樹라는 나무 이름입니다. 염부 숲이 있는 사이로 강이 흘러 염부수에서 나오는 진이 그 강물에 들면 금이 되는데, 그 금은 자금광처럼 가장 좋은 금에 속합니다. 다른 금 사이에 있으면 다른 금은 금 노릇을 못 하게 하는 제일 좋은 금입니다. 남섬부주를 염부제라고도 하는데, 염부수가 많이 있는 곳으로 남섬부주를 번역하면 승금주勝金洲, 곧 좋은 금이 많은 주洲라는 뜻입니다.

몸 전체가 금산과 같다는 것은, 위에서도 욕계는 추탁麁濁하여 자금광을 발생하지 못한다고 했는데, 부처님 몸이 청정으로 소생했기 때문에 고유광명이라 했습니다.

我實眼觀 五輪指端 屈握示人 故有拳相
아 실 안 관 오 륜 지 단 굴 악 시 인 고 유 권 상

제가 눈으로 보았사오며, 오륜지를 구부려 쥐었으므로 주먹이 되었나이다.

지단이란 손가락 끝을 말합니다. 여기에서는 손가락을 굽히셨기 때문에 주먹이 있고, 부처님 몸이 금빛과 같으니까 광명이 있으며, 보기는 눈으로 본다는 뜻인데, 눈으로 본다는 것을 주먹으로 증명을 삼았습니다.

佛告阿難 如來今日 實言告汝 諸有智者 要以譬喩
불 고 아 난 여 래 금 일 실 언 고 여 제 유 지 자 요 이 비 유
而得開悟
이 득 개 오

부처님께서 아난에게 말씀하셨다.

여래가 금일에 진실한 말로 네게 말하노니, 지혜 있는 사람들은 비유로써 알게 할 수 있느니라.

실언이란 거짓말만 하다가 참말을 한다는 뜻이 아니고, 듣는 사람이 믿기 어려운 얘기를 할 때는 의심하지 말라는 뜻으로 진실어, 불광어不誑語 등과 함께 가끔 쓰입니다.

비유란 알기 쉬운 것을 가지고 알기 어려운 것을 예를 들어 설명하는 방법인데, 지혜가 없는 사람은 모르지만 웬만한 지혜가 있는 사람은 비유를 가지고 깨닫게 할 수 있다고 지금 얘기하는 겁니다.

阿難 譬如我拳 若無我手 不成我拳 若無汝眼 不成
아난 비여아권 약무아수 불성아권 약무여안 불성
汝見 以汝眼根 例我拳理 其義均不
여견 이여안근 예아권리 기의균부

아난아, 비유컨대 내 주먹이, 내 손이 없으면 내 주먹을 만들 수 없듯이, 네 눈이 없으면 네 견見이 성립할 수 없으리니, 너의 눈으로 내 주먹에 예例하면 그 이치가 같겠느냐?

균均 자는 같다는 말로 쓰였습니다.

阿難言 唯然世尊 旣無我眼 不成我見 以我眼根 例
아난언 유연세존 기무아안 불성아견 이아안근 예
如來拳 事義相類
여래권 사의상류

아난이 말하였다.

그러하나이다, 세존이시여. 저의 눈이 없으면 저의 견見이 성립될 수 없사오니, 저의 눈으로 여래의 주먹에 유례類例하면 사실과 이치가 서로 같겠나이다.

손이 없으면 주먹이 못 되고, 눈이 없으면 견見이 못 되는 그 이치가 같다는 말입니다.

佛告阿難 汝言相類 是義不然
불고아난 여언상류 시의불연

부처님께서 아난에게 말씀하셨다.
네가 서로 같다 말하거니와 그 이치가 그렇지 아니하니라.

何以故 如無手人 拳畢竟滅 彼無眼者 非見全無
하이고 여무수인 권필경멸 피무안자 비견전무

왜냐하면 손이 없는 사람은 주먹이 끝까지 없거니와, 저 눈이 없는 사람은 견見이 아주 없지 아니하니라.

눈 없는 사람이라면 봉사를 말하는데 손 없는 사람은 주먹이 있을 수 없지만, 견見이 없으면 보지 못한다는 말과는 같지 않으니, 눈이 없어도 본다는 얘깁니다.

所以者何 汝試於途 詢問盲人 汝何所見
소이자하 여시어도 순문맹인 여하소견

그 까닭을 말하면 네가 시험 삼아 길에 나가서 맹인들에게 무엇이 보이는지 물어보라.

彼諸盲人 必來答汝 我今眼前 唯見黑暗 更無他矚
피제맹인 필래답여 아금안전 유견흑암 갱무타촉
以是義觀 前塵自暗 見何虧損
이시의관 전진자암 견하휴손

저 맹인들이 답하기를, 내 눈엔 흑암만 보이고 다른 것은 아무것도 보이지 않는다 하리니, 이 이치로 말하면 전진이 어두울망정, 견見이 무슨 손상이 있겠느냐?

필래답여必來答汝의 래來 자는 저기 있다가 여기로 온다는 게 아니고, 물음이 가니까 대답이 온다는 뜻입니다. 맹인의 대답하는 이치로 본다면 전진 자체가 스스로 어둡다는 것입니다. 맹인이 보지 못한다고 하는 건, 눈을 가렸기 때문인데, 그 가려진 것은 흑암, 곧 전진이 캄캄한 것이니, 어두운 것을 보는 게 틀리지 않다는 것입니다. 그러니까 어두운 걸 보는 견見은 없어지지 않으며, 전진 자체가 어두운 것이기 때문에 견見에는 상관이 없어서 눈이 없어도 본다는 얘깁니다.

阿難言 諸盲眼前 唯覩黑暗 云何成見
아난언 제맹안전 유도흑암 운하성견

아난이 말하였다.
맹인들이 캄캄한 어두움 보는 것을 어떻게 견見이라 하겠나이까?

밝은 여러 가지의 것을 보아야지, 캄캄한 것만 보는 것을 뭘 본다 할 수 있겠느냐고 승인 안 하려고 하는 말입니다. 거기에 대한 대답입니다.

佛告阿難 諸盲無眼 唯觀黑暗 與有眼人 處於暗室
불고아난 제맹무안 유관흑암 여유안인 처어암실
二黑有別 爲無有別
이흑유별 위무유별

부처님께서 아난에게 말씀하셨다.

제맹인諸盲人이 눈이 없어서 어두운 것만 보는 것과, 저 눈 밝은 사람이 어두운 방에 있는 것, 이 두 캄캄함이 다름이 있겠느냐, 없겠느냐?

눈 있는 사람이 암실에서 캄캄한 것 보는 것이나, 맹인이 캄캄한 것 보는 것이 차별이 같은지 다른지를 묻는 말입니다.

아난의 대답입니다.

如是世尊 此暗中人 與彼群盲 二黑校量 曾無有異
여시세존 차암중인 여피군맹 이흑교량 증무유이

그러하옵니다, 세존이시여. 이 어두운 방에 있는 사람과 저 소경들의 두 캄캄함을 비교하면 조금도 다름이 없겠나이다.

눈 뜬 사람이 암실에서 캄캄함을 보는 것이나, 눈먼 사람이 캄캄함을 보는 것이 마찬가지라는 얘깁니다. 그러니까 암실 가운데 있는 사람이 캄캄함 보는 것도 보긴 보는 것이요, 다만 전진前塵이 캄캄할 뿐이라는, 즉 눈만 가지고 보는 게 아니라는 얘깁니다.

阿難 若無眼人 全見前黑 忽得眼光 還於前塵 見種
아난 약무안인 전견전흑 홀득안광 환어전진 견종
種色
종색

아난아, 만일 눈먼 사람이 전진前塵의 캄캄한 것만 보다가 문득 눈빛을 얻으면 전진에서 갖가지 색을 보게 되리니,

안광이 없을 때는 캄캄한 것만을 봤지만 개안수술을 하여 눈이 밝아지면 여러 가지를 볼 수 있다는 그런 말입니다.

名眼見者 彼暗中人 全見前黑 忽獲燈光 亦於前塵
명안견자 피암중인 전견전흑 홀획등광 역어전진
見種種色 應名燈見
견종종색 응명등견

이름을 눈이 보는 것이라 한다면 저 어두운 방 속에 있는 사람이 전진前塵의 캄캄한 것만 보다가 문득 등 빛을 얻으면 역시 전진에서 갖가지 색을 보리니, 이것은 등이 보는 것이라 하리라.

하나는 안광眼光이요 하나는 등광燈光이니, 같습니다. 이 말은 안광 때문에 종종색 보는 것을 눈이 본다고 하면, 등광 때문에 종종색 보는 것도 등燈이 본다고 해야 하니, 등불이 보는 게 아닌 것처럼 눈이 보는 게 아니라는 얘깁니다.

若燈見者 燈能有見
약 등 견 자 등 능 유 견

만일 등燈이 보는 것이라면 등이 능히 견見이 있으리니,

암실에 있던 사람이 불을 켜서 여러 가지 보는 것을 등이 본다고 하면 등은 무정인데도 능히 보는 작용이 있겠다는 말입니다.

自不名燈
자 불 명 등

스스로 이름을 등이라 하지 못하리라.

무정無情이라 할 수 없다는 말입니다. 보는 것은 유정有情이지 어찌 무정이라 할 수가 있겠느냐는 말입니다.

又則燈觀 何關汝事
우 즉 등 관 하 관 여 사

또 등이 보는데 네게 무슨 관계가 있겠느냐?

등이 본다고 하면, 등이 붉은지, 검은지, 책상인지 등등을 알아야 하는 것이고, 너는 몰라야 할 게 아니냐, 이 말입니다.

是故當知 燈能顯色 如是見者 是眼非燈
시 고 당 지 등 능 현 색 여 시 견 자 시 안 비 등

이런고로 마땅히 알아라. 등은 능히 색을 나타낼지언정, 보는 것은 눈이요, 등이 아니며,

등은 능히 빛을 나타내는 작용을 하여 종종색을 나투어 줄 뿐이라 했으니, 지금 이것은 눈이 있는 사람의 경우를 말하고 있는 것입니다.

眼能顯色 如是見性 是心非眼
안능현색 여시견성 시심비안

눈은 능히 색을 나타낼지언정, 이와 같이 보는 성품은 마음이요, 눈이 아니니라.

마음이 보는 것이지 눈이 보는 게 아니라는 말이니, 맹인들이 본다고 하는 것이나 눈 있는 사람이 본다고 하는 것이 눈이 있든 없든 다 본다는 것입니다. 그러니까 상주불멸常住不滅이라는 뜻으로 듣는 것도 귀가 있으나 없으나 들으며, 코도 마찬가지로 이러한 등등이 전진前塵 때문에 있는 것은 아니니, 왔다 갔다 하는 것이 아니고 눈이야 귀야 있든 없든 다 작용을 하고 있으니까 눈의 보는 성품, 귀의 듣는 성품, 이게 참마음이라는 뜻으로 얘기하는 것입니다.

『정맥소』의 주장은 여기에서 다른 이들이 볼 때 망견妄見이라 하여 견見을 파한다고 하지만 오히려 견을 내세운다는 것입니다. 『정맥소』 주主의 말은, 식심識心은 망상이니까 이 식심을 가지고 하면 식심은 생멸하는 것이니, 아무리 해도 결과는 생멸과生滅果가 온다는 것입니다.

육근의 성性은 불생멸하는 것이기 때문에 이걸 가지고 공부를 해야만 불생멸과不生滅果를 얻는다는 게 『정맥소』의 해석입니다. 또한 교教에서 하는 말을 보아도 우리의 마음 자체, 즉 제팔식이 있어서 눈으로 나오면 안

식, 귀로 나오면 이식, 이렇게 등등 제팔식으로부터 제육식이 나온다고 말을 합니다. 그래서 『유식론唯識論』에서 오팔이 동체라 했습니다. 전오식前五識과 제팔식은 체體가 같다는 말입니다.

안식이라고 하는 것은 있고 없고만 아는 것이지, 분명히 이건 뭐고 저건 뭐라고 아는 것은 동시同時라는 얘깁니다. 안식이 작용할 때 그와 한꺼번에 제육 의식이 작용해 줘야 안다는 말입니다. 분별이 없이 비치기만 하는 것은 안식의 작용이요, 그것을 분별하는 것은 제육 의식이 전오식이 작용할 때 같이 작용해 주는 것이라 하여 동시 의식을 가지고야 분별한다고 하는데, 팔식 자체도 대체적인 것만 알지 분별은 못 합니다.

법상종法相宗에서 얘기하는 오팔이 동체라, 전오식과 제팔식이 체가 같다고 하는 것과 같이, 본심 자리가 곧 아뢰야식阿賴耶識의 진眞 쪽입니다. '의진여기생멸依眞如起生滅하니 진망화합眞妄和合하야 비일비이非一非異가 아뢰야식阿賴耶識이라' 해서 진망이 화합해서 아뢰야식이 되었는데, 거기서 생멸만 없어지면 진심입니다. 팔식 자체가 진심의 근본이니까 그렇다면 전오식도 팔식과 체가 같으니까 근본이라 할 게 아닌가. 육근의 성性을 가지고 진심이라 함이 법상종의 행상行相을 가지고 말한 것인데, 그럴듯합니다.

3. 견見은 동하지 않는다

阿難雖復得聞是言 與諸大衆 口已默然 心未開悟 猶
아 난 수 부 득 문 시 언 여 제 대 중 구 이 묵 연 심 미 개 오 유
冀如來 慈音宣示 合掌淸心 佇佛悲誨
기 여 래 자 음 선 시 합 장 청 심 저 불 비 회

아난이 비록 이 말씀을 듣고 대중과 함께 입으로는 할 말이 없으나 마음은 아직 깨닫지 못하여 여래께서 자비한 음성으로 말씀해 주시기를 원하여 합장하고 깨끗한 마음으로 부처님의 가르침을 기다리고 있었다.

눈으로 보는 게 아니고 마음으로 본다는 부처님 말씀을 듣고, 그럴 것 같긴 하지만 마음으로 보는 게 드러나지 않아서 여래께서 더 말씀해 주시기를 합장청심하고 바라고 있습니다.

爾時世尊 舒兜羅綿 網相光手 開五輪指 誨敕阿難 及
이 시 세 존 서 도 라 면 망 상 광 수 개 오 륜 지 회 칙 아 난 급
諸大衆
제 대 중

그때 세존께서 도라면같이 빛나며 그물 모양인 손을 들어 다섯 손가락을 펴시고, 아난과 대중에게 말씀하셨다.

도라면의 도라는 범어인데 인도의 깨끗하고 보드라운 솜을 일컫는 말로서, 부처님의 손이 맑고 깨끗하며 부드럽기가 도라면과 같다 하여 부처

님의 손을 형용하는 말입니다.

망상광수는 부처님의 삼십이상 가운데 수족지만망상手足指縵網相을 말하는데, 손가락과 손가락 사이가 오리발처럼 물갈퀴가 있는 것을 말합니다. 부처님의 손에는 여유 있는 막이 있는데 그물 모양으로 여러 무늬가 되어 있다 해서 망상網相입니다. 지금 이 대중 가운데도 쑥 들어가지 않고 좀 여유 있는 손을 가진 사람은 거의 부처님을 닮아 가는 손일 겁니다.

我初成道 於鹿園中 爲阿若多 五比丘等 及汝四衆言
아초성도 어녹원중 위아야다 오비구등 급여사중언
一切衆生 不成菩提 及阿羅漢 皆由客塵煩惱所誤
일체중생 불성보리 급아라한 개유객진번뇌소오
汝等當時 因何開悟 今成聖果
여등당시 인하개오 금성성과

내가 처음 성도하고 녹야원에서 아야다 등 다섯 비구와 너희 사중에게 말하기를, 일체중생이 보리와 아라한을 이루지 못함은 객진번뇌의 그르침이라 하였는데, 너희들이 그때에 어떻게 깨닫고 지금 성과를 이루었느냐?

녹야원은 부처님께서 성도하신 후에 처음으로 법륜을 굴리시던 곳입니다. 아야다는 교진여의 이름이며, 번역하면 알았다, 알아 깨달았다는 뜻입니다. 위爲 자는 아야다 등 다섯 비구와 급여사중을 가리킵니다.

여기에서의 아라한이란, 소승 열반을 증證한 것을 말합니다. 대승에서는 소승 아라한을 열반이라 하지 않았으며, 이 문장에서 보리는 대승, 아라한은 소승을 가리킵니다.

객진번뇌란 손님 같은 번뇌와, 티끌 같은 번뇌입니다. 객客은 번뇌장煩惱障이요, 진塵은 소지장所知障이라 할 수 있으며, 객번뇌는 거칠어서 알기 쉬운 번뇌이며, 진번뇌는 세細하여 알기 어려운 번뇌입니다. 그 객진번뇌 때문에 소승으로는 아라한을 이루지 못하고, 대승으로는 보리를 이루지 못한다는 얘기를 초전법륜初轉法輪할 적에 했으니, 무엇을 인해 깨달아 오늘의 성과聖果를 얻었느냐는 말입니다.

아난 존자와 같이 사과四果 중에 수다원과만 되어도 성聖이라고 하니까 지금 객진번뇌를 어떻게 생각하고 공부를 해서 그러한 과果를 이루었느냐는 얘깁니다. 녹야원에서 말씀하실 때 객진번뇌를 알지 못하여 아라한도 되지 못하고, 보리도 이루지 못한다 했는데, 그때 너희들이 뭘 어떻게 깨달아서 성과를 이루었느냐는 얘깁니다.

時憍陳那 起立白佛
시 교 진 나 기 립 백 불

이때에 교진나가 일어서서 아뢰었다.

교진나는 교진여憍陳如라고도 하며, 교진나는 성이요, 아야다阿若多는 이름이니, 아야다 교진여가 되겠지요.

我今長老 於大衆中 獨得解名 因悟客塵 二字成果
아 금 장 로 어 대 중 중 독 득 해 명 인 오 객 진 이 자 성 과

제가 지금 나이가 많사온데, 이 대중 중에서 해解(알았다)라는 이름을 얻은 것은 객진의 두 글자를 깨닫고 성과를 이룬 것입니다.

아야다를 번역하면, 해解, 알았다 이렇게 되는데, 다섯 비구 가운데 혼자서 알았다 하여 부처님께서 지어 주신 이름입니다. 무엇을 인하여 그러한 이름을 얻었는가 하면, 객진의 두 글자 깨달음으로 인해서 그렇다고 했고, 여기에서는 객진번뇌의 내용을 얘기하려는 게 아니라 객客은 왔다 갔다 하는 거고, 진塵은 미세하다는 걸 얘기하려는 것입니다.

예전에 강원에서 이력履歷 볼 때에 교진여는 아라한이니 소승에서 보는 객진번뇌이고, 부처님은 대승으로 성불하셨으니 대승에서 보는 객진번뇌라고 해서 교진여의 객진번뇌와 부처님의 객진번뇌가 다르다고 했습니다. 그러나 번뇌의 내용을 얘기하는 게 아니고, 객과 진만 얘기하는 것이기 때문에 여기에서는 번뇌의 내용은 얘기하지 않았습니다.

世尊 譬如行客 投寄旅亭 或宿或食 食宿事畢 俶裝
세존 비여행객 투기여정 혹숙혹식 식숙사필 숙장
前途 不遑安住 若實主人 自無攸往
전도 불황안주 약실주인 자무유왕

세존이시여, 비유컨대 행객이 여정에 들어가서 밥을 먹거나 잠을 자는데, 먹거나 자는 일을 마치고는 행장을 차려 길을 떠나서 오래 머물지 못하거니와 주인은 갈 곳이 없나이다.

행객은 길 다니는 손님이요, 여정旅亭은 객줏집이며, 요즘의 여관과 같은 말입니다. 투投 자는 거기에 들어간다는 말이며, 새가 날아다니다가 나무에 들어간다는 뜻입니다. 기寄 자는 잠을 자든지 밥을 먹기 위해 얼마 동안 붙어 있는 것을 말합니다. 숙俶 자는 정돈하는 것이요, 장裝 자는 행장이라는 말로 걸망이나 짐 등을 말합니다. 황遑 자는 오래 있을 겨를이 없다는 뜻입니다.

如是思惟 不住名客 住名主人 以不住者 名爲客義
여시사유 부주명객 주명주인 이부주자 명위객의

이렇게 생각하오면 머물지 않는 이는 객이요, 머무는 이는 주인이니, 머물러 있지 않는 것을 객이라 하겠나이다.

왔다 갔다 하는 게 객번뇌라는 걸 말하고 있습니다.

又如新霽 淸暘昇天 光入隙中 發明空中 諸有塵相
우여신제 청양승천 광입극중 발명공중 제유진상
塵質搖動 虛空寂然
진질요동 허공적연

또 비가 개고 햇별이 나서 빛이 틈으로 들어오면 허공에 있는 세진細塵을 보게 될 적에 진질은 요동하고 허공은 고요하나이다.

우리도 경험하지만, 티끌이 가득해도 보이지 않다가 창틈으로 빛이 들어오면 티끌이 왔다 갔다 하는 게 보이듯이 언제나 가만 있지 않고 흔들리는 것을 진번뇌塵煩惱라고 합니다.

如是思惟 澄寂名空 搖動名塵 以搖動者 名爲塵義
여시사유 징적명공 요동명진 이요동자 명위진의

이와 같이 사유하건대 맑고 고요한 것은 허공이요, 요동하는 것은 진塵이니, 흔들리는 것을 진이라 하겠나이다.

흔들리는 것은 진塵인데, 햇빛이 들어와야 보이지 그냥은 보이지 않습니다. 그와 같이 진번뇌塵煩惱 역시 그냥은 보이지 않습니다. 공부를 해서 빛이 있어야, 그 빛을 의지해야만 이 티끌 번뇌를 보게 되는 것입니다.

佛言如是
불 언 여 시

부처님께서 말씀하셨다.
그러하니라.

객客과 진塵을 이렇게 얘기하니까 부처님께서 네 말이 옳다고 인가하신 것입니다.

卽時如來 於大衆中 屈五輪指 屈已復開 開已又屈
즉 시 여 래 어 대 중 중 굴 오 륜 지 굴 이 부 개 개 이 우 굴
謂阿難言 汝今何見
위 아 난 언 여 금 하 견

이때 여래께서 대중 가운데서 오륜지를 구부렸다 펴시며, 폈다 또 구부리시고 아난에게 말씀하셨다.
네가 지금 무엇을 보았느냐?

개開 자는 열 개 자지만, 편다는 뜻입니다.

阿難言 我見如來 百寶輪掌 衆中開合
아 난 언 아 견 여 래 백 보 윤 장 중 중 개 합

아난이 말하였다.
여래께서 보배롭고 윤상輪相인 손바닥을 대중 가운데서 쥐락펴락하심을 보았나이다.

백보란 부처님의 손이 훌륭하다는 말입니다. 앞에서 오륜지五輪指를 설명하실 때에 손가락 끝에 윤상이 있다고 하셨는데, 자전거의 바퀴에 살이 있듯이 부처님의 손바닥에도 수천 개의 살이 윤상을 이루고 있고, 발바닥과 발가락 끝에도 윤상이 있는데, 여기에서는 윤장이라 했으니 손바닥 가운데에 큰 윤상이 있는 걸 가리킵니다.

佛告阿難 汝見我手 衆中開合
불 고 아 난 여 견 아 수 중 중 개 합

부처님께서 아난에게 말씀하셨다.
네가 나의 손이 대중 가운데서 쥐락펴락함을 보았다 하니,

개합이라는 말을 한문 그대로 번역하자면 열었다 합했다 이래야 하지만 손바닥을 연다고는 하지 않으며, 합한다고도 하지 않으니까 편다든지, 구부린다, 쥔다, 이렇게 됩니다. 그래서 이 부분을 세조 때 번역한 것을 보면 손바닥을 쥐락펴락, 이렇게 했습니다. 지금으로 말하면, 폈다가 쥐었다가, 이런 뜻이 되는데, 보통 말할 때도 쥐락펴락한다, 그럽니다. 그래서 내가 볼 때는 쥐락펴락이라 하는 게 번역이 잘된 글입니다.

다른 얘기지만 경상도의 신현진이라는 사람이 『논어』를 번역한 일이 있

는데, 그 『논어』 중에 공자가 제자에게 '가처야可妻也로다' 하는 부분에서 '사윗감이 좋다' 이렇게 번역을 했던 걸 본 기억이 납니다. '가처야'라는 말은 '마누라로 줄 만하다', 말하자면 마누라 하나 잘 거느리고 사람 노릇 잘한다는 의미인데, '사윗감이 좋다' 이런 식으로 번역한 것은 순전히 우리나라 말이고, 더 이상 번역할 수가 없을 것 같습니다. 내가 그걸 보면서 참 잘된 번역이라 생각했으며, 다른 번역도 그와 같이 해야겠다고 마음먹었습니다. 지금 우리도 번역하기 위해 이 강의를 하는 것이니 짚고 넘어갑니다.

신현진이라는 사람이 『논어』도 번역하였지만, 『노자老子』도 번역하였고, 많은 책을 번역한 사람인데, 그 사람과 알기 전에 그가 번역한 것들을 보고, 참 잘된 번역이구나 생각하고 있다가 아마 칠보사에서인가 우연히 만난 적이 있습니다. 서로 누군지 모르는데 들으니까 신현진이라 그러길래 인사를 청하고, 선생께서 '가처야로다'를 '사윗감이 좋다'라고 번역한 것을 보고 대단히 좋았다고 했더니, 자기는 그렇게 한문에 능한 것도 아닌데 번역하고 싶어서 여러 한문 잘하는 노인들을 자주 찾아서 자기가 알지 못하는 것들은 노인들에게 물어서 뜻을 번역했다고 하는데, 어쨌든 내가 다른 번역서도 보았지만 그가 번역한 책들이 대단히 잘되어 있습니다.

번역을 한다고 하면, 원문 번역한 티가 나지 않아야 합니다. 예를 들자면, 영문 번역한 걸 보면 영문 티가 나고 한문을 번역하면 한문 티가 나게 되는데, 번역을 잘한다는 것은, 원문 그대로의 뜻을 가져오면서도 말은 순전히 번역하는 나라의 말, 가령 우리나라라면 우리나라 말 그대로 번역이 되어야 합니다.

爲是我手 有開有合 爲復汝見 有開有合
위 시 아 수 유 개 유 합 위 부 여 견 유 개 유 합

이것은 내 손이 쥐락펴락하였느냐, 네 견見이 쥐락펴락하였느냐?

阿難言 世尊寶手 衆中開合 我見如來 手自開合 非
아 난 언 세 존 보 수 중 중 개 합 아 견 여 래 수 자 개 합 비
我見性 自開自合
아 견 성 자 개 자 합

아난이 말하였다.

세존께서 대중 가운데서 손을 쥐락펴락하실새, 제가 여래의 손이 쥐락펴락하심을 보았을지언정 저의 견見이 쥐락펴락함이 아니옵니다.

쥐락펴락하는 것은 흔들린다는 말인데, 흔들리는 건 부처님 손이요, 아난의 견見은 쥐락펴락하지 않는다는 말입니다. 부처님께서 손을 폈다 쥐었다 하시는 걸 볼 때에 견見도 폈다, 쥐었다 한다고 볼는지 모르나, 견이라는 것은 이 가운데 그냥 가득 차 있는 것이고, 가득 차 있는 견 속에 부처님의 손이 쥐락펴락한다는 말입니다. 여기에서는 우리의 견, 보는 성품은 동요하지도 않고, 왔다 갔다 하지도 않는다는 걸 말하려고 한 것입니다.

佛言 誰動誰靜
불 언 수 동 수 정

부처님께서 말씀하셨다.

어느 것이 요동하였고, 어느 것이 고요하였느냐?

동動은 흔들렸다는 말이고, 정靜은 고요하다는 말입니다. 수誰 자는, 손을 가지고 '누구'라고 하지는 않으니까, '어느 것이' 이렇게 보는 게 옳습니다.

阿難言 佛手不住 而我見性 尙無有靜
아 난 언 불 수 부 주 이 아 견 성 상 무 유 정

아난이 말하였다.

부처님의 손이 머무르지 않을지언정 나의 견見의 성품은 오히려 고요하다고 할 것도 없거늘,

부주不住라는 말은 머물러 있지 않다, 곧 동한다는 말입니다. 위에서 객客 얘기를 하려고 머물러 있지 않다고 했지만, 그건 곧 동한다는 말이니까 부주는 동動 자의 뜻과 같습니다. 위에서 부주라고 썼기 때문에 여기도 부주라고 쓴 것일 뿐입니다.

유有 자는 어조사로서 상무유정을 새긴다면, 한문으로는 고요함이 있음이 없다가 되지만, 우리나라 말로는 고요함이 없다고 새겨서 유 자는 새기지 않아야 합니다.

誰爲無住 佛言如是
수 위 무 주 불 언 여 시

무엇이 머물러 있지 않았다 하오리까?

부처님께서 말씀하셨다.

그러하니라.

흔들리다가 가만히 있는 걸 고요하다고 그러는데, 아난의 견見은 본래부터 고요하지, 어떤 땐 고요하지 않다가 지금에 와서 고요한 것이 있는 게 아니니까 상무유정尙無有靜입니다. 견은 본래부터 흔들리지 않는 것인데, 새삼스레 고요하지 않다고 할 게 뭐 있겠습니까, 이런 말입니다. 곧 다시 말하면 정靜이라 할 것도 없는데 무주無住라 할 게 어디 있겠습니까, 이런 뜻입니다. 여기에서 지금 아난의 견성見性(보는 성품)과, 견성을 상대한 부처님의 손에서 손은 흔들리고 견見은 흔들리지 않는다는 얘기를 해 둡니다.

如來於是 從輪掌中 飛一寶光 在阿難右 卽時阿難
여 래 어 시 종 윤 장 중 비 일 보 광 재 아 난 우 즉 시 아 난

廻首右盼[4]
회 수 우 반

그때 여래께서 윤장으로부터 광명을 날려 아난의 오른쪽에 대시니, 아난이 머리를 돌려 오른쪽을 보았고,

부처님의 손바닥에서 광명이 나오는 걸 말하고 있습니다.

---

4 고려대장경에는 편辨으로 되어 있으나, 송본 · 원본 · 명본에는 본문과 같이 되어 있다. 이하 같음.

又放一光 在阿難左 阿難又則廻首左盼
우방일광 재아난좌 아난우즉회수좌반

또 한 광명을 놓아 아난의 왼쪽에 대시니, 아난이 또 머리를 돌려 왼쪽을 보았다.

佛告阿難 汝頭今日 何因搖動
불고아난 여두금일 하인요동

부처님께서 아난에게 말씀하셨다.
네 머리가 금일에 무엇을 인하여 요동하느냐?

하인何因은 '무슨 인연으로'라는 말입니다.

阿難言 我見如來 出妙寶光 來我左右 故左右觀 頭自搖動
아난언 아견여래 출묘보광 내아좌우 고좌우관 두자요동

아난이 말하였다.
여래께서 묘한 보배 광명을 날리시어 저의 좌우에 보내시옵기에 그것을 좌우로 보기 때문에 머리가 요동하였나이다.

阿難 汝盼佛光 左右動頭 爲汝頭動 爲復見動
아난 여반불광 좌우동두 위여두동 위부견동

아난아, 네가 부처님의 광명을 보느라고 머리가 좌우로 요동하였다 하니, 네 머리가 요동하였느냐, 네 견見이 요동하였느냐?

눈으로 본다면 머리가 흔들릴 때 눈도 흔들렸으니까 견見도 흔들렸다고 할 수도 있지만, 위에서 부처님께서 말씀하시길 눈이 보는 게 아니라 마음이 보는 거라 하셨습니다. 그래서 아난은, 그러한 부처님의 말씀을 잘 알고 있기에 견은 동하지 않았다고 하려고 대답을 준비하고 있습니다.

世尊 我頭自動 而我見性 尙無有止 誰爲搖動
세존 아두자동 이아견성 상무유지 수위요동

세존이시여, 제 머리가 요동했을 뿐일지언정, 저의 견見은 가만 있다고 할 것도 없거늘 무엇이 요동했다고 하오리까?

상무유동尙無有動과 상무유지尙無有止는 같은 말입니다.

佛言如是
불언여시

부처님께서 말씀하셨다.
그러하니라.

객진客塵을 얘기해서 동하고 동하지 않는 것과, 부처님께서 손을 폈다 쥐었다 하시는 걸 들어서 부처님의 손이 동하지 아난의 견見은 동하지 않았다고 한 것과, 아난의 몸 자체에 대해서 머리는 동했지만 견은 동하지 않았다는 것까지 좀 더 세밀하게 말씀하신 겁니다.

於是如來 普告大衆
어 시 여 래 보 고 대 중

이에 여래께서 널리 대중에게 말씀하셨다.

若復衆生 以搖動者 名之爲塵 以不住者 名之爲客
약 부 중 생 이 요 동 자 명 지 위 진 이 부 주 자 명 지 위 객
汝觀 阿難頭自動搖 見無所動 又汝觀 我手自開合
여 관 아 난 두 자 동 요 견 무 소 동 우 여 관 아 수 자 개 합
見無舒卷
견 무 서 권

만일 중생들이 요동하는 것을 진塵이라 하고, 머물러 있지 않는 것을 객이라 한다면, 네가 보아라. 아난의 머리가 요동하였거니와 견見은 요동하지 않았고, 나의 손이 쥐락펴락하였거니와, 견은 쥐락펴락함이 없지 않았느냐?

서舒 자는 폈다, 권卷 자는 말았다는 말이니까 말하자면 머리는 흔들렸으나 견은 흔들리지 않았고, 부처님의 손이 흔들렸으며 아난의 견은 흔들리지 않았으니, 흔들리는 것은 객客과 진塵이요, 흔들리지 않는 것은 주인과 허공이라는 말로 동하는 것과 동하지 않는 걸 분별해 놓은 것입니다.

云何汝今 以動爲身 以動爲境 從始洎終 念念生滅
운 하 여 금 이 동 위 신 이 동 위 경 종 시 계 종 염 념 생 멸
遺失眞性 顚倒行事
유 실 진 성 전 도 행 사

어찌하여 너희들이 요동하는 것을 몸이라 하고, 요동하는 것을 경境이라 하여 처음부터 나중까지 생각마다 생하고 멸하면서 진성을 잃어버리고, 전도되게 일을 행하느냐?

종시계종을 일상적으로는 날 때를 시始라 하고, 죽을 때를 종終이라 할 테고, 중생 노릇 하는 것으로 보면 무시이래로 중생 노릇 하던 때부터 성불할 때까지를 시始와 종終이라 할 수 있겠습니다.

염념생멸念念生滅의 념念 자는 찰나를 번역한 말로서 일념, 한 생각 동안, 시간으로는 최소 단위로서 인도에서는 시간적으로 가장 가까운 것이라 했습니다. 찰나는 한문으로 일념인데 그 일념 중에 9백 생멸이 있다고 합니다.

생멸이란 망상심이 생겼다 없어졌다 한다든지, 죽고 사는 것을 다 생멸이라 할 수가 있습니다. 그러니까 무시이래로 중생 노릇 하는 때부터 성불할 때까지라 한다면, 염념생멸을 죽었다 살았다 하는 걸로 볼 수가 있고, 또 처음 날 때부터 죽을 때까지를 시종이라고 하면 생각이 났다 멸했다 하는 것을 생멸이라 하겠습니다.

유실진성은 물건을 잃어버리듯 완전히 없어져 버린 게 아니고 참 성품이야 늘 있긴 하지만 있는 줄을 모르니 유실이라 했습니다. 또한 유실할래야 유실할 수가 없는 것이지만, 우리가 망심妄心을 마음이라 하고, 진심眞心이 마음인 줄 모르고 있으니까 아주 없어진다는 유실이 아니고 모른다는

말입니다.

전도행사란 위에서 도적을 아들인 줄 오인하는 얘기가 나왔고, 또 다른 데 보면 아버지를 버리고 도망했다는 얘기가 있는데, 우리의 본마음은 아들과 같고 아버지와 같은데, 도적을 아들이라 생각한다든지 아버지를 버리고 도망한다든지 하는 것은 진심을 버리고 망심을 내 마음이라 한다는 얘깁니다.

性心失眞 認物爲己 輪廻是中 自取流轉
성 심 실 진 인 물 위 기 윤 회 시 중 자 취 유 전

참마음은 잃어버리고 물건을 내 몸인 줄 잘못 아는 탓으로 이 가운데서 윤회하여 유전을 스스로 취하느냐?

성심실진은 성性과 심心으로는 참된 걸 잃어버렸다는 말입니다. 인물위기는, 위에서 동하는 걸 몸이라고 했는데, 내 주인이라고 하면 동하지 않아야 합니다. 동하는 것은 객이요 티끌일 뿐 우리의 주인이 아닌데, 그 동하는 몸을 나라고 합니다. 이것은 생멸하며, 또한 죽을 때는 이걸 버리고 다른 곳으로 가는데도 나라고 하고 있으며, 내 것이라고 합니다. 중생이 가장 소중하게 여기는 것이 몸입니다. 재물도 몸 다음이고, 온갖 부귀영화도 다 몸 다음인데, 그 몸이라는 것이 객줏집에 왔다 가는 손님과 같고, 허공 가운데 흔들리는 먼지와 같은데 내 몸이라 하고 있으며, 이것이 중생노릇 하는 본의입니다. 이러한 것들이 참 나가 아닌 줄을 알 때에 생사를 초월할 수가 있을 겁니다. 이 몸이 생사하지 마음은 생사하지 않습니다.

좋은 음식을 먹는 것도 몸이 필요해서 먹지 마음은 필요하지 않습니다. 좋은 옷, 좋은 집, 명예, 권세, 온갖 이 세상에 탐욕을 내어 좋다고 하는 건

다 몸을 위하는 것입니다. 그러니 동하지 않는 참 진심을 파악하고 이것을 위주로 한다면 무엇 때문에 세간의 부귀영화를 누리려 애쓰겠는가 하는 이런 뜻으로 말을 했습니다.

몸은 내가 아닌데 흔들리는 물건을 잘못 인정해서 내 몸을 삼고 있어서 윤회시중輪廻是中하여 흔들리는 몸과 흔들리는 경계 가운데 왔다 갔다 한다는 말입니다.

경계란 우리의 주위 환경이고, 몸은 내 육신이며, 시중是中이란 몸과 경계 가운데를 말합니다. 자취유전自取流轉이란 누가 시켜서 생사에 걸리게 하는 게 아니고, 스스로 진성眞性은 모르고 물건을 제 몸이라 하며, 그렇기 때문에 업業을 짓고, 업을 짓기 때문에 생사에 유전하니 스스로 유전을 취하는 것입니다.

어째서 흔들리는 건 경계며, 몸이라는 것을 알면서 흔들리지 않는 주인과 견見은 모르고 이 가운데서 유전하고 있느냐 하는 것이 여기까지로서, 첫째 권이 끝났습니다.

대불정여래밀인수증요의제보살만행수릉엄경
| 제2권 |

당 천축 사문 반랄밀제 역
唐 天竺 沙門 般剌蜜帝 譯

오장국 사문 미가석가 역어
烏萇國 沙門 彌伽釋迦 譯語

보살계제자전정간대부동중서문하평장사청하 방융 필수
菩薩戒弟子前正諫大夫同中書門下平章事清河 房融 筆授

봉선사 사문 운허용하 강설
奉先寺 沙門 耘虛龍夏 講說

능엄경 강화

제2권

4. 견見은 멸하지 않는다

爾時阿難 及諸大衆 聞佛示誨 身心泰然
이 시 아 난 급 제 대 중 문 불 시 회 신 심 태 연

그때 아난과 대중이 부처님의 가르침을 듣고 몸과 마음이 태연하여,

이시爾時는 그때, 이때 둘 다 마찬가지 뜻입니다. 태연泰然하다는 건 평화롭다는 말로서 걱정도 있고 의심도 있던 것이 다 풀리고 조금도 근심이 없는 모양입니다.

念無始來 失却本心 妄認緣塵 分別影事
염 무 시 래 실 각 본 심 망 인 연 진 분 별 영 사

생각하니 무시이래로 본심을 잃어버리고, 전진前塵을 분별하는 그림자만을 그릇 인정하다가,

무시無始란 처음이 없는 때입니다. 실각본심失却本心했다는 것은 위에서 아난이 일곱 군데를 지적했던 망상심이 아닌, 진심이 있는 데를 잊었다는 얘깁니다. 각却 자는 버렸다는 뜻입니다. 연진緣塵이란 밖에 있는 반연하는 티끌이라는 말이니까 온갖 환경을 말합니다.

전진을 분별하는 그림자만을 그릇 인정한다는 건, 우리가 지금 보고 알고 하는 일들이 다 밖에 있는 전진을 분별하는 그림자밖에 안 되고, 왔다 갔다 하는 손님이지 주인은 못 되는데, 주인과 허공인 본심은 잃어버리고, 티끌과 객만을 인정해서 내 마음인 줄 안다는 말입니다.

今日開悟 如失乳兒 忽遇慈母
금 일 개 오　여 실 유 아　홀 우 자 모

금일에 깨달으니, 마치 젖을 잃었던 아이가 자모를 만난 것과 같았습니다 하고,

젖을 잃었다는 것은 어머니를 잃었다는 말이지, 어머니는 있는데 젖을 잃었다는 말은 아닙니다. 애들은 젖을 먹어야 사는데 젖을 잃었으니 죽게 되었다가 이제는 젖을 만났으니 살게 되었다, 즉 여태는 분별영사分別影事, 허망한 마음을 내 마음이라 하고 이것이 생사에 윤회하는 근본이 되었는데, 지금에 와서 부처님의 말씀을 듣고 참 본심이 있는 걸 깨닫고 보니, 마치 젖을 잃었던 아이가 어머니를 만난 것처럼 좋아서 신심이 태연하다는 말입니다.

合掌禮佛 願聞如來 顯出身心 眞妄虛實 現前生滅
합 장 예 불 원 문 여 래 현 출 신 심 진 망 허 실 현 전 생 멸
與不生滅 二發明性
여 불 생 멸 이 발 명 성

합장하여 부처님께 예배하고, 이 몸과 마음의 참되고 허망한 것과 헛되고 진실한 것을 나타내어 현전에 생멸하고 불생멸하는 두 가지 성性을 발명하여 주심을 듣고자 원하였다.

현출은 나타내어 보여 준다는 말입니다. 진망허실이나 생멸, 불생멸이 다 신심身心에 대한 얘깁니다. 이발명성二發明性의 이二 자는 진眞과 망妄입니다.

원문願聞은 맨 끝에 새기고, 현출顯出은 이발명성二發明性까지 가서 새겨서 글자대로 새긴다면 '여래께서 신심의 진眞과 망妄과, 허와 실과, 현전에서 생멸하고 불생멸하는 두 발명성을 현출하시기를 듣기를 원하더라'입니다. 그래서 어떤 건 내 참마음이고, 어떤 건 허망한 마음이라는 등의 것들을 듣기 원하고 가만히 기다린다는 애기입니다.

波斯匿王 起立白佛
바 사 닉 왕 기 립 백 불

바사닉왕이 일어서서 부처님께 아뢰었다.

바사닉왕은 실라벌성의 임금으로, 『능엄경』 중간쯤 가다 보면 부처님과 나이가 같다는 말이 나옵니다. 다른 데 보면 생년월일까지도 같다고 되어 있는데, 『능엄경』에 바사닉왕이 예순둘이라는 말이 나오니까 동갑나기라

면 부처님도 예순둘일 텐데, 이 『능엄경』을 어떤 이는 『법화경法華經』 전에 설하셨다 하고, 어떤 이는 『법화경』 후에 설하셨다 하여 언제 설했는지 정확하지가 않은데, 어느 때의 설이라는 게 확정이 되어야 소승인지 대승인지, 법상종法相宗인지 법성종法性宗인지를 알게 될 텐데 정확히 밝혀지지 않고 있습니다.

我昔 未承諸佛誨敕 見迦旃延 毗羅胝子
아 석 미 승 저 불 회 칙 견 가 전 연 비 라 지 자

제가 옛적에 부처님의 가르침을 받잡기 전에 가전연과 비라지자를 만났습니다.

석昔은 부처님 만나기 전을 가리킵니다. 곧 부처님의 회칙誨勅을 받지 못했을 때입니다. 저불諸佛은 여러 부처님이 아니라 지어之於의 준말입니다. 회誨 자는 모르는 걸 가르쳐 준다는 말입니다. 가전연과 비라지자는 육사외도六師外道들입니다.

咸言此身 死後斷滅 名爲涅槃
함 언 차 신 사 후 단 멸 명 위 열 반

다 말하기를, 이 몸이 죽은 뒤에 단멸하는 것을 열반이라 하더이다.

단멸이란, 몸이 죽음에 다다르면 몸도 마음도 혼백도 모두 없어지는 걸 말합니다. 또한 이러한 사람을 단멸론자라고 합니다.

열반이라는 말은, 부처님께서 나시기 전부터 인도에 있던 말인데, 열반

에 대한 학설과 정의가 달랐습니다. 여기의 가전연과 비라지자와 같은 무리는 죽은 후에 아무것도 없다는 것으로 열반을 취하는 이들입니다. 또 어떤 이들은 괴로움이 없어지고 낙樂이 오는 그것을 열반이라 하여 그걸 비유컨대 높은 산에 올라 새끼줄이 감긴 덩어리를 던지면 내려가면서 다 풀려서 더 이상 안 내려가는 것처럼 인생의 괴로움이 다 없어지면 괴로울 게 없으니 열반이라는 주장입니다. 그래서 몸에 불을 지르기도 하고, 재에 묻혀 있는 사람도 있고, 자기의 머리를 쥐어뜯는 등 고통만 없어지면 낙樂이 온다니 받아야 할 고통을 어서 다 받자는 이런 사람들도 있습니다. 그렇듯 학설이 한정이 없는데, 여기의 가전연과 비라지자는 단멸론자입니다.

我雖值佛 今猶狐疑
아 수 치 불 금 유 호 의

제가 비록 부처님을 만났으나 지금도 호의합니다.

호의狐疑의 호狐 자는 의심이 많은 걸 말하며, 여우는 달아날 때도 한 걸음 가다 돌아보고 또 한 걸음 가다 돌아보며, 강에 얼음이 얼었는데 지나가려면 귀를 빙판에 대고서 물소리가 나면 빠질까 의심하여 안 지나간답니다. 그래 여우는 의심이 많다 하여 호의라 하니, 호狐 자는 다름이 아니라 의심이 많은 여우와 같다는 뜻으로 쓰입니다.

결론적으로 부처님 말씀은 생사를 벗어나면 열반이 있다 하지만 참말 마음이 있어서 열반을 얻게 되는지, 비라지자 등의 얘기처럼 사후 단멸하는 것이 열반인지 의심이 난다는 말입니다.

云何發揮 證知此心 不生滅地
운 하 발 휘 증 지 차 심 불 생 멸 지

어떻게 발명하면 이 마음의 생멸하지 않는 경지를 증證하여 알겠습니까?

'참말 사후에 생멸하지 않는 게 있는지 없는지 분명히 알도록 해주십시오', 이렇게 바사닉왕이 청합니다만, 사실 우리도 그걸 들여다보지 못했으니 이런 의심을 할 수도 있습니다. 바사닉왕은 마갈타국의 빈비사라왕과 함께 부처님의 신도로서, 제자로서 늘 뒤에서 후원하던 임금입니다.

今此大衆 諸有漏者 咸皆願聞
금 차 대 중 제 유 루 자 함 개 원 문

지금 이 대중의 누漏가 있는 이들은 모두 듣기를 원하나이다.

누漏는 번뇌입니다.

佛告大王 汝身現在 今復問汝
불 고 대 왕 여 신 현 재 금 부 문 여

부처님께서 대왕에게 말씀하셨다.
당신의 몸이 현재하기에 지금에 다시 묻습니다.

한문의 너 여汝 자는 영어처럼 높은 사람이나 낮은 사람이나 같이 쓰이지만, 우리나라에서는 자기보다 아랫사람을 너라고 합니다. 그러나 번역을 함에 있어서 정말 부처님께서 왕을 보고 너라고 했는지 당신이라고 했는지, 그대라고 했는지 알 수가 없습니다. 부처님은 선생이시고, 그는 제자니까 아라한들에게 하듯이 너라고 했는지, 안 했는지 모를 일이나, 번역할 때는 정한 게 있어야겠다는 말입니다.

예수교의 『성경』 번역하는 사람들과도 만나서 얘기를 해 봤는데, 그들의 말은 당신이라는 말밖에 없다는 것입니다. 제자에게 "당신 이랬습니까?" 한다는 말인데, 시대에 맞는 얘깁니다. 이 대중 가운데 예수 믿던 사람이 있는지 모르나 『성경』 가운데 사람 인人 자, 아들 자子 자, 인자人子라고 하는 부분이 있습니다. 사람의 아들이라 해서 인자라고 번역하는데, 예수가 하느님의 아들인 게지 왜 사람의 아들이냐고 안 된다는 주장이 많아서 인자라고 했다는데, 사람의 아들이나 인자라고 하는 말이나 뭐가 다른지, 우스운 얘깁니다.

예전에 누가 『유마경』을 번역한 게 있어 보았더니, 유마힐維摩詰을 높이고, 문수文殊보살이나 가섭迦葉 존자 등은 너라고 되어 있던데, 그건 안 될 말입니다. 유마힐은 거사이고, 다른 이들은 비구인데, 거사가 비구 보고 해라 한다는 건 있을 수 없고, 그렇다고 비구도 나이 많은 거사를 보고 해라 할 수는 없지만, 최소한 사리불舍利弗님 정도로는 번역해야 하지 않겠나 하는 생각입니다.

그래서 우리 역경원에서는 아라한들까지는 너라고 하고, 보살은 그대라고 하며, 아라한에 대해서는 해라를 쓰고, 보살에 대해서는 하게라는 말을 쓰기로 결정했는데, 역경원에서 하는 것이 꼭 옳은 건 아니지만, 규정은 있어야 해서 이렇게 결정했습니다.

부처님으로부터 관세음보살이나 문수보살에 대해서 아난 등과 같이, 한문 글자로는 너 여汝 자지만 그렇게 할 수는 없다 하여 만든 규정입니다. 우리나라 말로 번역을 한다면, 우리나라 사람이 볼 때 적당하게 번역하는 게 잘된 번역입니다.

汝此肉身 爲同金剛 常住不朽 爲復變壞
여차육신 위동금강 상주불후 위부변괴

당신의 육신이 금강과 같아서 항상 머물러 있고 죽지 않으리라 하는가, 또는 변하여 없어지리라 하는가?

불후不朽의 후朽 자는 썩는다는 뜻이니까 죽지 않는다는 말입니다. 죽어서는 썩는 것이지만 죽지 않는다로 번역이 되어야 합니다. 금강이란 보통 금강석을 생각하는데, 지금 말로는 강철이라든지 굳은 쇠를 뜻합니다. 금강저金剛杵라고 하여 신장神將님들이 손에 드는 무기 같은 것도 있는데 금강석으로 생각하면 안 됩니다.

世尊 我今此身 終從變滅
세존 아금차신 종종변멸

세존이시여, 이 육신은 마침내 변멸함을 좇나이다.

세존 밑에 하 토가 붙어서 '세존이시여' 이렇게 새기는데, 왜 하 토가 붙어서 그렇게 새겨지는지는 모르겠으나, 『서경書經』 같은 데도 어른 밑에는 다 하 토가 있습니다. 종종변멸도 글로는 '마침내 변멸함을 좇겠습니다' 이렇게 되지만, 우리말로는 이런 뜻에 좇는다는 말은 없습니다.

佛言大王 汝未曾滅 云何知滅
불언대왕 여미증멸 운하지멸

부처님께서 말씀하셨다.
대왕이 일찍이 멸한 적이 없는데 어떻게 멸하는 줄을 아는가?

世尊 我此無常變壞之身 雖未曾滅 我觀現前 念念遷謝 新新不住
세존 아차무상변괴지신 수미증멸 아관현전 염념천사 신신부주

세존이시여, 무상하게 변하는 제 몸이 비록 멸한 적은 없사오나 현전에 염념히 변천하고 신신히 주住하지 않음이,

념念이란 한문으로 가장 짧은 시간입니다. 사謝 자는 물러간다, 떨어진다는 말로서, 신진대사新陳代謝라는 말이 있습니다. 낡은 것은 없어지고, 새것이 온다는, 바로 그런 뜻으로 여기에서도 쓰였습니다.

如火成灰 漸漸銷殞 殞亡不息 決知此身 當從滅盡
여화성회 점점소운 운망불식 결지차신 당종멸진

마치 불이 스러져 재가 되듯이 점점 늙어 늙음이 쉬지 아니하므로 몸이 결정코 멸하게 될 줄을 아나이다.

여화성회 점점소운이라는 말은, 불을 화로에 담아 두면 갑자기 없어지지 않고 조금씩 사라져 재가 된다는 그런 뜻입니다. 운殞 자는 죽을 운인데

지금 살아 있는 것이 자꾸 변하여 불이 재가 되듯이 조금씩 없어지는 걸 보니, 나중에는 죽겠다는 이런 말입니다.

佛言 如是大王 汝今生齡 已從衰老 顏貌何如童子之時
불언 여시대왕 여금생령 이종쇠로 안모하여동자지시

부처님께서 말씀하셨다.

그러니라. 대왕의 나이는 지금 노쇠하였거니와, 얼굴은 동자의 때와 어떠한가?

어린애 때와 지금의 늙음을 비교해 보는 얘깁니다.

世尊 我昔孩孺 膚腠潤澤
세존 아석해유 부주윤택

세존이시여, 제가 옛적 어렸을 때에는 피부가 윤택하였사오며,

해孩 자는 생후 열 달쯤 되는 어린아이를 안아 주고 귀여워해 줄 수 있는 안아 줄 해 자입니다. 또한 유孺 자도 어릴 유 자인데, 혼자 힘으로는 살아갈 수 없고 다른 사람을 의지해서야 살아갈 수 있는, 어머니가 있어서 보살펴 줘야 할 유 자이니, 해유란 한두 살 되었을 때를 말합니다.

부膚는 겉가죽을 말하는 것으로 떼어 내어도 아프지도 않고 피도 안 나는, 맨 겉가죽인 표피를 가리킵니다. 주腠는 주름살을 말하며, 윤택이란 토

실토실하고 반질반질한 것을 말합니다.

年至長成 血氣充滿 而今頹齡 迫於衰耄
연지장성 혈기충만 이금퇴령 박어쇠모

점점 장성함에 이르러서는 혈기가 충만하더니 지금에 퇴령하여 늙어 쇠진하였사오매,

모耄 자는 늙어서 망령부릴 모 자인데, 여기에서는 나이가 많아 늙었다는 말입니다.

形色枯悴 精神昏昧 髮白面皺 逮將不久
형색고췌 정신혼매 발백면추 체장불구

형용은 초췌하고 정신은 혼매하고 머리털은 백발이 되고 얼굴은 쭈그러져 장차 오래지 못함에 미쳤는데,

체逮 자는 미친다는 말이며, 불구는 얼마 못 살게 되었다는 뜻입니다.

如何見比充盛之時
여하견비충성지시

어떻게 젊었을 때와 비교할 수 있으리오.

견비란 비김을 보겠느냐, 견줄 수 없다는 뜻입니다.

佛言大王 汝之形容 應不頓朽
불 언 대 왕 여 지 형 용 응 부 돈 후

부처님께서 말씀하셨다.
대왕의 얼굴이 갑자기 늙지는 아니하였으리라.

王言世尊 變化密移 我誠不覺
왕 언 세 존 변 화 밀 이 아 성 불 각

왕이 말하였다.
세존이시여, 밀밀密密히 변화하는 것을 제가 깨닫지는 못하오나,

변화밀이란 말은, 지금 이 순간도 한 시간 전보다는 늙었으나 밀밀히 변해 가기 때문에 모른다는 말입니다.

寒暑遷流 漸至於此
한 서 천 류 점 지 어 차

한서가 천류하여 점점 이(늙음)에 이르렀나이다.

한서는 사시四時인 봄, 여름, 가을, 겨울을 가리키는 말입니다.

何以故 我年二十 雖號年少 顏貌已老 初十年時
하 이 고 아 년 이 십 수 호 연 소 안 모 이 로 초 십 년 시

그 까닭은 제가 20세 적에는 비록 소년이라 이름했으나, 얼굴 모양은 10세 적보다는 늙었고,

소년이나 연소나 같은 말이고, 10년씩 간격을 두고 늙어 가는 걸 얘기하고 있습니다.

三十之年 又衰二十 于今六十 又過于二 觀五十時
삼 십 지 년 우 쇠 이 십 우 금 육 십 우 과 우 이 관 오 십 시
宛然强壯
완 연 강 장

30세 때는 또한 20세보다 늙었으며, 지금은 60에 또 둘(62)을 지났사온데, 50세 적을 생각하면 매우 강장하였나이다.

世尊 我見密移 雖此殂落 其間流易 且限十年
세 존 아 견 밀 이 수 차 조 락 기 간 류 역 차 한 십 년

세존이시여, 제가 밀밀密密히 옮겨 조락함을 보았사온데, 그동안 변이變異한 것을 10년씩 잡아 말했거니와,

조락은 한문 본문 글자로는 죽는 걸 말합니다. 죽어 하늘로 올라가는 걸 조殂라 하고, 넋은 땅에 들어간다 해서 락落이라 하는데, 여기에서는 죽은 것은 아닌데 조락을 썼으니, 엄청나게 늙었다는 의미입니다. 혹여 한문만 보는 사람은 죽지도 않았는데, 왜 조락이라 하느냐고 하겠지만 많이 늙었다는 뜻으로 보면 됩니다.

기간류역其間流易이란 세월이 지나면서 얼굴 등이 바뀐 걸 말하며, 10년씩 한정했다는 것은 스무 살 때는 열 살보다 늙었고, 서른 살 때는 스무 살보다 늙었다고, 10년씩을 잡아 설명한 걸 뜻합니다.

若復令我 微細思惟 其變 寧唯一紀二紀
약부영아 미세사유 기변 영유일기이기

만일 자세히 사유한다면 그 변천됨이 어찌 1기, 2기뿐이리까.

기紀 자는 한문상으로는 12년을 말합니다.

實爲年變 豈唯年變 亦兼月化 何直月化 兼又日遷
실위연변 기유연변 역겸월화 하직월화 겸우일천
沈思諦觀 刹那刹那 念念之間 不得停住 故知我身
침사제관 찰나찰나 염념지간 부득정주 고지아신
終從變滅
종종변멸

실은 해마다 변하였으며, 어찌 해마다뿐이오리까. 역시 달마다 변하였으며, 어찌 달마다뿐이오리까. 실상은 날마다 변하였사오니, 미세히 생각하고 자세히 관찰해 보건댄, 찰나찰나 염념지간도 머물러 주住하지 아니하오매, 이 몸이 필경에 변멸할 줄을 압니다.

佛告大王 汝見變化 遷改不停
불고대왕 여견변화 천개부정

부처님께서 말씀하셨다.

대왕이여, 당신이 변천하여 정주停住하지 아니함을 보고,

悟知汝滅 亦於滅時 知汝身中 有不滅耶
오 지 여 멸 역 어 멸 시 지 여 신 중 유 불 멸 야

필경에 멸할 줄을 안다 하였거니와, 그 멸할 때에 그대의 몸 가운데 불멸하는 것이 있는 줄 아는가?

波斯匿王 合掌白佛 我實不知
바 사 닉 왕 합 장 백 불 아 실 부 지

바사닉왕이 합장하고 부처님께 아뢰었다.

제가 실로 알지 못하나이다.

아실부지라는 말이, 참말로 모르니 있다면 알게 해 달라는 뜻입니다.

佛言 我今示汝 不生滅性 大王 汝年幾時 見恒河水
불 언 아 금 시 여 불 생 멸 성 대 왕 여 년 기 시 견 항 하 수

부처님께서 말씀하셨다.

내가 이제 그대에게 불생멸하는 성性을 보여 주리라. 대왕의 나이 몇 살 적에 항하수를 보았는가?

항하수는 부처님 계신 곳에서 멀지 않은 곳에 있습니다. 인도에 있는

가장 큰 강으로 북쪽에서 남쪽으로 흐르는, 중국의 양자강에 비유할 만큼 큰 강입니다.

王言 我生三歲 慈母携我 謁耆婆天 經過此流 爾時
왕 언 아 생 삼 세 자 모 휴 아 알 기 바 천 경 과 차 류 이 시
卽知 是恒河水
즉 지 시 항 하 수

왕이 말하였다.

제가 난 지 세 살 적에 자모가 저를 데리고 기바천을 뵐 적에 이 항하를 지났는데, 그때에 항하수인 줄을 알았나이다.

기바란 인도 말로서 장수長壽라 번역됩니다. 인도에서는 동네마다 기바천신을 위한 사당을 만들어 놓고, 자식을 낳으면 그 사당에 데리고 가서 그 자식의 장수를 비는 풍속이 있는데, 바사닉은 비록 태자지만 그 풍속에 의해서 그렇게 한 것입니다.

佛言大王 如汝所說 二十之時 衰於十歲
불 언 대 왕 여 여 소 설 이 십 지 시 쇠 어 십 세

부처님께서 말씀하셨다.

대왕이여, 그대가 말한 바와 같이 20일 때가 10세 적보다는 늙었고,

乃至六十 日月歲時 念念遷變 則汝三歲 見此河時
내지육십 일월세시 염념천변 즉여삼세 견차하시
至年十三 其水云何
지년십삼 기수운하

내지 60에 날로, 달로, 해로, 때로 염념히 천변하였다 하거니와, 그대가 세 살 적에 이 물을 보던 것과 13세 적에 보던 그 물이 어떠한가?

王言 如三歲時 宛然無異 乃至于今 年六十二 亦無有異
왕언 여삼세시 완연무이 내지우금 연육십이 역무유이

왕이 말하였다.

세 살 때와 같아서 완연히 다름이 없으며, 지금 62세에 이르도록 또한 다름이 없나이다.

젊었을 때보다는 눈이 어두워져서 보는 게 다를 텐데 하는 의문이 있을 수 있으나, 위에서도 말하던 바이지만 눈은 비추기만 합니다. 보는 것은 눈을 의지하니까 보는 기관이 잘못되어 잘 안 보이기는 하지만 보는 성품은 마찬가지라는 얘깁니다. 보는 작용은 눈이 병나고, 안 나고 따라 다르겠지만 눈의 견성見性은 달라지지 않으며, 또한 늙어도 눈은 변하지 않는 사람도 있습니다.

돌아간 지 얼마 안 됩니다만 글도 잘 알고 경을 잘 보았던 안진호安震湖 스님이라고 하면 다 알 겁니다. 그분은 평생에 안경을 끼어 보지 않았을 정도로 눈이 밝으셨답니다. 85세쯤 되었을 때인데 그저 어느 때든지 등불 밑에서도 신문의 깨알 같은 글씨를 보곤 하셨습니다. 뿐만 아니라 귀도 어둡지 않아서 조그만 소리도 다 들었다고 그럽니다. 그런 사람은 보는 성품만 변하지 않은 게 아니라 눈도 변하지 않았으니, 세 살 때에 항하수 보는 것이나 열세 살 적에 보는 것이 마찬가지일 겁니다만, 견성見性, 즉 보는 성품은 변하지 않는다는 걸 말하고 있습니다.

佛言 汝今 自傷髮白面皺 其面必定 皺於童年 則汝
불언 여금 자상발백면추 기면필정 추어동년 즉여
今時 觀此恒河 與昔童時 觀河之見 有童耄不
금시 관차항하 여석동시 관하지견 유동모부

부처님께서 말씀하셨다.

그대가 지금 머리가 세고 얼굴이 쭈그러짐을 서러워하니, 얼굴은 동년 적보다는 쭈그러졌거니와, 지금에 항하를 보는 것도 어려서 항하를 보던 것보다 늙었는가, 늙지 아니했는가?

관하지견觀河之見의 견見이란 보는 성품, 즉 견성見性을 가리킵니다. 유동모부有童耄不아 하는 건, 동童은 어리다는 말이고, 모耄는 늙었다는 말인데, 항하수를 보던 그 견도 젊고 늙느냐 하는 말이고, 지금까지 오면서 견도 늙었느냐는 말입니다.

王言 不也世尊
왕언 불야세존

왕이 말하였다.

그렇지 않습니다, 세존이시여.

佛言大王 汝面雖皺 而此見精 性未曾皺
불언대왕 여면수추 이차견정 성미증추

부처님께서 말씀하셨다.

대왕의 얼굴은 비록 쭈그러졌을지언정 보는 정기는 성질이 쭈그러지는 것이 아니니라.

보는 정기란 보는 성품, 즉 견성을 가리킵니다. 성미증추란 늙으면 얼굴은 쭈그러지지만, 견성은 늙거나 쭈그러지는 존재가 아니라는 말입니다.

皺者爲變 不皺非變
추자위변 불추비변

쭈그러지는 것은 변하려니와 쭈그러지지 않는 것은 변하는 것이 아니며,

늙는 것은 변해 가지만 늙지 않는 것은 변하지 않는다는 말입니다.

變者受滅 彼不變者 元無生滅
변자수멸 피불변자 원무생멸

변하는 것은 멸하거니와 변하지 않는 것은 원래 생멸이 없는 것이니,

이 말은 없던 것이 나는 것도 아니고, 생한 것이 멸하는 것도 아닌 불생불멸한다는 말입니다.

云何於中 受汝生死 而猶引彼 末伽梨等 都言此身
운하어중 수여생사 이유인피 말가리등 도언차신
死後全滅
사후전멸

어찌 그 가운데서 그대의 생사를 받으리라 하여 말가리들이 말하는 이 몸이 사후에 전멸한다는 말을 하는가?

어중於中은 신중身中을 말합니다. 수여생사란 몸은 생사하지만 늙지 않는 견성이야 생사하겠느냐는, 말하자면 몸뚱이는 죽어 없어지지만 견성은 그냥 있다는 그 말입니다. 말가리도 가전연과 비라지자처럼 부처님 당시에 있었던 육사외도六師外道의 한 사람입니다.

王聞是言 信知身後 捨生趣生
왕문시언 신지신후 사생취생

왕이 이 말씀을 듣고 몸이 죽은 후에도 이 생을 버리고 다른 생에 태어날 줄을 알고,

이 말은 몸은 죽는다 해도 견성은 없어지지 않는다는 걸 알았다는 말

입니다.

與諸大衆 踊躍歡喜 得未曾有
여제대중 용약환희 득미증유

여러 대중과 함께 용약하고 환희하여 미증유를 얻었다.

용약은 기뻐서 뛰는 모습이며, 미증유란 전에는 있지 않은 처음 보는 일을 말합니다. 왜 바사닉왕과 이러한 문답을 했는가를 사람들이 두 가지 이유를 듭니다. 첫째는 바사닉왕의 나이가 예순둘이 되었으니 늙는다는 것을 증명할 수 있고, 또 한 가지는 세력이 있는 사람은 늙어서 죽지 않는다고 여길지 모르니, 임금이라 해도 늙어 죽는 건 마찬가지라는 이 두 가지 이유를 듭니다. 만일 왕은 늙어도 안 죽는다면 모두 다 안 죽으려 할 겁니다만 우리의 견見 자체는 없어지지 않습니다.

위에서 멸했다고 하는 건 아주 없어진다는 말이고, 견見은 잃어버렸다는 말입니다. 그래서 여기까지는 바사닉왕과 문답을 했고, 또 아난 존자가 얘기하려고 일어납니다.

5. 견見은 유실遺失되지 않는다

阿難 卽從座起 禮佛合掌 長跪白佛
아난 즉종좌기 예불합장 장궤백불

아난이 자리에서 일어나 부처님께 예배하고 합장하고 꿇어앉아 부

처님께 아뢰었다.

世尊 若此見聞 必不生滅
세 존 약 차 견 문 필 불 생 멸

세존이시여, 만일 이 보고 듣는 일이 반드시 생멸하지 않는다면,

여기에서는 본다는 것만 애기했지만, 듣는 것도 있고, 냄새 맡는 것도 있고 하니까 이렇게 애기합니다.

云何世尊 名我等輩 遺失眞性 顚倒行事 願興慈悲
운 하 세 존 명 아 등 배 유 실 진 성 전 도 행 사 원 흥 자 비
洗我塵垢
세 아 진 구

어찌하여 세존께서 저희 무리에게 진성眞性을 잃어버리고 전도하게 일을 행한다 하시나이까? 원컨대 자비하신 마음으로 우리의 진구를 씻어 주소서.

卽時如來 垂金色臂 輪手下指 示阿難言 汝今見我
즉 시 여 래 수 금 색 비 윤 수 하 지 시 아 난 언 여 금 견 아
母陀羅手 爲正爲倒
모 다 라 수 위 정 위 도

여래께서 즉시에 금색 팔을 세우사 손을 아래로 내리우시고 아난

에게 말씀하셨다.

네가 지금 나의 모다라 손을 보라. 바로인가, 거꾸로인가?

모다라는 인도 말인데 결인結印을 뜻합니다. 지금도 부처님께서 이렇게 엄지와 큰 손가락으로 고리 모양을 하고 앉아 계시는데, 속인들이나 점쟁이들은 육효六爻의 감중련坎中連을 했다고 하지요. 그러나 몰라서 그럽니다. 그것은 부처님 법덕法德에 대한 표시인데, 관세음보살이 감로병을 들고 있는 것도 관세음보살의 법덕을 표하는 것입니다.

阿難言 世間衆生 以此爲倒 而我不知 誰正誰倒
아 난 언 세 간 중 생 이 차 위 도 이 아 부 지 수 정 수 도

아난이 아뢰었다.

세간 중생들은 이를 거꾸로라 하거니와 저는 바로인지 거꾸로인지 알지 못하나이다.

세간 사람들은 거꾸로라 하겠지만 자기는 그렇게 할 이유가 없다는, 그래서 모른다는 말입니다.

佛告阿難 若世間人 以此爲倒 卽世間人 將何爲正
불 고 아 난 약 세 간 인 이 차 위 도 즉 세 간 인 장 하 위 정

부처님께서 아난에게 고하셨다.

만약 세간 사람들이 이것을 거꾸로라 한다면 세간 사람들이 어떤 것을 바로라 하겠느냐?

阿難言 如來竪臂 兜羅綿手 上指於空 則名爲正
아난언 여래수비 도라면수 상지어공 즉명위정

아난이 말하였다.

여래께서 팔을 세우사 도라면 같은 손으로 위로 허공을 가리키면 바로라 하겠나이다.

佛卽竪臂 告阿難言
불즉수비 고아난언

부처님께서 곧 팔을 세우시고 아난에게 말씀하셨다.

若此顚倒 首尾相換 諸世間人 一倍瞻視
약차전도 수미상환 제세간인 일배첨시

이 전도하는 것은 수首와 미尾가 서로 바뀌었을 뿐이거늘, 세간 사람들이 일一하고 배倍하게 첨시하느니라.

수미상환이란, 팔 자체는 거꾸로고 바로고 할 게 없지만 아래로 내려갔던 것이 위로 올라간다면 상하만 달라지는 것이요, 팔 자체는 거꾸로가 아니라는 뜻입니다. 일一하고 배倍하게 첨시한다는 것은, 내린 팔을 거꾸로라 하는 것이 한 번 첨시함이요, 세운 팔이 바로라 하는 것이 배倍하게 첨시한다는 뜻입니다. 즉 일첨시一瞻視, 배첨시倍瞻視라 하는 말이 되겠습니다. 그러나 중국에서나 우리나라에서나 예전 불경佛經으로 공부하던 이들이 여러 가지로 얘기를 했지만 아직도 확실하거나 일정하지 않습니다. 그렇지만 여기에서 지금 하는 말은 한 번 잘못 보고, 두 번 잘못 본다는, 배倍라는 것이 곱이라는 말이니까 이렇게 했습니다.

則知汝身 與諸如來 淸淨法身 比類發明
즉 지 여 신 여 제 여 래 청 정 법 신 비 류 발 명

네 몸과 여래의 청정법신을 비류하여 발명하면,

아난의 몸과 부처님의 몸을 비교해서 잘못된 것이 있겠느냐고 묻는 말입니다. 말하자면 아난의 몸은 중생 몸이요, 여래의 몸은 법신法身인 것이 다르겠지만, 육신 면에서는 마찬가지입니다.

불교의 가장 최고의 진리를 얘기하는 법성종法性宗에서 볼 때 육신이나 법신이나 다르지 않아서 법신의 그림자를 육신이라 말합니다. 전에도 밝혔지만, 금으로 비녀를 만들었다고 하면 비녀 자체는 금이요, 비녀란 금의 모양일 뿐입니다. 길쭉한 금을 비녀라 한 겁니다. 그렇게 본다면 육신은 법신의 모양이요, 법신은 육신의 본질입니다. 이대로가 법신이지 따로 법신이 있겠느냐는 말입니다.

지금의 이 육신을 가지고 잘생겼느니 못생겼느니, 크니 작니 하는 것은 모두 모양을 가지고 하는 말인데, 그 모양의 본체를 법신이라 그럽니다. 육신과 법신을 따로 볼 게 아니라 현재의 육신에서 모양으로는 육신이요, 실질적으로 법신이다 이렇게 봅니다.

여기에서는 아난의 몸과 부처님의 법신을 비교해 본다고 했습니다만, 위에서 부처님의 몸은 유리와 같이 깨끗하며 욕애로 이루어지지 않았다고 했습니다.

如來之身 名正遍知 汝等之身 號性顚倒
여래지신 명정변지 여등지신 호성전도

여래의 몸을 정변지라 하고, 너희 등의 몸은 성전도라 하느니라.

정변지란 삼먁삼보리三藐三菩提를 말합니다. 정변지正遍知의 정지正知란 옳게 안다는 말이고, 변지遍知란 두루 안다는 말로서 정지와 변지를 합해서 부처님이 정변지라는 것을 나타냅니다. 다시 말하면 세상의 온갖 일을 옳게 아는 게 정지이고, 하나도 모르는 게 없이 죄다 아는 게 변지입니다.

여등지신이 성전도란 말은, 성품을 모르고 있으니 뒤바뀌었다는 뜻입니다. 바르다는 말과 거꾸로라는 말은 정반대가 되는데, 부처님을 정변지라고 하는 것은 손이 바르다는 것이고, 아난의 몸이 성전도라는 건 손이 거꾸로라는 말입니다. 머리와 꼬리가 바뀌었을 뿐이지 손 자체는 바로, 거꾸로가 없는 것인데, 부처님의 몸은 정변지요, 아난의 몸은 성전도라고 여기는 것입니다.

隨汝諦觀 汝身佛身 稱顚倒者 名字何處 號爲顚倒
수여제관 여신불신 칭전도자 명자하처 호위전도

네가 마음대로 살펴보라. 네 몸과 부처의 몸에서 전도되었다는 것은 어디를 이름하여 전도되었다 하느냐?

이 말의 뜻은 부처님의 몸이나 아난의 몸이 같다고 부처님께서는 말씀하시고, 아난 너는 잘못되었다고 하는데, 어느 것이 잘못되었냐는 겁니다. 팔은 같은 팔인데, 위로 올리면 바르다고 하고, 아래로 내리면 그르다고 하는데, 무엇을 그르다고 하느냐는 말입니다.

于時阿難 與諸大衆 瞪曚瞻佛 目精不瞬 不知身心
우 시 아 난 여 제 대 중 징 몽 첨 불 목 정 불 순 부 지 신 심
顚倒所在
전 도 소 재

이에 아난과 대중이 눈을 부릅뜨고 부처님을 보면서 눈을 깜빡거리지 아니하나 몸과 마음이 전도한 데를 알지 못하였다.

이제 중생이나 부처나 같다는 걸 말씀하십니다. 불교에서 가장 중요한 것이 일체중생이 다 부처가 될 수 있다는 것입니다. 바로 이 점이 다른 종교와 다릅니다.

타 종교에서는 어떤 전지전능한 존재가 있어 사람들이 따르기만 하면 된다는 얘긴데, 불교에서는 사람뿐만 아니라 모든 일체중생이 다 부처가 될 수 있으며, 몰라서 그렇지 지금 이대로가 부처라는, 우리의 본 성품 자리를 알기만 하면 곧 부처라는 것입니다. 깨닫지 못해서 중생이라 이름하는 것이지, 깨닫기만 하면 부처라는 게 불교의 최고 이상입니다.

이 우주 가운데 하나도 차별이 없어서 절대로 평등하다는 것입니다. 비녀와 반지는 모습이 다르지만 금 자체는 조금도 다르지 않은 것과 같이 우리의 형상은 다르지만 진성품眞性品은 같다는 것이 불교의 절대 평등입니다. 또한 심불급중생心佛及衆生, 시삼무차별是三無差別이라 하여 마음과 부처와 중생이 셋 다 차별이 없다는 절대 평등을 얘기합니다.

佛興慈悲 哀愍阿難 及諸大衆 發海潮音 遍告同會
불흥자비 애민아난 급제대중 발해조음 변고동회

부처님께서 자비하신 마음으로 아난 및 대중을 애민이 여기사 해조음으로 널리 회중에게 말씀하셨다.

해조란 바다의 조수란 말인데, 바다의 조수가 들어오고 나감에 때를 놓치지 않는 것이, 부처님의 설법이 때에 따르고, 근기에 맞춘 것임을 비유한 것입니다.

참고로 장수長水의 의소義疏에는 "천고天鼓는 아무 생각이 없으나 사람을 따라서 소리를 내고, 해조는 무념無念하나 그때를 잃지 않는다. 이는 무념자비無念慈悲를 나타내어 그 근기를 따라 설하신 것이요, 청을 기다렸다가 설함은 아니다."라고 되어 있습니다.

諸善男子 我常說言 色心諸緣 及心所使 諸所緣法
제선남자 아상설언 색심제연 급심소사 제소연법
唯心所現
유심소현

선남자들아, 내가 항상 말하기를, 색色과 심心과 제연과 심心의 소사와 여러 소연의 법들이 오직 마음으로 나타난 것이라 하지 않더냐?

이 부분은 좀 학문적으로 얘기를 했습니다. 색이란 형상이 있는 물질입니다. 색·수·상·행·식, 색불이공色不異空, 공불이색空不異色하는 그 색은 물질이요, 심心은 물질 아닌 마음입니다. 그래서 색과 심이라 하면, 물질과 마음을 가리키는 말입니다.

제연諸緣이란 모든 연緣이라는 말인데, 우리의 참마음은 생멸이 아니지만, 지금의 생멸하는 마음은 여러 가지 인연을 따라서 납니다. 그래 여기에서의 제연은 색이 생기는 연緣과 마음이 생기는 연을 말했습니다.

심소사心所使란 눈으로 본다든지, 귀로 듣는다든지, 그냥 보거나 듣는 것은 마음의 왕이 된다고 해서 심왕心王이라 그럽니다. 심왕은 눈으로 보는 안식과 귀로 듣는 이식과 비식 · 설식 · 신식 · 의식 · 칠식 · 팔식까지 여덟인데, 심소사는 심왕에 딸린 종속적인 존재입니다. 가령 눈으로 빛을 보지만, 빛을 보고 붉은지 누런지 그 대상의 전체 및 부분에 대해서 작용하는 심왕에 구속된 소사입니다. 그래서 심소사라 하기도 하고, 심소유心所有 · 심수법心數法 등 여러 가지로 얘기합니다.

소연所緣이란 산하대지라든지 몸이라든지 심왕이라든지 온갖 유형무형의 전부를 가리켜서 하는 말입니다. 즉 위에서 말한 색과 심과 제연과 심소사를 다 통해서 범위를 넓게 얘기한 것뿐입니다.

유심론唯心論에서는 일체의 것이 다 마음에서 나왔다고 얘기를 합니다. 마치 영화의 필름 속에 있는 온갖 것과 같아서 그것을 전기로 켜면 필름 속의 것이 화면에 나타나서 사람이 움직이고, 자동차가 가고 하는 것은, 이 우주가 생긴 거나 마찬가지라고 얘기합니다. 그래서 유심론에서 볼 때 마음에서 생겼다는 게 실지로 산이 따로 있고, 사람이 따로 있다거나, 몸이 따로 있는 것이 아니라 우리 마음이 인식하기 때문에 있다는 것입니다.

汝身汝心 皆是妙明眞精妙心中 所現物 云何汝等 遺
여신여심 개시묘명진정묘심중 소현물 운하여등 유
失本妙 圓妙明心 寶明妙性 認悟中迷
실본묘 원묘명심 보명묘성 인오중미

너의 몸과 마음이 모두 묘명진정한 묘심으로 나타난 것이거늘, 너희들이 어찌하여 본래 묘하고 원묘한 밝은 마음과 보명한 묘성을 유실하고 오悟 중의 미迷를 오인하느냐?

묘명진정妙明眞精은 우리의 진심眞心 자리를 묘하고, 밝고, 참되고, 정미로운 네 가지로 표현한 것입니다. 묘심妙心이란 좋다, 나쁘다 하는 등의 망심妄心이 아니라 참 진심 자리를 말합니다. 유실遺失이란 앞에서도 밝혔듯이 우리의 본 성품 자리가 없어진 것이 아니고 모르니까 잃어버렸을 뿐입니다.

오悟 중의 미迷를 오인한다는 것은, 깬 가운데 본 진리는 조금도 미하지 않는 것이며, 묘성妙性은 깬 것인데, 묘성을 모르면 미한 것입니다. 즉 깨달으면 부처요 모르면 중생입니다. 우리는 모르기 때문에 중생인데, 오悟하고 미한 것이 본래 다 오인데 잘못 알고는 미한다는 얘기이고, 미한다고 하는 것은, 혹 어떤 때 잠을 자다가 별안간 일어나면, 분명히 문이 있는데, 아무 데나 문이라 여겨 나가려고 할 때가 있습니다. 바로 그게 미입니다. 어린아이가 길을 잃으면 미아라고 하듯이 길을 잃었다는, 방향을 잃었다는 그것이 미입니다.

버스를 타고 다닐 때, 다른 생각을 하다 보면 분명히 서대문으로 가야 하는데 동대문 행을 타고도 어딘 줄을 모르는 경우가 있는데, 그렇듯이 길 가는 방향을 모르는 게 미입니다.

『능엄경』에서 미迷에 대한 얘기를 많이 하지만 꼭 까닭 있게 합니다. 동대문으로 가고 있으면서도 서대문이라 생각하듯 중생도 그와 같이 무슨 원인이 있어 중생이 된 게 아니라 분명히 이 마음 이대로가 본심 자리인데, 망심에 의해서 좋고 나쁘다는 등의 차별을 내는 그것이 미하다는 것입니다.

여기까지를 정리해 보겠습니다.

아난이 묻기를, "어째서 진심眞心을 잃어버렸다는 말씀을 하셨습니까?" 라고 한 것을 부처님께서 답하신 것입니다.

유실遺失했다는 말은 없어졌다는 말이 아니라 있으면서도 모르고 전도되게 행사하기 때문에 그렇게 말씀하신다 하셨고, 손을 올렸다 내렸다 하시면서 세간 사람들은 내려온 것을 거꾸로라 하고 올려진 것을 바로라 하지만, 올라가든 내려가든 팔 자체는 조금도 변함이 없으며, 세간 사람들이 거꾸로라느니 바로라느니 하는 것이, 한 번 잘못 보고 두 번 잘못 본다는 말씀을 하셨으며, 여래는 정변지이고 중생은 성전도性顚倒라 하는데, 왜 그러느냐고 물으니, 아난과 대중이 아무리 부처님 몸을 보고 자기들의 몸을 보아도 어디가 전도된 것인지 모르고 있었습니다. 그래서 부처님께서 물질이라든지, 마음이라든지, 물질과 마음이 생기는 인연이라든지, 마음으로 사량思量하는 온갖 것의 차별 등이 모두 우주의 본심 자리에서 나온 것인데, 세간 사람들이 모른다 하여 오悟 중의 미迷, 즉 깨달은 가운데 미를 오인한다고 하는 것이 지금까지의 내용입니다.

덧붙이자면 『능엄경』 제1권 마지막에 우리의 견見은 동하지 않는다 했고, 또한 멸하지도 않는다 했으며, 이번에는 잃어버리지 않는다고 해서 우리의 진체眞體는 조금도 생하거나 멸하는 것이 아니라는 얘기로 이어졌습니다. 바로 『능엄경』의 근본 뜻이 제1권과 제2권의 진견眞見을 말하는 데 있습니다.

우리는 이 몸을 나라고 하고, 이 망심을 나라고 합니다. 참 나를 모르기 때문에 우리의 소견은 중생 노릇 하는 잘못된 소견입니다. 그래서 『능엄경』에서는 우리의 불생불멸하는 진성眞性 자리를 알아 그것을 의지해 공부해야만 불생불멸하는 과果를 얻는다는 것입니다.

앞의 내용에서, 오悟한 가운데 미迷한 것을 잘못 인정하기 때문에 중생이 전도된 것이라 했는데, 거기에 대해 설명하는 부분이라서 오늘 내용은 좀 어렵습니다. 본문으로 돌아가겠습니다.

晦昧爲空
회 매 위 공

회매하여 공空이 되었거든,

회매晦昧의 회晦 자는 그믐이라는 말이니까 캄캄하다는 말이고, 매昧 자도 어둡다는 뜻이니까 회매는 둘 다 어둡다는 얘깁니다. 즉 오悟 중의 미迷가 회매입니다.

우리의 본마음은 묘하고, 밝고, 깨끗한데, 미하다는 것은 밝은 것을 잘못 아는 거니까 어두워지는 겁니다. 그것을 불교에서는 무명無明이라고 그럽니다. 명明이라는 게 우주 본 진심 자리의 상태인데, 그것을 잘못 알기 때문에 그 명이 없어졌다는 게 무명입니다.

무명을 다시 망妄이라 하기도 하고 번뇌라 하기도 하여 여러 가지로 이름합니다만, 지금 우리는 그 무명 가운데 헤매고 있습니다. 이 무명 가운데 헤매는 일을 벗어나야 불보살의 경지에 들어가게 됩니다.

여기에서 회매라고 하는 말은 위에서 오悟 중의 미迷라고 했던 미迷 자를 뜻합니다.

공空이 되었거든, 이 말은 본래 우리의 본성 자리로 보면 허공이 있을 리가 없는데 회매했기 때문에 캄캄한 것이 허공이 되었다는 것입니다. 허공은 캄캄한 것입니다.

우리가 허공을 환하다고 하는 것은, 햇빛이라든지 달빛이라든지, 그렇지 않으면 불빛이라든지 이러한 광명을 얻어야 허공 가운데 밝은 걸 인정하게 됩니다. 그러한 광명이 없으면 캄캄합니다. 땅속도 캄캄하고 눈을 감아도 캄캄한 것은 빛이 없기 때문인데, 그게 무명입니다.

회매하여 공이 되었거든, 이것은 세계가 처음 생길 때에 허공이 먼저 생겼다는, 즉 세계가 처음 생기던 얘기를 간단하게 한 것입니다. 제4권에 내려가면 자세하게 나옵니다.

空晦暗中 結暗爲色
공 회 암 중 결 암 위 색

공空과 회암한 중에서 암暗이 맺히어 색이 되며,

공空은 캄캄한 허공이고, 회매晦昧란 무명無明이며, 우리의 본성 자리는 밝은 묘유妙有인데, 그것이 명明이 없어져 회매했으니까 없어진 그게 무명입니다. 회매라는 게 무명과 같은 말입니다. 어두운 것이 맺힌다는 건 결정된다는 말입니다. 어두운 것이 똘똘 뭉치면 물질이 됩니다. 그래서 물질은 전부 어두운 것이며, 색은 물질을 가리키는 말입니다.

공은 허공이고, 회매는 무명이며, 그 둘 가운데 무명이 차차 결정되어 가지고 물질이 처음 생기는 것입니다. 그 물질을 불교에서는 사대四大라 하고, 과학에서는 원소라고 합니다. 사대란 지대地大 · 수대水大 · 화대火大 · 풍대風大의 넷을 말하는 것으로, 이 세상 온갖 유형물은 다 사대로 되었다고 합니다. 여기에서 색이라 한 것은 사대를 가리키는 말입니다. 지금 공부하는 이 부분은 잘 기억해 두어야 하며, 다른 데에서도 많이 나오는 얘기니까 될 수 있으면 외우는 것이 좋습니다.

色雜妄想 想相爲身
색 잡 망 상 상 상 위 신

색이 망상과 섞이어 상想과 상相을 몸이라 하고,

색은 물질이며 망상은 회매晦昧한 것, 즉 지금 우리의 생각입니다. 우리의 본 불성 자리는 밝은 건데, 망상으로 생각하는 겁니다. 지금의 우리가 좋다, 나쁘다, 잘산다, 못산다, 밥을 먹는다 하는 등의 온갖 것, 다시 말하면 불법을 배우면서 수행하면 부처가 된다는 것이 다 망상입니다. 우리 중생은 망상 외의 것은 경험해 보지 못했습니다. 그래서 우리가 하고 있는 것은 모두 망상인 것입니다.

색은 육신이요, 망상은 우리의 마음이니까 색과 망상이 섞인 그것이 상想과 상相입니다. 위의 상想은 생각 상想 자니까 망상을 가리키고, 아래의 상相은 모양 상相 자니까 색을 가리키는 말입니다.

이 육신의 모양은 상相, 만물을 생각하는 건 망상, 그걸 가져 우리는 몸이라고 합니다. 그게 아닌데 이외의 몸은 모르고 있는 것입니다.

聚緣內搖
취 연 내 요

연緣이 쌓여서 안에서 흔들리며,

연緣이란 정신 상태라든지 뜻이라든지 우리의 망상을 구성하고 있는 여러 가지 구분입니다. 흔히 혼이라고 하기도 하고, 넋이라 하기도 하고, 정신이라 하기도 하여 우리의 마음을 일컬었는데, 그것을 여기에서는 연緣이라 했습니다. 그래서 그러한 연緣이 한데 모여 마음 안에서 흔들린다는 말입니다. 우리의 마음자리가 목 안인지 머릿속인지 모릅니다만 우리의 신체 안에서 흔들린다는 말입니다.

흔들린다는 것은 곧 망妄이라는 얘깁니다. 망은 동하는 것이고, 진眞은 동하지 않는 것입니다. 전에 객진번뇌客塵煩惱를 얘기할 때, 손님은 왔다 갔다 하는 것이고 주인은 그냥 있다 했으며, 허공은 가만 있는데 티끌이 흔들린다고 했듯이 흔들리고 동하는 것은 다 잘못된 것입니다. 안으로 흔들리는 것은 아직 우리 생각이 밖의 환경에 접촉하지 않고, 그냥 몸 안에서만 마음이 작용하는 것입니다.

趣外奔逸 昏擾擾相 以爲心性
취 외 분 일 혼 요 요 상 이 위 심 성

밖으로 나아가 분일하는 혼요요한 상相을 심성이라 하느니라.

분일하다는 것은, 속 안에 있는 마음이 눈으로 나와서 보고, 귀로 나와서 듣는 등 이렇게 밖으로 나오는 것을 말합니다. 분奔 자도 달아날 분 자이고, 일逸 자도 달아날 일 자입니다. 혼요요상昏擾擾相에서, 혼昏 자는 어둡다는 말이고, 요요는 흔들리는 모양입니다.

위에서도 밝혔지만 부처님께서 우리의 묘하고 밝은 마음에서 물질이나 마음 등의 온갖 것이 다 나왔다고 하셨는데, 말하자면 이 우주 전체가 우리의 심心 자리에서 나왔다는 얘깁니다. 우리의 진심은 우주의 진리입니다. 그 진리가 우리 몸 안에 와서는 마음의 본체가 되는 것입니다. 그러니까 이 우주 전체가 진리로부터 나왔다는, 우주는 조성해 놓은 진리로부터 나온 것이라는 말입니다. 본래 우주가 우리의 진심 자리에서 나왔는데 그걸 모르고 우리 몸 가운데 있어서 생각하는 이것을 마음이라 여깁니다. 이게 잘못 생각하는 것이며, 부처님께서 손을 내리셨을 때 거꾸로라고 하던 생각과 같은 것입니다.

一迷爲心
일 미 위 심

한번 미하여 심心이라 하고는,

미迷 자는 위의 오悟 중의 미迷라는 미입니다. 즉 우리의 망심, 망상을 마음이라 하는 그것을 말합니다.

決定惑爲色身之內
결 정 혹 위 색 신 지 내

결정코 혹하여 색신 안에 있다 하고,

본래 내 몸만이 아니라 우주 전체가 내 마음으로부터 나왔으니까 그것이 다 마음속에 있는데 그것을 모르기 때문에 우주 가운데 조그마한 일부분, 다섯 자도 못 되는 우리 몸, 이 속 안에 있어서 좋다, 나쁘다 하는 것을, 이걸 가지고 마음이라고 생각합니다.

不知色身 外洎山河 虛空大地 咸是妙明眞心中物
부 지 색 신 외 계 산 하 허 공 대 지 함 시 묘 명 진 심 중 물

색신과 밖의 산과 하河와 허공과 대지가 모두 묘명진심 중의 물物인 줄 알지 못하나니,

팔 자체는 거꾸로, 바로가 없는 것을 알지 못하고, 즉 팔 전체를 모르고 내리면 거꾸로라고 생각하여 잘못 아는 것과 같다는 얘깁니다.

譬如澄清 百千大海 棄之
비 여 징 청 백 천 대 해 기 지

비유컨대 징청한 백천 대해는 버리고,

징澄 자는 고요하고 맑은 걸 말합니다. 백천 대해란 바다의 종류가 백천이라는 게 아니고, 넓고 한정이 없는 것을 가리키는 말입니다.

唯認一浮漚體 目爲全潮 窮盡瀛渤
유 인 일 부 구 체 목 위 전 조 궁 진 영 발

오직 한 부구만을 오인하여 조수潮水의 전체라 하면서 영瀛과 발渤을 궁진하였다는 것과 같으므로,

지구에 있는 온갖 물物은 백천 대해라고 하는 것에 포함됩니다. 그 백천 대해가 우리의 진심 자리를 가리키는데, 그것은 모르고 한 부구浮漚만을, 조그마한 물거품만을 조수의 전체라고 생각한다는 것입니다. 조그마한 물거품은 우리 색신을 비유한 것입니다. 바닷물은 전부 다 조수로 나가고 들어오고 합니다. 그러니까 조수의 전체라고 하는 것을 우주 사이에 있는 물 전체로 안다는, 즉 물거품 하나를 물 전체로 안다는 말입니다.

여기까지의 뜻은 우리의 망심을 가지고 온갖 우주를 통하는 마음이라고 생각한다는 것입니다.

영瀛과 발渤은 한문으로 바다 가운데 가장 큰 것을 말하는데, 영瀛이라는 바다와 발渤이라는 바다는 바다 중에 가장 큰 것을 말합니다.

우리의 망심인 조그마한 이것을 가지고 우주 전체를 둘러싸고 있다고 잘못 생각한다는 얘기를 했는데, 중생들이 망상의 마음이 몸속에 있는 것

을 인정하는 것이 그와 같다는 말입니다.

汝等 卽是迷中倍人
여등 즉시미중배인

너희 등은 곧 미迷한 중에서 배倍하는 사람이라,

여기의 배倍 자는 우리 마음에 대해서 본 진심 자리는 모르고, 조그마한 망상심, 이것을 내 마음이라고 하는 것이 한 번 잘못 본 것이고, 또 내 마음이 우주 전체를 다 포함했다고 하는, 즉 물거품 하나가 큰 바다 전부를 궁진했다고 하는 그것이 두 번 잘못 본 것입니다. 전에 팔에 대해서 일배첨시一倍瞻視한다고 했던 그 부분의 합合을 여기 와서 한 것이라 하기도 합니다.

如我垂手 等無差別 如來說爲可憐愍者
여아수수 등무차별 여래설위가련민자

내가 손을 드리운 것과 차별이 없나니, 여래가 너를 말하여 연민한 사람이라 하느니라.

저렇게 모르고 있으니 딱하고 불쌍하다는 대목입니다. 위에서 아난 존자가 묻기를, "우리의 마음이 멸해지지 않는다고 하면 어째서 저희의 진심을 잃어버리고 전도되게 일을 행한다고 하셨습니까?" 하니, 부처님께서 답하시길, "잃어버렸다는 건 모른다는 얘기니까 진심은 있지만 그건 모르고 망상심만 마음의 전체인 줄 아니까 그래서 너희들이 전도되게 일을 행한다고 하느니라." 하신 겁니다. 그러나 아무리 망심은 이렇게 하고 있더라도, 우리 본 마음자리는 없어지지 않습니다. 또한 이 망심이 본마음을 떠나 있지도 않습니다. 오직 본마음 가운데 일어나는 한 가지 현상이라는 것입니다.

부처님께서 비유로 말씀하신 것을 보겠습니다.

거울 가운데는 아무것도 들어가지 않는 게 거울의 본체입니다. 우리의 본 진심 자리는 이 맑디맑은 거울과 같습니다. 그런데 거울은 어디에 갖다 놓든지 영상이 비칩니다. 곧 그 앞에 있는 물건의 그림자가 비칩니다. 물건의 그림자가 안 비치는 거울은 찾아볼 수 없습니다. 마음으로는 생각해 볼 수 있겠지만, 거울 가운데 형상이 비치는 건, 앞에 있는 것의 그림자가 비치는 것이나 거울의 본바탕은 아니라는 얘깁니다.

그림자가 비치는 건 우리의 망상입니다. 지금 우리가 좋다, 나쁘다, 분별을 내는 바로 그 마음입니다. 본마음은 거울과 같아서 좋다, 나쁘다 차별이 없는 것인데, 우리의 본심 자리를 미迷해서 그릇 내 마음이라 여기는 것이 마치 거울에 영상이 비치는 것과 같습니다. 그러니까 마치 거울 없이 영상이 비치는 것은 아닌 것처럼 우리 참마음 자체에 영상이 비치는 것을, 그 영상을 참마음인 줄 알면, 즉 우리 망상이 거울 가운데 비친 영상과 같은 줄만 알면, 지금의 허망한 망상심이 본심을 떠나 있지 않다는 걸 알 겁니다.

대개의 경우 거울 가운데 있는 영상을 없애 버려야 참 거울이 나타난다고 생각합니다. 하지만 무슨 방법으로 거울 가운데 있는 영상을 없애 버릴 수 있겠어요? 없애 버리지 못합니다. 만약 거울을 거울끼리 맞대어 그림자가 안 비치게 하더라도 우리는 보지 못하지만 거울과 거울이 비춥니다.

우리의 망상심에서 망상을 떼 놓고 불성을 구하는 것이 아니고, 그대로 망상만 없어지면 불성이요, 그걸 말해서 중생이 이대로 부처라고 합니다.

미迷하면 중생이요 깨달으면 부처라 하는 말이, 이 마음 떼 버리고 새 마음 취하는 것이 아니며, 좋다 나쁘다 하는 게 분별인데, 거울 가운데 사람을 비춘다든지, 꽃을 비춘다든지 하는 그것만 인정합니다. 그뿐 아니라 어린애들은 거울 속을 보다가 사람이 있으면 거울을 만지며, 잡으려고까지 합니다. 우리가 어린애들을 보고 웃지만 우리도 똑같이 그 짓을 하고 있습니다.

결론적으로 거울 가운데 있는 영상인 줄만 알면, 이것이 참 내 마음이 아닌 줄만 알면 아는 그때가 부처입니다. 그걸 모르니 부처님께서 여기에서 가련하고 연민하다고 하신 것입니다.

이제 견見은 돌려보낼 수 없다는 제목을 공부하겠습니다. 앞에서 객줏집에 온 손님은 볼일을 마치면 갈 곳으로 가는데 주인은 갈 곳이 없다고 했던 것과 같이 우리의 진견眞見은 어디에서 온 게 아니기 때문에 우리의 주인이라는 걸 얘기하기 위해서 돌려보낼 수가 없다고 제목 했습니다.

6. 견見은 돌려보낼 수 없다

阿難承佛 悲救深誨 垂泣叉手 而白佛言
아 난 승 불 비 구 심 회 수 읍 차 수 이 백 불 언

아난이 부처님의 자비로 구하시는 깊은 가르침을 받잡고, 눈물을 흘리며 차수하고 부처님께 아뢰었다.

차수란 합장과 같습니다.

我雖承佛 如是妙音 悟妙明心 元所圓滿 常住心地
아수승불 여시묘음 오묘명심 원소원만 상주심지

제가 부처님의 이러하게 묘한 음성을 듣잡고, 묘명한 마음의 원래 원만하고 상주하는 심지를 깨달았사오나,

부처님 말씀에 의해서 우리 마음이 그런 진심 자리가 있는 줄을 알았습니다 하는 말입니다.

而我悟佛 現說法音 現以緣心 允所瞻仰
이아오불 현설법음 현이연심 윤소첨앙

제가 현전에 부처님의 설법하시는 음성을 깨닫는 것도, 이 연심으로 첨앙하는 바인지라,

부처님께서 설법하시는 것을 듣고 우리 진성眞性 자리를 깨닫는 이것도 반연하는 마음, 소리 듣는 마음이니, 진심이 아닌 망심입니다. 그런데 아난 존자는 다문多聞한 사람입니다. 실제로 참 공부는 안 하고, 부처님 말씀을 많이 기억해서 얘기는 잘하는 사람이니, 아난의 생각엔 부처님께서 설법하시는 말씀이 가장 중요한 겁니다. 그걸 듣고 다문하고 있고, 설사 참 마음이 아니라 하더라도 부처님의 설법을 이 마음 가지고 듣는데, 이 마음을 놓쳐 버릴 수 없다는 것입니다. 아직까지도 이걸 내 마음이라고 붙들고 있으며, '이 마음 놓치면 부처님 설법을 어떻게 듣느냐, 법문 듣는 것이 가장 중요하다', 이렇게 생각하고 있습니다.

徒獲此心 未敢認爲本元心地
도 획 차 심 미 감 인 위 본 원 심 지

한갓 이 마음(妙明心)을 얻었사오나 감히 본원의 심지라고 인정하지 못하오니,

이걸 가지고 본심 자리라고 할 수가 없다는 말입니다. 왜냐하면 설법하는 건 연심緣心으로 듣는데 이걸 빼 놓고 무엇을 가지고 공부하느냐는 뜻입니다. 그래서 부처님께서 이것을 본심 자리라고 말씀하시지만 부처님 법문을 듣는 그 연심을 가지고 이것이 내 본심이라고 할 수는 없다는 말입니다.

願佛哀愍 宣示圓音 拔我疑根 歸無上道
원 불 애 민 선 시 원 음 발 아 의 근 귀 무 상 도

바라옵건대 애민하시는 마음으로 원음을 선시하사 의근을 뽑고 무상도에 돌아가게 하옵소서.

부처님의 음성을 원음圓音이라 그럽니다. 부처님께서 설법하시는 대상은 인간도 있고, 천상天上도 있으며, 남섬부주南贍浮州 사람, 북구로주北俱盧洲 사람 등 많은 사람이 있습니다. 그런데 부처님은 무슨 말씀이든 한 가지로 하시나 인간은 인간의 언어로 알아듣고, 천상은 천상의 언어로 알아들으며, 새들은 새들의 말로 듣는 이게 원음입니다. 앞의 것은 각자의 말로 알아듣는 것을 말했고, 또 하나는 부처님 말씀하시는 것은 같은 방에서나 백 리 밖에서나 소리의 크고 작고가 없이 똑같은 크기로 말씀을 듣게 하는 이게 두 번째 뜻입니다.

내가 생각하기를, 부처님께서 원음을 하신다니 사람이 그렇게 할 수 있겠나 싶어서 국제적인 무대에 자주 오르는 사람에게 물은 적이 있습니다. UN총회를 할 때 백여 나라의 사람이 모이는데 백여 나라의 통역이 있어 낱낱이 얘기해야 하지 않겠느냐고. 그랬더니 그 사람 말이, 가령 미국 대표가 나와서 연설을 할 경우, 그 말이 끊어지기 전에 벌써 각국의 말로 번역이 되어 간답니다. 그래서 그 대표자의 연설이 끝나면 각국 대표들이 다 알게 된답니다.

요즘은 우리나라 사람의 기술을 가지고도 여러 나라 말을 한꺼번에 통해 줄 수가 있는데, 부처님께서 원음을 하실 수 있는 게 당연하리라 봅니다.

무상도는 아뇩다라삼먁삼보리阿耨多羅三藐三菩提로서 부처님의 경지입니다.

佛告阿難 汝等尚以緣心聽法 此法亦緣
불 고 아 난 여 등 상 이 연 심 청 법 차 법 역 연

부처님께서 아난에게 말씀하셨다.
너희들이 오히려 연심으로 법을 들으므로 이 법 또한 연緣이라.

이 법도 참법이 아니라는 말입니다. 부처님 설법하시는 것을 아난은 참법인 줄 알지만, 이것은 법을 깨닫게 하는 인연밖에 안 된다는 겁니다.

非得法性
비 득 법 성

법의 성性을 얻지(把握) 못했나니,

부처님께서 법문하신 것을 의지해서 스스로 수행해야 본법을 알게 되는 것이지, 부처님 설법이 법은 아니라는 말입니다. 그러니 아난도 부처님의 설법을 열심히 듣고 버리지 못하고 할 게 아니라는 말입니다.

如人以手 指月示人 彼人因指 當應看月 若復觀指
여인이수 지월시인 피인인지 당응간월 약부관지
以爲月體
이위월체

어떤 사람이 손가락으로 달을 가리켜 저 사람에게 보이거든, 저 사람이 손가락으로 인하여 달을 보아야 할 것이거늘, 만약 손가락을 보고 달이라 한다면,

부처님의 설법은, 본 불성 자리를 가리키는 손가락입니다. 즉 경전이 손가락밖에는 안 되는 것입니다. 부처님께서 말씀하신 방향, 즉 손가락을 가지고 우리의 진성眞性 자리인 달을 보아야 합니다.

진성 자리는 책에 있는 것도 아니고, 부처님께서 설법하시는 말에 있는 것도 아닙니다. 그 진리를 깨달을 수가 없으니까 그걸 보이기 위해서 말씀하셨을 뿐이지 부처님 말씀이 진리는 아닙니다.

此人豈唯 亡失月輪 亦亡其指
차인기유 망실월륜 역망기지

그 사람은 어찌 달만 잃은 것이리오? 손가락까지 잃은 것이다.

손가락인 줄만 알면 그걸 보고 달이라고 할 이유가 없는데, 손가락을 보고 달이라고 하니까 그 사람은 달도 모르고 손가락도 모른다는 얘깁니다.

何以故 以所標指 爲明月故
하 이 고 이 소 표 지 위 명 월 고

왜냐하면 가리키는 손가락으로 밝은 달이라 하는 까닭이니라.

손가락은 어두운 게고, 달은 밝은 건데, 손가락을 달이라고 하고 있으니, 밝은 달도 모르고 어두운 손가락도 모른다는 말입니다.

豈唯亡指 亦復不識明之與暗
기 유 망 지 역 부 불 식 명 지 여 암

어찌 손가락만 잃었을 뿐이리오? 밝은 것과 어두운 것도 모른다 하리니,

何以故 卽以指體 爲月明性 明暗二性 無所了故 汝
하 이 고 즉 이 지 체 위 월 명 성 명 암 이 성 무 소 료 고 여
亦如是
역 여 시

왜냐하면 가리키는 손가락으로 달의 밝은 성품이라 하는 탓이니, 밝은 것과 어두운 것을 모두 모르는 연고이니, 너도 또한 그와 같으니라.

부처님께서 설법하시는 말씀을 가지고 참법이라 생각하는 것과 같다는 말입니다. 우리가 듣고 보고 하는 건 다 껍데기입니다. 참 불성, 참사람이 되는 것은 이 형식을 떠난, 빛과 소리와 냄새를 다 떠난 밖에서 봐야 합니다. 이것은 지금 이렇게만 알고 있으라는 게 아니고 참말 이걸 떠나서 우리의 불성 자리를 보도록 하는 방편입니다. 경이 다 방편이요, 중생을 알게 하는 방법이지 그것이 진리는 아닙니다.

若以分別 我說法音 爲汝心者 此心自應 離分別音
약 이 분 별 아 설 법 음 위 여 심 자 차 심 자 응 이 분 별 음
有分別性
유 분 별 성

만일 나의 설법하는 음성을 분별하는 것으로 너의 마음이라 한다면, 그 마음이 마땅히 분별할 음성을 여의고도 분별하는 성품이 있어야 하리라.

소리를 듣고서야 안다고 하면 소리가 없어지면 그 성품도 없어지는 것 아니냐, 즉 부처님께서 설법하시는 소리를 듣고서 이것은 내 마음이라고 여기는 건 참마음이 아니라는 설명입니다.

譬如有客 寄宿旅亭 暫止便去 終不常住 而掌亭人
비 여 유 객 기 숙 여 정 잠 지 변 거 종 불 상 주 이 장 정 인
都無所去 名爲亭主 此亦如是 若眞汝心 則無所去
도 무 소 거 명 위 정 주 차 역 여 시 약 진 여 심 즉 무 소 거
云何離聲 無分別性
운 하 이 성 무 분 별 성

마치 어떤 객이 여정에 기숙할 적에 잠깐 있다가 문득 가는 것이요, 마침내 상주하지 않거니와, 여정 주인은 갈 데가 없으므로 주인이라 하나니, 이것도 그와 같아서 참으로 너의 마음이라면 갈 데가 없어야 할 것이거늘, 어찌하여 음성을 여의고는 분별하는 성품이 없느냐?

부처님께서 설법하시는 소리를 듣고, 이것은 무슨 말씀이다 하는 걸 알지, 그 음성을 떠나서는 분별이 없지 않느냐, 그러니까 부처님께서 설법하시는 소리를 듣고서 그걸 마음이라고 한다면, 부처님 설법이 없어지면 그 마음도 없어질 것 아니냐는 말입니다.

객줏집에 왔던 손님이 일을 마치고 자기 집으로 가는 거라는 말입니다. 그러니 우리는 객줏집 주인을 찾아야 합니다. 요즘 세간에서 주인공 운운하지만 그건 망심이고, 참 주인공을 찾아야 할 것이라는 말입니다.

斯則豈唯聲分別心 分別我容 離諸色相 無分別性
사 즉 기 유 성 분 별 심 분 별 아 용 이 저 색 상 무 분 별 성

어찌 음성을 분별하는 마음뿐이리오? 내 얼굴을 분별하는 것도 색상을 여의고 분별하는 성품이 없느니라.

부처님은 삼십이상, 팔십종호八十種好로 신체가 구족되어 있는데, 그걸 떠나서 분별하는 성품이 없지 않느냐는 얘깁니다.

如是乃至 分別都無 非色非空
여 시 내 지 분 별 도 무 비 색 비 공

이와 같이 내지 분별이 온통 없어서 색도 아니고 공도 아니므로,

이것은 지금 귀로 소리 듣는 분별과 눈으로 부처님 보는 분별만 얘기했지만, 냄새 맡는 것도 구린내, 향기를 떠나서는 자성自性이 없고, 몸으로 지각하는 것도 따뜻하고 찬 것을 떠나서는 없고, 마음으로 생각하는 것도 생과 멸을 떠나서는 없습니다.

우리가 인식하고 작용하는 것도 모두가 환경을 분별하는 작용밖엔 못합니다. 이 환경을 떠나서 본성 자리를 분별하는 기분은 없습니다. 할 수 없이 지금 마음으로 해야 할 텐데 마음도 생멸을 떠나서는 없는 거니까 이와 같이 내지乃至라 한 것은 코로 냄새 맡는 것, 혀로 맛보는 것, 몸으로 촉觸하는 것, 스스로 생각해 보는 것 등을 다 얘기했습니다.

비색비공은 색 · 성 · 향 · 미 · 촉 · 법의 육진六塵을 떠나서 있는 것이기 때문에 이 자체는 색이라 할 수도 없고, 공이라 할 수도 없는 것입니다. 그래도 생각하는 자체가 허공과 같이 전혀 없는 것은 아니듯이, 설사 마음으로 가만히 선禪한다고 할 때 가만히 앉아서 듣고 보지는 않지만 마음으로는 생각하는 거니까 그것도 의심의 작용이 있는 겁니다.

지금의 참선參禪하는 것도 선을 해서 성불한다고 하지만, 의근疑根의 작용이니까 다 생멸입니다. 불생멸을 보아서 공부를 해야 부처님 자리에 나아갈 수 있지, 생멸하는 마음 가지고는 안 된다는 겁니다.

『능엄경』에서는 특수하게 우리 본 성품 자리, 즉 본다는 성품이나 듣는 성품, 이것을 가지고 시작해야 한다는 직접적인 본 성품 자리를 얘기했습니다.

拘舍離等 昧爲冥諦
구 사 리 등 매 위 명 제

구사리 등이 아득하여 명제라 하느니라.

의근意根, 뜻으로 가만히 생각할 때에 보고 듣고 하는 이게 다 없어지고 색도 아니고 공도 아닌 경계가 나타납니다. 우리가 참선을 해 가지고 무슨 경지가 나타난다는 것이 역시 의근의 작용인 생멸인데, 생은 아니지만 멸이라는 겁니다. 즉 생멸하는 멸滅 경계에 들어 있다는 뜻입니다.

외도들은 공부를 많이 한 사람들입니다. 부처님께서 처음 출가해서 그들을 따라가서 법을 묻고 공부하다가 옳지 않은 것을 아시고, 혼자서 6년 고행을 하셨습니다만, 그때 그 외도들이 선정禪定 경지에 이르러 가지고, 그 이름을 명제冥諦라고 했습니다.

명冥 자는 캄캄하다는 말이고, 제諦 자는 자세하다, 옳다, 적당하다는 말입니다. 그 자리를 뭐라 할 수 없어 보고 듣고 할 수도 없는 자리니까 그만 명冥이라 그랬고, 그래도 그 사람들이 생각할 때 이것이 우주의 마음 본체라고 생각했기 때문에 제諦라고 했습니다.

불교에서 말할 때는 제諦가 아닙니다만, 외도들은 그 자리를 제라고 했습니다. 외도들은 이십오제二十五諦를 말하고 있는데, 그중의 첫째가 명제입니다. 명제란 물질의 근본을 말하는데, 그 중간에 스물셋이 있고, 끝의 스물다섯째를 신아神我라고 합니다. 귀신 신神 자와 아我 자, 신아는 정신의 근본인데, 물질의 근본인 명제冥諦와 합해서 온갖 만상을 다 만들어 냈다고 하는 게 외도들의 주장입니다. 이는 외도들이 멸진정제滅盡定諦가 있는 줄을 모르고 하는 말입니다.

離諸法緣 無分別性 則汝心性 各有所還 云何爲主
이저법연 무분별성 즉여심성 각유소환 운하위주

만일 법진法塵의 연緣을 여의고는 분별하는 성품이 없다면 너의 심성이 각각 돌려보낼 데가 있거니, 어떻게 주인이라 하겠느냐?

멸진滅盡 때문에 생긴 거니까 멸진으로 돌려보내져야 한다는 말입니다. 그러니까 동쪽에서 온 사람이 밥을 먹고는 동쪽으로 가는 것과 같이, 온 곳이 있으니 왔던 곳으로 돌려보낸다는 얘깁니다.

阿難言 若我心性 各有所還 則如來說 妙明元心 云
아난언 약아심성 각유소환 즉여래설 묘명원심 운
何無還 唯垂哀愍 爲我宣說
하무환 유수애민 위아선설

아난이 말하였다.

만일 저의 심성이 각각 돌려보낼 데가 있다 하오면, 여래께서 말씀하시는 묘명한 원심은 어찌하여 돌려보낼 데가 없나이까? 바라옵건대 애민히 하시어 저에게 말씀하여 주소서.

심성心性은 지금에 보고 알고, 듣고 알고 하는 것입니다. 묘명妙明한 원

심元心은 묘하고 밝은 우리의 본마음입니다. 참말 보낼 데가 없으면 우리 마음이 바뀔 수도 있지만, 본래 보낼 데가 있는지 없는지 모르니, 돌려보낼 데가 없는 것을 말씀해 달라는 말입니다. 참으로 본마음은 달리 갈 데가 없으니 할 수 없이 내 것입니다.

佛告阿難 且汝見我 見精明元 此見雖非妙精明心
불고아난 차여견아 견정명원 차견수비묘정명심

부처님께서 아난에게 말씀하셨다.

네가 나를 볼 적에 견見의 정명한 본원이 비록 묘하고 정명한 심성은 아니나,

견見이 정명精明하다는 것은, 보는 것이 정미롭고 밝은 것을 말합니다.

여기까지는 견見 자체가 본마음에서 한 줄기 나온 것이지 참마음이 아닌 것을 말했으나 이제부터는 참마음을 얘기합니다.

如第二月 非是月影 汝應諦聽 今當示汝 無所還地
여제이월 비시월영 여응제청 금당시여 무소환지

제2월과 같은 것이고, 월영이 아니니라. 네가 자세히 들으라. 이제 너에게 돌려보낼 데 없음을 보여 주리라.

제2월은 손가락으로 눈을 누르고 달을 보면 본월本月 곁에 또 하나의 달이 보이는 것을 말합니다. 월영月影은 수중에 비친 달그림자를 말합니다. 지地는 곳입니다.

묘정명심妙精明心은 본래 보낼 데가 없느냐는 물음에 지금부터 답을 하는데, 계환사戒環師는 이를 팔환판견八還辦見이라 했습니다.

阿難 此大講堂 洞開東方 日輪昇天 則有明耀
아난 차대강당 통개동방 일륜승천 즉유명요

아난아, 이 대강당이 동방이 환히 열리어 해가 하늘에 뜨면 밝게 비추고,

통개동방洞開東方의 통洞 자는 환하게 열렸다는 뜻입니다. 이 통개동방을 기원정사가 동쪽에 막힌 데가 없이 환히 뚫렸다고 보나, 내 견해로는 새벽이 되어 동이 트는 걸로 봐도 되겠다 싶습니다. 기원정사 자체를 모르니까 얘기할 수는 없으나, 지형적으로 보는 게 아니라 시간적으로 보아 새벽이 되어 닭이 울 때쯤 동이 환하게 트는 걸 말하지 않느냐 싶습니다.

해가 하늘에 뜬다는 것은 해라고 하는 자체에 의지해서 밝은 모양이 있다는, 즉 뭐든지 그 자체에 원인이 있어 가지고 모양이 생긴다는 얘깁니다.

中夜黑月 雲霧晦暝 則復昏暗
중야흑월 운무회명 즉부혼암

중야인 흑월에 운무가 자욱하면 다시 어둡고,

한 달을 백월白月과 흑월黑月, 둘로 나누어서 초하루부터 보름까지를 백월이라 하고, 열엿새 날부터 그믐까지를 달이 기운다고 해서 흑월이라 하는데, 여기에서의 흑월은 그믐을 가리킵니다.

밤중이란 해가 없다는 말이고, 흑월이란 달빛도 없는 때를 말하며, 운무회명은 구름과 안개가 캄캄하게 끼어 별빛도 없다는 말입니다.

戶牖之隙 則復見通 牆宇之間 則復觀壅
호 유 지 극 즉 부 견 통 장 우 지 간 즉 부 관 옹

호유의 틈으로는 통함을 보고, 장우에서는 막힘을 보고,

호戶는 외짝 문인데 사람이 출입할 수 있는 문이고, 유牖는 햇빛만 들어오고 바람이나 통할 수 있는 걸 말합니다.

分別之處 則復見緣 頑虛之中 遍是空性
분 별 지 처 즉 부 견 연 완 허 지 중 변 시 공 성

분별한 곳에서는 연緣을 보고, 완허한 중에는 모두 공성이요,

분별지처의 분별을 다른 곳에서는 우리가 흔히 보고 분별하는 것이라 했는데, 『정맥소正脈疏』에는 차별로 보아야 한다고 되어 있습니다. 견연이란 보는 작용, 견見이 작용할 것이 연緣입니다. 완허는 허공을 말하는데, 아무것도 없는 것을 뜻합니다. 즉 완공頑空이라고도 하는데, 아마 지금 과학상으로도 진공眞空, 완공이라 할 겁니다. 공성은 허공성虛空性입니다.

鬱垺之象 則紆昏塵 澄霽斂氛 又觀清淨
울 발 지 상 즉 우 혼 진 징 재 염 분 우 관 청 정

울발의 상은 혼진이 얽힌 것이요, 맑게 개어 우네(안개)가 걷히면 청명함을 보게 되느니라.

울鬱은 안개가 낀다든지 하여 햇빛이나 달빛이 비치지 않는 답답한 것을 말하며, 발浡은 흙비가 와서 캄캄해진 것을 말합니다. 분氛 자는 기운을 말하기는 하는데, 다른 기운이 아니고, 무엇인가를 막는 기운을 말합니다.

우관청정又觀淸淨이란 눈으로 보는 여덟 가지가 다 원인에 돌아감을 말하겠다는 뜻입니다.

阿難 汝咸看此諸變化相 吾今各還本所因處
아 난 여 함 간 차 제 변 화 상 오 금 각 환 본 소 인 처

아난아, 네가 이 여러 가지 변화하는 상을 보거니와, 내가 이제 본래의 인因한 곳으로 돌려보내리라.

눈으로 보는 여덟 가지가 다 주인이 아니니까 왔던 데로 돌려보내겠다는 총론을 하고, 이 아래는 돌려보내는 얘기를 합니다.

云何本因
운 하 본 인

어떤 것을 본인이라 하는고?

본소인처本所因處, 본래 인한바 곳이라고 하는 본소인처를 말합니다.

阿難 此諸變化 明還日輪
아 난 차 제 변 화 명 환 일 륜

아난아, 이 여러 가지 변화에서 밝은 것은 해로 돌려보낸다.

해가 본인本因이며, 본체이어서 해라고 하는 자체에서 밝은 현상이 생긴 겁니다.

何以故
하 이 고

왜 밝은 곳으로 보낸다고 하느냐면,

無日不明
무 일 불 명

해가 없으면 밝지 못하니,

해 때문에 밝으니까 해가 명明의 본인本因이라는 말입니다.

明因屬日
명 인 속 일

밝은 본인本因은 해에 속하나니,

밝은 것은 해로 보낸다는 이론이 분명하게 나온 것입니다.

是故還日
시 고 환 일

이런고로 해로 돌려보내느니라.

밝은 것을 해로 보낸다는 그 이유를 분명하게 얘기해 놓고, 나머지 이 아래는 다 그와 같아서 본인本因만 얘기했습니다.

暗還黑月 通還戶牖 壅還牆宇 緣還分別
암 환 흑 월 통 환 호 유 옹 환 장 우 연 환 분 별

어듬은 흑월로 돌려보내고, 통함은 호유로 돌려보내고, 막힘은 장우로 돌려보내고, 연緣은 분별로 돌려보내고,

연환분별한다 함은, 앞에서 '분별지처分別之處 즉부견연則復見緣'이라 그랬습니다. 그래서 연은 분별 때문에 있으니까, 곧 차별 때문에 연緣이 있으니까 연은 분별로 보낸다는 말입니다.

頑虛還空 鬱埻還塵 清明還霽
완 허 환 공 울 발 환 진 청 명 환 제

완허는 공으로 돌려보내고, 울발은 혼진昏塵에 돌려보내고, 청명은 개인 데로 돌려보낸다.

이상 여덟 가지를 본 원인으로 다 돌려보냈으니, 이 여덟 가지 외에 다른 게 없다는 것입니다.

則諸世間 一切所有 不出斯類
즉제세간 일체소유 불출사류

모든 세간의 일체의 것이 이런 종류에서 벗어나지 못하느니라.

이밖에 더 셀 수 없다는 말인데, 눈으로 보는 것이나 귀로 듣는 것이나 코로 냄새 맡는 것도 여러 가지가 있을 수 있으나, 향내는 향으로 보내고 구린내는 똥으로 보내고 다 보낼 수 있는 것입니다.

汝見八種 見精明性 當欲誰還
여견팔종 견정명성 당욕수환

네가 이 여덟 가지를 보는 견見의 청명한 성性은 어디로 돌려보내겠는가?

견정명성見精明性을 앞에서는 견정명원見精明元이라 했는데, 원元이란 본래부터 있다는 말이고, 성性이란 성품 자체가 그렇다는 말입니다.

'당욕수환하는고' 하는 이 말은, 아난이 능히 볼 수 있는 그 견見하는 작용은 어디로 보내겠느냐는 말입니다. 즉 밝은 것은 해로 보내고, 어두운 것은 흑월로 보내고 모두 다 보냈는데, 그 밝고 어둡고 막히고 통하는 등을 보는 견정명성은 어디로 보내겠느냐, 보낼 데가 없다는 것입니다.

何以故
하이고

무슨 까닭인가?

어찌 보낼 데가 없다고 하느냐?

若還於明 則不明時 無復見暗
약 환 어 명 즉 불 명 시 무 부 견 암

만일 밝은 데로 돌려보낸다면, 밝지 아니할 적에는 어두움을 보지 못해야 하리라.

우리의 견정명見精明은 밝기 때문에 보니까, 즉 밝은 것 때문에 본다고 하면 밝지 않을 때는 보지 못해야 할 거라는 말입니다. 밝은 것 때문에 견見이 있어서 밝은 걸 보았다고 하면, 밝은 것이 없을 때는 견이 없어야 할 것 아니냐? 견이 없으면 어두운 것도 못 보아야 할 텐데, 어두운 것을 보니, 해로 보낼 수 없다는 것입니다.

雖明暗等 種種差別 見無差別
수 명 암 등 종 종 차 별 견 무 차 별

비록 밝고 어두운 것 등이 여러 가지로 차별하나 견見은 차별이 없느니라.

볼 바 견진見塵, 눈으로 볼 수 있는 색진色塵은, 밝고 어둡고 하는 여러 전진前塵의 모양에는 차별이 있으나, 보는 것은, 밝은 것 볼 때는 밝은 것 보고, 어두운 것 볼 때는 어두운 것 보고, 막힌 것 있으면 막힌 것을 보니까 보는 그 자체는 차별이 없다. 그래서 차별이 있는 것은 객이요, 차별이 없는 것은 주인이라는 얘깁니다.

諸可還者 自然非汝
제 가 환 자 자 연 비 여

여러 가지 돌려보낼 수 있는 것은, 자연히 네가 아니려니와,

여러 가지 가히 돌려보낼 수 있는 것, 어두운 것, 막힌 것, 통한 것 등 모두 돌려보낼 수 있는 것이니, 네가 아니다, 곧 객이라는 말입니다.

不汝還者 非汝而誰
불 여 환 자 비 여 이 수

네가 돌려보내지 못할 것은 네가 아니고 누구이겠느냐?

불여환자不汝還者를 쉽게 하려면, 여불환자汝不還者라고 해야 합니다. 뜻은 같지만 여불환자라고 할 때는 너라고 하는 건 부인하지 않고 돌려보내는 것만 부인하는 건데, 불여환자라면 너까지 부인하는 말입니다. 우리가 아는 원리로는 문법상 보통 문맥으로는 잘 안 맞는 소리입니다. 불不 자는 일체를 다 부인하는 말이니까 불여환자는 너와 돌려보낸다고 하는 것까지를 아울러 다 부인하는 말이고, 여불환자는 너는 부인하지 않고 환還만 부인하는 말이니, 보통 문법으로는 잘 맞지 않습니다.

비여이수는 너의 본성이 아니고 무엇이겠냐는, 심성이 본심이 아니고 무엇이겠냐는 말입니다.

則知
즉 지

그러므로 알아라.

汝心本妙明淨
여 심 본 묘 명 정

네 마음이 본래 묘하고 밝고 깨끗하건만,

아난의 본심 자체가 본래 묘하고 밝고 깨끗하다는 말인데, 이 본本 자가 묘妙에도 붙고, 명明에도 붙고, 청정에도 붙어서 본래 묘하고, 본래 밝고, 본래 깨끗하다는 말입니다. 본래라는 말은 닦아서 깨끗해진다든지 수행해서 얻어지는 게 아니라 원래부터 있다는 말입니다.

汝自迷悶
여 자 미 민

네가 스스로 혼미하고 답답하여,

본묘정명本妙淨明한 본심 자리를 몰라서 답답한 것입니다.

喪本受輪 於生死中 常被漂溺
상 본 수 륜 어 생 사 중 상 피 표 닉

본래 묘한 것을 잃어버리고 윤회하면서 생사 속에서 항상 표닉하나니,

상喪 자는 사람이 죽은 걸 뜻하니까 잃어버렸다는 말이고, 본本 자는 본묘정명本妙淨明한 본 마음자리를 말합니다. 본 마음자리를 잃어버리지 않았으면 생사에 윤회하지 않을 터인데 본심을 잃어버렸기 때문에 생사에 윤회하니까 항상 표닉하는 것을 입고 있는 겁니다.

물에 둥둥 떠내려가는 것이 표漂요, 물속으로 가라앉는 게 닉溺인데, 물에 빠지는 게 표닉입니다.

是故如來 名可憐愍
시 고 여 래 명 가 련 민

그러므로 여래가 너를 가련하다고 하느니라.

본 마음자리를 잃어버리고 생사에 윤회하고 있으니, 답답한 사람이라고 이름한다는 말입니다.

7. 견見은 혼란하지 않다

阿難言 我雖識此 見性無還
아 난 언 아 수 식 차 견 성 무 환

아난이 말하였다.

제가 비록 견見의 성품이 돌려보낼 수 없는 줄은 알겠사오나,

견성은 보는 성품입니다. 불여환자不汝還者는 비여이수非汝而誰해서 견성이 돌려보낼 데 없는 줄을 알겠습니다만,

云何得知是我眞性
운 하 득 지 시 아 진 성

어떻게 이것이 제 진성인 줄 알 수 있겠습니까?

다른 물건인지 또 어떻게 아느냐, 돌려보낼 수는 없지만 내 진성이라고 어떻게 알겠느냐는 말입니다. 진성眞性의 진眞 자를 진 자에 치중해서 거짓 성품인지 참 성품인지 어떻게 알겠느냐, 이렇게 소疏를 하는 이가 있고, 『정맥소』에서는 아我 자에 치중해서 내 진성, 내 성품인지 다른 사람 성품인지 어떻게 알겠느냐, 이렇게 했습니다.

돌려보낼 데가 없다고 해서, '객줏집 주인이 갈 데가 없어 해도 주인은 다 나입니까?' 이 말입니다. 즉 돌려보낼 데가 없다고 한들 참말 내 성품인 줄 어떻게 압니까? 내 성품인지 돌려보낼 성품인지 모른다는 말입니다.

佛告阿難 吾今問汝
불 고 아 난 오 금 문 여

부처님께서 말씀하셨다.
아난아, 내가 너에게 묻노라.

今汝未得 無漏淸淨
금 여 미 득 무 루 청 정

네가 지금 무루한 청정은 얻지 못했으나,

누漏는 번뇌입니다. 아라한과를 얻기 전엔 다 유루有漏입니다. 지금 아난 존자는 초과初果인 수다원과를 얻었으니, 견도혹見道惑, 즉 견도위見道位에서 끊는 번뇌는 끊었습니다. 말하자면 견도위는 이제 수다원이고, 사다함, 아나함은 아라한까지 올라가는 수도위修道位인데, 그 수도위에서 끊을 게 남아 있으니, 무루는 못 된다는 말입니다. 일부 없어지면 청정은 하지만 무루청정은 안 되고, 유루청정이라는 그 말입니다.

承佛神力 見於初禪 得無障礙
승 불 신 력 견 어 초 선 득 무 장 애

부처님의 신력을 받아서 초선천을 보는 데 장애가 없었고,

지금 아난 존자 자신의 힘으로는 초선천까지 올려다볼 수가 없으니, 부처님인 내 신력을 말미암아 초선까지 환하게 장애 없이 다 봤다는 말입니다.

而阿那律 見閻浮提 如觀掌中 菴摩羅菓
이 아 나 율 견 염 부 제 여 관 장 중 암 마 라 과

아나율은 염부제를 보되, 장掌 중의 암마라 열매같이 하고,

사실 염부제만 보는 건 아닌데 역주인 삼장의 얘기를 받아쓰는 사람이 잘못 받아쓴 게 아닌가, 증거는 없지만 이런 생각을 해 봅니다.

암마라과는 번역하면 난분별수難分別樹인데, 중국이나 우리나라에는 없고, 인도에 있는 복숭아 같기도 하고 사과 같기도 한, 단맛 나는 과일입니다. 손바닥 가운데 암마라과를 놓고 자세히 볼 수 있듯이, 아나율은 사바세계를 봄에 그렇게 자세히 본다는 말입니다.

諸菩薩等 見百千界
제 보 살 등 견 백 천 계

보살들은 백천 세계를 보고,

이 계界 자를 그냥 세계라고 쓸 때는 어디든지 삼천대천세계 하나만을 가리키는 말인데, 백천계라 하면 삼천대천세계인 사바세계를 백천 개나 본다는 말입니다.

十方如來 窮盡微塵 清淨國土 無所不矚
시 방 여 래 궁 진 미 진 청 정 국 토 무 소 불 촉

시방의 여래는 미진 같은 청정한 국토를 통틀어 보지 못하는 데가 없거니와,

이건 모두 견見의 역량, 제각기 보는 힘을 가리킵니다.

천안통天眼通을 얻은 아나율은 사바세계 하나만을 보고, 보살들은 여러 사바세계를 보고, 부처님은 미진과 같이 많은 청정 국토를 다 본다는 것입

니다.

백천계百千界라 하면 수가 있어서, 많긴 하지만 그것밖에 못 본다는 말이고, 궁진窮盡이란 하나도 남김없이 못 보는 데 없이 다 본다는 말입니다.

청정 국토라고 해서 청정 국토만 보고, 더러운 국토는 못 보는 그런 말이 아니고, 『유마경維摩經』에도 있듯이 우리가 보기에는 더러운 것이라도 부처님께서 보실 때는 청정 국토라는 말입니다.

무소불촉이란 온 법계, 온갖 세계를 다 본다는 말입니다. 여래께서 보시는 것, 여래보다 좀 적게 보는 것은 보살, 보살보다 더 적게 보는 것은 아라한이고, 아라한보다 적게 보는 것이 아난 존자 같은 유학有學들이고, 해서 여기까지는 성인들이 보는 걸 말했고, 다음은 중생이 보는 걸 얘기합니다.

衆生洞視 不過分寸
중 생 통 시 불 과 분 촌

중생의 통洞히 보는 것은 분촌에 지나지 못하느니라.

분촌分寸은 거리를, 얼마 안 되는 거리를 가지고 말하는 것입니다. 중생들은 부처님이나 보살들이 보는 것에 비해서 얼마 못 본다는, 그래서 성현들과 중생들이 보는 영역이 차별이 있다는 얘기를 합니다.

阿難 且吾與汝 觀四天王 所住宮殿
아 난 차 오 여 여 관 사 천 왕 소 주 궁 전

아난아, 내가 너와 함께 사천왕이 주거하는 궁전을 볼 적에,

사천왕은 수미산의 중간에 산다고 그럽니다. 사천왕천에서 궁궐을 짓고 낙성식을 하는데 부처님을 청해서 부처님께서 가시게 되었는데, 아난 존자가 뒤따라갔다는 얘기가 있습니다. 어찌된 것인지는 모르나 위에서도 초선천初禪天까지 보았다고 했으니까 말입니다.

中間遍覽 水陸空行
중 간 변 람 수 륙 공 행

중간에서 물과 육지와 허공에 있는 것들을 모두 보았나니,

사왕천까지 올라가서 내려오는 중간에 두루 다 봤다는 말입니다. 행行자 하나에 수행水行, 육행陸行, 공행空行의 뜻이 다 들어 있으며, 수륙공행은 중생들 사는 데를 말합니다.

雖有昏明 種種形像
수 유 혼 명 종 종 형 상

비록 어둡고 밝은 종종 형상들이 있었으나,

無非前塵 分別留礙
무 비 전 진 분 별 유 애

모두 전진의 유애를 분별하는 것이니라.

전진은 대경對境이며, 분별은 차별을 말합니다. 유애留礙의 류留 자는

가다가 머물러 정지하게 되어 지나가지 못한다는 말이고, 애礙 자는 막혀서 나갈 수도 볼 수도 없다는 뜻입니다.

아무리 많이 보아도 그 보인다는 것이 여러 가지 차별이 있지만, 전진의 대경밖엔 안 되니, 견見이 아니라는 말입니다.

汝應於此 分別自他
여 응 어 차 분 별 자 타

네가 마땅히 여기에 대해서 자自와 타他를 분별하라.

어차란 위의 여러 가지 능견能見 · 소견所見 전체를 통해서 가령 아난이 보는 것은 자自라고 그러고, 다른 사람이 보는 것은 타他라고 할 수도 있고, 또 혼자 본 게 아니라 부처님과 같이 봤으니까 아난이 보는 건 자自라고 하고, 부처님께서 보시는 것을 타他라고 할 수도 있는 등 사람이나 물건이나 다 통해서 썼다는 말입니다.

今吾將汝 擇於見中 誰是我體 誰爲物象
금 오 장 여 택 어 견 중 수 시 아 체 수 위 물 상

내가 이제 너를 위하여 이 견見 중에서 어느 것은 나의 체요, 어느 것은 물상인지를 택하리라.

지금 아난은, 어느 것은 견見이고 어느 것은 물건이고, 물건이 견見 같고 견이 물건 같고, 즉 견과 물건이 섞인 게다, 이렇게 생각합니다. 그러니 섞이지 않은 걸 보여 주겠다는 말입니다.

阿難 極汝見源
아난 극여견원

아난아, 너의 견見하는 근원을 끝까지 다하라.

볼 수 있는 데까지, 요즘 말로는 시력인데, 네 시력이 미치는 데까지 다 보아라, 그 말입니다.

從日月宮 是物非汝
종일월궁 시물비여

일월궁까지도 모두 물상이라 너의 견이 아니며,

여汝라고 하는 건 물건이지 네 견의 성품은 아니라는 말입니다.

至七金山
지칠금산

칠금산에 이르도록,

칠금산이란, 가운데는 수미산이 있고, 수미산을 중심으로 십금산十金山이 일곱 겹이 있다는 얘깁니다. 수미산이 있고, 수미산 주위에는 향수해香水海라는 바다가 있고, 그 다음에 금으로 된 산이 쭉 돌려 있고, 이렇게 해서 수미산을 가운데 두고 물이 한 바퀴 있고, 돌아가서는 또 산이 한 바퀴, 이렇게 해서 여덟 번째 내려오는 함해鹹海 가운데 남섬부주南贍浮洲에서 우리가 사는 것입니다.

수미산은 백두산이나 지리산 같은 그런 산이 아니라 지축地軸이 지구 위 남극에서 북극까지 차지한다고 그럽니다. 그러니까 남극에서 북극까지가 수미산이라는 얘기인데 우리가 생각하는 산으로 잘못 알아 수미산을 찾아 지구 어딜 가도 있을 리가 있겠습니까?

또 수미산을 묘고산妙高山이라고도 하니, 묘하고 높은 산이라는 뜻이 있습니다. 요즘 학자들도 지축이 남극에서 북극까지인 것을 수미산이라 하면 말이 된다고 얘기하고 있습니다.

周遍諦觀
주 변 제 관

두루 제관하여도,

지금 일월궁에 올라 내려다보는 겁니다.

雖種種光 亦物非汝
수 종 종 광 역 물 비 여

비록 가지가지 빛이나 역시 물상物相이요, 네 것은 아니며,

다 금으로 된 산이기 때문에 여러 가지 광명이 있지만, 그런 칠금산도 물건이지 너의 성품은 아니라는 그 말인데, 위에서 내 심성인 줄 어떻게 아느냐 하니까 심성을 찾아 주겠다 이겁니다.

漸漸更觀 雲騰鳥飛 風動塵起 樹木山川 草芥人畜
점점갱관 운등조비 풍동진기 수목산천 초개인축
咸物非汝
함물비여

점점 보더라도 구름이 뜨고 새가 날고 바람이 동하고 티끌이 날리는 것이나, 수목과 산천과 초개와 사람과 축생이 모두 물상物相이요, 너의 견이 아니니라.

개芥는 조그마한 풀 쪼가리입니다. 이런 모든 것들이 다 물건이지 너의 진성은 아니라는 말입니다.

阿難 是諸近遠 諸有物性 雖復差殊
아난 시제근원 제유물성 수부차수

아난아, 이 가깝고 먼 데 있는 모든 물성이 비록 차별하나,

크고 작고 밝고 어두운 등이 다르다는 말입니다.

同汝見精淸淨所矚
동여견정청정소촉

다 같이 너의 청정한 견정으로 보는 것이니,

그 많은 물物을 다 네 견정을 가지고 보지 않느냐, 그 말입니다.

則諸物類 自有差別 見性無殊
즉 제 물 류 자 유 차 별 견 성 무 수

즉 여러 종류가 스스로 차별이 있을지언정, 견見하는 성性은 다르지 아니하나니,

차별이 없는 것은 진성이요, 차별이 있는 것은 물건이다. 여기에 차별이 있고 없는 것을 얘기해 놓았습니다. 차별이라는 두 자를 한 자로 쓰면 수殊 자입니다.

此精妙明 誠汝見性
차 정 묘 명 성 여 견 성

이 견정의 묘명한 것이 진실로 너의 견見하는 성性이니라.

돌려보낼 수 없는 견성이 바로 이것이라는 말입니다.

이제 소위 사약장四若章에 들어갑니다. 이 『능엄경』의 사약장이 글 자체가 까다롭고 새기기가 어렵습니다. 그래서 여기에 대해서는 여러 사람들의 소견이 제각기 다릅니다. 이전에 있던 책을 보면, 맨 처음에 같을 약若 자가 있고, 또 그 다음 줄에 (약若 자가) 있고 그렇게 되어 있습니다. 약若 자가 넷이 있다 해서 사약장이라 하는데, 글이 아주 간략해서 새기기도 어렵고 뜻도 잘 나타나지 않습니다.

若見是物
약 견 시 물

만약 견이 물상物相이라면,

지금 아난 존자가 이게 어떻게 내 진성眞性인지 알겠느냐, 물건인지도 모른다, 이 말을 했습니다. 돌려보낼 데는 없지만, 내 진성인 줄은 어떻게 알겠느냐 하는 게 물건인지도 모른다는 의미가 들어 있다는 말입니다. 그러니 아난이 의심하듯이 만약 견見이 물건이라 하면, 견 자체가 물건이라고 하면 네 진성이 아니다, 이 말입니다.

견까지도 물건이라고 한다면, 이렇게 말씀하셔서 그럴 리는 없지만 아난이 대답하지 못하리만큼 해 보시는 것입니다.

則汝亦可見吾之見
즉 여 역 가 견 오 지 견

곧 네가 또한 가히 나의 견을 보아야 하리라.

아난의 견이 물건이면 부처님 견도 물건일 것입니다. 또한 물건이라면 보지 못할 리가 없습니다. 물건은 다 볼 수 있으니까. 그래, 견이 물건이라면 부처님 견을 보아야 할 게 아니냐, 그래야 물건이라 할 수가 있고, 부처님을 보지 못한다면 어떻게 물건이라 하겠느냐는 겁니다. 즉 견이 물건이라고 하면 아난의 견만이 아니라 부처님인 나의 견도 물건이니 내 견을 보아야 할 게 아니냐, 이 말입니다.

전제前提가 '약견若見이 시물是物인댄' 하는 여기에 있습니다. '약견若見이 시물是物인댄'부터 '견오지견見吾之見하리라' 여기까지가 약若 자 하나입니다.

若同見者 名爲見吾
약동견자 명위견오

만일 함께 보는 것으로 이름을 나의 견을 보노라 한다면,

나를 본다고 하는 건 내 견見을 본다는 말입니다. 그러니까 '명위견오지견名爲見吾之見인댄' 이래야 하는데, 넉 자씩 한다고 그만 그걸 떼어서 '명위견오名爲見吾인댄' 이렇게 했습니다.

지금 아난이 견을 물건이라 의심하고 있으니까 원칙으로는 못 보지만, 그렇다면 나의 견을 보아야 할 게 아니냐, 이렇게 말씀하시는 겁니다. 그래도 아난이 물건이라고 해 보려니까 부처님 견을 봅니다, 이렇게 하고 있습니다.

이 동견자同見者라는 말이, 부처님께서 책상을 보신다면 부처님 견이 책상에 있게 되는데, 그때에 책상을 보면 부처님 견을 보게 되는 이것이 동견자입니다. 한 물건을 같이 보는 것으로 이름을 내 견을 본다고 하는, 즉 명위견오名爲見吾가 명위견오지견名爲見吾之見이어야 하는데, 그만 너무 깎아 써서 까다롭게 해 놓았습니다. 그래서 그냥 동견자라고만 해서는 무슨 말인지 모릅니다.

부처님께서 어떤 물건을 보실 때에 부처님 견이 그 물건에 있습니다. 그때에 내가 그 물건을 같이 본다고 하면 내가 부처님 견을 보는 겁니다.

吾不見時 何不見吾不見之處
오불견시 하불견오불견지처

내가 불견할 때에는 어찌하여 나의 불견하는 곳을 보지 못하는가?

물건을 보지 않을 때도, 견見의 소재지처所在之處는 있으니, 그걸 봐야 하지 않겠느냐는 말입니다. 견이 물건이라고 하면, 부처님께서 책상을 볼 때만 견이 물건이 아니라 아무것도 안 볼 때도 부처님 견이 물건일 게 아니냐, 그렇다면 물건이니까 부처님께서 보지 않으실 때도 부처님께서 보지 않으시는 견을 봐야 한다는 말입니다.

부처님께서 보지 않으시는 밖에도 부처님 견은 보지 않는 거기에 있습니다. 그것을 아난이 봐야 할 것이다, 이 말입니다.

여기까지가 약若 자가 둘입니다.

若見不見
약 견 불 견

만일 불견하는 곳을 본다면,

불견 두 자가 내가 보지 않는 곳이라는 말입니다. '내가 보지 않는 곳을 네가 본다면' 이렇게 되어야 할 텐데, 불견이라고만 써 놓았으니 어떻게 이해할지 몰라 합니다. 그러니까 '만약 내가 보지 않는 견見 있는 데를 네가 본다고 하면', 그 말입니다.

自然非彼不見之相
자 연 비 피 불 견 지 상

자연히 저 불견하는 상이 아니니라.

이게 어떻게 이론을 붙여야 할지 애매합니다. 연세대 3학년에 재학 중이라는 모 여학생이 이 부분을 질문해 온 적이 있습니다. 나름대로 불교를 많이 공부한 모양인데, 내가 번역한 『능엄경』을 보다가 자연비피불견지상이라는 이 부분이 잘 이해가 안 간다고 물어왔어요. 그러니까 다른 건 안 물어도 알겠다는 말이지요.

계환사戒環師가 해석할 때는 '만약 부처님인 내가 보지 않는 데를 아난인 네가 본다고 하면', 그러니까 불견지처不見之處를 말해서 '내가 보지 않는 데를 네가 본다고 하면 그건 불견지처가 아니라 가견지처可見之處다', 즉 '자연히 저 불견지상不見之相이 아니다', 이렇게 해석을 해 놓았습니다. 그리고 주를 낼 때에 부처님께서 보지 않으시는 데를 '견불소급見不所及'이라, '견見으로 미칠 수 없다', 즉 부처님 보지 않으시는 그 자체가 '불견지不見地'다, '부처님 땅이 아닐 게다', 즉 본래 부처님께서 보지 않으시는 데는 불견지상인데 네가 그걸 본다면 불견지상이 못 되겠다, 그 말입니다.

자연히는 으레와 같습니다. 부처님께서 보지 않으시는 불견지처는 못 보는 법인데, 즉 견은 미치지 못하는 건데 부처님께서 보지 않으시는 견을 어찌 견으로 미치겠느냐, 물건이라야 견으로 미치지 않겠느냐, 이 뜻입니다. 그런데 자체가 불견지상인데, 네가 그걸 본다고 하면 가견지상可見之相이 되지 않느냐, 즉 본래 부처님께서 보지 않으시는 곳은 견見으로 미칠 수 없는 것이 되어서 그건 불견지상인데 네가 그걸 본다고 하면 불견지상이 아니라 가견지상이다 이겁니다. 이해가 잘될지 모르겠으나 어쨌든 계환사는 이렇게 얘기했습니다.

『정맥소正脉疏』에서는 '만약 나의 보지 않는 데를 네가 본다고 하면', 여기까지는 같습니다. 부처님께서 물건을 보지 않으실 때에 보지 않는 불견지체不見之體가 있을 게고, 또 부처님께서 다른 물건을 보지 않으시니까 불견지상, 즉 물상物相이라는 겁니다. 그러니까 부처님께서 아무 물건도 보지 않고 계실 때에는 그 자체는 물상이 아닌데, 즉 부처님의 견을 떠난 견의 자체, 능견能見을 떠난 견의 자체는 물상이 아닌데, 아난이 그걸 보았다고 하면 불견지상은 물상이 아니니까 물상 아닌 걸 봤지, 부처님의 불견하는 물상, 즉 불견지물상不見之物相은 아니라는 얘깁니다.

그 본 자체가 부처님께서 보지 않으시는 불견지체를 본 것이지, 불견지상을 본 게 아니다, 이렇게 했는데, 이 뜻이 좀 더 가까운 듯합니다. 그런데 그 상相 자의 뜻이 부처님께서 안 보시는 견의 자체이지 물상은 아니다, 즉 아난이 보았다는 견이 부처님 견의 자체를 보았다는 말이지 부처님께서 보지 않으신 물상을 봤다는 말은 아니다, 그래서 그 자체를 봤다는 그 자체가 물상이 아니다, 즉 견이 물상이 아닌 것만을 말해 놓은 겁니다.

그런데 부처님께서 아무것도 보지 않으시는 물상이 있을 것입니다. 예를 들자면 책상을 안 보고 다른 데를 본다고 하면 책상도 부처님께서 보지 않으시는 불견지상이 되는데, 그건 물상이라는 상相 자에다 뜻을 두고 하는 말인데, 그래도 이론이 됩니다. 그러면서 밝히기를 이게 아주 어렵다고 하지만, 이대로 하면 너무 쉬워서 웃을는지도 모른다고 했습니다.

다른 물건들은 불견지상이다, 즉 부처님께서 보지 않으시는 데는 모양이다. 그런데 내 견의 체體를 봤다 하니, 체를 볼 때는 그 견의 체를 본 것이지 물상이 아니다, 그러니 견이 물상 아닌 것만 증거하면 된다는 이런 얘깁니다. 그러니까 견이 물건이라면 물상이라야 하겠는데, 나의 견 자체를 본 것은 물상을 본 것은 아니다, 즉 견은 물상이 아니다. 자연비피불견지상의 불견지상을 부처님의 견을 댄 것이 아니라, '부처님께서 안 보시는 다른 물건들이 아니다' 하는 여기까지가 『정맥소』의 주장입니다.

이걸 전문으로 연구하면서도 잘 이해하기 어려운데, 처음 묻는 사람이야 말할 게 있겠습니까? 그래서 사약장四若章이 매우 어렵다고 하는 겁니다.

이제 본문으로 돌아가서 내가 보지 않는 데를 본다고 하면 불견지상이

아니니까 안 되고, 즉 볼 수가 없고,

若不見吾不見之地
약 불 견 오 불 견 지 지

만일 나의 불견하는 곳을 보지 못한다면,

본다고 하면 이래서 안 되고, 보지 못한다고 하면 물건 아닌 것이 아니냐, 내가 보지 않는 데를 못 보니까 못 보는 것은 물건이 아니냐, 그래 사기私記에서 많은 얘기를 했는데, 내가 보지 않는 곳을 아난이 못 본다고 하면, 내가 보는 데도 못 보아야 할 것이다. 즉 내가 보는 데도 못 본다고 하면 견은 물건이 아니다, 내 견이 물건이 아니면 아난의 견도 물건이 아니다, 이 뜻입니다.

自然非物 云何非汝
자 연 비 물 운 하 비 여

자연히 물상이 아니거늘 어찌 네가 아니리오.

나의 보지 못한 데를 네가 보지 않는다고 하면, 내 견見이 물건이 아니니까 내 견이 물건이 아니면 네 견도 물건이 아니다, 그러니 물건이 아니라고 하면 네가 아니고 누구겠느냐는 말입니다.

『정맥소』에서는 내가 보지 않는 데를 네가 보지 못한다고 하면, 내가 보지 못한 데도 네가 봐야 견이 물건이라고 할 터인데, 내가 보지 않는 데를 네가 못 보니까 보지 못하면 물건이지 그건 견이 아니다, 그 말입니다. 그래서 자연, 견은 물건이 아니다, 네가 볼 수 있으면 볼 수 있는 건 다 물건인데, 내가 보지 않는 곳을 네가 보지 못한다고 하면 못 하는 것이니 견이 물건이 아니다, 견이 물건이 아니면 네가 아니겠느냐, 그 말입니다.

만약 내가 보지 않는 곳을 네가 보지 못한다고 하면 내가 보는 곳도 너는 보지 못할 것이다. 그러니 보는 곳을 보지 못한다고 하면 내가 보는 곳을 네가 보지 못할 것이다. 보는 곳을 보지 못한다고 하면 보지 못하는 것은 물건이 아니다. 그러니까 견이 물건이 아니면 네 견도 물건이 아니다, 이겁니다. 네 견이 물건이 아니라는 말은 없지만, 내 견이 물건이 아니면 네 견도 물건이 아니다, 그러니 어째서 네가 아니겠느냐 이렇게 해석하여 드러난 얘기보다 숨어 있는 얘기가 더 많습니다.

여기까지 사약장四若章이 끝이 났는데, 견은 볼 수 없다는, 아난이 물건인가 의심하는데 부처님은 물건이 아니라고 해서 물건이면 봐야 할 텐데 보지 못하니 물건이 아니다, 보지 않는 곳을 보아야 한다, 보지 않아야 한다는 등의 얘기를 했습니다만, 또 다른 이유가 하나 있습니다.

又則汝今 見物之時 汝旣見物
우즉여금 견물지시 여기견물

또 네가 지금 물物을 볼 적에 네가 이미 물物을 보거든,

'만약 견見이 물건이라면' 하는 이 말은 저 위에서 했기 때문에 다시 안 했지만, 견이 물건이라면 아난이 물건을 볼 때에 견인 물건이 아난을 봐야 할 게 아니냐는 말입니다.

物亦見汝 體性紛雜
물 역 견 여 체 성 분 잡

물物도 또한 너를 보리니, 그렇다면 체성이 분잡하여,

견見이 물건이니까 물건도 너를 봐야 하겠다, 즉 아난이 견을 가지고 이 물건을 보니까(물건도 見이니까) 너를 봐야 하겠다는 얘깁니다. 물건은 무정이고, 견은 유정인데 아난이 무정인 물건을 볼 때에 물건이 또한 너를 본다고 하면 무정인 물건이 아난을 보니까 유정과 무정이 섞인다는 것입니다. 즉 견은 물건이라고 하니까 견이 물건이면 아난이 물건을 볼 때 물건인 견도 아난을 봐야 할 거라는 얘긴데, 그렇다면 체성이 분잡하여 유정인지 무정인지 분간할 수 없게 됩니다.

여기에 유정, 무정의 얘기는 없지만 그렇게 되면 체성이 분잡해서 안 될 테고, 그뿐만 아니라,

則汝與我 幷諸世間 不成安立
즉 여 여 아 병 제 세 간 불 성 안 립

너와 나와 모든 세간이 안립하지 못하리라.

나도 너를 보고 너도 나를 보고 능견能見과 소견所見이 달라야 하는데, 위에서 유정과 무정도 분잡하다 했는데, 유정과 유정끼리는 더구나 섞여 분별이 없지 않겠느냐는 말입니다. 안립이란 제자리를 말합니다.

위에서는 유정과 무정이 섞여서 분잡하다고 했는데, 유정과 유정끼리는 더구나 섞일 게 아니냐, 그러니 유정과 무정이 섞이고 유정과 유정이 섞이어 이 세상 너다 나다 하는 이런 것들이 하나도 존재(安立)하지 못한

다, 그러니 견이 물건이라 해서는 안 된다는 그 말입니다.

阿難 若汝見時 是汝非我 見性周遍 非汝而誰
아난 약여견시 시여비아 견성주변 비여이수

아난아, 만일 네가 볼 적에 이것이 너의 견이고 나의 견이 아니라면 견의 성性이 주변하였나니, 네가 아니고 누구리오.

주변周遍은 가득하다는 말입니다.

위에서 아무리 견을 보려 해도 없다고 했지만 이렇게 가득한데 네가 아니고 누구겠느냐, 이건 너의 견이고 내 견 아니니 그럼 전체가 네가 아니고 무엇이겠느냐는, 즉 견은 네 것이라는 얘깁니다.

云何自疑 汝之眞性 性汝不眞 取我求實
운하자의 여지진성 성여부진 취아구실

어찌하여 너의 진성이 너에게 성性하기를 참되지 못하리라 의심하여 나에게 물어 실實을 구하려 하느냐?

위에서 나의 진성인지 어떻게 알겠느냐고 물었으니까 진성이라는 진眞자가 가성假性인지 모르겠다는 의미가 들어 있습니다. 그래 성여부진이라 해서, 즉 너에게 성품 노릇 하기를 참되지 못하리라 해서 취아구실이라, 나한테 물어서 대답을 취해 가지고 실을 구해 보려 하느냐 하는 이걸 봐서, 저 위에서 시아진성是我眞性이라고 하는, 내 성품은 성품인데 참 성품인지 어떻게 알겠습니까 하는 이걸 갖다 대면 참 성품인지 가짜 성품인지 모르겠다고 하는 것까지를 대답한 말이 된다고 볼 수가 있습니다. 결국 네 진성이라는 그 말입니다.

8. 견見은 무애無礙하다

阿難白佛言 世尊 若此見性 必我非餘
아 난 백 불 언 세 존 약 차 견 성 필 아 비 여

아난이 부처님께 아뢰었다.
세존이시여, 만일 이 견見의 성性이 반드시 나요, 다른 것이 아니면,

'내 견성見性이요 다른 것이 아니다'라는 이 말은, 두 가지의 뜻이 있습니다. 내 견성이 보는 성품이지 물건이 아니라는 하나가 있고, 부처님의 견이나 다른 사람의 견이 아닌 내 견이라는 그 두 가지를 포함시켜서 여餘 자를 썼습니다.

나머지 다른 것이 아니라고 하면, 그 여餘 자는 아난의 견성 외에 다른 이의 견성과 또 능견能見하는 견성 외에 소견所見하는 물체를 아울러서 쓴 것입니다.

만약 내 견성이요 다른 이 보는 것도 아니요, 다른 물건도 아니라고 하면,

我與如來 觀四天王 勝藏寶殿
아 여 여 래 관 사 천 왕 승 장 보 전

제가 부처님과 더불어 사천왕의 승장보전을 관하기 위하여,

승장보전은 사천왕이 가지고 있는 좋은 보배, 보물들을 간직한 궁전이라고 해석을 했는데, 어디서 보았는지 기억은 안 나는데, 승장보라는 보배가 있다고 그럽니다. 그 승장보를 가지고 지은 전殿이라 해서 승장보전이라 한다는 내용을 언제 어디서 한번 본 것 같은데, 여기는 그런 얘기는 없고 사천왕들의 보배를 두는 궁전이라고만 했습니다.

居日月宮
거 일 월 궁

일월궁에 거할 적에는,

여기 일월궁이라는 얘기가 나오는데, 인도의 학자들이 부처님 나시기 전부터 사바세계에 대해 얘기를 했었습니다. 사주四洲 세계 하나마다 수미산이 하나 있고, 수미산 둘레로는 칠금산七金山이 있고, 그 수미산과 칠금산 사이에는 향수해香水海가 있고, 칠금산 밖의 여덟 번째 바다, 지금 우리가 살고 있는 이곳의 바다, 곧 짠 바다인 함해鹹海가 있는데, 수미산 하나에 남섬부주南贍浮洲, 북구로주北俱盧洲 하는 등의 사주四洲 세계가 각 하나씩 있고, 일월, 즉 해와 달이 수미산 중턱을 돈다고 합니다.

수미산의 높이가 8만 4천 유순由旬이니, 중간이라면, 4만 2천 유순에 일천자日天子들이 사는 일궁전과 월천자月天子들이 사는 월궁전이 있어서 사주 세계에 해와 달을 비추어 주고 있다고 하는 게 인도에서 고래로 내려오는 세계관입니다.

본문으로 돌아와서 사천왕이 있는 곳에 일월궁도 있으며, 곧 수미산 중간이니까 아난 존자가 거기까지 올라가 있을 적에는,

此見周圓
차 견 주 원

이 견見이 주원하여,

수미산에 오르니, 보는 것이 넓어져 내려다보이는 것이 많음을 말합니다. 즉 견見이 넓어졌다는 얘깁니다.

遍娑婆國
변 사 바 국

사바국에 두루 하다가,

사바국, 즉 사바세계에는 수미산이 백억이 있으니 일월궁전도 백억이 있어야 할 텐데, 그 사바국을 다 보게 되지 않습니다. 그래서 글이 잘못되었다는 것입니다. 앞에서도 아나율타阿那律陀가 볼 때에 남염부제南閻浮提를 보았다고 한 글이 잘못되었듯이 이 글 역시 잘못된 글입니다. 이게 차라리 그것과 바뀌면 좋겠습니다. 아나율타는 사바세계를 다 보고, 여기에서는 사주 세계만 보지 사바세계는 다 볼 수가 없는 것인데, 글이 잘못되었다는 겁니다.

소중한 경전을 경솔하게 고칠 수는 없고, 다만 많은 사바국이라 했으나, 사바국 삼천대천세계를 다 가리키지 않고, 사바국 가운데 일부분, 사주 세계를 가리키는 말이다, 이렇게 여기에서 해석을 했습니다. 그러니 사바라 하면 잘못된 말입니다.

退歸精舍
퇴 귀 정 사

정사에 돌아와서는,

사천왕 궁전에 올라갔다 물러와 기환정사祇桓精舍에 있을 때라는 말입니다.

只見伽藍
지 견 가 람

다만 가람만 보이고,

가람이란 승가람마僧伽藍摩라는 범어의 약칭으로서 지금의 우리도 흔히 절을 가람이라고 많이 합니다. 승가람마에서 승僧 자와 마摩 자가 약略해져서 가람이라 한다고 했으니, 즉 승원僧園을 가리킵니다.

스님들이 있는 동산, 그때의 인도에서는 더운 곳이고 하니까 집만 소중한 것이 아니고, 집보다는 나무 등이 있는 원園이 더 소중했었습니다. 그래서 원園 자를 썼고, 원 자는 절 안에 있는 도량 전부를 가리키는 말입니다.

가람만 보인다는 게, 말하자면 이곳 봉은사에 있으면 봉은사 가까이만 보이게 된다는 말입니다. 결론적으로 사바세계를 다 보던 것이 지금 절에 내려와서는 절 부근만 보이니까 견見이 적어졌다는 말입니다.

清心户堂 但瞻簷廡
청 심 호 당 단 첨 첨 무

방 안에서 마음을 맑힐 적에는 첨무만 보나이다.

호당戶堂은 사람 출입하는 방 하나 있는 조그마한 집을 말합니다. 청심淸心이란 마음을 밝힌다는 뜻으로 거기에서 경을 읽는다든지 참선을 한다든지 공부할 때는, 그 말입니다. 자기가 있는 방에서 공부할 때는 가람 전체는 안 보인다는 그 말입니다.

첨簷은 처마니까 문 열면 바로 보이는 것이고, 무廡도 문 열면 보이는 문간방 같은 걸 말합니다. 한문의 무廡 자 뜻이, 궁전이 있고 쭉 행랑들이 있는 그 행랑을 가리키는 말인데, 예전에 잘 지은 집을 보면 주인이 있는 집채가 따로 있고, 그 밑에 하인들이 있는 방이 있는데, 그걸 무廡라고 그럽니다. 그러니까 지금 여기에서는 문 열어 놓고 앉아서 볼 때에 방과 처마의 무廡만 보인다. 가람만 보는 것보다 더 견見이 적어졌다는 말입니다. 곧 크고 넓게 보이던 견이 여기에서는 왜 적어졌느냐 하는 게 의문입니다.

世尊 此見如是 其體本來 周遍一界
세 존 차 견 여 시 기 체 본 래 주 편 일 계

세존이시여, 이 견이 이와 같아서 그 체가 본래는 한 세계에 가득하던 것이,

일계一界란 저 위의 일월궁에 있을 때 사바국이라는 사주 세계를 가리킵니다.

今在室中 唯滿一室
금 재 실 중 유 만 일 실

지금 방 안에 있을 적에는 오직 방 하나에만 가득하오니,

이게 내 견見인데, 높이 올라갈 때는 온 세계가 다 보여서 견이 그렇게 넓더니, 방 안에서는 방 안만 보이니, 견이 늘었다 줄었다 하는 건지 그게 의심스러워 묻는 것입니다.

반드시 내 견이라면 일정해야 할 텐데, 왜 줄었다 늘었다 하는지 자기의 의심을 이제 말합니다.

爲復此見 縮大爲小
위 부 차 견 축 대 위 소

다시 이 견이 큰 것을 축소하여 작아진 것이오니까,

본래 큰 견이 방 안에 들어올 때는 방 때문에 견이 쭈그러져서 조그맣게 되어 여기에만 가득하냐는 얘깁니다.

爲當牆宇 夾令斷絶
위 당 장 우 협 령 단 절

아니면 담과 지붕이 사이를 막아서 끊어진 것이오니까?

견은 넓은데 방은 적으니, 벽으로 끊었다는, 그러니까 끊어 버려서 밖에 있는 견도 있고, 안에 있는 견도 있어서 방에 들어오면서 이렇게 적어진 거냐는, 즉 견을 쭈그러뜨려서 들어온 것이냐는 얘깁니다. 지금 보기에 컸다 적었다 하는 일이 무슨 이유가 있겠다는 말입니다.

我今不知 斯義所在
아 금 부 지 사 의 소 재

제가 이제 이 뜻의 있는 바를 알지 못하오니,

이 뜻의 귀속되는 바, 어째서 컸다 적었다 이어졌다 끊어졌다 하는 이 뜻의 소재지처所在之處, 소재란 까닭이라는 말이니까, 즉 그 까닭을 알지 못하겠으니,

願垂弘慈 爲我敷演
원 수 홍 자 위 아 부 연

바라옵건대 큰 자비로 저에게 일러 주소서.

연演 자는 연설한다는 말이고, 부敷 자는 뜻을 편다는 말입니다.

佛告阿難 一切世間 大小內外 諸所事業
불 고 아 난 일 체 세 간 대 소 내 외 제 소 사 업

부처님께서 아난에게 말씀하셨다.
일체 세간의 크고 작고 안이고 밖이고 하는 모든 일이,

크다 작다, 위아래, 둥글다 네모나다 하는 등의 모든 것을 아울러 제소사업이라고 했습니다. 여러 곳 사업이라 하면 한문 글자로는 맞지만 우리말엔 그런 게 없으니까 여러 가지 사업이라 하면 됩니다.

各屬前塵
각 속 전 진

각각 전진에 속함이라.

앞에 있는 티끌, 진塵은 경계니까 앞에 있는 경계에 속하는 것이지 나와는 상관이 없다, 경계가 크면 큰 걸 보는 거고, 경계가 작으면 작은 걸 보는 것이지 견見 자체가 크다 작다 하는 게 어디 있느냐는 말입니다.

경계란 상대하는 대상을 가리키니까 전진에 속하는 것이니,

不應說言 見有舒縮
불 응 설 언 견 유 서 축

견見이 늘었다 줄었다 한다고 말할 것이 아니니라.

서舒 자는 편다는 말이고, 축縮 자는 쭈그러진다는 뜻이니까 견 자체는 줄었다 늘었다 하는 게 아니고, 전진前塵이 늘었다 줄었다 한다는 말입니다.

위에서 협령단절夾令斷絕이라고 해서 담이 막아 끊어진 거냐고 했을 때 그 뜻으로 축縮 자를 썼고, 서舒는 축縮의 반대를 가리킵니다. 그러니까 견에 서축舒縮이 있다고 할 게 아니니, 서축은 전진에 한다는 이유를 설명하는 겁니다. 비유를 듭니다.

譬如方器中 見方空
비 여 방 기 중 견 방 공

비유하면 모난 그릇 속에서 모난 공空을 보는 것과 같나니,

그릇 자체가 모가 나서 그 가운데 모난 허공을 본다는 것이니, 지금 책상의 서랍을 빼놓고 보면 네모난 허공이 있다는 말입니다.

吾復問汝
오 부 문 여

다시 네게 물으리라.

此方器中 所見方空 爲復定方 爲不定方
차 방 기 중 소 견 방 공 위 부 정 방 위 부 정 방

이 모난 그릇 속에서 보는 모난 공空이 일정하게 모난 것이냐, 다시 일정하게 모난 것이 아니냐?

어디에 갖다 놓든지 일정하게 꼭 모난 것이냐 아니냐 하는 얘깁니다. 지금 보기에는 모가 났는데 언제든지 모난 것인지, 아니면 둥글 수도 네모날 수도 있는지, 그 말입니다.

若定方者 別安圓器 空應不圓
약 정 방 자 별 안 원 기 공 응 불 원

만약 일정하게 모난 공空이라면 따로 둥근 그릇에 담아도 공空이 둥글지 않아야 할 것이요,

결정적으로 모났다고 하니, 모난 것은 둥근 가운데 넣어도 둥근 그릇 속의 모난 허공이겠다는 말입니다. 둥근 그릇 속의 모난 허공은 안 보이니까 정방이라 할 수 없는 겁니다.

若不定者 在方器中 應無方空
약 부 정 자 재 방 기 중 응 무 방 공

만일 일정하게 모난 것이 아니라면, 모난 그릇 속에서도 모난 공空이 없어야 하리라.

약부정자란, 만약 부정방不定方인댄, 그 말입니다. 부정방이니까 모난 그릇 가운데서 둥근 허공이 있기도 하고 세모난 허공이 있기도 하겠다는, 그러니 모난 그릇 가운데서 보는 허공을 정방定方, 부정방이라 해서는 안 된다, 이런 말입니다.

그 비유를 들어 놓고,

汝言不知斯義所在 義性如是
여 언 부 지 사 의 소 재 의 성 여 시

네가 이 이치의 소재(까닭)를 알지 못한다는 그 뜻(이치)이 이와 같나니,

의성義性이란 이치입니다.

云何爲在
운 하 위 재

어떻게 재在가 되리오?

어쨌든 끊어졌다 이어졌다 할 수가 없지 않겠느냐, 그러니까 아난이 그렇게 생각하는 소견이 잘못이다, 이런 말입니다.

阿難 若復欲令入無方圓 但除器方
아 난 약 부 욕 령 입 무 방 원 단 제 기 방

아난아, 만일 모나고 둥근 것이 없는 데 도달하고자 하면 다만 모난 그릇만 제할지언정,

모난 허공을 치우려 하지 말고 그릇만 치우면 모난 허공은 없다는 말입니다.

空體無方
공 체 무 방

공空의 자체는 모난 것이 없나니,

허공의 당체는 본래 모난 게 아니다. 허공이 무슨 모난 게 있겠느냐는 말입니다. 위에서 '대소내외大小內外 제소사업諸所事業이 각각 전진前塵에 속했다' 하는 건 앞의 대상에 있는 것이니, 네 견見이 그런 게 아니고 소견所見인 대상, 대경對境이 그런 것이다, 이 말입니다.

不應說言 更除虛空 方相所在
불응설언 갱제허공 방상소재

다시 허공의 모난 모양이 있는 바를 제해야 한다고 말할 것이 아니니라.

모난 그릇만 없어지면 그 가운데 자연히 모난 허공이 없어진다는 말입니다. 말하자면 견見이 줄었다 늘었다 한다고 생각지 말고 앞의 경계, 전진前塵이 적으니까 적은 것만 보이고, 경계가 크니 큰 게 보이는 것이니, 전진에서 초월해야 한다는 얘깁니다.

우리는 전진前塵의 지배를 받아 하자는 대로 하고 있습니다. 그래서 솥 가운데는 솥뚜껑이 못 들어간다고 생각하는 겁니다. 솥뚜껑과 솥의 크고 작다고 하는 소견 때문에 못 들어가는 것인데, 이런 생각이 타파된 사람은 솥에 솥뚜껑만 넣는 게 아니라 머리카락 가운데 온 세계를 다 넣을 수가 있는 것입니다.

우리는 무시이래로 금생만 하더라도 밥 먹을 줄 아는 때부터 크고 작은 게 따로 있어서 작은 것이 큰 가운데는 들어가도 큰 것이 작은 가운데는 못 들어가는 줄을 알기 때문에 작은 것 속에다 큰 것을 못 넣지만, 그 생각이 없는, 전진에 관계 안 하는, 말하자면 주위의 지배를 받지 않는 사람은 크고 작은 것이 없기 때문에 작은 것 가운데도 큰 것이 들어갑니다.

누가 백성욱白性郁 박사한테 가서 사사무애事事無礙를 얘기하면서 크고 작은 게 없다는 얘기를 하는데, 그 앞에 마침 다기茶器가 있더랍니다. 우리가 생각할 때는 다기 뚜껑이 다기 안에 못 들어갈 것 같지만 그이가 무슨 신력이 있어서인지는 모르나 뚜껑을 다기 그릇 안에 넣었답니다.

그냥 보기에는 뚜껑이 넓고 다기가 좁은 것 같지만, 뚜껑은 엷어서 줄

어들 수가 있어서 세워 누르면 들어갈 수도 있을 겁니다.

지금 모났다 줄었다 늘었다 하는 얘기는 그릇만 없어지면 그만이지, 그릇의 지배를 받기 때문에 모난 그릇 가운데는 모난 허공이 있다고 생각한다 이런 말이고, 그릇만 제하면 된다는 얘깁니다.

또 아난이 생각할 때에 방 안에 들어올 때 견見이 쭈그러졌다고 하는 그 말이 안 된다는 것입니다.

若如汝問 入室之時 縮見令小
약여여문 입실지시 축견령소

만일 네가 묻는 것같이 방에 들어왔을 적에 견을 축소하여 작게 하였다면,

이것은 사람이 일부러 쭈그려 만든 건 아니지만 이 앞에 있는 경계, 전진前塵이 그렇기 때문에 견이 적어지는 게니까 그건 사람이 쭈그리지 않아도 견 자체가 쭈그러졌다고 보는 말입니다.

仰觀日時 汝豈挽見 齊於日面
앙관일시 여기만견 제어일면

해를 쳐다볼 적에는 견을 늘리어 해에 이르러 가게 한 것이겠느냐?

해를 보려면 견이 해까지 올라갈 테니까 해를 우러러볼 때는 견을 잡아당겨서 해까지 이르러 간다는 말입니다. 제齊 자는 이르러 간다는 말이니까 그럼 해를 볼 때는 견을 잡아당겨 해까지 갖다 대느냐는 말입니다.

若築牆宇 能夾見斷
약축장우 능협견단

만약 담이나 지붕을 쌓아서 사이를 막아 견이 끊어졌다면,

가위로 자르듯이 담을 막아 가지고 견을 끊어지게 해서 담으로 끊긴 견이 밖에도 남아 있고, 안에도 남아 있다면, 그래서 담 때문에 적어졌다고 하면, 그 말입니다.

穿爲小竇 寧無續跡 是義不然
천위소두 영무속적 시의불연

작은 구멍을 뚫었을 적에는 어찌하여 이은 자취가 없는가? 이 이치가 그렇지 아니하니라.

조그마한 구멍을 내면 안의 견과 밖의 견이 이어지는 거니까 이것을 담으로 끊어서 한 동강이는 밖에, 한 동강이는 안에 있었다고 하면, 그것을 조그만 구멍을 냈을 때는 방 안에 있는 견과 밖에 있는 견의 둘을 맺은 흔적, 즉 매듭이 있어야 할 게 아니냐는 말입니다.

그러니까 끊어졌다면 다시 맺어 놓아야 할 텐데 그런 흔적이 없으니, 줄었다 늘었다, 끊었다 이었다 하는 게 아니라는 말입니다. 그래서 지금 아난의 소견이 틀렸다는 것을 얘기하고 어떻게 해야 하는지의 문제를 얘기하는 겁니다.

아난은 견見이 전진前塵의 장애를 받는다고 생각하고, 부처님은 견은 장애 받지 않는다고 말씀하십니다.

一切衆生 從無始來 迷己爲物
일 체 중 생 종 무 시 래 미 기 위 물

일체중생이 무시이래로 자기를 미迷하여 물物이라 하며,

저 위에서부터 견이 진성眞性이라고 했는데, 그 견이 진성인 것을 몰라서 미하여 내 밖에 따로 있는 물건인 줄로 여긴다는 말입니다.

만물이 다 우리의 견성見性으로 된 것인데 물건이 따로 있는 줄로 여겨서,

失於本心 爲物所轉
실 어 본 심 위 물 소 전

본심을 잃어버리고 물物의 전轉한 바가 되었으므로,

본래부터 우주에 가득한, 대소大小 방원方圓이 없는 본성 자리는 잃어버리고 물物의 지배를 받는다는 말입니다.

전轉한 바라는 건 지배를 받는다는 말이니 자유로이 못하고 내 견성見性으로 된 물건의 지배를 받아 물건이 나를 굴린다는 말입니다. 그러니까 물건의 지배를 받아서 물건이 하자는 대로 큰 것은 큰 줄 알고, 작은 것은 작은 줄 알아서 견이 늘었다 줄었다 한다는 생각을 하는 겁니다.

무시이래에 이랬기 때문에,

故於是中 觀大觀小
고 어 시 중 관 대 관 소

고로 이 중에서 대를 보고 소를 보거니와,

시중是中이란 묘명견정중妙明見精中입니다. 그 묘하고 밝은 견見의 정精 중에 큰 것도 보고 작은 것도 보아서 물건이 크면 큰 줄 알고, 물건이 작으면 작은 줄 아는 그것이 물건의 지배를 받는 것이지, 견 자체가 무슨 크고 작은 게 있겠느냐는 말입니다.

이런 얘기를 들을 때에는 그럴 것도 같다고 생각하지만 실지로 이렇게 되어야 합니다. 참으로 물건의 지배를 받지 않고 여기에 앉아서도 내 진성 자리가 법계에 가득한 것을 알아야 할 것입니다.

물건의 지배를 받기 때문에 물건의 크고 작은 것을 보고는 큰 것은 작은 게 아니고, 작은 것은 큰 게 아니라는 차별이 분명히 있는 줄 알지만,

若能轉物
약 능 전 물

만약 능히 물건을 전轉한다고 하면,

우리는 지금 물건이 하자는 대로 하고 있으니까 물건이 크면 큰 줄 알고 물건이 작으면 작은 줄 알지만, 내가 물物을 전轉한다면 큰 물건도 작게 만들 수 있고, 작은 물건도 크게 만들어서 능히 내가 물건을 지배하게 된다는 겁니다.

지배하게 되면,

則同如來
즉 동 여 래

곧 여래와 같아서,

중생과 여래가 다른 것은, 중생은 물건의 지배를 받는데, 여래는 지배하는 이라는 겁니다.

중생도 물物을 전轉하기만 하면 그때는 우리가 곧 부처와 같아져서,

身心圓明 不動道場
신 심 원 명 부 동 도 량

신심이 원명하여서 도량에서 움직이지 아니하고,

원圓이란 몸과 마음이 뚜렷하고 둥글고 모자람이 없다는 말이고, 명明이란 어둡지 않다는 말이니, 우리의 몸과 마음이 지금은 보잘것없지만, 물건을 전轉하기만 하면 원명해져서 도량을 동하지 않는다는 것입니다.

도량이란 수도하는 장소인 절을 동하지 않는다는 말이 아니고, 참말 도道를 닦는 도량은 우리의 몸과 마음이니, 이 몸과 마음이 마음대로 물物을 지배할 수 있도록 하는 거니까 밖에 있는 사事로 된 도량을 가진 것보다도 자기 몸과 마음의 이理로 세운 도량, 즉 이 몸을 조금도 동하지 않고 앉은 곳에서,

於一毛端 遍能含受 十方國土
어 일 모 단 변 능 함 수 시 방 국 토

1모단에 능히 시방의 국토를 함수하게 되리라.

모단毛端이란 털 자체도 가늘지만 그 끝이라 했으니 유정 가운데 가장

적은 것입니다.

털끝 하나에 온 세계를 다 집어넣겠다, 그러니까 정보正報로서 가장 적은 가운데 의보依報로서 가장 큰 것을 용납할 수 있다는 것이니, 소대小大의 지배를 받지 않는다는 말입니다.

부처님은 이렇게 되는데 우리는 이렇게 못 하고 있는 것은, 부처님은 물건을 지배하는 이요, 우리는 물건의 지배를 받기에 그러지 못하는 것입니다.

견은 장애되지 않는다는 것과, 견은 따로 나눌 수가 없다는 것이 여기에서의 본뜻입니다. 견, 자성 자리는 분변分辨되지 않는다, 만물 전체가 모두 견이요, 견과 만물은 따로 나눌 수가 없다는 얘깁니다.

아난이 그 말을 듣고 부처님께 아룁니다.

9. 견見은 나눌 수 없다

阿難白佛言 世尊 若此見精 必我妙性 令此妙性 現
아 난 백 불 언 세 존 약 차 견 정 필 아 묘 성 영 차 묘 성 현
在我前
재 아 전

아난이 부처님께 아뢰었다.

세존이시여, 만일 이 견정이 반드시 나의 묘성이라면 지금 이 묘성이 지금 내 앞에 현재하옵니다.

부처님께서 말씀하신 묘명견정妙明見精이 내 성품이라면 그 견見의 성

性이 내 앞에 있습니다, 그 말입니다.

아난은 지금 자기의 자체를 견으로 보지 않고, 물건이라 생각하여 능견能見하는 견의 성性이 나라면 내 견성見性이 눈앞에 있다 하여 자기 자체를 견성으로 보지 않고 견見하는 물건인 전진前塵을 견성으로 알고 있다는 말입니다. 그러니 견이 어디 한 곳에 있지 않다, 그 얘기입니다.

見必我眞 我今身心 復是何物
견 필 아 진 아 금 신 심 부 시 하 물

이 견이 반드시 나의 진성眞性이라면 이 몸과 마음은 하물이오니까?

앞에 있는 견見이 내 진성품眞性品이라면 분명히 이건 나인데, 이 몸과 마음은 무엇입니까, 그 말입니다.

이제 견과 몸이 다르다는 얘기를 합니다.

而今身心 分別有實
이 금 신 심 분 별 유 실

지금 이 몸과 마음은 분별하는 실제實際가 있사온데,

몸 자체는 분별하는 실제實際가 있다, 즉 실재實在한다는 말입니다.

彼見無別分辨我身
피 견 무 별 분 변 아 신

저 견은 별別로 내 몸을 분변함이 없나이다.

별別 자는 따로 특별히 내 몸을 분변分辨하는 것, 즉 앞에 있는 견見은 내 몸이다 뭐다 하는 분변이 없다는 말입니다. 내 몸은 분별이 있어 능분별能分別할 수가 있는데, 나의 진성眞性이라고 하는 견은 아무것도 분별하는 실제가 없으니, 아난이 자신이 생각하기에 이게 참말 나이지 밖에 있는 견정見精이 어찌 나이겠느냐고 하는 말입니다.

저 위에서부터 여러 가지로 네 것이 다른 물건도 견도 아니라고 해서 억지로 떼다 이건 네 것이라고 맡겼는데, 그러니 이제 그러한 부처님 말씀을 내 것이라고 해야겠는데, 앞에 있는 걸 견이라고 해서 이 몸은 '나는 분명히 사람이요, 저건 책상이다'라고 분별할 수 있지만, 견見인 저것은 아무것도 분별할 수 없어서 몸인지 눈인지 모르고 있다는 말입니다. 그러니 능히 분별할 수 있는 것은 내 가까운 몸인데, 나와 관계없는 저걸 내 것이라고 하니, 어떻게 뭘 가지고 믿겠느냐, 믿을 수 없다는 말입니다.

若實我心 令我今見
약 실 아 심 영 아 금 견

만일 참 내 마음이어서 나로 하여금 보게 한다면,

만약 내 앞에 있는 이 견정見精이 실지로 내 마음이라 해서 그 진심을 내가 본다면,

見性實我 而身非我
견 성 실 아 이 신 비 아

견성이 참으로 나요, 이 몸은 내가 아닐 터이오니,

앞에 있는 견성見性은 나지만 몸은 내가 아닐 거라는 말입니다.

그 나를 떠나야 하는데, 좋다 나쁘다 분별하는 소견인 망견妄見을 떠나야 하는데, 거기서 떠나지 못하니까 이러는 겁니다.

지금 밖에 있는 견정見精이 나를 본다고 하면,

何殊如來 先所難言 物能見我
하 수 여 래 선 소 난 언 물 능 견 아

여래께서 먼저 말씀하신, 물物이 능히 나를 보리라 하던 것과 어떻게 다르오리까?

지금 여기 있는 견정見精이 나고, 몸은 내가 아니라고 하면, 그래도 보기는 지금 내가 아닌 몸에 달린 눈이, 참 내 견성見性이 이걸 보고 있으니, 이는 물건이 나를 본다고 하는 것과 같지 않습니까? 저 위에서 부처님께서 '물건이 너를 본다고 해서는 안 된다' 하셨는데, 지금 분명히 이건 내 몸이 아니고 밖에 있는 견정이 참말 나라고 하면 지금 보기는 이 눈을 가지고 견정을 보니까 내가 아닌 물건이 참 나를 보는 겁니다.

저 위에서 부처님께서 물건이 나를 보는 것은 안 된다고 하셨는데, 지금 참말 물건이 나를 보는 것 같다. 즉 이 몸인 물건이 밖에 있는 견정인 나를 보는 것 같다. 그러니까 부처님 말씀과 상반되는 것입니다.

唯垂大慈 開發未悟
유 수 대 자 개 발 미 오

바라건대 큰 자비로 우리의 모르는 것을 깨우쳐 주소서.

지금까지 아난은 참말 내 견이라면 내 몸에 있지 않고 앞에 있다, 이렇게 생각하고 있습니다.

佛告阿難 今汝所言 見在汝前 是義非實
불 고 아 난 금 여 소 언 견 재 여 전 시 의 비 실

부처님께서 아난에게 말씀하셨다.
네가 말하기를, 견見이 네 앞에 현재한다는 것이 옳지 아니하니라.

견이 네 앞에 있는 게 아니라는 말입니다. 본다고 하는 것은 앞에 있는 전진前塵이지 견 자체가 아니다. 그러니 앞에 있다는 것은 말이 안 된다, 이 뜻입니다. 아난은 분명히 앞에 있는 줄 아니까 아니라는 걸 인식시켜야 할 겁니다.

若實汝前 汝實見者
약 실 여 전 여 실 견 자

만약 참으로 네 앞에 있어서 네가 본다면,

아난의 견정見精이 앞에 있는데 앞에 있는 견정을 네 몸이 지금 본다면, 그 말이며, 여汝 자는 아난의 육신을 가리키는 말입니다.

則此見精 旣有方所
즉 차 견 정 기 유 방 소

이 견정이 있는 처소가 있으리라.

앞에 있는 걸 본다고 하는 그 보는 곳, 견의 처소가 있겠다는 말입니다. 견의 처소가 있다 하니 어느 것을 견이라 하여 앞에 있다 하느냐?

非無指示
비 무 지 시

가리켜 보이지 못함이 없으리라.

이것이 내 견이라고 보여 줄 수 있겠다, 어느 게 네 견이라고 집어 댈 수 있겠다, 그 말입니다.

여기의 이 지指 자를 아래 내려가서 다시 얘기하게 되는데, 지금 네 앞에 있다고 하면, 그 견정見情이 있는 처소를 가리켜 보일 수 있으리니 가리켜 보이라는 그 말입니다.

且今與汝 坐祇陀林 遍觀林渠 及與殿堂
차금여여 좌기타림 변관임거 급여전당

또 지금 너와 함께 기타림에 앉아서 숲과 냇물과 전당을 보며,

임林은 숲이요, 거渠는 시내요, 전당은 강당 같은 건물입니다.

上至日月 前對恒河
상지일월 전대항하

위로는 일월을 보고 앞으로는 항하를 대하였으니,

실라벌성의 기환정사 앞에 항하가 흘러 부처님께서 항상 보시는 곳이 되어서 곳곳에 항하의 비유가 많이 나옵니다.

汝今於我師子座前 擧手指陳
여 금 어 아 사 자 좌 전 거 수 지 진

네가 지금 내 사자좌 앞에서 손으로 지진指陳해 보라.

부처님께서 앉아 계신 곳을 사자좌라고 하는데, 사자는 짐승 가운데 가장 무서워서 어떤 짐승이든 두려워하지 않듯이 부처님 역시 어떤 중생도 두려워하지 않는다는 뜻에서 부처님께서 앉아 설법하시는 자리를 사자좌라고 합니다.

이 사자좌는 우리가 생각하는 걸상이 아니고, 앉기도 눕기도 하는 평상입니다. 그런데 요즘은 그 법상法床을 아주 사자 모양으로 만들어 놓은 것을 봅니다. 지指 자가 계속해서 나오는데, 어느 것이 네 견見인지 가리켜 보라는 말입니다.

是種種相 陰者是林 明者是日 礙者是壁 通者是空
시 종 종 상 음 자 시 림 명 자 시 일 애 자 시 벽 통 자 시 공
如是乃至 草樹纖毫 大小雖殊 但可有形 無不指著
여 시 내 지 초 수 섬 호 대 소 수 수 단 가 유 형 무 부 지 저

이 종종의 상相이 그늘진 것은 숲이요, 밝은 것은 해요, 막힌 것은

벽이요, 통한 것은 허공이니, 이와 같이 초목과 섭호까지 크고 작은 것은 다르나 형상이 있는 것은 가리키지 못할 것이 없느니라.

가리킬 지指 자를 계속 끌고 내려옵니다.

若必有見 現在汝前 汝應以手 確實指陳 何者是見
약필유견 현재여전 여응이수 확실지진 하자시견

만일 그 견이 반드시 네 앞에 있다면 네가 손으로 확실히 가리키라. 어느 것이 견이냐?

앞에 있다면 처소가 있을 터이니, 그 앞에 있는 견을 가리켜 보라는 얘깁니다. 가리킬 수 없다는 것을 얘기합니다.

阿難當知 若空是見 旣已成見 何者是空
아난당지 약공시견 기이성견 하자시공

아난아, 마땅히 알라. 만일 공이 견이라면 이미 견이 되었으니 어느 것이 공이냐?

허공을 견이라 하면, 허공이 견이 된 것이니, 그럼 허공은 어느 것이냐는 말입니다. 허공과 견을 논할 수가 없는 것입니다.

若物是見 旣已是見 何者爲物
약물시견 기이시견 하자위물

만일 물物이 견이라면 이미 견이 되었으니 어느 것이 물이겠는가?

汝可微細披剝萬象 析出精明淨妙見元 指陳示我 同
여가미세피박만상 석출정명정묘견원 지진시아 동
彼諸物 分明無惑
피제물 분명무혹

네가 가히 만상 중에서 미세하게 분석하여 정명하고 정묘한 견을 쪼개 내서 내게 보이되, 저 물상物象과 같이 분명하게 의심이 없게 하라.

그래서 견은 쪼갤 수 없다는 것이 저 위의 견은 나눌 수 없다는 제목입니다.

阿難言 我今於此 重閣講堂 遠洎恒河 上觀日月 擧
아난언 아금어차 중각강당 원계항하 상관일월 거
手所指 縱目所觀 指皆是物 無是見者
수소지 종목소관 지개시물 무시견자

아난이 말하였다.

제가 지금 이 중각 강당에서 멀리는 항하에 이르고, 위로는 일월을 보거니와 손으로 가리키고 눈으로 보는 것이 모두 물상物象이요, 견이라 할 것이 없나이다.

종縱 자는 눈을 마음대로 조종해서 보는 바입니다.

어느 것이 견이라고 가리키려 하면 다 물物이지 견이라 할 게 없다는 말입니다.

世尊 如佛所說
세 존 여 불 소 설

세존이시여, 부처님의 말씀과 같사오니,

그래서 이 가운데서 어느 것이 견이라고 꼬집어 낼 수 없으니, 그 말입니다.

況我有漏 初學聲聞
황 아 유 루 초 학 성 문

하물며 저는 누漏가 있는 초학 성문이거니와,

누漏란 번뇌를 말하는 것이니, 아라한이 되면 누漏가 없지만 아난 존자는 초과初果만을 증證했으니 유루입니다.

乃至菩薩
내 지 보 살

내지 보살이라도,

아난 같은 초학 성문만이 아니라 본래부터 공부한 관세음보살이나 문수보살이나 그런 큰 보살들도,

亦不能於萬物象前 剖出精見
역 불 능 어 만 물 상 전 부 출 정 견

또한 이 만물상 중에서 정견을 분석해 내되,

離一切物 別有自性
이 일 체 물 별 유 자 성

일체물을 여의고 따로 자성이 있게 하지 못하리이다.

유루有漏 성문인 아난만이 물상物象 앞에서 견見을 골라내지 못하는 게 아니라 본래부터 공부한 보살들이라도 만물상 앞에서 이게 견이라고 드러낼 수가 없다는 말입니다. 그러니까 아난만이 재주가 부족해서 못 드러내는 게 아니라 견은 원래 드러낼 수가 없다는 말입니다.

佛言 如是如是
불 언 여 시 여 시

부처님께서 말씀하셨다.
여시여시니라.

佛復告阿難 如汝所言 無有精見 離一切物 別有自性
불 부 고 아 난 여 여 소 언 무 유 정 견 이 일 체 물 별 유 자 성 부처님께서 다시 아난에게 말씀하셨다.

네 말대로 견정이 일체물을 여의고는 따로 자성이 없다면,

무유無有는 맨 끝에 새겨야 합니다. 아난이 견정을 여의고는 따로 자성이 없겠다고 한 말을 갖다 대어 아난의 뜻을 확정 짓는 겁니다.

則汝所指 是物之中 無是見者
즉여소지 시물지중 무시견자

네가 가리키는 이 물상物象 중에는 견見이라 할 것이 없어야 하리라.

네가 지금 일체 물건을 떠나서 따로 견의 자성이 있다는 것을 끄집어낼 수 없다면, 그럼 네가 보는 물건 중에는 견이 없다고 생각하는구나. 그러니 네 말을 빌리자면 이 만물상 앞에는 견이 없어야 하겠구나, 이런 말입니다.

아난이 견이 없다고 여기니, 부처님께서는 견이 있다는 걸 드러내기 위해 아난의 말을 끄집어 놓으신 겁니다.

今復告汝
금부고여

지금 다시 네게 고하리라.

汝與如來 坐祇陀林 更觀林苑 乃至日月 種種象殊
여여여래 좌기타림 갱관임원 내지일월 종종상수

네가 여래와 더불어 기타림에 앉아서 숲과 동산과 내지 일월을 보는데 여러 가지 물상이 다르지만,

원苑 자는 창경원처럼 식물이나 동물들을 기른다는 뜻이고, 저 위에서 나왔던 에울 위口 몸의 동산 원園 자는 사람의 조작으로 만들어 놓은 울타리 안이라는 뜻인데, 그러나 뜻이 조금 다를지언정 큰 차이는 없습니다.

必無見精 受汝所指
필무견정 수여소지

반드시 네가 가리킬 견정이 없다면,

여기 있는 중에서 어느 것이 견정見精이라고 가리켜 지시할 수가 없다면 하는 이 말은, 아난의 생각을 가지고 하는 말입니다.

汝又發明 此諸物中 何者非見
여우발명 차제물중 하자비견

네가 또한 발명하라. 이 물상 중에서 어느 것이 견이 아닌가?

좀 전에는 견을 끄집어낼 수 없다고 했으니 여기 이 물건에는 견이 없을 터인즉, 이 물건 중에 견 아닌 것을 지진指陳해 보라는 말입니다.

阿難言 我實遍見 此祇陀林 不知是中 何者非見
아 난 언 아 실 변 견 차 기 타 림 부 지 시 중 하 자 비 견

아난이 말하였다.

제가 이 기타림을 두루 보오나 이 가운데서 어느 것이 견이 아닌지를 알지 못하나이다.

견 아니라고 하려니 알 수가 없다는 것을 부처님께서 말씀하시기 전에 아난이 하는 말입니다.

何以故 若樹非見 元何見樹
하 이 고 약 수 비 견 원 하 견 수

무슨 까닭인가 하면, 만약 나무가 견이 아니라면 어떻게 나무를 보며,

저 위에서 허공이 견이라면 어느 것이 허공이겠느냐는 말과 같이 나무가 견이 아니라면 나무를 보지 못해야 할 텐데 그러나 나무를 보니 견이 없다고 할 수가 없다는 말입니다. 즉 나무가 견이라면 나무는 어디 있느냐는 말입니다.

若樹卽見 復云何樹
약 수 즉 견 부 운 하 수

만약 나무가 곧 견이라면 어느 것이 나무이리까?

견 대신 어느 것을 나무라고 해야 하겠느냐는 말입니다. 부운하수復云何樹란 견 아닌 것이 없다는 걸 얘기하는 것입니다.

如是乃至 若空非見 云何爲空 若空則見 復云何空
여시내지 약공비견 운하위공 약공즉견 부운하공

내지 공空이 견이 아니라면 어떻게 공을 보며, 공이 곧 견이라면 어느 것이 공이니까?

我又思惟 是萬象中 微細發明 無非見者
아우사유 시만상중 미세발명 무비견자

제가 또 생각하오니 만물상 중에서 미세하게 발명하건대 견이 아닌 것이 없나이다.

저 위에서는 견인 것이 없다고 하다가 여기에서는 견 아닌 게 없다고 하는 겁니다.

佛言 如是如是
불언 여시여시

부처님께서 말씀하셨다.
그러하니라.

부처님께서 견이라 해도 그렇다 하시고, 견 아니라 해도 그렇다 하시고, 둘을 다 인정하시는 말이니, 먼저 말이 옳았으면 뒷말이 그르다 해야 하고, 뒷말이 그르면 앞말이 옳다 해야 할 텐데, 하나는 견인 것이 없다 하셨고, 하나는 견 아닌 것이 없다 하셨으니, 즉 정반대되는 두 말을 다 옳다 하셨으니,

於是大衆 非無學者 聞佛此言
어 시 대 중 비 무 학 자 문 불 차 언

이에 대중 중에서 무학이 아닌 이들이 이 부처님의 말씀을 듣고,

무학無學이란 공부를 마쳐서 더 배울 게 없는 아라한을 말하는데, 소승 무학은 아라한이고, 대승 무학은 부처님입니다. 부처님을 여래아라하如來阿羅訶라고도 하는데, 아라한이나 같은 말입니다.

문불차언이란 여시여시如是如是라는 부처님 말씀을 듣고, 이 말입니다.

茫然不知是義終始
망 연 부 지 시 의 종 시

망연하게 이 이치의 시종을 알지 못하여,

망연이란 종잡을 수 없다는 말입니다. 초두 밑에 물 수水 자와 망亡 자를 썼으니까 풀과 물과 벌판이 되어 있는 그게 망茫입니다.

종시終始나 시말始末이나 다 같은 말입니다.

一時惶悚 失其所守
일시황송 실기소수

한참 동안 황송하여 그 가진 것을 잃어버린 듯하였다.

이제까지 부처님께서 견이라 해도 그렇다, 견 아니라 해도 그렇다, 종잡을 수가 없어서 여태까지 이렇다 하고 나오던 자기 소견을 그만 잃어버려서 뭐라 할 수 없이 되니, 대중이 어찌된 까닭을 몰라서 어리둥절하고 있더라는 말입니다.

如來知其魂慮變慴 心生憐愍 安慰阿難及諸大衆
여래지기혼려변습 심생연민 안위아난급제대중

여래께서 그들의 혼려가 변습함을 아시고 연민한 마음을 내어 아난과 대중을 안위하셨다.

경 가운데 마음을 표할 때 혼魂 자를 별로 안 쓰는데 여기에서는 썼습니다. 혼려魂慮에서, 작용하는 주체를 혼魂, 혼의 작용을 려慮라고 합니다. 즉 정신입니다. 습慴은 놀랄 습 자입니다.

부처님께서 지금 그 원리를 말씀하실 테니, 걱정 말라고 위로하시는 내용입니다.

諸善男子 無上法王 是眞實語 如所如說 不誑不妄
제선남자 무상법왕 시진실어 여소여설 불광불망

선남자들아, 무상법왕은 진실하게 말하며 여如와 같이 말하며 광탄誑誕하지도 않고 허망하지도 아니하여,

非末伽梨 四種不死 矯亂論議
비 말 가 리 사 종 불 사 교 란 논 의

말가리들의 죽지 않으려고 하는 네 가지 교란하는 논은 아니니,

汝諦思惟 無忝哀慕
여 제 사 유 무 첨 애 모

너희들은 자세히 생각하여 부질없이 애모하지 마라.

첨忝 자는 쓸데없이라는 말입니다. 일시에 황송해서 어쩔 줄 모르고 있으니까 분명한 이치를 얘기해 줄 테니 걱정하지 말라는 말입니다.

是時 文殊師利法王子 愍諸四衆 在大衆中 卽從座起
시 시 문 수 사 리 법 왕 자 민 제 사 중 재 대 중 중 즉 종 좌 기
頂禮佛足 合掌恭敬 而白佛言
정 례 불 족 합 장 공 경 이 백 불 언

이때에 문수사리 법왕자가 사중을 애민하여 대중 중에서 일어나 부처님의 발에 정례하고 합장하며 공경하여 부처님께 아뢰었다.

법왕자法王子는 보살이라는 말입니다. 문수사리는 다 알지만 대중이 모

르고 있으니까 그걸 딱하게 여겨서 문수사리가 대중의 뜻을 가지고 얘기하는 겁니다.

世尊 此諸大衆 不悟如來 發明二種 精見色空 是非是義
세 존 차 제 대 중 불 오 여 래 발 명 이 종 정 견 색 공 시 비 시 의

세존이시여, 이 대중들이 여래께서 발명하신 정견과 색과 공이 시是인지 비시非是인지 두 가지 이치를 깨닫지 못하나이다.

2종이란 시是와 비시非是인데, 그 2종이라는 글이 아래로 내려와야 하겠지만 한문 문체가 되어서 위로 놓였습니다.

정견精見은 불성 자리요, 색공色空은 색이 아니면 공이요, 공이 아니면 색, 어느 하나를 취하라는 것이요, 시 · 비시는 색공이 견인지, 색공이 견 아닌지 그 말입니다.

여기의 2종은 정견과 색공이 아니고 시와 비시를 말하는데, 시는 색과 공이 견인지, 비시는 색과 공이 견 아닌지이니, 이 두 가지를 뜻합니다.

지금 문수보살이 대중의 뜻을 가지고 부처님께서 말씀하신 이치를 몰라서 이러고 있다고 변명하는 말입니다.

世尊 若此前緣 色空等象 若是見者 應有所指
세 존 약 차 전 연 색 공 등 상 약 시 견 자 응 유 소 지

세존이시여, 이 전연인 색상色象과 공상空象이 만일 견이라면 가리

칠 수가 있어야 하고,

전연前緣은 전진前塵과 같은 말입니다. 색공등상色空等象에는 견 등이 다 들어가는 것입니다. 응유소지應有所指란 어느 게 견見이라고 끄집어내겠고, 하는 말입니다.

若非見者 應無所矚
약 비 견 자 응 무 소 촉

만일 견이 아니라면 보지 못해야 하리니,

색공色空 등 온갖 상象이 견이 아니라면 안 보여야 할 텐데 그러나 다 보이기는 보이니 견을 끄집어낼 수 없다는 말입니다.

而今不知 是義所歸 故有驚怖
이 금 부 지 시 의 소 귀 고 유 경 포

지금 이 이치의 귀속할 바를 알지 못하여 경포할지언정,

부처님께서 말씀하시는 앞의 여러 물상이 견인지 견 아닌지 견이라면 끄집어내야겠고, 견 아니라면 못 봐야겠는데, 보이긴 보이면서도 끄집어낼 수 없으니, 그렇게도 저렇게도 안 되니까 이 뜻의 돌아갈 바를 몰라서 경포하는 겁니다.

非是疇昔 善根輕尠
비 시 주 석 선 근 경 선

옛적의 선근이 경선한 것은 아니오니,

주疇 자와 석昔 자가 다 옛적이라는 말입니다.

부처님 말씀하시는 뜻을 분간할 수가 없어서 놀라는 것이지, 과거의 선근이 부족해서 놀라는 것은 아니니, 부처님께서 잘 말씀해 달라고 대중을 위해 변명하는 것입니다.

唯願如來 大慈發明 此諸物象 與此見精 元是何物
유원여래 대자발명 차제물상 여차견정 원시하물
於其中間 無是非是
어기중간 무시비시

원컨대 여래께서 대자로 발명하소서. 이 물상들과 견정이 원래 무엇이길래 이 중간에 시와 비시가 없나이까?

앞의 여러 가지 물상物象과 견정見精, 이 둘이 무엇이길래 물상 가운데서 견이라 할 수도 없고 견 아니라고 할 수도 없으며, 본래 견정과 물상이 어떤 견인지, 무슨 까닭인지 그 말입니다.

원시하물이라는 이 말이 아주 중요합니다. 원래 무엇이길래 그중에 시견是見과 비시견非是見이 없는지 그 이유를 묻는 말입니다.

문수보살이 대중의 뜻을 분명히 설명하니, 부처님께서 거기에 대해서 대답하십니다.

佛告文殊 及諸大衆 十方如來 及大菩薩
불고문수 급제대중 시방여래 급대보살

부처님께서 문수와 대중에게 말씀하셨다.

시방의 여래와 대보살들이,

대보살은 관세음보살이나 문수보살 등을 가리킵니다. 초발심이나 아라한은 여기에 들지 못합니다.

於其自住 三摩地中 見與見緣 幷所想相
어 기 자 주 삼 마 지 중 견 여 견 연 병 소 상 상

스스로 주住하는 삼마지에서는 견과 견의 연緣과 생각하는 상相이,

삼마지는 삼매三昧이며, 삼매는 정定입니다. 다른 사람이 하는 선정엔 그렇지 않지만 여래와 대보살들이 들어 있는 선정 중에서 볼 때는, 그 말입니다.

견見 자는 저 위의 정견精見을 말합니다. 견연見緣은 견에 대한 연緣이니까 색이나 육진六塵 경계를 다 가리키는 말입니다. 병소상상이라고 할 때 위의 생각 상想 자는 육식으로 생각하는 것이고, 아래의 상相 자는 육근, 즉 몸을 가리키는 말입니다.

여래나 보살들이 들어 있는 삼마지 중에서 볼 때는 견정見精, 즉 옳은 진견眞見이라든지 견에 대한 온갖 인연, 즉 색이 다 공이다 하는 그런 연緣이라든지, 소상상所想相, 즉 육식으로 생각하는바 몸 모양이라든지 이런 것들이 견연見緣과 소상상은 허망한 것이지만, 위의 견 자는 견정을 말하는 것이니까 '진眞과 망妄이', 그 말입니다.

진眞은 내놓고 망만 허망하다는 게 아니라, 물론 우리가 볼 때는 그렇겠지만, 부처님이나 보살들이 볼 때는 진과 망이 다르지 않다는 말입니다.

如虛空花 本無所有
여 허 공 화 본 무 소 유

허공화와 같아서 본래 있는 것이 아니다.

색이고, 공이고, 견이고, 견 아니고 하는 그런 것이 없이 다 옳다는 말입니다. 전부 일진법계一眞法界뿐이지 그 외에 다른 것이 뭐가 있겠느냐는, 다시 말하면 진견眞見까지도 없다는 그 말입니다.

此見及緣 元是菩提 妙淨明體
차 견 급 연 원 시 보 리 묘 정 명 체

이 견見과 연緣이 원래 보리의 묘정명한 본체이니,

견見은 정견精見을 말하고, 연緣은 연緣 자 하나지만 저 위의 소상상所想相까지를 아울러 하는 말입니다.

원시보리 묘정명체란, 본래 이것이 보리의 묘정명체이지 어느 것 하나 보리 아닌 게 없다는, 그러니까 견이라 할 수도 없고, 견 아니라 할 수도 없고, 견과 물상이 다르지 않다는 그 말입니다.

모두 허공과 같아 시是라 비시非是라 할 수 없는 것을 여기에서 비유로 얘기하는데, 위에서 견見과 견연見緣이 모두 허공화虛空華와 같다는 건 허망하다는 말이고, 그 아래 원래 보리의 묘정명체라 하는 건 진실하다는 말입니다.

견과 견연이 모두 허망한 허공화와 같으며, 그러면서도 진실한 보리의 묘정명체여서 오직 일진법계一眞法界 하나뿐이요, 무차별하다는 것을 얘기합니다.

云何於中 有是非是
운하어중 유시비시

어찌 이 가운데 시와 비시가 있겠느냐?

文殊 吾今問汝 如汝文殊 更有文殊 是文殊者 爲無文殊
문수 오금문여 여여문수 갱유문수 시문수자 위무문수

문수야, 내가 이제 네게 묻노니 네가 문수인데 다시 시문수라 할 문수가 있겠느냐, 없겠느냐?

이 말은 네가 문수인데 다시 네게 시문수是文殊가 있느냐, 시문수가 없느냐? 즉 문수 하나를 놓고 이건 옳은 문수, 저건 그른 문수라는 두 가지의 분간이 나올 수 있느냐는 뜻인데, 이 부분을 잘 보아야 합니다.

여여문수如汝文殊하야, 네가 문수와 같아서(지금 문수인데), 갱유更有, 다시, 그 말입니다. 문수가 시문수냐, 옳은 문수가 있느냐, 위무문수爲無文殊냐, 문수가 없는 게 되느냐, 이것은 그런 문수가 없느냐는 말도 될 겁니다. 문수면 문수 하나이지 문수 외에 이건 옳은 문수, 저건 그른 문수라는, 말하자면 보리묘정명체菩提妙淨明體이면 하나의 보리묘정명체이지, 어느 것은 물상物象이고, 어느 것은 견이고, 어느 것은 견이 아니라는 그러한 차별이 없다는 얘깁니다.

이제 문수가 대답합니다.

如是世尊 我眞文殊 無是文殊
여시세존 아진문수 무시문수

그러하오이다, 세존이시여. 제가 참말 문수이오매, 시문수가 없나이다.

문수면 문수지 무슨 옳은 문수가 어디 있겠습니까, 이런 말입니다.

何以故 若有是者 則二文殊
하이고 약유시자 즉이문수

왜냐하면 만일 시문수가 있다면 두 문수가 되나이다.

옳은 문수가 있으면 옳지 않은 문수가 있기 때문에, 말하자면 옳은 문수라 하면 벌써 그른 문수를 갖다 대고 하는 말이니까, 그래 문수는 하나이지 시문수是文殊, 비문수非文殊가 어디 있겠느냐는, 즉 차별이 없다는 것입니다.

그렇다고 하지만,

然我今日 非無文殊
연아금일 비무문수

그러나 오늘날 문수가 없는 것 아니오니,

시문수是文殊가 없다고 해서 문수 자체가 없지 않다는 말입니다. 시是와 비非는 없을지언정 문수는 그냥 문수지 문수가 없는 게 아니라는 그런 말인데 논리가 좀 어렵게 되어 있습니다. 쉽게 말한다면 네가 문수인데 옳은 문수가 있느냐, 옳은 문수가 없느냐고 물으니, "내가 문수면 그만이지 옳은 문수가 있으면 문수가 둘이게요?" 이렇게 대답하는 것입니다. 즉 옳은 문수가 없다고 하더라도 오늘날 문수가 문수 그대로 있다는, 즉 문수면 문수 하나이지 시是와 비非가 없다는 그런 말입니다.

於中實無是非二相
어 중 실 무 시 비 이 상

이 가운데 시라 비라 할 두 가지가 없나이다.

어중於中이란 문수 가운데라는 말입니다. 시비이상이 없다는 건, 문수면 문수이지 시是와 비非가 없다, 차별이 없다는 말입니다. 그래서 이게 견은 나눌 수 없다는, 즉 어떤 건 물건이고 어떤 건 견이라고 해서 물건과 견을 나눌 수 없다는 말로써 설명이 됩니다.

佛言 此見妙明 與諸空塵 亦復如是
불 언 차 견 묘 명 여 제 공 진 역 부 여 시

부처님께서 말씀하셨다.
이 묘명한 견과 모든 공과 진塵도 역시 그러하여,

진塵은 색진色塵을 가리키는 말입니다. 위에서 색공色空과 견見이 옳다, 그르다 해서 시비가 있었는데, 이 견의 묘명한 진체眞體와 지금 허망하다고 하는 공과 진塵도 또한 문수와 같아서 옳고 그른 시비가 없다는 그 말입니다.

역부여시亦復如是란 말은, 문수의 시비이상是非二相이 있을 수 없는 것과 같이 우리의 진견眞見과 색공 가운데도 시비이상이 없다는 뜻입니다.

왜 시비이상이 없는고 하니,

本是妙明 無上菩提 淨圓眞心
본 시 묘 명 무 상 보 리 정 원 진 심

본래 묘명한 무상보리의 깨끗하고 원만한 진심이다.

본래 이것이 여래와 대보살이 머무르고 있는 삼마지 중의 묘하고 밝고 위가 없는 보리의 참마음, 즉 일진법계一眞法界뿐이지 다른 게 없다는 말입니다.

妄爲色空 及與聞見
망 위 색 공 급 여 문 견

허망하게 색과 공과 문과 견이 되었으니,

문견聞見은 마음을 가지고 유정들이 분별하는 것을 말하며, 색공은 유정과 무정이 모두 이 가운데서 생겨났다는 말입니다. 그래서 무슨 차별이 있겠느냐는 이런 의미입니다.

如第二月 誰爲是月 又誰非月
여 제 이 월 수 위 시 월 우 수 비 월

마치 제2월과 같거늘 어느 것은 시월是月이라 하고, 어느 것은 비월非月이라 하겠는가?

눈을 누르고 보니 달 곁에 또 달이 하나가 있는 것 같을 뿐 실상 있는 게 아니니까 어느 건 참 달이고 어느 건 참 달이 아니라고 할 수가 없지 않느냐, 그래서 제2월과 같다는 그 말입니다.

文殊 但一月眞 中間自無是月非月
문수 단일월진 중간자무시월비월

문수야, 일월만이 참된 것이요, 그 중간에 시월과 비월이 없느니라.

시월是月은 제2월과 같고, 비월非月은 제3월, 즉 물 가운데 있는 달과 같습니다. 지금의 이 뜻은 달 하나면 달 하나이지, 그 가운데 시월비월是月非月이 없는 것과 같이 보리묘정명체菩提妙淨明體 하나면 그만이지, 원래 여래나 보살의 경계 가운데는 견이니 색공이니 하는 분별이 없다는 말입니다.

是以汝今 觀見與塵 種種發明 名爲妄想
시이여금 관견여진 종종발명 명위망상

그러므로 네가 지금에 견과 진을 보고서 종종으로 발명하는 것을 망상이라 하나니,

유정이니 무정이니 하는 것을 너희 중생들이 발명하기 때문에 견을 찾아낼 수가 없다 하는 이게 망상이라는 애깁니다.

不能於中 出是非是
불능어중 출시비시

능히 그 가운데서 시是와 비시非是를 초출超出하지 못하거니와,

어중於中이란 '견見과 색공色空 가운데서' 그 말입니다. 시是와 비시非是는 시견是見과 비시견非是見을 가리키며, 견見과 진塵을 보고서 이건 능견能見이요, 저건 소견所見이요, 또는 크다 작다 하는데, 이렇게 하는 것 모두 다 망상이며, 또한 그 망상 때문에 시와 비시의 가운데서 벗어나지 못한다는 말입니다.

由是精眞 妙覺明性 故能令汝 出指非指
유시정진 묘각명성 고능령여 출지비지

이 진정한 묘각의 밝은 성性을 말미암으면 능히 너로 하여금 지指와 비지非指에서 초출出指하게 하리라.

유시정진 묘각명성고란 부처님이나 대보살들이 그렇다는 말입니다.

위에서부터 지指 자를 얘기할 때 몇 번 점검했지만 지指는 견見이라 가리킬 수 있는 것이요, 비지非指는 견이라 가리킬 수 없는 것이라고 보아 왔습니다.

묘정명체妙淨明體, 즉 우리의 본원인 불성 자리로 볼 때는 지指와 비지非指, 즉 가리킬 수 있는 것과 없는 것에서 초출한다. 즉 능지能指와 소지所指, 즉 가리킬 수 있는 것은 견이요, 가리킬 바는 무정일 텐데, 거기서 초출하게 된다. 불능어중不能於中 출시비시出是非是는 시是와 비시非是에서 초출하지 못하지만, 능히 지指와 비지非指에서 초출하게 된다, 이 말입니다.

그런데 지와 비지를 여기에서 지는 견이라 가리킬 수 있다, 비지는 견이라 가리킬 수 없다고 새기는데, 이 지와 비지가『장자莊子』에 나옵니다.

그러니까 계환사戒環師 같은 이는『장자』를 가지고 새겨 놓은 겁니다. 『장자』에 보면 '이지유지지비지以指喻指之非指 불약이비지유지지비지不若以非指喻指之非指'라는 말이 있습니다. '손가락을 가지고 손가락이 손가락 아니라고 일러 주는 것이 손가락 아닌 것을 써서 손가락이 손가락 아니라고 일러 주는 것만 같지 못하다'라는 말인데, 이『장자』에서의 지指, 비지非指는 그런 의미가 아닙니다. 사람이 육손이면 정상인이라고 할 수 없는데, 여기의 지指 자는 바로 그 육손가락 지指 자라는 얘깁니다. 그러니까 지는 정상이 아닌 육손이고, 비지는 바른 손가락이 되는 것입니다. 육손을 가진 사람이 다른 사람의 육손을 가리키면서 그것은 옳지 못한 손가락이라고 하는 말이 되겠지요.

불약이비지不若以非指 운운하는 것도 육손 아닌 바른 손가락을 가지고 육손이 바른 손가락 아니라고 일러 주는 것만 같지 못하다 이런 말이니까, 비지란 육손은 손가락이 아니라는 얘깁니다.

결국 비지라는 게 '육손이 손가락이 아니라는 말이냐, 손가락 말고 뭐 꼬챙이 같은 걸 가리킨다는 말이냐, 같은 것을 가지고 뭘 옳지 않다 하느냐', 그게 분간이 안 된다는 말입니다.

그러니 이걸 보면 분명히 지, 비지는『장자』에 있는 말이고, 계환사도 그랬고, 또 다른 이도 흔히『장자』를 끌어다 얘기를 합니다.

이렇듯 누구든지 한문으로는『장자』의 지指, 비지非指를 들고 나오는데, 여기에서 그렇게 하면 안 되는 것이,『능엄경』의 지, 비지는 부처님 말씀이요, 부처님은 장자가 나기 전입니다.

장자가 나기 전에 부처님께서 말씀하시면서 몇 백 년 후의『장자』에 나오는 지, 비지를 갖다 얘기했을 수가 있겠는가. 그러니『장자』를 끌어다 쓰면 안 된다는 말이고, 또한 번역할 때 필수筆受한 방융房融이 『장자』의 지, 비지를 끌어다 번역했는지 의심하지만, 사실 이치가 『장자』에 있는 지, 비지와 같아서 번역하는 사람이 그걸 갖다 댔다 할 수도 있지만, 아무리 방융이 속인이라 하더라도 불경을 번역하는 사람이 『장자』의 것을 갖다 번역할 수가 있겠는가, 이 말입니다.

그래서 능지能指와 소지所指, 능히 가리킬 수 있다, 가리킬 바다 하는 이 능지, 소지를 가지고 번역한다는 것인데, 이게 말썽이 되는 것이지요.

그래 이게 『장자』의 것이 아니라고 하면 다음에 또 '긍경수증肯綮修證'이라는 『장자』의 말이 나오는데, 여기에서 『장자』의 것을 갖다 안 썼다고 하면, 거기서도 『장자』의 것을 갖다 안 써야 하지 않겠는가. 그래서 이것을 『장자』의 것이라고 해석하려 하는 이는 저것을 전례로 들 것입니다.

긍경수증의 긍肯은 골간육骨間肉이라고 해서 뼈 사이에 붙은 살을 말하고, 경綮이란 힘줄과 뼈와 살이 한데 섞여 분간할 수 없는 것을 말하는데, 이 말 역시 『장자』에 나옵니다.

소를 잡는 백정이 소와 말을 잡아 놓고 보면 힘줄과 뼈와 살이 한데 얽혀 있는데, 그것들을 따로 갈라내려면 뼈에도 칼날이 닿고 살에도 칼날이 닿고 해서 칼날이 자꾸 무디게 될 겁니다. 그러나 참말 소를 잘 잡는 백정은, 칼날을 뼈와 살이 붙은 사이로 움직여서 뼈에도 안 붙고 살에도 안 붙어 아무리 칼을 오래 써도 칼이 상하게 하지 않는다는 것입니다. 칼을 잘못 움직여 뼈에 대든지 살에 대니까 칼이 상한다는 얘긴데, 『장자』에 나오는 얘기는 19년을 소를 잡으면서도 칼을 한 번도 안 갈았다는 것입니다. 왜 그런고 하니 다음과 같습니다.

칼날은 두께가 없습니다. 뼈에 살이 붙었다 해도 그 사이가 있게 마련인데, 두께가 없는 걸 가지고 사이가 있는 데를 들어가는데 칼날이 닿을 리 있겠느냐는 얘깁니다. 19년을 소를 잡았지만 칼은 새로 숫돌에 갈아낸 것과 같다는 이런 얘기를 하면서 긍경肯綮을 말한 것이 『장자』의 「양생편養生篇」에 있습니다.

워낙에 『장자』 자체가 어려운 글이고, 그러다 보니 또 거기에 나오는 글을 한문 하는 이들이 많이 갖다 쓰게 되었는데, 아마 방융도 원체 한문을 잘하니까 이걸 가져다 쓴 게 아닌가 의심하기도 합니다.

그런데 한문의 것을 안 갖다 쓰려니까 지指, 비지非指를 능지能指와 소지所指, 즉 능히 견이라고 가리킬 수 있는 것과 가리킬 바, 가리킬 수 없는 것이라고 했다는 게지요.

원칙적으로 글로만 본다면 문장 자체가 『장자』에서 나온 것이라 할 수밖에 없습니다. 그러나 어찌 부처님 때의 경전을 『장자』의 것을 갖다 댔다 할 수가 있겠느냐는 말입니다.

글이 그렇게 어려울 것도 없는데, 이론이 그렇다는 것이고, 중요한 것은 위물소전爲物所轉, 물건의 지배를 받느냐, 아니면 물건을 지배하느냐 하는 것입니다.

위에서부터 분명히 가리킬 지指 자를 여러 번 썼으니까 지, 비지를 가리킬 수 있다 없다, 능지, 소지라 해석할 수가 있습니다. 아무리 『장자』에 나올지라도.

10. 견見은 정량情量을 초월하였다

阿難白佛言 世尊 誠如法王所說
아 난 백 불 언 세 존 성 여 법 왕 소 설

아난이 부처님께 아뢰었다.

세존이시여, 진실로 법왕의 말씀과 같아서,

覺緣 遍十方界 湛然常住 性非生滅
각 연 변 시 방 계 담 연 상 주 성 비 생 멸

각覺과 연緣이 시방계에 두루 하며 담연히 상주하여 성性이 생멸이 아니라 하오면,

각覺은 진성眞性, 진각眞覺 자리를 가리키며, 연緣은 각覺에 대한 반연할 바이니, 만법을 가리킵니다. 담연히 상주한다는 것은 고요하게 항상 머물러 있다는 얘깁니다.

여기까지는 '세존께서 여태껏 이렇게 말씀하셨으니', 그 말입니다.

與先梵志 娑毘迦羅 所談冥諦
여 선 범 지 사 비 가 라 소 담 명 제

예전 범지인 사비가라가 말하는 명제나,

선先이란 지나간, 죽은, 오래전 사람을 말합니다. 그러니까 돌아가신 스님을 선사先師라고 하고, 돌아가신 아버지를 선고先考라고 하듯 이 선先자는 현존하지 않고 세상을 돌아간 이를 말하는 것입니다.

범지는 바라문이라는 말인데, 그 가운데 사비가라라고 하는 황발黃髮외도이니, 저 앞에서 마등가녀가 사비가라선범천주娑毘迦羅先梵天呪를 했다는 게 내내 이 사비가라입니다.

명제冥諦란 앞에서도 얘기했듯이 그 사람들은 명제가 온갖 물질의 시초이며 생멸이 아니라고 했습니다.

及投灰等 諸外道種 說有眞我 遍滿十方 有何差別
급투회등 제외도종 설유진아 변만시방 유하차별

및 투회 외도들이 말하는 진아가 시방에 변만하다는 것과 어떻게 다르니이까?

투회는 고행하는 외도인데, 투회라는 글자로 보아 몸 전체를 재 속에 묻고 눈이나 코 등에 재가 들어가게 하는 그런 고행을 하는 외도인 모양입니다. 그 외에도 여러 종류의 고행 외도가 있는데, 고苦를 조금씩 받으려면 시간이 많이 걸리니까 한꺼번에 고를 다 받아 버리고 나면 마치 높은 산에 올라 오랏줄 덩어리를 풀어 내리듯 모든 고가 풀려서 더 이상 받을 고가 없고, 고가 끝났으니 올 것은 낙樂밖에 없다고 생각하는 외도들입니다.

그 사람들은 또 저 사비가라의 명제冥諦라고 하는 것이 물질의 시초라고 하는 것처럼 신아神我라고 하는 것이 있어서 그 신아의 요구에 의해서 명제가 유형무형의 모든 것을 생한다 하는 이런 뜻을 펴서 이십오제二十五諦를 얘기하는데, 그 이십오제의 처음이 명제이고, 맨 끝의 제이십오제가 신아입니다.

진아眞我가 상락아정常樂我淨은 못 되지만 그 사람들은 가장 최고라고 여깁니다. 진아가 변만시방하다고 투회 외도들이 하는 말이나 무슨 차별이 있겠느냐는 말을 하는 것인데, 즉 사비가라가 명제라고 얘기하는 것이라든지, 투회 등의 외도가 신아가 있다고 한다든지 부처님의 각연覺緣이 시방계에 두루 했다고 하신 이 말들이 무슨 차별이 있겠느냐는 말입니다.

결국 각연이 시방계에 두루 했다는 부처님 말씀이나, 명제가 시방에 두루 했다는 말이나 진아가 시방에 두루 해서 생멸이 없다고 말하는 외도들의 주장이 모두 같다고 의심하는 것입니다.

世尊亦曾於楞伽山 爲大慧等 敷演斯義
세 존 역 증 어 릉 가 산 위 대 혜 등 부 연 사 의

세존께서도 능가산에서 대혜 등에게 이 뜻을 부연하실 때에,

『능엄경』을 설하신 곳이 능가산인데 능가를 번역하면 불가지不可至, 불가왕不可往이 됩니다. 신통을 얻지 않으면 갈 수가 없다는 뜻이지요.

대혜는 능가회상楞伽會上의 상수上首 보살입니다. 그리고 이 다음부터가 부처님께서 『능가경楞伽經』에서 말씀하신 것입니다.

彼外道等 常說自然 我說因緣 非彼境界
피 외 도 등 상 설 자 연 아 설 인 연 비 피 경 계

저 외도들은 자연이라 말하거니와 내가 말하는 인연은 저들의 경계가 아니라 하셨나이다.

아我는 부처님인데, 그 부처님께서 설하신 인연은 저 외도가 설하는 자연인 그 경계가 아니라고 말씀하셨습니다, 그 말입니다. 부처님께서는 인연을 말씀하시고 외도들은 자연을 애기했는데, 부처님도 『능가경楞伽經』에서 그렇게 말씀하셨다는 것을 들어서 아난 자신의 의심을 애기하는 것입니다.

我今觀此 覺性自然 非生非滅 遠離一切虛妄顚倒
아금관차 각성자연 비생비멸 원리일체허망전도
似非因緣
사비인연

제가 지금 보건대 각覺의 성性이 자연한 것이어서 생도 아니고 멸도 아니며, 일체 허망과 전도를 여의어서 인연이 아닌 듯합니다.

부처님께서는 인연을 말씀하셨다고 했지만 지금 부처님 말씀하신 그 뜻을 결합해 보면 인연이 아닌 듯하다, 그 말입니다.

與彼自然
여피자연

저들의 자연과 더불어,

부처님께서 자연이라고 하지는 않으시지만 비생비멸非生非滅이고, 각체覺體가 인연으로 생긴 것이 아니라 말씀하시니, 저 외도들이 말하는 자연으로 더불어,

云何開示 不入群邪
운하개시 불입군사

어떻게 개시하여야 사견邪見에 빠지지 아니하고,

'어떻게 자연 아닌 것을 얘기하여야' 이 말인데, '저 외도들이 말하는 자

연과 부처님께서 말씀하시는 각연覺緣이 시방계에 두루 했다'라는 말이, '외도들은 이런 얘기고 부처님은 이런 얘기다 하는 걸 어떻게 분간해 열어 보여야'라는 말입니다.

獲眞實心 妙覺明性
획 진 실 심 묘 각 명 성

진실한 마음의 묘각명한 성性을 얻겠나이까?

여기까지의 얘기는 제가 보건대 인연은 아닌 듯하고, 또 인연이 아니면 자연일 텐데 외도들이 주장하는 자연은 아니라고 하니, 어떻게 분간해 놔야(開示) 잘못된 생각에 들어가지 않고, 참말 진실심인 묘각명성을 얻겠느냐고 묻는 겁니다.

『정맥소正脈疏』에서는 토를 이렇게 뗐는데, 아마 다른 곳엔 '원리일체허망전도遠離一切虛妄顚倒하야 사비인연似非因緣과 여피자연與彼自然이어니', 그렇게 토를 뗐을 겁니다.

여피자연을 사비인연 밑에 갖다 대어서 '사비인연과 여피자연이어니', 이렇게 토를 떼었다는 얘기니까 '인연과 저 외도들이 말하는 자연이 아닌 듯하니', 즉 '인연도 아니고 자연도 아닌 듯하니', 그렇게 토吐를 뗐다는 말입니다. 사비似非라는 것이 인연도 아닌 것 같고 자연도 아닌 것 같다는 뜻으로 쓰인 건데, 글로 봐도 틀리지는 않습니다.

그런데 『정맥소』에서는 '사비인연이어니'라고 토를 떼어서 '인연이 아닌 듯하나니', 그럼 저 외도들이 말하는 자연과 부처님 말씀을 어떻게 분간해야 외도들 소견에 떨어지지 않고 진실심을 얻겠느냐는 그런 뜻을 말했습니다.

그러나 계환사戒環師의 해解에도 앞에서처럼 '사비인연과 여피자연이로소니', 거기에 토를 뗐을 겁니다.

佛告阿難 我今如是 開示方便 眞實告汝
불 고 아 난 아 금 여 시 개 시 방 편 진 실 고 여

부처님께서 아난에게 말씀하셨다.
내가 지금 이와 같은 방편을 개시하여 진실하게 고하였는데,

네가 그걸 모르기 때문에 네가 알도록 분명히 방편을 열어 보여 진실하게 얘길 했는데, 그런 말입니다.

汝猶未悟 惑爲自性然
여 유 미 오 혹 위 자 성 연

네가 오히려 깨닫지 못하고 자연인가 의혹하는가?

미혹해서 자연인가 의심하고 있구나, 그 말입니다.
그러니 이제 아난의 의심을 풀기 위해 자연 아닌 것을 얘기합니다.

阿難 若必自然 自須甄明 有自然體
아 난 약 필 자 연 자 수 견 명 유 자 연 체

아난아, 만일 자연이라면 자自라는 것을 견명甄明하여 자연의 체가 있어야 하리라.

우리의 묘각명성妙覺明性이 자연이라 한다면 자연이라는 말이 저절로, 그 말인데, 자自 자는 저절로라는 말이고, 연然 자는 그렇다는 말입니다. 사람이 인위적으로 해서가 아니고 저절로라는 말인데, 그 자연을 한번 해석해 보자는 말입니다.

자수견명하야, 자自라는 것이 모름지기 견명되어서, 유자연체하리라. 자自라는 것이 분명해서 자연의 자체가 있어야겠다는 그 말입니다. 그 자自라고 하는 것이 드러나 가지고서 유자연체라, 자연의 본체가 있어야 할 거라는, 그래야 자연이라고 할 텐데 자연의 체가 있나 보자는 말입니다.

汝且觀此
여 차 관 차

네가 또 이것을 봐라.

妙明見中 以何爲自
묘 명 견 중 이 하 위 자

묘명한 견에서 무엇을 자自라 하겠는가?(무엇으로써 자체를 삼겠는가?)

위에서부터 계속 견을 얘기하니까 우리의 묘명견정妙明見精이 자체라고 하면 거기서 무엇을 가지고 자自라고 하겠는가, 그 자를 따져 보자는 겁니다.

此見爲復以明爲自
차 견 위 부 이 명 위 자

이 견이 다시 밝은 것으로써 자체를 삼겠느냐,

以暗爲自 以空爲自 以塞爲自
이 암 위 자 이 공 위 자 이 색 위 자

암暗으로써 자체를 삼겠느냐, 공空으로써 자체를 삼겠느냐, 색塞으로써 자체를 삼겠느냐?

지금 아난이 자연이라고 의심하니 자自라는 것이 분명히 드러나야 한다. 그렇다면 우리가 보는 묘명견정妙明見精에서 무엇으로 자체를 삼을 것인가? 말하자면 견정見精 자체가 밝은 것인가, 어두운 것인가, 공空한 것인가, 막힌 것인가, 이 뜻입니다. 결국 이 명明·암暗·공空·색塞은 우리가 보는 견의 대상에 지날 게 없다는 말입니다.

阿難 若明爲自
아 난 약 명 위 자

아난아, 만일 밝은 것으로써 자체를 삼을진댄,

견의 자체가 밝다고 하면, 그 말입니다.

그렇다면,

應不見暗
응 불 견 암

응당히 암暗을 보지 못하리라.

견 자체가 밝은 것이라고 하면 밝은 곳엔 어두움이 없으니까 견은 밝은 것만 보지 어두운 것은 못 봐야 명明을 가지고 견의 자체라고 할 게 아니냐는 말입니다.

응應 자는 빽빽이, 마땅히, 그 말입니다. 응불견암을 다시 설명하자면, 견 자체가 밝으면 밝은 것만 보지 어두운 것과는 상관없지 않느냐, 즉 견이 어두운 것을 못 봐야 할 거라는 얘깁니다.

若復以空爲自體者 應不見塞
약 부 이 공 위 자 체 자 응 불 견 색

만일 공으로써 자체를 삼는다면 응당히 색塞을 보지 못해야 할지니라.

如是乃至 諸暗等相 以爲自者
여 시 내 지 제 암 등 상 이 위 자 자

이와 같이 내지 제암 등 상相으로써 자체를 삼는다면,

어두운 것 등이 견의 자체라고 한다면, 이 말인데 제암등諸暗等의 등等 자는 색塞을 가리킵니다. 지금 명明과 공空은 얘기했고, 안 한 것이 암暗과 색塞이니까 암등상이란 건 색을 가리키는 것입니다.

則於明時 見性斷滅 云何見明
즉 어 명 시 견 성 단 멸 운 하 견 명

밝을 때에는 견성이 단멸할 것이니 어떻게 밝음을 보겠는가?

밝은 것을 견정見精이라 한다면 어두울 때에는 밝은 것이 없어졌으니까 견성이 단멸할 터이니, 어두운 것을 못 봐야 하겠다는 말과 같습니다.

명明·암暗·색塞·공空 어느 것을 들더라도 한 가지를 보면 다른 것은 못 봐야 한다. 즉 견見이 명과 암과 공과 색으로 자체를 삼는 것이 아니라는 그 말입니다.

부처님께서 말씀하시기를 명·암·색·공을 자自라고 하면 한 가지만 봐야지 다른 것은 못 보게 될 테니까 자체가 자연이 아니라고 하셨는데, 아난이 그 말을 듣고서 또 얘기를 합니다.

阿難言 必此妙見性非自然 我今發明 是因緣性
아 난 언 필 차 묘 견 성 비 자 연 아 금 발 명 시 인 연 성

아난이 말하였다.

반드시 이 묘한 견의 성性이 자연이 아니라면 제가 이제 인연으로 생긴 것이라 발명하려 하오나,

자연이 아니라고 하면 인연일 것이다, 그 말입니다. 자연이 아니면 인연이고, 인연이 아니면 자연이니까 자연이 아니면 인연이겠다. 부처님께

서 인연이라고 말씀하신 것은 아니지만, 아난의 생각에 자연이 아니면 인연일 텐데, 하는 것이지요.

心猶未明
심 유 미 명

마음이 아직도 밝지 못하와,

아직껏 분명하고 확실하게 견이 인연으로 생겼다는 것을 알 수가 없고 증명할 수가 없다는 말입니다.

咨詢如來 是義云何 合因緣性
자 순 여 래 시 의 운 하 합 인 연 성

여래께 묻사오니 이 이치가 어찌하면 인연에 합하오리까?

자연이 아니면 인연일 터인데, 견見이 인연이라는 것도 인연이라는 이유를 설명해야 할 텐데 어떻게 설명을 해야 이 견의 뜻이 인연에 합할 수가 있는지, 인연일 터인데 인연이라는 것을 분명하게 지금 알 수가 없다는 말입니다.

佛言 汝言因緣 吾復問汝
불 언 여 언 인 연 오 부 문 여

부처님께서 말씀하셨다.

네가 인연이라 말하니 네게 다시 물으리라.

汝今因[1]見 見性現前
여 금 인 견 견 성 현 전

네가 지금 봄을 인하여 견의 성性이 앞에 나타나니,

그냥 인견이라고 했지만 글자를 넉 자씩 쓰려 했던 것이고, 명明·암暗·색塞·공空을 인해서라는 그 말입니다. 즉 밝은 것을 본다든지, 어두운 것을 본다든지, 막힌 것을 본다든지 하는 것으로 인해서 견성見性이 현전現前한다는 얘깁니다.

명·암·색·공을 보기 때문에 본다고 하는 것이 앞에 나타나는 터이니,

此見爲復因明有見
차 견 위 부 인 명 유 견

이 견이 다시 명明을 인하여 봄이 있느냐?

인연因緣이라 하는 인因과 연緣을 얘기하는 것인데, 명·암·색·공을 인해서 견이 있느냐, 명·암·색·공을 연해서 견이 있느냐 이겁니다. 저 위에서 명明으로 자自를 삼느냐고 했던 말과 같은 얘깁니다.

인명因明, 밝은 것을 인해서 견이 있느냐는 말이니까, 가령 감자 씨를 심는다면 감자가 싹트는 것처럼 밝은 것을 인해서 견이 생긴다고 하면 견

1 고려대장경에는 동同으로 되어 있으나, 송본·원본·명본에는 본문과 같이 되어 있다.

의 종자가 밝은 것이라는 말입니다.

명明 때문에 명에서 견見이 생긴다, 이 말입니다. 그래야 인연이라고 하면 명을 인해서 있다고 할 수 있을 겁니다.

因暗有見 因空有見 因塞有見
인암유견 인공유견 인색유견

암暗을 인하여 봄이 있느냐, 공空을 인하여 봄이 있느냐, 색塞을 인하여 봄이 있느냐?

阿難 若因明有 應不見暗
아난 약인명유 응불견암

아난아, 만일 명明을 인하여 봄이 있다면 마땅히 암暗은 보지 못해야 하고,

그러나 우리는 어두운 것을 보니까 명明을 인했다고 볼 수 없는 것입니다.

如因暗有 應不見明 如是乃至 因空因塞 同於明暗
여인암유 응불견명 여시내지 인공인색 동어명암

암暗을 인하여 봄이 있다면 명明은 보지 못해야 하며, 이와 같이 공空을 인하며 색塞을 인함도 명과 암과 같으니라.

공空을 인해서 견見이 있다고 하면 막힌 것을 보지 못해야 하고, 막힌 것을 인해서 견이 있다고 하면 공을 보지 못하는 그와 같겠다는 말입니다. 즉 인한 것이 아니라는 말입니다. 밤 씨에서 밤나무가 생기는 그것이 직접 원인, 즉 인因입니다.

지금까지는 인因 하나만을 얘기하고, 또 연을 따로 얘기합니다.

復次阿難 此見又復緣明有見
부 차 아 난 차 견 우 부 연 명 유 견

다시 아난아, 이 견見이 명明을 연하여 봄이 있는가?

연緣이라는 것은 조연助緣입니다. 가령 콩 씨에서 콩이 난다고 하면, 콩 씨는 직접 인因이니까 그건 인이지만, 콩 씨에서 나무로 자라려면 흙, 습기, 온도 등이 있어야 하는데, 그게 조연입니다. 콩 씨 하나를 백 년 동안 책상 위에 둔다고 해도 콩 싹은 안 납니다. 왜냐하면 인은 있지만 연이 없기 때문이죠.

緣暗有見 緣空有見 緣塞有見
연 암 유 견 연 공 유 견 연 색 유 견

암暗을 연緣하여 견見이 있느냐, 공空을 연하여 봄이 있느냐, 색塞을 연하여 봄이 있느냐?

阿難 若緣空有 應不見塞
아 난 약연공유 응불견색

아난아, 만일 공空을 연하여 있다면 마땅히 막힌 것은 보지 못해야 하고,

공空 때문에, 공을 연緣해서 견見이 있다고 하는 것은, 견이 생기려면 공을 의지해야 한다는 그 말인데, 그건 조연助緣, 즉 간접적이라는 말입니다.

인因은 직접 원인이고, 연緣은 간접 원인입니다.

若緣塞有 應不見空 如是乃至 緣明緣暗 同於空塞
약연색유 응불견공 여시내지 연명연암 동어공색

만일 색塞을 연하여 있다면 공은 보지 못해야 하며, 이와 같이 명을 연하고 암을 연함도 공과 색과 같으니라.

그래서 자연은 물론 아니지만 인연이라고 해도 안 맞는 말입니다. 인연이라고 하면 없던 게 생기고 있던 게 없어지는 생멸법을 얘기하는 것이요, 우리의 견 자체는 우주의 진리입니다. 우주의 진리는 없던 게 생기고 있던 게 없어지는 것이 아니기 때문에 생멸법을 가지고 말하는 인연이나 자연은 워낙에 안 맞는 말입니다.

當知 如是精覺妙明 非因非緣 亦非自然 非不自然
당지 여시정각묘명 비인비연 역비자연 비부자연

마땅히 알라. 이와 같이 정미로운 각覺의 묘명한 것은 인도 아니고 연도 아니고 자연도 아니고 부자연도 아니니,

이 사이에 비불인연非不因緣이라는 한 구가 더 있어야 합니다. 인연도 아니고 자연도 아니고 자연 아닌 것도 아니고, 그 다음엔 인연 아닌 것도 아니라는 말이 있어야 할 텐데 없다는 말입니다.

경문에는 없으나 설사 없다 해도 원칙으로 있는 게 맞습니다. 비불자연非不自然이란 자연 아닌 것도 아니라는 말로서 비자연非自然을 또 부인한 것입니다. 또한 비비자연非非自然이라 할 텐데 불不 자나 비非 자나 같은 뜻이라서 비불자연이라고 했습니다.

無非不非
무 비 불 비

비非와 불비도 없고,

비인연非因緣과 비자연非自然을 부인하는 것이 무비無非요, 비비자연非非自然도 부인하는 것이 불비입니다. 무無 자 하나 가지고 비非와 불비不非도 없다고 새깁니다.

無是非是
무 시 비 시

시是와 비시도 없어서,

이것은 불비不非를 얘기하게 되는데 비非가 아니라면 시是와 같다고 해

서 비도 없고 불비도 없다는 것을 뒤쳐서 시是도 없고 비시非是도 없다고 한 것입니다. 인연과 자연은 같은 말입니다. 그렇기 때문에 위에서 비인비연非因非緣이며 역비자연亦非自然이라 하여 인연도 부인하고 자연도 부인했으며, 비불자연非不自然이라 하여 자연 아닌 것도 부인했습니다.

그러니까 자연 아닌 것만 부인할 것이 아니라 인연 아닌 것도 부인해야 할 텐데 글이 하나가 빠졌다는 말입니다. 그래서 비非와 불비不非라는 것은 비자연非自然도 아니고 비인연非因緣도 아니라는 말이고, 불비라고 하는 것은 비불자연非不自然, 비불인연非不因緣도 아니라는 말로서 무無 자 하나를 가지고 둘 다 부인하는 것입니다. 결국 부인한 것을 다시 부인하는 말입니다. 그러니까 비자연, 비인연이 아니라고 하니까 그럼 시是라고 할까 봐 그걸 못 하게 하기 위해서 비非와 불비不非의 반대가 시是와 비시非是니까 시도 없고 비시도 없다고 한 것입니다. 비가 아니라고 하니까 시라고 할까 봐서 시도 아니라고 하는 말이고, 그걸 또 부인하는 말입니다.

불비를 부인하면 불비를 부인하는 그것이 옳다고 할까 봐서 비시도 아니라고 하는 말입니다. 비와 불비가 아니라는 것은 인연, 자연이 아닌 것도 아니라는 말인데, 인연도 아니고 자연도 아니고, 인연 아닌 것도 아니고, 자연 아닌 것도 아니라고 하니까 그 말을 듣고 그럼 인연이고 자연이라고 할까 봐서 시도 없고 비시도 없다고 하는 것입니다. 그러니까 비, 불비가 없다고 하는 것에 대해서 시와 비시를 인정할까 봐서 그것도 아니라고 미리 얘기하는 것입니다. 결국 우리의 각覺 자리는 인연, 자연 등의 무슨 말로든 할 수가 없다는 것입니다.

離一切相 卽一切法
이 일 체 상 즉 일 체 법

일체의 상相을 여의고, 일체의 법에 즉하였거늘,

이 뜻을 글로 봐서 어떻게 해야 분명할는지 모르겠으나, 일체상은 온갖 상相이 아니고 인연, 자연을 가리키는 말입니다. 일체상을 여의었고 일체법에 즉卽했다. 일체상은 여의었지만 일체법 그대로 다 옳다는 그런 말인데, 다 아니고 다 아닌 것도 아니니까 그건 또 즉이 될 것인데, 그래서 그냥 봐서는 일체 형상이 있는 것을 다 떠나고, 일체 만법에 즉했다 이래야 하는데, 『정맥소正脈疏』에서는 일체상의 상相 자가 이런 모양일 때는 크고 작다든가, 인연, 자연 이런 것들을 가리키는 말이 아니고, 자연이겠다 인연이겠다고 허망하게 계탁하는 망계妄計의 상을 여의어야만, 즉 일체 허망 경계를 얘기하는 건 모두 떠나야만 일체법에 즉하게 된다, 이렇게 말하고 있습니다.

다른 데에서는 일체상을 다 여의고 그러면서도 일체법에 즉했다고 해서 부인도 하고 시인도 하며, 긍정도 하고 부정도 하는 이 뜻으로 해석했는데, 아마 계환사戒環師의 해解에도 이렇게 되어 있을 겁니다.

일체상을 여의었다고 하면 온갖 것이 다 아니라는 말이고, 아니기만 하면 어떻게 되겠는가, 그러니 만법 그대로 일체법에 즉했으니, 나무 하나, 풀 하나가 모두 다 묘정명妙精明한 세계라고 이렇게 보는 말입니다.

'일체상은 여의었고, 일체법 자체는 즉했다'라고 하는 말은, 우주의 진리라고 하는 것이 나무도 아니고 돌도 아니고 물도 아니겠지만, 나무나 돌이나 물이 다 우주의 진리로 생긴 거니까 모양으로는 아니지만 자체로는 그렇다, 곧 일체법은 자체를 보면 된다, 이런 말입니다.

금을 가지고 반지도 만들고 비녀도 만들었다고 하면 둥그런 반지라든지 길쭉한 비녀, 이런 것을 따라가면 금이 아니라는 말입니다. 그러니까 이일체상離一切相이라, 모양으로 생긴 것은 모두 둥근 것도 모난 것도 금 자체가 아니지만, 즉일체법卽一切法이라, 반지도 금이고 비녀도 금이고 온갖 것이 다 그 자체로 보면 금인데, 모양으로 봐서는 아니라는 말입니다. 그러나 반지도 금이고 비녀도 금이지만 형상을 따라간다면 둥근 것도 모난 것도 금이 아닙니다. 그러니까 이 우주만상이 생멸법은 다 모양이고 실질로는 생멸이 아니라는 말입니다.

즉일체법은 실질에는 온갖 것이 견정묘명見精妙明 아닌 게 없다는 말이고, 모양으로 봐서는 아니라는 얘긴데, 일체상一切相을 여의고 일체법에 즉했다, 이렇게 부정도 하고 긍정도 해도 되는데, 『정맥소』에서는 일체상을 여의어야만, 즉 중생들이 망정妄情으로 계탁計度하는 일체허망경계一切虛妄境界를 떠나 버려야 일체법에 즉하게 된다, 이렇게 보는 것입니다.

인연도 아니고 자연도 아니고, 인연 아닌 것도 아니고 자연 아닌 것도 아니라고 해서 비非 · 불비不非가 없고, 시是 · 비시非是가 없다고 했으니, 그렇다면 실상 자체가 어떤 것이냐는 그 대답입니다.

이일체상離一切相, 즉일체법이 거기에 대한 정답이라는, 즉 우리의 묘정명성妙精明性이 이런 것이라는 말입니다. 그래서 세상의 무엇이나 우리의 망정妄情을 가지고 계탁計度해서는 안 된다는 말입니다.

汝今云何 於中措心
여 금 운 하 어 중 조 심

네가 지금 어찌하여 그 가운데 마음을 두어,

어중於中이란 묘정명성중妙精明性中인데 거기에 마음을 두고 써서 인연이겠다 마음이겠다 그렇게 하는 게 조심措心입니다.

以諸世間 戱論名相 而得分別
이제세간 희론명상 이득분별

모든 세간의 희론과 명상으로 분별하려 하느냐?

인연이다 자연이다 하는 게 모두 희론이지 진리에는 안 맞는 말입니다. 이 자체는 무엇으로도 얘기할 수 없는 것인데, 세간희론명상을 가지고 되겠느냐는 말입니다.

중생들이 말한다든지, 생각한다든지 모든 것이 다 생멸의 모양으로 되어 있는 이것, 즉 소리를 귀로 듣는다든지, 빛을 눈으로 본다든지 이것을 가지고 하는 건데, 참말 이것을 떠난 요샛말로 '차원이 높은 말'입니다. 이것을 떠난 본체 자리는 생각해 보지도 못하고 경험해 보지도 못했기 때문에 그것을 형용할 말이 우리에게는 없다는 것입니다.

우주의 진리를 생멸법을 인식하고 표현하는 말을 가지고는 불생멸하는 자체를 뭐라고 표현할 수 없다는 말입니다. 그러니까 지금 인연이다 자연이다 하는 것은 생멸법을 가리키는 말인데, 즉 세간의 희론명상은 생멸법을 가지고 여기에 대해 형용하는 말인데, 어떻게 그걸 가지고 각성覺性 자리를 분별하려 하는가, 그 소견 가지고는 안 된다, 그 말입니다.

우리가 경經 중의 부처님 말씀을 배우면서 견성見性의 경계라든지, 시각始覺이니 본각本覺이니 하는 것들을 경험해 보지 않았는데, 어떻게 얘기하겠느냐는 것입니다.

지금의 우리가 지구 위에서 생긴 것이나, 또 만년 이내의 역사적 경험에 의지해서 생긴 철학이나 과학을 가지고 이 지구만이 아니라 우주 전체, 또 만년이 아니라 억겁 동안을 내려오면서의 세상을 뭘 가지고 아느냐, 그 말입니다.

우리가 볼 때는 분명히 씨앗이 있어야 물건이 생기고, 또 남녀가 있어야 사람이 생기는 것으로 알지만 당체當體는 남녀의 구별이 없는 것입니다. 경에서도 말하기를 남녀의 구별이 없는 데서 연꽃이 핀다고 되어 있고, 말하는 것도 지금의 이 사바세계에서는 음성교체音聲教體가 되어서 말로 하면 다 알지만 다른 세계에서는 광명을 놓아 뜻을 전달하기도 하며, 또 어떤 세계에서는 바람이나 향기를 가지고 하는 데도 있다고 되어 있습니다.

그러니까 지금까지 우리 인류가 가진 지식을 가지고 부처님께서 말씀하신 것을 알 수 없다고 하는 것이 마치 석 자 되는 두레박줄을 가지고 일곱 자 되는 우물 속의 물을 퍼내려 하는 것과 같다고 비유로 얘기합니다.

여기에서도 또 비유를 듭니다.

如以手掌 撮摩虛空
여 이 수 장 촬 마 허 공

마치 손바닥으로 허공을 만지려는 것과 같아서,

세간의 희론명상은 손바닥이고, 묘정명성妙精明性 자리는 허공인데, 손바닥으로 허공을 잡으려고 하는 것과 같이 세간의 희론명상을 가지고서 묘각명성妙覺明性 자리를 얘기하려고 해서는 안 된다는 말입니다.

只益自勞 虛空云何 隨汝執捉
지 익 자 로 허 공 운 하 수 여 집 착

자못 노고로움만 더할지언정 허공이 어찌하여 너에게 잡히리오?

아무리 애를 써도 손바닥으로 허공을 잡을 수 없듯이 세간의 희론명상을 가지고는 말할 수 없다는 것을 얘기하는 것입니다.

11. 견見은 견을 이離하였다

阿難白佛言 世尊 必妙覺性 非因非緣 世尊 云何常
아 난 백 불 언 세 존 필 묘 각 성 비 인 비 연 세 존 운 하 상
與比丘宣說
여 비 구 선 설

아난이 부처님께 아뢰었다.

세존이시여, 이 묘한 각覺의 성性이 인因도 아니고 연緣도 아니라면 세존께서는 어찌하여 비구들에게 말씀하시기를,

見性具四種緣 所謂因空因明 因心因眼
견 성 구 사 종 연 소 위 인 공 인 명 인 심 인 안

견성은 네 가지 연緣을 갖추어야 하나니, 이른바 공空을 인하고 명明을 인하고 심心을 인하고 안眼을 인한다고 하셨나이까?

여기에서 말하는 견성은 오도悟道했다는 그런 뜻이 아니고, 눈으로 보는 견식見識, 즉 안식眼識을 말합니다.

부처님께서는 안식을 말씀하셨는데 아난 존자가 이것을 견성見性이라 표현했지만, 보는 성품, 즉 우리가 눈으로 보는 안식을 가리키는 말입니

다. 눈으로 보고 인식하려면, 즉 안식이 생기려면 4종 연을 갖추어야 한다고 부처님께서 말씀하셨다고 했는데, 이것은 소승에서 하는 말입니다. 즉 안식이 생기려면 공空이 있어야 하고, 명明이 있어야 하고, 심心이 있어야 하고, 안眼이 있어야 하는데, 공이 있어야 한다는 것은 막힌 게 있으면 보지 못하기 때문이고, 명이 있어야 한다는 것은 어두울 때는 보지 못하기 때문이며, 또한 마음과 눈이 있어야 본다는 것입니다.

여기에서의 심은 소승에서 하는 말이니까 제육식第六識을 가리킵니다. 대승에서는 팔종식八種識을 얘기하지만 소승에서는 제육식 하나만을 얘기하는데, 안식眼識이나 이식耳識 등이 따로 있는 게 아니고 식 하나가 눈으로 나오면 안식, 귀로 나오면 이식, 소위 육창일원六窓一猿이라고 해서 방 가운데 여섯 개의 창이 있는데, 그 사이에서 원숭이가 이쪽 창에서 부르면 이쪽에 응하고, 저쪽 창에서 부르면 저쪽에 응하는 것과 같이 우리의 마음 가운데는 육식識 하나밖에 없는데 그것이 육근六根으로 나온다는 얘깁니다.

대승에서는 안식이 생기려면 아홉 가지의 연을 가져야 하며, 또 이식은 여덟 가지 등등 그 생기는 연이 각기 다르다고 되어 있습니다. 예를 들자면 안식이 생기려면 공空도 있어야 하고 명明도 있어야 하지만, 귀로 듣는 데 있어서는 명明은 상관이 없습니다. 왜냐하면 어두운 데서도 듣고, 밝은 곳에서도 들을 수 있기 때문에 명明과는 상관이 없게 되고, 그러다 보니 안식 생기는 것보다는 이식 생기는 것이 하나가 적게 되는 것입니다. 그러니까 대승에서는 안식 생기는 데 아홉 가지의 연緣이 있다 하고, 소승에서는 4종의 연緣을 말하고 있는 것입니다.

본문으로 돌아와서,

是義云何
시 의 운 하

그 뜻은 어떠하오니까?

인연이 아니라면 왜 부처님께서는 안식이 생길 때 4종 연이 있어야 한다고 말씀하셨는지 소승교에서 하신 그것을 가지고 지금 아난 존자가 따지는 내용입니다.

佛言阿難 我說世間諸因緣相 非第一義
불 언 아 난 아 설 세 간 제 인 연 상 비 제 일 의

부처님께서 아난에게 말씀하셨다.

내가 세간의 모든 인연상을 말한 것이고 제일의를 말한 것이 아니니라.

세간제인연상이란 생멸법을 가리키는데, 그때 말씀하신 것은 바로 이 인연으로 생기는 모든 상相, 즉 생멸법을 말한 것이지 우리의 진성 자리인 제일의를 말한 것은 아니라는 얘깁니다.

지금 아난이 제일의를 묻기에 부처님께서 그 제일의에 답하신 것인데, 세간인연법 얘기한 것을 끌어다 전의 말과 틀리다고 하는가? 그러니까 인연이다 자연이다 하는 것은 세간의 생멸법을 가지고 하는 말일 뿐, 제일의는 아니라는 말입니다. 생멸이 없는데 자연이니 인연이니 하는 것은 맞지 않다는 얘깁니다.

阿難 吾復問汝
아난 오부문여

아난아, 내가 또 네게 묻노라.

諸世間人 說我能見 云何名見 云何不見
제세간인 설아능견 운하명견 운하불견

세간 사람들이 내가 능히 보노라 하나니, 어떤 것을 본다 하고, 어떤 것을 보지 못한다 하느냐?

아我 자는 누구든지 그렇다는 뜻입니다.

阿難言 世人因於日月燈光 見種種相 名之爲見
아난언 세인인어일월등광 견종종상 명지위견

아난이 말하였다.

세간 사람들이 해나 달이나 등의 광명을 인하여 갖가지 상相 보는 것을 본다 하고,

발광체發光體가 세 가지인데, 그 광光 자는 일광日光 · 월광月光 · 등광燈光 셋을 다 말하고 있습니다. 명지위견이란 밝은 게 있어야 본다는 말입니다.

若復無此三種光明 則不能見
약부무차삼종광명 즉불능견

만약 다시 이 세 가지 광명이 없으면 보지 못한다 하나이다.

일日 · 월月 · 등燈을 의지해서 종종상種種相 보는 것은 본다고 하고, 일日 · 월月 · 등燈이 없으면 보지 못한다 해서 견見과 불견不見을 애기했습니다.

阿難 若無明時 名不見者 應不見暗
아 난 약 무 명 시 명 불 견 자 응 불 견 암

아난아, 만일 명明이 없을 적에 보지 못한다고 하면 암暗도 보지 못해야 할 것이며,

3종의 광명이 있어야 본다고 하면 어두울 때는 어두운 것을 보지 못해야 할 텐데 어두울 때에 어두운 것을 보니까 못 본다는 말이 안 된다, 그 말입니다.

若必見暗 此但無明 云何無見
약 필 견 암 차 단 무 명 운 하 무 견

만일 반드시 암暗을 본다면 이는 다만 명明이 없을 뿐이거늘 어찌 하여 봄이 없다 하겠느냐?

일 · 월 · 등이 없는 것은 밝음이 없는 것이지 견見이 없다 해서는 안 된다는 말입니다. 저 위에서 봉사 얘기했던 것과 같이 명明과 견見이 다르다는 말입니다. 여기 본문에서의 무명은 번뇌를 가리키는 말이 아니고, 밝음이 없는 것을 말하는 것입니다.

阿難 若在暗時 不見明故 名爲不見
아 난 약 재 암 시 불 견 명 고 명 위 불 견

아난아, 만일 암暗할 때에 명明을 보지 못하므로 이름을 보지 못한다고 하면,

今在明時 不見暗相 還名不見
금 재 명 시 불 견 암 상 환 명 불 견

지금 명明할 때에 암暗을 보지 못하는 것도 못 본다 할 것이다.

어두울 때에 밝은 걸 못 보기 때문에 불견不見이라고 한다면 어두울 때에 밝은 걸 못 보니까 그것도 불견 아니겠느냐는 말입니다.

如是二相 俱名不見
여 시 이 상 구 명 불 견

그렇다면 이 이상二相을 이름하여 못 본다고 해야 할지니라.

두 가지 상相이란 밝은 것과 어두운 것을 말하는데, 어두울 때는 밝은 것을 못 보니까 불견不見이고, 밝을 때는 어두운 것을 못 보니 역시 불견 아니겠느냐는 말입니다.

若復二相 自相凌奪
약 부 이 상 자 상 능 탈

이상二相이 스스로 서로 능탈할지언정,

릉凌이란 남을 업신여기는 이소릉장以少凌長을 뜻합니다. 상대를 멸시하는 것이 릉凌이요, 상대의 위치를 빼앗고 자기가 차지하는 것을 탈奪이라고 합니다. 그러니까 이상이 능탈凌奪한다는 것은, 밝은 게 와서는 어두운 것 있던 것을 없애 버리고, 어두운 게 있던 자리를 밝은 게 차지하며, 어두운 것은 밝은 것을 쫓아 버리고, 어두운 것이 그 자리를 차지하는 그것뿐이라는 얘깁니다.

非汝見性 於中暫無
비 여 견 성 어 중 잠 무

너의 견성은 그중에서 잠깐도 없는 것이 아니니,

밝은 게 오면 밝은 걸 보고 어두운 게 오면 어두운 것을 보는 것이지, 견성은 잠깐도 없어지지 않는다는 말입니다.

如是則知
여 시 즉 지

이와 같은즉 알라.

二俱名見 云何不見
이 구 명 견 운 하 불 견

둘을 다 이름해 본다 하리니 어찌 못 본다 하겠는가?

이二는 명상明相과 암상暗相을 말하는데, 어두운 것도 본다고 하고 밝은 것도 본다고 할 테니, 어째서 못 본다고 하겠느냐는 말입니다. 세상 사람들이 밝을 때는 본다고 하고 어두울 때는 못 본다고 하지만 어두울 때는 어두운 것을 보는 것인데 왜 못 본다고 하느냐는 말로서, 다른 데서는 못 들어 보는 얘깁니다. 앞에서의 봉사의 비유처럼 어두움을 본다고 하는 것은 다른 곳에서는 찾아볼 수 없는 그런 얘깁니다.

질문 인연을 말할 때의 예를 들자면 '조연助緣이 그 색塞을 연緣하여 있다'라고 할 때 '연하여'라는 말을 '반연攀緣하여'라고 번역해야 합니다.

답 우리말로는 인因 자, 연緣 자를 다 말미암는다고 하는데, 인과 연을 나누지 않고 인연이라 하기도 하고, 이와 같이 분명히 나누려면 인친연소因親緣疏라고 해서 인因은 직접적이니까 친한 것이고, 연緣은 간접적이니까 그건 생소한 것이라고 합니다. 그러니까 직접 물건을 내는 것은 인因이고, 그 물건을 내는 데 간접 작용을 하는 것을 연緣이라 하는데, 가령 연蓮씨에서 연이 난다고 하면 연밥은 연을 내는 직접인이 되고, 또한 물 없이는 나지 못하니까 그 물이 연이 나는 간접 작용을 하는 연緣이라는 것입니다. 연 씨를 인因하고 물을 연緣해서 연蓮이 난다는 말입니다.

질문 '무엇을 인因해서'라고 할 때, 그러니까 인과 연을 두 가지로 얘기했을 때 그 인은 씨앗이니까 원인에 해당하죠?

답 그렇습니다.

질문 '연緣하여'라고 했을 때는 좀 이상하지 않습니까?

답 우리말엔 없습니다. 인과 연을 합해서 하는 경우는 있는데, 굳이 말하자면 조연助緣일 텐데 우리말엔 없는 것이고, '인因해서'라는 말도 한문이지 우리나라 말로는 '말미암아'라고 할밖에 없습니다. 인因도 말미암는다는 말이고, 연緣도 말미암는다는 말이니까 그걸 분간하지 않는다는 말입니다. 우리말 부족이 좀 많은 게 아닙니다.

질문 일체상一切相을 여의고 일체법一切法에 즉卽한다고 할 때 즉한다는 게 무슨 말입니까?

답 우리말로는 '곧'이라는 말밖에 없습니다. '곧 일체법이다'라고 할 텐데, 즉한다고 새기는 것이고, 우리나라 말을 가지고 한문을 번역하려면 어려운 점이 많습니다.

본문으로 돌아가서,

是故阿難 汝今當知
시 고 아 난 여 금 당 지

이런 까닭으로 아난아, 마땅히 알라.

見明之時 見非是明
견 명 지 시 견 비 시 명

명明을 볼 적에도 보는 것은 명이 아니며,

명明은 소견所見의 경계를 말하며, 견見은 능견能見의 성性을 말합니다.

눈으로 능히 보는 능견과 견의 대상인 경계를 말하여 명明과 견見, 즉 소견과 능견이 다르다는 것을 분명히 얘기하는 것입니다. 보는 견은 대상이 아니라는 그것만 알면 다음의 것은 다 같습니다.

見暗之時 見非是暗 見空之時 見非是空 見塞之時
견 암 지 시 견 비 시 암 견 공 지 시 견 비 시 공 견 색 지 시
見非是塞
견 비 시 색

암暗을 볼 적에도 보는 것은 암이 아니고, 공을 볼 적에도 보는 것은 공이 아니며, 색塞을 볼 적에도 보는 것은 색이 아니니라.

명明 · 암暗 · 색塞 · 공空 네 가지를 가지고 견과 대상, 능히 보는 견과 볼 바 대상을 알기 쉽게 얘기해 놓았습니다.

四義成就 汝復應知
사 의 성 취 여 부 응 지

네 가지 이치가 성취되었으니 네가 다시 알아라.

명明을 볼 적에 견見은 명이 아니고, 암暗을 볼 적에도 견은 암이 아니며, 색塞과 공空도 마찬가지로 견見이 아니라는 이 네 가지 이유가 성취되었으니, 그걸 의지해서 잘 알라는 말입니다.

見見之時 見非是見
견 견 지 시 견 비 시 견

견을 볼 적에 보는 것은 견이 아니니라.

견견지시의 아래 견見 자는 위에서 견명見明, 견암見暗하던 보는 대상, 즉 제2월第二月과 같은 것이고, 위의 견見 자는 참말 보는 진견眞見을 가리키는 말입니다. 견을 본다는 것은 조그마한 허물도 없는 견을 가지고 허물이 있는 것을 본다는 말입니다.

아래의 견 자는 위에서 눈을 눌러서 보는 제2월과 같은 것이라 했으니까 실체가 아닌 망妄이 조금 있는, 지금 우리가 보는 것이고, 위의 견 자는 우리의 눈 가지고는 볼 수 없는 참 진성 자리인 진각眞覺으로 인식하는 것을 말합니다. 그러니까 본다고 하는 데서 견見 자를 썼지만 견이라고 하든 문聞이라고 하든 다른 무엇이든 모두 우리 생각으로 깨닫는 것입니다.

위에서 명明을 보고 암暗을 본다는 것은, 눈의 작용, 부진근浮塵根의 작용을 가지고 보는 게고, 지금 여기에서 견을 본다고 하는 것은 부진근의 작용이 어떤 것인지 이해하는 것으로 견견지시見見之時의 위의 견見 자가 그걸 뜻하고 있습니다. 즉 조그마한 허물도 없는 진성 자리를 가리키는 말이며, 견을 깨달았을 때 이렇게 쓰는 말입니다. 저 위에서 능견能見이었던 것이 여기 와서 소견所見, 경계가 된 것인데, 견見이라는 아래의 견 자를 먼저 새기고, 본다고 하는 위의 견 자는 나중에 새겨서 견을 본다고 새겨야 합니다.

견비시견見非是見이라고 할 때도 앞에서와 마찬가지로 위의 견 자는 진성 자리로서 견을 인식하는 것이고, 비시견非是見의 견 자는 눈으로 보는 것을 말합니다.

위의 문장과 아래 문장을 합해서 견見 자가 넷이 나왔는데, 위의 문장이나 아래 문장이나 위의 견 자는 진성으로 깨닫는 것이고, 아래의 견 자는 눈으로 보는 것이고 그렇습니다.

아래 문장의 견비시견見非時見은 '견명지시見明之時에 견비시명見非是明'이라고 하던 명明 자 대신에 견見 자가 들어간 것뿐입니다. 견 자가 들어갔으니까 위에서 밝은 것을 보고 어두운 것을 보던 능견이 여기에서는 소견이 되어 버렸습니다. 진성 자리 그걸 깨닫는 게니까 소견이 되어 버렸다는 말인데, 그것만 알면 이러한 뜻을 알게 될 겁니다.

그냥 견견지시見見之時 견비시견이라고만 하면 종잡을 수 없기 때문에 위의 네 가지 알기 쉬운 전례와 같이 부진근의 작용인 견을 우리의 본각 자리로 깨닫는다고 할 때 깨닫는다고 하는 그것은 눈으로 보는 견이 아니다, 견을 볼 때에 보는 것은 견이 아니라고 할밖에 없는데, 아마 불교 외의 다른 데서는 듣지도 쓰지도 않는 말일 겁니다.

그래서 견견지시에 견비시견이라는 걸 이해할 수 있으면 그걸 의지해서,

見猶離見 見不能及
견 유 리 견 견 불 능 급

보는 것은 견을 여의어서 견으로도 미치지 못함이라.

우리의 진성眞性을 깨닫는 이 견은 눈으로 보는 것도 여의었다, 그걸 떠나 있기 때문에 눈으로 볼 수 있는 게 아니라는 말입니다. 쉽게 말하자면 눈으로 보는 것 가지고는 진성 자리에 들어가지 못한다는 말입니다.

이 문장도 역시 위의 견見 자는 진견眞見이고, 아래의 견見 자는 망妄이 좀 있는 견이고 그렇습니다. 그러니까 견불능급見不能及이라고 하는 견 자는 이견離見이라고 하는 견 자가 되는 겁니다.

위의 견유리견이라는 문장에서 위의 견見 자는 조금도 눈으로 보지 않는 진성 자리로 깨닫는 진견이고, 이견의 견 자는 눈으로 보는 견을 말하는 것입니다.

云何復說 因緣自然 及和合相
운 하 부 설 인 연 자 연 급 화 합 상

어찌 다시 인연이라 자연이라 화합상이라 말하겠느냐?

아직까지 화합상和合相에 대해 언급하지는 않았지만, 인연은 화합으로 생기는 것이고 자연은 불화합이니까 여기에서 처음으로 화합상을 얘기했고, 앞으로 다시 또 나오게 됩니다. 인연이니 자연이니가 다 세간의 희론명상戲論名相이니까 그것을 가지고는 우리의 진성 자리를 형용할 수는 없다는 애기입니다.

汝等聲聞 狹劣無識 不能通達 淸淨實相
여 등 성 문 협 렬 무 식 불 능 통 달 청 정 실 상

너희 성문들이 용렬하고 지식이 없어서 청정한 실상을 통달하지 못하나니,

아난 존자도 성문이고, 여기 있는 보살도 지금 상相으론 비구이니까 성문이라고 했습니다. 진리를 깨닫지 못하니까 무식하다고 했고, 그렇기 때문에 망식妄識뿐이고 진식眞識이 없는 것이라는 얘깁니다.

吾今誨汝 當善思惟 無得疲怠 妙菩提路
오금회여 당선사유 무득피태 묘보리로

내가 다시 네게 말하노니 잘 생각하여 묘한 보리의 길에서 고달파하지 마라.

피疲 자는 아무리 해도 알 수 없다고 고달파한다는 말이고, 태怠 자는 우리 같은 사람이 뭘 알겠느냐고 게을리해 버린다는 뜻입니다. 그러나 우리의 소견 가지고는 본견本見 자리를 이해할 수 없을 것 같지만, 될 수 있고 할 수 있으니까 묘보리로에서 피태하지 말라는 얘깁니다.

12. 망妄에서 진眞을 보이다

阿難白佛言 世尊
아난백불언 세존

아난이 부처님께 아뢰었다.
세존이시여,

如佛世尊 爲我等輩 宣說因緣 及與自然 諸和合相
여불세존 위아등배 선설인연 급여자연 제화합상
與不和合
여불화합

불세존께서 저희들에게 인연과 자연과 화합과 불화합을 선설하시오나,

등等 자나 배輩 자나 같은 말입니다. 여기에 또 화합, 불화합이 나오는데, 인연은 이러한 것이고 자연은 이러한 것이라는 등 화합, 불화합도 이런 것이라고 말씀하셨지만 잘 모르겠다, 그 말입니다.

心猶未開 而今更聞 見見非見 重增迷悶
심유미개 이금갱문 견견비견 중증미민

마음이 오히려 열리지 못하더니, 이제 다시 견을 보는 것은 견이 아니다 함을 듣사옵고 더욱 미민하오니,

견견비견見見非見이라는 말은 '견견지시見見之時에 견비시견見非是見이라'라는 말을 넉 자로 줄여 놓은 것입니다. 역시 위의 견見 자는 진성眞性으로 보는 것이고, 아래의 견見 자는 반연攀緣으로 보는 견을 가리킵니다. 인연 화합도 잘 모르겠는데 견견비견이라는 말을 듣고 아득하고 답답함을 더할 수 없다는 말을 하고 있습니다.

伏願弘慈 施大慧目 開示我等 覺心明淨
복 원 홍 자 시 대 혜 목 개 시 아 등 각 심 명 정

엎드려 바라건대 큰 자비로 대혜목을 베푸시어 우리에게 열어 보이사 각심이 명정하게 하옵소서.

대혜목은 우리가 눈으로 보는 견을 깨닫게 되는 것을 말하니까 그 지혜의 눈을 주셔서 우주의 진리를 깨닫는 각심이 명정하도록 해 달라는 애깁니다.

作是語已 悲淚頂禮 承受聖旨
작 시 어 이 비 루 정 례 승 수 성 지

이 말을 지어 마치고 슬피 울며 정례하고 성지를 받자오려 하였다.

'견견지시見見之時에 견비시견見非是見이라'라는 말이 더 답답하니 그걸 알도록 해주시기를 기다리고 있는 중입니다.

爾時世尊 憐愍阿難 及諸大衆
이 시 세 존 연 민 아 난 급 제 대 중

이때 세존께서 아난과 대중을 연민히 하사,

將欲敷演 大陀羅尼 諸三摩提 妙修行路 告阿難言
장 욕 부 연 대 다 라 니 제 삼 마 제 묘 수 행 로 고 아 난 언

큰 다라니와 모든 삼마제의 묘하게 수행하는 길을 부연하시려고 아난에게 말씀하셨다.

다라니를 번역하면 온갖 것을 다 가졌다고 해서 총지總持라고 하는데, 그 다라니의 종류에는 일자一字 다라니와 다자多字 다라니 그리고 무자無字 다라니가 있습니다. 글자가 하나인 다라니가 일자一字 다라니인데 '옴' 자 같은 것을 말하며, 정구업진언淨口業眞言같이 글자가 여럿인 것은 다자多字 다라니이며, 아무런 글자도 없는 다라니가 바로 무자無字 다라니, 즉 진리, 본각本覺 자리를 가리키는 말입니다.

그러니까 여기는 무자無字 다라니라는 얘깁니다. 제삼마제묘수행로諸三摩提妙修行路가 다 다라니를 해석한 말입니다. 그러니까 지금 모든 삼마제와 묘한 수행로를 부연敷演하려고, 그런 것을 보여 주려고 경가經家, 경을 설하는 사람이 '부처님께서 이런 뜻을 가지고 말씀하시더라'라고 얘기하는 것입니다. 저 아래 제5권, 제6권에 가서 있을 얘긴데 지금 미리 얘기하는 것입니다.

汝雖强記 但益多聞 於奢摩他 微密觀照 心猶未了
여수강기 단익다문 어사마타 미밀관조 심유미료

네가 비록 억세게 기억하나 다문에만 이익이 되고 사마타의 미밀한 관조에는 마음에 오히려 알지 못하는구나.

아난이 지금 다문제일이라서 많이 알고 기억하는 데는 이익이 되지만 그 진성眞性 자리를 깨닫지 못했다는 얘깁니다. 사마타는 저 위에서 밝혔던 사마타와 삼마三摩, 선나禪那를 다 통해서 우리의 본성 자리에 구족해 있는 삼매를 가리키는 말인데, 그 사마타의 미밀관조란 보통의 우리 눈으로 본다든지 귀로 들을 수가 없는 것이기 때문에 미밀하게 관조하는 데서는 참말 참회를 한다든지, 원통圓通에 대한 것을 마음으로 진리를 생각해 연구하는 것입니다.

미밀관조란, 눈으로 보거나 귀로 들어서는 알 수 없는 것이고, 마음으로 생각해서야 알아낼 수가 있는 것이니까 그 미밀관조에 대해서는 여태도 알지 못하는구나, 이런 말입니다. 그러니 참말 지금 네가 알고자 하는 것을 얘기하겠다, 그 말입니다.

汝今諦聽
여 금 제 청

네가 이제 자세히 들으라.

吾今爲汝 分別開示 亦令將來 諸有漏者 獲菩提果
오 금 위 여 분 별 개 시 역 령 장 래 제 유 루 자 획 보 리 과

내가 이제 너를 위하여 분별하여 보이며 장래에 누漏가 있는 이들로 하여금 보리과를 얻게 하리라.

'견견지시見見之時에 견비시견見非是見이라'라고 하는 이 진성眞性 자리를 분별해서 제시해 줄 테니 너와 여기 있는 대중들만이 아니라 장래의 모든 유루자들도 또한 보리, 열반을 얻도록 하기 위해서 지금 큰 법문을 하겠다는 말입니다.

阿難 一切衆生 輪廻世間 由二顚倒 分別見妄
아 난 일 체 중 생 윤 회 세 간 유 이 전 도 분 별 견 망

아난아, 일체중생이 세간에 윤회함은 두 가지 전도하게 분별하는 견망으로 말미암아,

견망見妄이 따로 있는 게 아니고 망견妄見이나 같은 말이니까 허망한 견見을 말미암아서 그것 때문에 생사한다, 그 말입니다. 일체중생이 세간에 윤회하는 근본이 두 가지 전도되게 분별하는 견의 허망한 것을 말미암은 것이니, 소견이 잘못 들었기 때문이라는 말입니다.

그 두 가지 견망 때문에,

當處發生 當業輪轉
당 처 발 생 당 업 윤 전

당처에서 발생하여 당업으로 윤전하느니라.

당처발생이란 그 자리에서 발생한다는 말이니, 즉 생사가 있기 이전에 번뇌, 혹惑만이 생겼다는 말이요, 당업윤전이란 번뇌에 의해 업을 지어서 그 업 때문에 생사의 윤전을 받는다는 말이니까 당처발생은 아직 유정有情이 생사하기 이전 번뇌만을 가리키는 말이고, 당업륜전이란 업 때문에 생사에 윤전한다는 말입니다. 그러니 당처발생은 곧 우주 경계, 삼계가 생기게 한 당체, 즉 번뇌를 가리킵니다.

세간 일체중생이 생사에 윤전하는 근본은 두 가지인데, 그 허망하게 잘못 보는 두 가지 망견 때문에, 그러니까 전도 분별하는 망견 때문에 당처발생하게 당업륜전하는 것이니까 두 가지 전도 분별하는 망견만 없어지면

생사번뇌가 다 없어지고 보리과를 얻게 되는 것입니다.

장래의 모든 유루자有漏者로 하여금 보리과를 얻게 한다는 게 바로 이 말이고, 이 두 가지 전도분별망견은 다음의 것을 얘기하는 전제前提입니다.

다시 본문입니다.

云何二見
운 하 이 견

무엇을 두 가지 망견이라 하느냐?

一者 衆生別業妄見
일 자 중 생 별 업 망 견

일은 중생의 별업망견이요,

특별히 그 사람만이 가진 게 별업別業이니, 예를 들자면 다른 사람은 몸이 건강한데 이 사람만이 몸이 쇠약한 경우 그것이 자기만이 가진 별업입니다.

二者 衆生同分妄見
이 자 중 생 동 분 망 견

이는 중생의 동분망견이니라.

동분同分은 다 같이 가진 것을 말하니까 자기 혼자만이 가지는 망견이 아니라 여러 사람이 공통되게 가지는 망견, 그 두 가지 잘못된 망견 때문에 번뇌가 생겨 업을 짓는 것이고, 그 업 때문에 윤회하고 있는 것입니다.

云何名爲別業妄見
운 하 명 위 별 업 망 견

어떤 것을 별업망견이라 하느냐?

별업망견과 동분망견을 얘기하는데, 먼저 알기 쉬운 별업망견을 가지고 알기 어려운 동분망견을 이해하게 하기 위해서 전례前例를 하나 들어 놓고 그와 같이 이것도 그렇다고 하는 말입니다.

그래서 이걸 비유라고도 하고, 알기 쉬운 걸 든다고 해서 전례라고도 하는데, 둘 다 틀리지 않지만 실상 비유보다도 역시 또 별업이니까 알기 쉬운 전례를 들었다고 하는 것이 더 좋을 것 같습니다.

阿難 如世間人 目有赤眚
아 난 여 세 간 인 목 유 적 생

아난아, 세간 사람들이 눈에 적생이 있으면,

생眚 자는 눈병 생 자인데, 지금의 의학상 뭐라고 할는지는 모르나 눈이 빨개지면서 아주 못 보는 게 아니고 잘 못 보는, 아무래도 눈병 안 난 사람보다는 잘 못 보는 그런 것을 말할 겁니다.

夜見燈光 別有圓影 五色重疊 於意云何
야견등광 별유원영 오색중첩 어의운하

밤에 등불을 볼 적에 특별히 오색이 중첩한 원영이 있나니, 어떻게 생각하느냐?

눈병이 안 생겼어도 곤히 자다가 갑자기 일어날 경우 정신이 안 차려진 상태에서 등燈을 보면 깨끗한 눈으로 보는 것 같지 않고 오색이 중첩하는 것처럼, 눈병 난 사람이 등을 보면 뿌옇게 보이는 그것을 원영圓影이라 했습니다. 실상으로 있는 존재가 아니니까 영影이고, 둥그런 모양이니까 원圓입니다. 우리나라 말로 햇무리, 달무리 하듯이 내가 처음에 이걸 번역할 때 등무리라고 했습니다.

습기가 많은 날 해를 봐도 해 같지 않고 해 곁에 둥그런 것들이 중첩해 있듯이 밤에 달도 마찬가지, 그래서 우리나라 말로는 햇무리, 달무리 하듯 등燈 무리라고 번역을 했는데, 원영, 즉 둥그런 빛이 보인다, 그 말입니다.

꼭 눈병 난 사람이 아니더라도 햇무리나 달무리는 보겠지만 이 생병 난 사람이 등불을 볼 적에 등불이 분명하게 보이지 않고 햇무리 하는 것처럼 보이는 것을 얘기하는 겁니다. 다른 사람은 그렇지 않은데 눈병 난 사람이 등광燈光 보는 때에 오색의 중첩을 보게 된다는, 별업망견別業妄見의 알기 쉬운 예입니다.

此夜燈明 所現圓光 爲是燈色 爲當見色
차야등명 소현원광 위시등색 위당견색

이날 밤 등에 나타나는 원광은 등의 빛이냐, 견의 빛이냐?

생병眚病 난 사람이 보는 등에 나타나는 둥그런 광명은 등에 있는 빛인지, 견의 빛인지를 묻습니다. 견색見色이란 견 때문에 원영圓影의 색이 있느냐는 말인데, 우리나라 말엔 견색이란 게 맞지 않습니다.

阿難 此若燈色 則非眚人 何不同見
아난 차약등색 즉비생인 하부동견

아난아, 만일 등의 빛이라면 적생赤眚이 없는 사람은 어째서 보지 못하고,

등燈에 원영圓影이 있다고 하면, 즉 등 자체에 있는 원영이라고 하면 생병 나지 않은 사람은 왜 그 원영을 못 보겠느냐는 말입니다.

而此圓影 唯眚之觀
이차원영 유생지관

이 원영을 생병 난 사람만이 보는가?

유생지관이라는 글이 보통의 문법과는 다릅니다. 오직 생병眚病 난 사람만이 보느냐는 말인데, 등에 빛이 있다면 눈병 안 난 사람도 볼 텐데 생병 난 사람만이 보는 걸 보면 등의 빛이라고 볼 수 없다는 얘깁니다.

若是見色 見已成色 則彼眚人 見圓影者 名爲何等
약시견색 견이성색 즉피생인 견원영자 명위하등

만일 견의 색이라면 견이 이미 색이 되었으니 저 생병眚病 난 사람이 원영圓影을 보는 것은 무엇이라 하겠느냐?

견見이 이미 색色이 되었다는 말은, 능견能見이 소견所見이 되어 버렸다는 말입니다. 생병 난 사람이 원영을 보는 그것은, 능견이 원영이 되어 있는 것인데, 또 원영을 본다는 그놈은 무엇이겠느냐는 말입니다.

그러니까 능히 생병 난 사람이 원영 보는 그것이 견인데, 견이 원영이 되었다고 하면 원영 보는 그놈은 뭐라고 하겠느냐는, 즉 그 원영을 보는 자체가 따로 있다는 말이 아니고 견의 색이 아니라는 말입니다.

復次阿難 若此圓影 離燈別有
부 차 아 난 약 차 원 영 이 등 별 유

또 아난아, 이 원영이 등을 여의고 따로 있다면,

등燈을 떠나 따로 있다는 것은 등의 빛이 아니라는 말입니다.

則合傍觀 屛帳几筵 有圓影出
즉 합 방 관 병 장 궤 연 유 원 영 출

합당히 곁으로 병장궤연을 볼 적에도 원영이 출해야 할 것이요,

등을 떠나서 따로 있다고 하면, 병장궤연을 볼 때도 그런 원영이 생겨야 할 게 아니냐, 그 말입니다. 병屛은 병풍, 장帳은 휘장, 궤几는 책 하나 놓을 수 있는 조그만 책상, 연筵은 돗자리를 말하는데, 등에 있는 게 아니라면 그런 것을 볼 때에도 그런 원영이 생겨야 하겠다는 말입니다.

離見別有 應非眼矚 云何眚人 目見圓影
이 견 별 유 응 비 안 촉 운 하 생 인 목 견 원 영

견見을 여의고 따로 있다면 눈으로 볼 것이 아니니, 어째서 생병 난 사람이 눈으로 원영을 보느냐?

견見의 색色이라고 하면 원영 보는 놈은 뭐냐고 했으니까 견을 떠나서 견과는 상관없이 따로 있다면 원영을 듣는다든지 손으로 만진다든지 할 수 있어야 할 거라는 얘깁니다. 그러니까 눈으로 볼 게 아니라고 하는 말은 견을 떠나지 않았다는 말, 즉 눈과 관계가 있다는, 견의 빛은 아니라고 하더라도 견을 떠나서 있지 않다는 얘깁니다.

是故當知
시 고 당 지

이런 까닭으로 마땅히 알라.

色實在燈 見病爲影
색 실 재 등 견 병 위 영

색은 실로 등燈에 있건만 견의 병으로 원영이 되었느니라.

오색五色이 중첩한 빛이 실로 등에 있지만 견에서 생긴 병이니까 견의 병이 그림자가 되었다, 빛은 등에 있고 그 원영圓影은 생병眚病 때문에 생겼다는 말입니다.

견병見病은 생병眚病을 가리키는 말이니까 견의 병이 되었다, 원영이 되었다. 즉 색실재등色實在燈이라 했으니 등과도 관계가 있고, 견병이 원인이 되었으니 눈에도 관계가 있어서 원영이 생긴 것입니다.

影見俱眚 見眚非病
영 견 구 생 견 생 비 병

원영과 견이 다 생병이어니와 생眚을 보는 것은 병이 아니니,

영影과 견見이 다 생眚이니까 원영도 생병 때문에 있고, 원영을 보는 것도 생병인데, 원영을 능히 보고 생병을 능히 보는 것은 병이 아닌 진견眞見이라는 것입니다. 원영과 생병까지는 견의 병인데, 원영을 보는 놈은 생병이 아니라는 얘깁니다. 지금 등燈의 원영을 가지고 얘기하고 있는데, 등불은 우주를, 즉 허공 삼계를 가리키는 말이고, 원영은 산하대지를 가리키는 것입니다.

생병 난 눈을 가지고 등불을 볼 때 등불의 원영 보는 것이 원영이 실재한 것이 아니라는 그 말입니다. 다만 병 때문에 보는 것인데, 생병 나지 않은 눈을 가지고서 이 우주에 대한 산하대지라든지 중생을 보는 것은 본묘명견성本妙明見性에 대한 생병이라는 것입니다. 말하자면 지금의 이 산하대지나 중생이 생병 때문에 생긴 것이지 실재가 아니라는 얘깁니다.

이 생병은 본래 무시이래로 내려오는 무명無明 때문에 생기는 것이라는 겁니다. 그것이 바로 생병 때문에 등불의 원영이 생겼다는 별업망견別業妄見입니다. 알기 쉬운 것을 예로 들어서 이 우주 안에 있는 유정, 무정을 우리가 보게 되는 것은, 참말 이 우주 가운데 유정, 무정이 실제로 있는 게 아니라 우리의 견병見病, 즉 별업망견 때문에 보는 것이라는 얘깁니다.

분명히 산하대지가 우주 속에 있다고 보는데, 참말 실재가 아니라는 것입니다.

늘 얘기하는 말이지만 영화를 볼 때에 화면에 나타나는 것들이 참말 있는 게 아니어서 어른들은 그림자로 보지만 어린아이들은 정말 사람이 왔다 갔다 하는 줄 알고 붙잡으려 하는 것처럼 지금 우주에 유정, 무정이 생긴 만상이 실재가 아닌, 영화 화면에 나타나는 것과 같은 줄 알아야겠다는 것입니다.

그것 때문에 업을 짓고 있는 것을 알게 하기 위해서 부처님께서 일체중생으로 하여금 실재가 아닌 허망한 것임을 알게 하여 업을 짓지 않고 생사에 윤회하지 않게 하기 위해서 원영 얘기를 하는 것입니다. 생병 난 사람이 원영 보는 것도 별업망견이고, 우주에 대한 산하대지를 보는 것도 별업망견이 되는 것입니다.

'영견구생影見俱眚이거니와' 할 때의 견見 자는 앞에서 '견견지시見見之時 견비시견見非是見이라' 하던 아래의 견 자입니다. 원영도 생眚 때문에 있고, 원영을 보는 것도 생 때문이라는 얘깁니다.

'견생비병見眚非病이니' 할 때의 견見 자는 생병인 것을 능히 보는 것이니까 '견견지시見見之時 견비시견見非是見이라' 할 때의 위의 견見 자입니다. 그러니까 원영까지는 잘못이지만 원영인 줄을 아는 이 자체, 생병임을 능히 보는 그 자체는 생병에 들어가지 않는 견 자체라는, 즉 우리의 견 가운데 망妄이 없는 것을 말합니다.

終不應言 是燈是見 於是中有 非燈非見
종불응언 시등시견 어시중유 비등비견

마침내 빽빽이 말하기를, 이것이 등燈이다, 견見이다, 그중에서 등이 아니다, 견이 아니다 할 것이 아니니라.

불응不應은 시등시견是燈是見이라는 데도 불응이 있고, 비등비견非燈非見이라는 데도 불응이 있어서 뜻을 보면 등이라고, 등 아니라고, 견이라고, 견 아니라고도 할 수 없다는, 즉 안 맞는 얘기라는 것입니다. 즉 생병인 것을 보는 것에는 그렇다, 아니다의 시비가 붙지 않는다는 얘깁니다.

如第二月 非體非影
여 제 이 월 비 체 비 영

마치 제2월이 자체도 아니고 영상도 아닌 것과 같나니,

이 문장을 보건대 체體는 본월本月이고, 영影은 수중월水中月이어서 제2월은 본월의 자체도 아니고 물속에 있는 그림자도 아니라고 해야 할 것 같은데, 『정맥소正脉疏』에서는 체는 월체月體를 가리킨 말이 아니라 견의 체요, 영상影像은 월영月影이라 했습니다. 그러나 글로 봐서는 제2월은 체인 본월도 아니요, 영상인 물 가운데 있는 달그림자도 아니라고 보아야 하겠는데, 그렇게 하면 아래로 내려가면서 글과 안 맞게 된다는 얘깁니다. 그러니 『정맥소』에 따르면 제2월은 견의 체도 아니요, 수중월도 아니니, 이렇게 보자는 것입니다.

何以故
하 이 고

무슨 까닭인가.

第二之觀 捏所成故 諸有智者 不應說言 此捏根元
제 이 지 관 날 소 성 고 제 유 지 자 불 응 설 언 차 날 근 원
是形非形 離見非見
시 형 비 형 이 견 비 견

제2월을 보는 것은 눈을 눌러서 생긴 것이므로 지혜가 있는 이는 이 눈을 눌러서 생긴 것이 월형月形이다, 월형이 아니다, 견을 여의었다, 비견을 여의었다고 말하지 아니하리라.

날捏의 근원은 제2월을 가리킵니다. 시형비형은 원영이라 할 수도 없고 원영이 아니라 할 수도 없다는 말이니까 시是 자 하나가 형形과 비형非形을 다 가리키는 말입니다.

마찬가지로 이견비견도 리離 자 하나가 견見과 비견非見을 다 가리켜서 견을 여의었다는 것은 견이 잘못된 것이 아니라는 말이고, 비견을 여의었다는 것은 견을 떠났다는 것을 부인하는 말이고 그렇습니다. 즉 비견을 여의었다는 건 즉견卽見과 같은 말로서 말로 분별할 수가 없다는 얘깁니다.

실로 있는 존재가 아닌데 달의 그림자라느니, 그림자가 아니라느니, 견이 잘못되었다느니, 견이 잘못되지 않았다느니 하는 말을 할 수가 없다는 말입니다.

시형비형은 형形과 비형非形을 시인하는 것이고, 이견비견은 견見과 비견非見을 부인하는 것이어서 다릅니다. 그 리離 자도 견을 떠났다고 해도 안 되고, 비견을 떠났다고 할 수도 없고, 달의 그림자라고 할 수도 없고, 그림자가 아니라고 할 수도 없다는 말입니다. 그래서 제2월이 뭐라고 할

수 없는 것처럼…….

此亦如是 目眚所成
차 역 여 시 목 생 소 성

이것도 그와 같아서 눈의 적생赤眚으로 된 것이라.

눈을 눌렀기 때문에 누르는 게 병이고, 생병眚病 때문에 원영이 있는 것이니, 이 차此 자는 등에 있는 원영을 가리키는 말입니다.

今欲名誰 是燈是見
금 욕 명 수 시 등 시 견

무엇을 이름하여 등 때문이다, 견 때문이라 하며,

何況分別 非燈非見
하 황 분 별 비 등 비 견

어찌 하물며 등 탓이 아니다, 견 탓이 아니라고 분별하겠는가?

긍정할 수도 부정할 수도 없다는 얘깁니다. 지금까지 별업망견別業妄見을 얘기했는데, 실재 존재가 아니기 때문에 생병 난 사람만이 보는 것을 비유로 들었습니다. 이제 동분망견同分妄見을 얘기합니다.

云何名爲同分妄見
운 하 명 위 동 분 망 견

어떤 것을 동분망견이라 하느냐?

여러 사람이 같이 가지고 있고, 당하고, 보고 하는 것, 즉 분分이 같은 망견을 동분망견이라고 합니다.

阿難 此閻浮提 除大海水 中間平陸 有三千洲
아 난 차 염 부 제 제 대 해 수 중 간 평 륙 유 삼 천 주

아난아, 이 염부제에서 대해수를 제하고 중간에 있는 평륙에 3천 주가 있는데,

대해수大海水는 짠물 바다를 말하는 것이니까 수미산에서 칠금산七金山, 칠향수해七香水海를 지나서 여덟째 바다, 즉 함해鹹海를 가리킵니다. 염부제는 다 함해 속에 있으니까 그 염부제에서 바닷물은 제해 놓고 중간에 평평한 육지가 3천 주가 있다는 것으로서, 주洲는 사람이 살 수 있는 곳을 말합니다. 아세아주라는 것도 섬 주洲 자를 써서 바다가 둘러싸고 있는 중간의 육지라는 뜻입니다.

正中大洲 東西括量 大國凡有 二千三百
정 중 대 주 동 서 괄 량 대 국 범 유 이 천 삼 백

정중正中(복판)의 대주를 동서로 괄량하면 대국이 2천3백이요,

其餘小洲 在諸海中 其間 或有三兩百國
기여소주 재제해중 기간 혹유삼양백국

그 나머지 소주들이 해중에 있는데 그 사이에 (섬들) 2백, 3백 국이 있기도 하고,

或一或二 至于三十 四十五十
혹일혹이 지우삼십 사십오십

혹 1국, 2국도 있고, 30국, 40국, 50국이 있기도 하니라.

阿難 若復此中 有一小洲 只有兩國 唯一國人 同感惡緣
아난 약부차중 유일소주 지유양국 유일국인 동감악연

아난아, 이 가운데 가장 작은 섬에 두 나라가 있거든 한 나라 사람들은 악연을 함께 감感하게 되어,

감感한다는 건 받는다는 말입니다.

則彼小洲 當土衆生 覩諸一切不祥境界
즉피소주 당토중생 도제일체불상경계

저 소주의 당토중생들은 불상한 경계를 보게 되는데,

당토중생이란 두 나라 가운데서 악연惡緣을 만난 그 중생을 말합니다.

或見二日 或見兩月 其中乃至 暈適[2]珮玦 彗孛[3] 飛流
혹 견 이 일 혹 견 양 월 기 중 내 지 훈 적 패 결 혜 패 비 류
負耳虹蜺 種種惡相
부 이 홍 예 종 종 악 상

혹 두 해를 보기도 하고, 혹 양월兩月을 보기도 하고, 내지 햇무리, 월식, 일식반日蝕飯, 해의 귀걸이, 혜성彗星, 패성, 비성, 유성, 등 무지개, 결 무지개, 홍예의 갖가지 나쁜 상相을 보나니,

훈暈은 해나 달을 사이에 두고 무지개 같은 것이 둘러싸고 있는 햇무리 같은 것이고, 적適은 일식, 월식 하는 것이고, 패결은 분명한 근거는 없지만 해와 달 가까이에 있는 재앙의 현상으로서, 패珮라는 것은 예전에 벼슬하는 이들이 몸에 차던 옥패처럼 둥그런 모양이며, 결玦은 반 쪼가리의 모양일 것입니다.

혜패비류는 별에 대한 재앙인데, 혜彗는 혜성, 별의 한쪽 끝에 있는 빗자루처럼 길쭉한 광선으로서 큰 것도 있고 작은 것도 있으며, 패孛는 혜성마냥 길쭉하진 않고 광선에 가시 같은 것이 사방으로 돋아 있는 것을 말하며, 비류飛流는 소위 별똥을 싼다는 것인데, 비飛는 횡으로 달아나는 것이니, 예를 들면 동에서 서로 간다든지 남에서 북으로 간다든지 하는 것이

2 고려대장경에는 식蝕으로 되어 있으나, 송본 · 원본 · 명본에는 본문과 같이 되어 있다.
3 고려대장경에는 발勃로 되어 있으나, 송본 · 원본 · 명본에는 본문과 같이 되어 있다.

고, 류流는 흔히 물이 내려 떨어지는 걸 말하니까 수竪로 별이 하나만 내려오는 게 아니라 여러 많은 별이 내려오는 등으로서 혜패비류는 별에 대한 재앙입니다.

부이홍예負耳虹蜺는 달과는 관계없이 해에게만 있는 무지개 형상의 재앙입니다. 부이는 흰 무지개가 해에 대해서 생기는 것이고, 홍예는 우리가 흔히 보는 무지개입니다. 지금으로부터 50년쯤 전에 내가 금강산 유점사에 있을 때 오후 4시쯤이었는데, 서쪽의 해 곁에 흰 무지개가 하나 있고, 그 주위에 10여 개의 무지개들이 찬란하게 얽혀 있는 것을 본 적이 있습니다. 나이가 서른세 살 때쯤이었는데 다른 사람도 보았는지 모르겠으나, 무지개의 현상이 전국에 다 보이지 않는다고는 하지만 여하튼 그때 한 번 보고 또 그 다음에 어디서인지는 모르겠으나 백홍관일白虹貫日, 흰 무지개가 해를 꿰는 걸 본 적이 있습니다.

서양은 모르지만 동양에서는 천문에 대한 것들이 인생사에 관계가 있다고 해서 심지어는 사람마다에 별이 하나씩 관계되어 있다고도 하는데, 아마 동요의 가사 중에서 '별 하나 나 하나'라고 하는 것도 그걸 가리키지 않나 싶습니다.

홍예는 우리가 말하는 일곱 색의 무지개를 가리키는데, 무지개는 으레 쌍무지개가 섭니다. 속 안에 있는 무지개는 선명하게 빛이 고운 홍虹이고, 예蜺는 곁 무지개를 말하는 것인데, 이 곁 무지개는 일곱 색이 거꾸로 배열이 되어 있습니다.

여기까지의 얘기는 조그마한 한 나라 사람들이 함께 당하는 동분망견同分妄見의 설명인데, 좀 길어졌습니다. 본문입니다.

但此國見 彼國衆生 本所不見 亦復不聞
단차국견 피국중생 본소불견 역부불문

다만 이 나라에서만 보고 저 나라의 중생들은 본래 보지도 못하고 듣지도 못하느니라.

조그만 섬 가운데 두 나라가 있는데, 같은 경계에 있으면서도 악연을 당할 나라에서는 재앙을 만나지만, 피국중생, 재앙을 만나지 않을 나라의 중생은 보지도 못하고 듣지도 못한다는 말입니다.

그러니까 같은 역경域境에 있는 나라인데도 이 나라에서만 보고 저 나라에서는 못 보니까 실재로 있지 않다는, 마치 등燈의 원영이 생병 난 사람에게만 보여서 실재하지 않는 것처럼 지금 천상에 생기는 이런 재앙도 악연을 만날 나라에서만 보이지 다른 나라에서는 상관없다는 이런 말입니다.

지금 여기 동분망견同分妄見에서는 하늘에서 생기는 재앙을 얘기했고, 별업망견別業妄見에서는 생병眚病 난 사람들이 등 무리 보는 쉬운 전례를 들어서 우리 우주, 산하대지 전체가 실재의 존재가 아닌 허망한 것임을 알게 하는 것입니다.

말하자면 산하대지나 이 세계라고 하는 것도 등불의 원영과 같고, 해나 달에서 일어나는 그러한 현상과 같이 실재 존재가 아니라는 것을 얘기하기 위해서 전례를 든 것입니다.

산하대지가 실재 존재가 아니라고 하면 믿기 어려울 테니까 동분망견의 전례를 들어서 얘기한 것입니다.

阿難 吾今爲汝 以此二事 進退合明
아난 오금위여 이차이사 진퇴합명

아난아, 내가 이제 이 두 가지로써 진進하고 퇴退하면서 합명하리라.

이사二事란 별업망견別業妄見 가운데서는 생병 난 사람 얘기고, 동분망견同分妄見 가운데서는 재앙 당할 사람에게만 보이는 현상, 이 두 가지 사실입니다.

진퇴합명進退合明에 대해서는 어떻게 하는 것이 진進해서 합명하는 것이고, 어떻게 하는 것이 퇴退해서 합명하는 것인지 많은 얘기가 있는데 아래로 내려가면서 진퇴합명에 대해서 계속해서 얘기합니다.

가령 지금 생병 난 사람의 비유를 가지고서 남섬부주에 있는 산하대지에 유례類例한다든지, 알기 쉬운 것을 가지고 알기 어려운 것을 유례하는 이것은 진합명進合明이고, 또 앞에서 한 나라의 악연 받는 것을 가져다 별업망견을 갖다 댄 것, 즉 알기 어려운 것을 가져다 물러와서 알기 쉬운 데로 와서 유례하는 게 퇴합명退合明입니다.

또한 합명한 것이 셋이라는 얘기도 있는데, 진합명, 퇴합명이 있고, 세밀히 보면 진하면서 합명한 가운데 퇴하면서 합명하는 것이 또 있다는 것입니다.

그래서 자세하고 크게 보면 진합명과 퇴합명이 따로 있고, 진합명 가운데도 퇴합명이 들어 있고, 퇴합명 가운데도 진합명이 들어 있다고 하는 것입니다. 그것은 다 경 가운데 있는 경문을 가지고 하는 말입니다. 어쨌든 진합명인지, 퇴합명인지는 모르겠으나 알기 쉬운 것을 가지고 다른 것에 유례해서 얘기하겠다는 말입니다.

阿難 如彼衆生 別業妄見 矚燈光中 所現圓影 雖現
아 난 여 피 중 생 별 업 망 견 촉 등 광 중 소 현 원 영 수 현
似境
사 경

아난아, 저 중생의 별업망견으로 등불에 나타나는 원영을 보는 것이 비록 전경前境인 듯하나,

생병眚病 난 사람이 보니까 경계인 듯이 뭐가 나타나는 것 같지만, 그 말입니다.

終彼見者 目眚所成
종 피 견 자 목 생 소 성

마침내 저 보는 이의 생병으로 이루어졌으니,

생병 없는 사람은 안 보게 되니까 실재가 아니라는 얘깁니다.

眚卽見勞
생 즉 견 로

생眚은 견見이 피로한 것이요,

눈병 때문에 견이 피로해서 생병이 되었다는 말입니다. 앞에서도 예를 들었지만 갑자기 자다가 일어나 등불을 보면 원영圓影이 생겨 보이는 것처럼 생眚인 견병이 허망하게 피로한 상相을 발發한 것이 곧 원영입니다.

非色所造
비 색 소 조

색으로 지은 바가 아니거니와,

색은 색 · 성 · 향 · 미 · 촉 · 법 할 때의 색, 물질을 가리키는 말입니다. 그러니까 병 때문에 원영이 생긴 것이지 참말 원영이 있는 것이 아니다, 실재 있는 물건으로 지은 것이 아니라는 얘깁니다.

然見眚者 終無見咎
연 견 생 자 종 무 견 구

그러나 생병임을 보는 것은 마침내 견의 허물이 없느니라.

생병을 가지고는 생병을 못 보지만 눈의 생병 때문에 원영이 생겼으니까 원영 생긴 것을 보는 것은, 그 사람이 능히 보는 안력眼力으로 보는 거니까 병이 아니라는 것입니다. 만약 그것까지 병이 났으면 생眚인 줄을 못 봐야 할 텐데……, 그 말입니다.

생병眚病임을 본다는 것은, 능히 생眚임을 보는 자체이니까 생眚으로는 생眚을 못 보는 것이니, 생을 보는 것은 견의 진체眞體가 되는 것입니다.

견의 허물이 없다는 것도 생병이 생긴 것은 잘못된 것이지만 생병인 것을, 원영인 것을 보는 것은 견의 허물이 아니라는 말입니다.

그래서 별업망견別業妄見의 자체가 이렇다는 것을 애기하고, 알기 쉬운 생병 난 사람이 원영 보는 것을 가져다 우리가 보는 산하대지에 유례했으니까 이건 진합명進合明이 되는 것입니다.

例汝今日 以目觀見 山河國土 及諸衆生
예여금일 이목관견 산하국토 급제중생

네가 지금 눈으로 산하와 국토와 중생을 보는 일에 유례하면,

별업망견은 허망한 것이지만 네가 보는 산하국토는 허망한 것이 아닌 것 같으나 그것을 유례해서 같다고 하는 말입니다. 그러니까 산하국토는 무정물이며 의보依報요, 일체중생은 정보正報인 것입니다.

皆是無始 見病所成
개시무시 견병소성

모두 다 무시이래의 견의 병으로 이루어지는 것이니라.

개皆 자는 별업망견別業妄見으로 등불의 원영을 보는 것과 너희들이 산하대지 보는 것이 다 같다는 뜻을 갖고 있습니다. 무시이래의 견의 병이란 언제부터 생겼는지 모르는 본래 있는 무명병無明病입니다.

등불의 원영이 눈에 병이 났기 때문에 있는 것처럼 이것도 우리가 무시이래로 내려오는 견의 병 때문에 산하대지를 보게 되는 것이지 참말로 산하대지가 실재하는 것은 아니라는 말입니다.

지금 우리는 산하대지가 등불에 있는 원영과 같다고 하는 것을 이해를 못 합니다. 왜냐하면 경험해 보지 않았기에 우리의 소견에는 분명히 있는 줄 알기 때문입니다. 그래서 별업망견을 얘기해 가지고 산하대지와 이 중생 보는 것이 등불의 원영 보는 것처럼 허망하다는 것을 말하는 것입니다.

개시무시견병皆是無始見病이라는 개皆 자는 앞의 산하국토와 중생의 두 예를 포함시켜서 무시견병無始見病으로 생긴 것이지 실재하는 존재가 아니

라는 것을 말하고 있습니다.

見與見緣 似現前境
견 여 견 연 사 현 전 경

견과 견의 연緣이 전경인 듯이 나타나거니와,

견見은 우리가 능히 볼 수 있는 작용을 가리키는 말이고, 견연見緣은 견에 대한 연이니까 나무나 물, 산 등을 가리킵니다. 그러니까 능견能見은 견이요, 소견所見은 견연으로서 능히 보는 견과 볼바 연을 들어서 앞에 있는 경계를 나투는 것 같다는, 즉 실재가 아니라는 말입니다. 다시 말하자면 산하대지가 있는 것 같지만 등불에 있는 원영과 같이 보는 것입니다.

元我覺明 見所緣眚
원 아 각 명 견 소 연 생

원래 나의 각명으로 소연을 보는 생眚이니,

소연所緣은 앞에 나타나 있는 산하대지입니다. 각명으로 소연을 보는 생眚이란, 본각本覺의 밝은 각명으로 소연을 보는 것은 생眚이니, 그게 잘못되었다는 것입니다.

그러니까 눈으로 보는 게 아니라 마음으로 각명 자리에서 소연을 볼 때에 보인 것은 생이니,

覺見卽眚 本覺明心 覺緣非眚
각 견 즉 생 본 각 명 심 각 연 비 생

각覺으로 보는 것은 생眚이나 본각의 밝은 마음으로 연緣을 깨닫는 것은 생眚이 아니니라.

이 위에서 각명覺明으로 본다고 하는 것은 제2월을 가리키는 것이고, 여기에서의 본각명심은 진심眞心 자리를 가리키는 것입니다.

산하대지를 보는 것은 잘못된 생眚으로 된 것이지만, 산하대지를 능히 볼 수 있는 것은 잘못된 생이 아니다. 즉 지금의 우리가 산하대지로 인식하는 것은 잘못이지만 산하대지의 현상을 깨닫는 것은 잘못이 아니라는 얘깁니다.

위에서 생을 보는 것은 견의 허물이 아니라고 한 것처럼 산하대지로 인정하는 것은 잘못된 생이나, 산하대지를 몰라서도 안 되니까 이건 산이다 이건 물이다 하는 것을 능히 각覺하는 그 자체는 병이 없는 것이라 해서 생과 비생非眚이 있는 것입니다.

눈으로 보는 것은 잘못된 견병見病으로 이루어진 생이고, 그것을 능히 보는 본각명심 자리는 생병이 아니라는 말입니다.

覺所覺眚 覺非眚中
각 소 각 생 각 비 생 중

소각을 각覺하는 것은 생眚이나, 각은 생 중의 것이 아니니라.

이 부분은 예전 스님들의 본 바가 조금씩 다릅니다. '소각을 각하는 것은 생이요' 하는 것은, 계환사戒環師의 견해일 것입니다. 소각은 앞으로 나올 산하대지라든지, 별업망견別業妄見에서의 등燈의 원영을 말합니다.

각비생중覺非眚中이란, 위에서 말했던 '본각명심本覺明心 그것은 생중지물眚中之物이 아니다, 소각所覺을 각覺하는 것은 생眚이나, 능히 각하는 자체는 생 중이 아니다', 이렇게 보는 것이 계환사나 그 외 다른 스님들의 견해인데, 『정맥소』에서는 '소각인 생眚을 각하면' 하고 이렇게 보고 있습니다.

그러니까 각覺할바 생병眚病을 각하면 그 각하는 자리는 생중지물이 아닌 본각명심이라고 보는 것입니다.

소각의 생병인 그 자체를 생인 줄 깨닫고 나면 본각명심이라고 했으니까 각소각覺所覺에서의 위의 각覺 자나 각비생중覺非眚中이라 하는 문장의 각覺 자가 같은 것입니다.

此實見見
차 실 견 견

이는 실로 견을 보는 것이거늘,

소각생所覺眚은 아래의 견見 자이고, 그 소각생을 각覺한다고 하는 각 자는 위의 견 자로서 아래의 견 자는 눈으로 보는 것이니까 망견이고, 위의 견 자는 본각명심으로 보는 것이니까 진견眞見입니다. 저 위에서의 견견지시見見之時, 견비시견見非是見을 갖다 대는 것입니다.

云何復名 覺聞知見
운 하 부 명 각 문 지 견

어찌 다시 깨닫는다, 듣는다, 안다, 본다 이름하리오?

견見 하나만을 애기할 텐데 각覺 · 문聞 · 지知가 다 같이 허망하다는, 육근의 작용이 다 허망하다는 것을 말해 주고 있습니다.

是故汝今 見我及汝 幷諸世間 十類衆生 皆卽見眚
시고여금 견아급여 병제세간 십류중생 개즉견생
非見眚者
비견생자

이런고로 네가 지금 나와 너와 모든 세간과 십류 중생을 보는 것이 다 견見의 생眚이요 생을 보는 것이 아니니,

여汝는 아난을 가리키는 말이고, 아我는 부처님을 가리키는 말입니다. 십류중생은 유정을 가리키는 말이고, 세간이라는 것은 무정을 가리키는데, 이 유정, 무정을 보는 것이 다 견의 생병이라는 애깁니다. 부처님께서 보실 때는 산하대지가 없는데, 중생은 망견으로 보니까 산하대지가 있다는 것을 지금 말하고 있습니다.

彼見眞精 性非眚者 故不名見
피견진정 성비생자 고불명견

저 견의 진정한 성性은 생眚이 아니므로 견이라 하지 않느니라.

본각本覺 자리 자체는 병난 게 아니기 때문에 견이라고 이름하지 않는다는 애깁니다. 그 피견彼見이라는 견이 무엇을 의지해 생겼는고 하니, 바로 본묘각명本妙覺明 자리에서 나왔다는 애깁니다. 그러니까 견 자를 비견

非見이라 할 때의 진견眞見의 진정眞精이라고 해도 되는 말이고, 망견妄見의 진정이라고 해도 되는 말이고, 망견도 그 자체는 진견이니까 두 가지로 봐도 된다는 것입니다.

고불명견故不名見은 앞의 '운하부명 각문지견云何復名 覺聞知見이리오' 하던 그 문장을 맺는 말입니다. 즉 각문지견覺聞知見이란 육근의 작용을 말하는 것이니까 우리의 본성인 진심 자리를 깨닫는 이것은 견문각지見聞覺知라 하지 않는다는 얘깁니다.

여기까지는 별업망견別業妄見으로 유례했고, 이제는 동분망견同分妄見을 가지고 유례합니다.

阿難 如彼衆生 同分妄見 例彼妄見 別業一人
아 난 여 피 중 생 동 분 망 견 예 피 망 견 별 업 일 인

아난아, 저 중생의 동분망견으로써 저 별업망견의 일인에 유례하면,

앞의 동분망견으로써 별업망견에 유례하니까 이것은 퇴합명退合明입니다. 망견별업妄見別業은 별업망견別業妄見입니다.

一病目人 同彼一國
일 병 목 인 동 피 일 국

생병 난 사람은 저 1국과 같고,

동피일국이란 동분망견에서 얘기했던 섬 가운데 두 나라 중의 일식, 월

식을 보는 한 나라와 같습니다.

彼見圓影 眚妄所生
피 견 원 영 생 망 소 생

저가 보는 원영은 생병으로 생긴 것이나,

원영圓影은 생병眚病인 망妄으로 생긴 것이지 실제로 있는 것이 아니라는 말입니다.

此衆同分 所現不祥 同見業中 瘴惡所起
차 중 동 분 소 현 불 상 동 견 업 중 장 악 소 기

저 동분망견으로 보는 불상한 경계가 다 같은 견업 중의 장악으로 생기는 것이니,

동同 자는 생병 난 것까지는 아니고 한 나라 국토의 중생들이 다 같이라는 뜻입니다. 장악이란 특수한 토질의 산천에서만 생기는 나쁜 기운입니다.

별업망견의 원영 보는 것은 생망眚妄으로 생긴 것이고, 동분망견同分妄見의 소현불상은 그 나라 중생들의 다 같은 업 중에서 장악으로 생긴 것이다, 이런 말입니다.

俱是無始 見妄所生
구 시 무 시 견 망 소 생

모두 다 무시이래의 망견으로 생기는 것이니라.

구俱 자는, 별업망견과 동분망견을 다 가리키는 말입니다. 견見의 망妄이란 무명 때문에 생긴 제2월과 같은 것입니다. 그러니까 묘명견정妙明見精이지만 손가락으로 누르는 그게 망妄이니 그게 없어져야 한다는 얘깁니다.

例閻浮提 三千洲中 兼四大海 娑婆世界 幷洎十方
예 염 부 제 삼 천 주 중 겸 사 대 해 사 바 세 계 병 계 시 방
諸有漏國 及諸衆生
제 유 루 국 급 제 중 생

염부제의 3천 주와 사대해와 사바세계와 시방의 유루국과 모든 중생들에게 예例하건대,

그냥 국토에만 예例한 것이 아니라 3천 주洲 중에 있는 정보正報, 의보依報라든지 시방세계의 중생들까지 모두 예例했습니다. 사대해四大海란 바다가 넷이라는 얘기가 아니고, 하나의 바다 가운데 사주四洲 세계가 있으니까 그 주洲를 따라서 예를 들면 남섬부주에 소속된 바다는 남해라고 하는 등 그래서 사대해라고 했습니다. 하나의 사바세계는 남섬부주가 백억이 있어야 하고, 시방세계는 사바세계 외에 극락세계라든지 만월세계滿月世界라든지 한정 없는 세계를 말합니다.

同是覺明 無漏妙心 見聞覺知 虛妄病緣 和合妄生 和合妄死
동시각명 무루묘심 견문각지 허망병연 화합망생 화합망사

모두 다 각명의 무루한 묘심이 보고 듣고 깨닫고 알고 하는 허망한 병의 연緣으로 화합하여 허망하게 생하고 화합하여 허망하게 죽느니라.

본래 각명무루묘심에는 병이 없지만 그것이 견 · 문 · 각 · 지 하는 작용이 허망병연이라는 얘깁니다. 화합하여 허망하게 나고 화합하여 허망하게 죽는다는 것은 화합부터가 잘못이라는 말입니다.

여기의 글로 보면 생하는 것도 화합이고 죽는 것도 화합인 것 같은데, 인연이 화합해서 모이면 생하고, 생했던 인연이 흩어지면 멸하는 것이니까 말은 같은 화합망생이지만 인연이 화합해 모이면 생하는 것이고, 화합했던 인연이 흩어지면 죽는 것이어서 조금 다릅니다. 그래서 진퇴합명進退合明은 여기에서 끝났습니다. 지금 여기에서 화합망생을 자꾸 얘기하는데, 저 위에서 두 가지 전도한 분별망견分別妄見을 가지고 당처발생當處發生해서 당업윤전當業輪轉한다는 그것을 설명하는 것입니다.

若能遠離 諸和合緣 及不和合
약능원리 제화합연 급불화합

만일 능히 화합하는 연緣과 불화합을 멀리 여의면,

화합의 반대는 불화합이니까 불화합까지 여의면 그 말인데, 불화합에도 연緣 자가 있을 텐데 넉 자씩 하느라고 그런 모양입니다. 화합과 불화합을 떠난다고 하는 말이니까 병연病緣은 전부 다 떠난다는 것입니다.

則復滅除 諸生死因
즉부멸제 제생사인

곧 생사의 인因을 없애(滅除) 버리고,

화합, 불화합의 연緣을 다 떠난다고 하면 떠나는 자체가 모든 생사의 인因을 멸해 버리는 것이라는 말입니다.

그렇게 되면 무명이 없어지니까 나고 죽고 하는 게 다 없어지게 되는 것이며, 그렇게 되면,

圓滿菩提 不生滅性 淸淨本心 本覺常住
원만보리 불생멸성 청정본심 본각상주

보리의 불생멸하는 성性을 원만히 하면 청정한 본심의 본각이 상주하리라.

위에서 전도하게 분별하는 망견을 가지고 당처발생當處發生하고 당업윤전當業輪轉한다고 하던 것을 병연病緣만 여의면 된다는 사실을 얘기하고 있습니다.

阿難 汝雖先悟 本覺妙明 性非因緣 非自然性
아난 여수선오 본각묘명 성비인연 비자연성

아난아, 네가 비록 본각의 묘명한 성性이 인연도 아니며 자연도 아닌 줄을 깨달았으나,

而猶未明 如是覺元 非和合生 及不和合
이 유 미 명 여 시 각 원 비 화 합 생 급 불 화 합

오히려 이 각覺의 원元이 화합으로 난 것도 아니고 불화합으로 난 것도 아님을 알지 못하는구나.

불화합 다음에 생生 자가 있어야 하는데 넉 자씩 맞추느라고 빠져 있으나 뜻은 포함되어 있고, 비非 자는 화합과 불화합을 다 통해서 하는 말입니다. 인연도 아니고 자연도 아닌 것은 위에서 부처님께서 말씀하셔서 알고 있지만 화합생도 아니고 불화합생도 아닌 것은 지금도 알지 못하고 있어서 이제 화합과 불화합을 얘기합니다.

阿難 吾今復以前塵問汝
아 난 오 금 부 이 전 진 문 여

아난아, 내가 지금 다시 전진으로써 네게 물으리라.

전진, 즉 우리가 보고 듣고 하는 것들을 가지고 묻겠다는 말입니다.

汝今猶以一切世間 妄想和合 諸因緣性
여 금 유 이 일 체 세 간 망 상 화 합 제 인 연 성

네가 지금도 일체세간의 망상으로 화합하는 인연성으로써,

써 이以 자는 '일체 세간의 허망한 생각으로 화합해서 생기는 모든 인연성을 가지고서', 그 말입니다.

而自疑惑 證菩提心 和合起者
이자의혹 증보리심 화합기자

스스로 의혹하여 보리를 증證하는 마음도 화합으로 생긴다 하는구나.

네가 세간의 일체 허망한 생각을 가지고 그와 같이 생각을 하기 때문에 보리를 증證하는 마음도 화합에서 일어나는가 의혹하고 있구나, 이런 말입니다.

則汝今者 妙淨見精 爲與明和
즉여금자 묘정견정 위여명화

너의 지금 묘정한 견정이 명明과 화和하였느냐,

화합 아닌 것을 말하는 것인데, 위에서 인因으로부터 생겼느냐 연緣으로부터 생겼느냐 하는 것과 같은 말입니다.

爲與暗和 爲與通和 爲與塞和
위여암화 위여통화 위여색화

암暗과 화和하였느냐, 통通과 화하였느냐, 색塞과 화하였느냐?

화和라는 것은 물에다 설탕을 타면 설탕물이 되어서 물과 설탕을 나눌 수가 없는 것처럼 제각기 다른 성질을 가진 두 물건이 한데로 합해져서 한 물건이 되는, 즉 자기의 본성을 잃어버리는 게 화입니다.

若明和者 且汝觀明 當明現前 何處雜見
약 명 화 자 차 여 관 명 당 명 현 전 하 처 잡 견

만일 명明과 화和하였다면 네가 명明을 볼 적에 당처當處에 명明이 앞에 나타나나니 어느 곳에 견見이 섞이었느냐?

지금 이 보리를 증證하는 견見이 명明과 화합해 있었다고 하면, 즉 그 묘정견정妙淨見精이 명과 화했느냐고 했으니까 명을 볼 때에 견도 보아야 할 터인데 그렇지 않기 때문에 명화明和라고 할 수가 없습니다.

잡雜이란 쌀과 모래를 섞은 것처럼 제 형상을 두고 섞이는 것을 말합니다.

見相可辨 雜何形像
견 상 가 변 잡 하 형 상

견한바 상相을 가히 분변할 수 있거니와 섞인 것은 무슨 형상인가?

견상가변도 두 가지로 봅니다. 견見과 상相을 분변할 수 있지만, 이렇게도 보고, 견상은 보는 상相, 견과 밝은 것(相)의 둘을 가리키는 게 아니라 견하는 상, 그러니까 명明을 가리키는 뜻으로도 봅니다.

잡하형상이란 말은 견見과 명明이 따로 있는데, 물에다가 흙을 탄다고 하면 흙탕물이 되는 것과 같이, 견하고 명하고 섞였으면 견도 아니고 명도 아닌 게 있어야 할 텐데 무슨 형상으로 나타나느냐는 말입니다.

若非見者 云何見明
약 비 견 자 운 하 견 명

만일 견이 아니라면 어떻게 명을 보며,

밝은 것이 견見이 아니라면, 그 말이니까 물건 섞인 것이 견이 아니라면 견과 합하지 않았다는 얘깁니다.

운하견명云何見明고, 이 말로 봐서는 명明이 견見과 화和한 것 같다는 것입니다. 만약 명한 가운데 견이 없다고 하면, 즉 견이 아니라고 하면 어떻게 명을 보느냐고 했으니까 견이 아니라고 해도 안 된다는 말입니다.

若卽見者 云何見見
약 즉 견 자 운 하 견 견

만일 곧 견이라면 어떻게 견을 보겠느냐?

명明 자를 가지고 하는 말입니다. 그러니까 명이 곧 견이라고 하면(明 보는 것이 내내 見 보는 것이니까) 견이 견을 보는 꼴이니 어찌 그럴 수가 있겠는가. 즉 명이 견에 즉한 것도 아니고 견을 떠나 있는 것도 아니라는 그 말입니다.

비견非見이란 견을 떠났다는 말이고, 즉견卽見이란 견에 즉했다는 말입니다.

必見圓滿 何處和明
필 견 원 만 하 처 화 명

반드시 견이 원만하다면 어느 곳에 명이 화하였으며,

지금 이 방 안에 견見이 가득 찼다고 하면 견이 가득 찼으니까 다른 게 들어올 수가 없을 것입니다. 그릇에 쌀을 가득 담으면 다른 것은 못 들어가듯이 견이 가득한데 명明이 들어와서 화和할 처소가 없지 않겠느냐는 말입니다.

若明圓滿 不合見和
약 명 원 만 불 합 견 화

만일 명이 원만하다면 견과 화하지 아니하였으리라.

이것 역시 명明이 가득하면 명만 있지 견이 들어갈 틈이 없지 않느냐는 말입니다.

見必異明 雜則失彼性明名字
견 필 이 명 잡 즉 실 피 성 명 명 자

견見이 반드시 명明과 다르다면 섞이면 성性이 밝다는 이름을 잃었을 것이니,

견필이명하다는 것은, 견見은 견이고 명明은 명이어서 분명히 다르다는 얘깁니다. 견은 능견能見이고, 명明은 소견所見이니까.

섞였다면 성性이 밝다는 이름을 잃어버려야 한다는 말은, 물과 흙이 섞였으면 맑은 물이 없어지고 말듯이 명과 견이 섞였다고 하면 성性이 밝다고 하는 견과 섞였으니까 섞이기 전의 밝은 그 자체가 없어질 것이라는 얘깁니다.

雜失明性 和明非義
잡 실 명 성 화 명 비 의

섞이어서 밝은 성性을 잃었으면 명明과 화하였다는 말이 옳지 아니하리라.

비의非義, 뜻이 아니라는 것은 옳지 않다는 말이니까 견見이 명明과 화和했다는 것이 옳지 않다는 말이고,

彼暗與通 及諸群塞 亦復如是
피 암 여 통 급 제 군 색 역 부 여 시

저 암暗과 통通과 색塞과 화하였다는 것도 역시 이와 같으니라.

인연이라는 말이 곧 화합이라는 말이기 때문에 인연이라고 하면 으레 화합이란 게 따라가니까 저 위에서 인연이 아니라고 했듯이 화합도 아니라고 하는 것입니다.

여담입니다만, 남섬부주南贍浮洲에서 정오가 되면, 북구로주北俱盧洲에

서는 3경更을 친다고 했습니다. 밤과 낮이 바뀐다는 얘긴데, 우리나라와 미국이 그렇습니다.

그러면 이 지구 안에서 사주四洲 세계를 보는 것이 아니냐는 얘기니까 남섬부주라는 자체를 알 수가 없습니다. 그래서 나는 미국에 가서 축원할 때도 남섬부주라는 말은 안 했습니다.

그렇다면 이 지구 안에서 사주 세계를 보아야 하는데, 어느 것이 수미산이냐는 얘깁니다. 수미산이 중간에 있고, 둘레에 사주 세계가 있다고 했는데, 어느 게 수미산인지 모르겠다는 말입니다. 그래서 지금 예전의 말을 그대로 두고서 찾아본다고 하는 이가 남극에서 북극까지 지구 한복판, 남극에서 북극까지를 수미산이라 한다고 했습니다. 그렇게 되면 해와 달이 수미산 중턱에 돈다는 말도 맞고, 수미산 사방에 사주 세계가 있다는 것도 맞게 되는 것입니다.

수미산이라는 것이 우리가 보는 평지보다 높은 그런 산이 아니고, 지구 남극에서 북극까지를 지축으로 하고 있는 묘하고 높은 산, 즉 묘고산妙高山이라는 얘깁니다. 수미산을 번역하면 묘고산인데, 아마 이런 뜻에서 하는 말이 아닌가 싶습니다.

본문으로 돌아가서,

復次阿難 又汝今者 妙淨見精 爲與明合
부 차 아 난 우 여 금 자 묘 정 견 정 위 여 명 합

또 아난아, 너의 지금 묘정한 견정이 명明과 합하였느냐?

화和는 물에 설탕을 타듯 탄다는 말이고, 합合은 주발에 주발 뚜껑을 덮는 것과 같다고 했습니다. 그러니까 화와 합은 좀 다르다는 얘깁니다.

爲與暗合 爲與通合 爲與塞合
위 여 암 합 위 여 통 합 위 여 색 합

암暗과 합하였느냐, 통通과 합하였느냐, 색塞과 합하였느냐?

若明合者 至於暗時 明相已滅
약 명 합 자 지 어 암 시 명 상 이 멸

만일 명明과 합하였다면 암暗할 적에는 명상明相은 이미 멸하였고,

합한다는 것은 한데 붙어서 뗄 수 없다는 말이니까 어두울 때엔 명상明相이 없어졌으니, 그 명상과 합했던 견見도 없어져야겠다는 말입니다.

此見卽不與諸暗合 云何見暗
차 견 즉 불 여 제 암 합 운 하 견 암

이 견見이 암暗과는 합하지 아니하였을 터인데 어떻게 암을 보느냐?

명明과 합했다면 명이 없어질 때에 명과 합했던 견도 없어져야 할 텐데, 그 견이 명과 합했던 걸 그만두고 와서는 암暗과 합해진 것도 아닐 텐데 어떻게 암을 보겠느냐는 말이니까 명과 합했다는 말이 되지 않는다는 얘깁니다.

若見暗時 不與暗合 與明合者 應非見明
약 견 암 시 불 여 암 합 여 명 합 자 응 비 견 명

만일 암暗을 볼 적에 암과 합하지 않았다면 명과 합할 때에도 빽빽이 명을 보지 못해야 하리라.

명상明相과 합했던 것이 명상이 없어질 때 그건 없어졌지만 어두운 것과 합하지 않고도 어두운 걸 본다, 이런 말입니다. 그러니까 암暗을 볼 때에 어두운 것으로 더불어 합하지 않고도 암을 본다는 말입니다. 그와 같은 이론으로 보면 명明과 합한 것도 명을 보지 못해야 할 것이다, 이 말이지요. 어두운 것과 합하지 않고도 어두운 것을 본다고 하면 명과 합하지 않고도 명을 보게 될 테니까 명과 합하지 않고도 명을 본다고 하면, 명과 합할 때엔 도리어 명을 보지 못해야 할 게 아니냐 이 말이요, 그래서 명과 더불어 합한 것도 빽빽이 명을 보지 못할 것이라는 얘깁니다.

既不見明 云何明合 了明非暗
기 불 견 명 운 하 명 합 요 명 비 암

이미 명明을 보지 못한다면 어떻게 명과 합하였다 하며, 명은 암暗이 아닌 줄을 알겠느냐?

彼暗與通 及諸群塞 亦復如是
피 암 여 통 급 제 군 색 역 부 여 시

저 암暗과 다못 통通 및 제군색 또한 이와 같으니라.

阿難白佛言 世尊 如我思惟
아난백불언 세존 여아사유

아난이 부처님께 아뢰어 말하였다.
세존이시여, 제가 생각하건대,

此妙覺元 與諸緣塵 及心念慮 非和合耶
차묘각원 여제연진 급심염려 비화합야

이 묘한 각覺의 근원이 여러 연진과 심心과 념念과 려慮로 더불어 화합함이 아닌 듯하나이다.

연진은 여기에서 명암明暗을 가리킵니다. 묘각원妙覺元이란 근根의 성품을 가리키고, 심心과 념念과 려慮는 인식하는 작용이니까 식을 가리키는 말입니다.

佛言 汝今又言 覺非和合 吾復問汝
불언 여금우언 각비화합 오부문여

부처님께서 말씀하셨다.
네가 또 각覺이 화합이 아니라 하니 다시 네게 묻노라.

각覺은 본각本覺을 말합니다.

此妙見精 非和合者 爲非明和 爲非暗和 爲非通和
차 묘 견 정 비 화 합 자 위 비 명 화 위 비 암 화 위 비 통 화
爲非塞和
위 비 색 화

이 묘한 견정이 화합이 아니라면 명明과 화하지 않았느냐, 암暗과 화하지 않았느냐, 통通과 화하지 않았느냐, 색塞과 화하지 않았느냐?

若非明和 則見與明 必有邊畔
약 비 명 화 즉 견 여 명 필 유 변 반

만일 명明과 화하지 않았다면 견見과 명이 반드시 변반이 있어야 하리니,

변반이란 살표(살피)를 가리키는 말이니까 합하지 않았다면 명明과 견見이 따로일 텐데 따로 있다면 살표가 어디냐는 말입니다.

汝且諦觀 何處是明 何處是見
여 차 제 관 하 처 시 명 하 처 시 견

네가 자세히 보라. 어디까지가 명明이고 어디까지가 견見인가?

在見在明 自何爲畔
재 견 재 명 자 하 위 반

견에 있고 명에 있어서 어디로부터가 반畔이 되겠는가?

재在 자는 무엇 무엇에 있어서의 뜻이니까 견見과 명明에 있어서 화和하지 않았다면 따로따로일 텐데 어디까지가 살표겠느냐는 말입니다.

阿難 若明際中 必無見者 則不相及
아난 약명제중 필무견자 즉불상급

아난아, 만일 명제에 견이 없다면 서로 미칠 수 없어서,

따로따로 있으니까 명이 견에 미치지 못하고 견이 명에 미치지 못한다는 말입니다.

自不知其明相所在 畔云何成
자부지기명상소재 반운하성

스스로 그 명상이 있는 곳을 알지 못하리니 반畔이 어떻게 성립되리오.

화和하지 않았다는 말이 성립하지 않는다는 말입니다.

彼暗與通 及諸群塞 亦復如是
피암여통 급제군색 역부여시

저 암暗과 다못 통通과 제군색도 다시 이와 같으니라.

又妙見精 非和合者 爲非明合 爲非暗合 爲非通合
우 묘 견 정 비 화 합 자 위 비 명 합 위 비 암 합 위 비 통 합
爲非塞合
위 비 색 합

또 묘한 견정이 화합이 아니라면 명明과 합하지 않았느냐, 암暗과 합하지 않았느냐, 통通과 합하지 않았느냐, 색塞과 합하지 않았느냐?

若非明合 則見與明 性相乖角
약 비 명 합 즉 견 여 명 성 상 괴 각

만일 명明과 합하지 않았다면 견과 명의 성性이 서로 괴각하리니,

뿔 각角 자 자체가 서로 어긋난다는 말이니까 하나는 이쪽으로, 하나는 저쪽으로 한데 붙지 않는다는 말입니다.

如耳與明 了不相觸
여 이 여 명 요 불 상 촉

마치 이耳와 명明이 서로 촉觸하지 못하는 것과 같아서,

눈은 밝은 것과 촉觸하지만 귀는 명明에 대해서 상관이 없습니다. 그래서 이耳와 명明이 서로 촉하지 못하는 것과 같이 명과 견도 그럴 것입니다. 명과 견이 합하지 않았다고 하면 성품이 서로 어긋날 테니까 어긋난다고 하면 귀와 명明에 대해서 요불상촉하는 것과 같이 우리의 견도 명에 대해

서 요불상촉了不相觸해야 할 것 아니냐는 얘깁니다. 서로 촉하지 못한다고 하면 본다고 하더라도 또한 명상明相의 소재를 알지 못할 것입니다.

見且不知 明相所在
견 차 부 지 명 상 소 재

보아도 명상이 있는 데를 알지 못할 것이거늘,

云何甄明 合非合理
운 하 견 명 합 비 합 리

어찌 합하고 합하지 않은 이理를 밝히리오.

彼暗與通 及諸群塞 亦復如是
피 암 여 통 급 제 군 색 역 부 여 시

저 암暗과 통通과 제군색도 이와 같으니라.

견見이라든지 명明이라든지, 화和한다든지 화하지 않는다든지 이 세상 모든 물건은 화합해서 된 것이지만 우리의 본묘각명本妙覺明 자리는 있던 게 없어지고 없던 게 나는 것이 아니기 때문에 인연이니 자연이니, 화합이니 비화합이니라는 말이 맞지 않습니다.

화합은 인연을 가리키고, 비화합은 자연을 가리키는 말인데, 우리의 본심 자리는 생멸법이 아니기 때문에 이러한 세간의 희론명상戱論名相 가지고는 안 된다는 것입니다.

13. 사과四科에서 여래장如來藏을 보이다

1) 오음五陰이 곧 여래장

阿難 汝猶未明 一切浮塵 諸幻化相 當處出生 隨處滅盡
아난 여유미명 일체부진 제환화상 당처출생 수처멸진

아난아, 네가 오히려 일체의 부진인 모든 환화의 상相이 당처에서 출생하여 수처에서 멸진함을 알지 못하나니,

일체부진 제환화상이란, 산하대지가 실제로 없는 것인데 있는 듯이 나타나니까 산하대지라든지 등燈에 대한 원영圓影이라든지, 기상氣象에 대한 일체불상경계一切不祥境界라든지 모두를 다 가리키는 말입니다.

당처출생이란 온 데가 없다는 말이고, 수처멸진이란 가는 데가 없다는 말이니까 내왕거주來往去住가 없는 것을 가리킵니다.

별업망견別業妄見에서 보는 등燈의 원영이나 동분망견同分妄見에서 보는 천상의 불상경계不祥境界만이 허망한 것이 아니라 일체부진환화상一切浮塵幻化相이 다 그렇다는 말입니다. 그래서 부진제환화상인 산하대지가 다 온 데도 없고, 가는 데도 없이 있었다 없어졌다 하는 것입니다.

幻妄稱相
환 망 칭 상

환망은 상相이라 칭하거니와,

모양 있는 것은 모두 환幻이라는 말입니다. 인연이다, 자연이다 하는 말이 모두 모양을 가지고 하는 말이니까 가령 금으로 반지, 비녀를 만든다면 반지, 비녀의 모양이 인연으로 화합하고, 생하고, 멸하는 것이지 금 자체는 생멸하지 않는 것처럼, 본각묘명本覺妙明 자리는 인연, 화합, 자연, 비화합이 모두 아니라는 말입니다.

其性眞爲妙覺明體
기 성 진 위 묘 각 명 체

그 성性은 참으로 묘각의 밝은 본체이니라.

모든 환망幻妄의 자성 자리는 참으로 밝은 각覺의 묘한 체體라고 해서 상相과 체體를 가려 놓았습니다. 환망은 형상 있는 것을 가리키고, 우리의 본성 자리는 묘각명체라는 말인데, 생병眚病 때문에 보는 원영圓影도 생병 아닌 본진각本眞覺인 견상見上에 나타나는 것이지 따로 있는 게 아니라는 얘깁니다. 거울에 물건이 비칠 때 거울 속에 비치는 물건은 그림자뿐이지 실상은 있는 것이 아니고, 그 물건 자체가 거울 자체가 아닌가 하는 얘깁니다.

나타나는 형상은 환幻이고, 실재가 아니지만 나타난 그 자체는 거울의 면에 나타나지 다른 곳에 나타나는 것은 아니니까 온갖 세상의 환화상幻化相이 나타난 그 자체는 본각명심本覺明心이라는 얘깁니다. 그러니까 체로 보아서는 온갖 환화상幻化相이 본각명심이요, 모양으로 보아서는 각기 다르다는 얘기니까 모양은 환幻이고, 자체는 진眞이라는 말입니다.

금의 형상으로는 둥글고 네모나고 등등 하겠지만 금 자체는 모양을 안 가집니다. 그런데 모양이 없으면 또 존재하지 못하듯이 어느 체든지 그 체가 모양은 아니지만 모양 없이는 또 존재하지 못하는 것이니까 이 우주의 온갖 것이 실질로 보아서는 금과 같은 체이어서 크고 작은 인연, 화합이 다 떨어진 것이지만, 그 진체眞體가 모양 없이는 나투지 못한다는 것입니다.

그래서 거울이 생긴다고 하면 반드시 거기에는 영상影像이 들어 있습니다. 영상이 들어 있지 않은 거울은 거울이라 할 수 없듯이 모양은 다 환망이고, 그 자체는 진眞이라는 것입니다.

우리가 성품과 모양을 말할 때 성품은 진眞이라 하고, 모양은 망妄이라 하듯이 이것 역시 그 말입니다. 이 우주의 현상은 환망이고, 우주의 본체는 묘각명성이지만 형상이 없이는 나투지 못하기 때문에 모양 그대로가 자체요, 자체 그대로가 모양이다 이렇게 봅니다.

모양, 허망한 상相, 그대로가 자체요, 자체 그대로 나타나는 것이 환망이니까 이 환망을 다 없애 버리고 묘각명성妙覺明性을 찾아서는 안 된다는 얘깁니다.

거울 가운데 비치는 영상을 없애 버리고, 거울 자체만을 나타내려고 하면 안 된다, 거울 가운데 비치는 영상 그대로가 거울 자체인 줄 알라는 그 말입니다. 영상, 비치는 것이 실제가 아니고 환화이긴 하지만 그러나 거울에는 우리의 영상이 비치는 것과 같이 체體와 상相을 가릴 수가 없다는 것입니다. 그래서 이제 여기에서 망妄을 다 쪼개어 가지고 진眞을 내는 것입니다.

화합망생和合妄生하는 것이 다 허망한 것 같지만 그러나 그 화합망생하는 가운데 진이 있다, 진이 없이 상만이 존재하지 못한다. 그러니 이 환망

세계라는 것이 다 진眞을 의지해서 있는 것이기 때문에 환망 세계 그대로가 진이지 그걸 떠나 다른 데 가서는 진을 못 본다는 것입니다. 그러니까 이제 이건 체體다 이건 상相이다, 이렇게만 인식하면 된다는 얘깁니다.

저 위에서 일체부진환화상一切浮塵幻化相이 환망은 칭상稱相이요, 그 성性은 진위묘각명체眞爲妙覺明體라고 했는데, 그것만 그런 게 아니라,

如是乃至 五陰六入 從十二處 至十八界 因緣和合
여 시 내 지 오 음 육 입 종 십 이 처 지 십 팔 계 인 연 화 합
虛妄有生 因緣別離 虛妄名滅
허 망 유 생 인 연 별 리 허 망 명 멸

이와 같이 오음과 육입과 십이처와 십팔계가 모두 인연이 화합하면 허망하게 생겨나고, 인연이 별리別離하면 허망하게 멸하느니라.

인연이 화합하면 생이 있고 인연이 별리하면 멸이 있다는 것은, 우리도 인연이 모여서 이 몸이 생겼지만 나중에 죽을 때는 인연이 별리하는 것이라서 저 위에서 화합망생이라고 했던 것입니다.

殊不能知 生滅去來 本如來藏 常住妙明 不動周圓
수 불 능 지 생 멸 거 래 본 여 래 장 상 주 묘 명 부 동 주 원
妙眞如性
묘 진 여 성

진실로 생멸거래가 본래 여래장의 상주하고 묘명하며 동하지 않고 주원한 묘한 진여의 성性인 줄을 알지 못하는구나.

생멸은 형상을 가리키는 말이고, 거래는 실제實際를 가리킵니다. 생멸 거래하는 온갖 허망한 것이 여래장묘진여성如來藏妙眞如性인 줄을 알지 못한다는 얘깁니다.

性眞常中 求於去來 迷悟死生 了無所得
성 진 상 중 구 어 거 래 미 오 사 생 요 무 소 득

성性의 진상한 중에서는 거래와 미오와 생사를 구하여도 얻을 수 없느니라.

묘진여성妙眞如性이 참되고 항상한 가운데서는 거래나, 미迷한 범부이니 오悟한 성인聖人이니, 나느니 죽느니 하는 것을 찾아보려고 해도 없다는 말입니다. 그래서 이제부터는 오음 · 육입 · 십이처 · 십팔계가 다 여래장의 묘진여성임을 얘기합니다.

阿難 云何五陰 本如來藏 妙眞如性
아 난 운 하 오 음 본 여 래 장 묘 진 여 성

아난아, 어찌하여 오음이 본래 여래장인 묘한 진여의 성性이라 하느냐?

먼저 오음부터 얘기를 하고 있습니다.

阿難 譬如有人 以淸淨目 觀晴明空 唯一精虛
아 난 비 여 유 인 이 청 정 목 관 청 명 공 유 일 정 허

아난아, 비유하면 어떤 사람이 청정한 눈으로 청명한 허공을 볼 때는 오직 정명精明한 허공뿐이어서,

구름 한 점 없는 허공을 처음 볼 때는 맑기만 한 것을 말합니다.

逈無所有 其人無故 不動目睛 瞪以發勞
형무소유 기인무고 부동목정 징이발로

훤칠하게 아무것도 없다가 그 사람이 무고하게 목정을 동하지 않고 징瞪하여 로勞를 발하면,

여기저기를 보면 눈이 피로하지 않지만 한 군데만 물끄러미 보니까 눈이 피곤한 것인데 부동목정, 이것이 병로病勞를 생하는 시초입니다.

징瞪 자는 눈을 부릅뜨고 한 곳만 들여다보는 것을 말합니다.

징해서 눈을 한 군데에다만 부릅뜨고 보아서 로勞를 발하기 때문에,

則於虛空 別見狂華
즉어허공 별견광화

곧 허공에서 따로 광화를 보기도 하며,

허공화虛空華라는 화華 자가 나무에서 피는 꽃을 말하는 것이 아니고, 한참을 한 군데만 들여다보면 어물어물하는 게 있는 것처럼 보이는 그것을 말합니다.

그것만이 아니라,

復有一切狂亂非相
부 유 일 체 광 란 비 상

다시 일체의 광란비상이 있게 되나니,

비상非相이라 하는 비非 자는 그르다는 뜻이니까 허망한 상相이라는 말과 같습니다.

色陰當知 亦復如是
색 음 당 지 역 부 여 시

색음도 마땅히 또한 다시 이와 같은 줄 알아야 하느니라.

실제의 존재가 아닌데 우리의 묘각명성妙覺明性 자리가 피로해져서 색음, 즉 온갖 물질이 생겼다고 했으니까 부동목정不動目睛하고 징이발로瞪以發勞하는 것이 무명이 생기는 근본 자체입니다.

阿難 是諸狂華 非從空來 非從目出
아 난 시 제 광 화 비 종 공 래 비 종 목 출

아난아, 이 광화狂華가 허공에서 온 것도 아니며, 눈에서 난 것도 아니니라.

공空에서 온 것도 아니요, 눈에서 나온 것도 아니라니 어디서도 온 것이 아니라는 말인데, 인도에서는 공에서 나왔다는 이도 있고, 근根에서, 그래서 하는 말이니 이야기는 되지요. 그럼 어디서 왔는가? 나왔다고 주장하는 이들도 있습니다.

如是阿難 若空來者
여 시 아 난 약 공 래 자

그러하니라, 아난아. 만일 허공에서 왔다면,

旣從空來 還從空入
기 종 공 래 환 종 공 입

이미 허공에서 왔으니 갈 때는 허공으로 돌아가야 하리라.

若有出入 卽非虛空
약 유 출 입 즉 비 허 공

만일 출입이 있으면 허공이 아닐 것이요,

만약에 허공에서 꽃이 나오고 들어가는 게 있다고 하면 물건 자체이지 허공이 아니라는 얘깁니다. 광화狂華가 허공에서 나왔다가 허공으로 들어가는 출입이 있다고 하면, 그건 실제의 물건이지 아무것도 없는 게 허공인데 출입이 있다면 허공이랄 수가 없다는 얘깁니다.

空若非空 自不容其華相起滅
공 약 비 공 자 불 용 기 화 상 기 멸

허공이 만일 공空하지 않았으면 스스로 화상의 기멸을 용납하지 못하리니,

허공이 만약 실제로 존재가 있다면 그 광화狂花의 모양이 일어났다 멸했다 하는 것을 용납하지 못한다는 얘깁니다. 예를 든다면 책상은 실질이기 때문에 광화가 일어났다 멸했다 하지 않듯이 허공이란 본래 다른 것을 용납하는 게 그 근본인데, 만약 다른 무엇의 출입이 있다면 실질이기 때문에 화상이 기멸하는 것을 용납하지 못한다. 아주 비어 있다면 화상이 기멸하지만 실제의 존재가 있다고 하면 화상의 기멸을 용납하지 못한다는 얘깁니다.

그래서,

如阿難體 不容阿難
여 아 난 체 불 용 아 난

마치 아난의 체에 아난을 용납하지 못한다는 것과 같으리라.

이 부분도 두 가지의 견해가 있습니다. 하나는 허공이 화상기멸華相起滅을 용납하지 못하는 것이 공약비공空若非空인댄이라고 그랬으니까 실제라고 하면 아난의 체는 하나이지 다른 아난의 체는 용납하지 못한다. 즉 화상기멸을 용납하지 못하는 것이 아난의 체에 다른 아난을 용납하지 못하는 것과 같다고 해서 그렇게 보는 게 아마 계환사戒環師나 그 외 사람들의 견해이고, 둘째로 『정맥소』에서는 아난의 체에 아난을 용납하지 못한다는 것은 말이 안 된다, 아난의 체가 아난이 되어서 아난을 용납하고 있는데 왜 아난을 용납하지 못하겠는가, 아난의 체에 아난을 용납하지 못한다는 건 다른 아난이 되어서야 아난의 체에 다른 걸 용납하지 못한다는 말이 되지, 아난의 체가 아난인데 왜 아난을 용납하지 못하느냐, 자체가 자체를 용납하지 못한다는 건 말이 안 된다 이겁니다.

그러니까 화상華相도 역시 허공 자체에서 생기는 것인데, 허공이 화상기멸을 용납하지 못한다는 말이 아난의 체에 다 아난을 용납하지 못한다는 말과 같아서 이유가 안 맞는다는 말입니다.

아난의 체에다 아난을 용납하지 못하는 것과 같이 허공에다가 화상기멸을 용납하지 못한다고 하면 용납하지 못한다는 것을 내세우는 말이고, 『정맥소』에서는 화상기멸의 용납을 증명하는 말이고 그렇습니다.

『정맥소』에서 하는 말은 허공이 화상기멸을 용납하지 못한다고 하면 아난의 체에 아난을 용납하지 못한다고 하는 말과 같은 것이니, 그건 될 리가 없다는 말입니다.

아난의 체가 지금 아난의 자체가 되어 있는데, 아난 아닌 다른 것을 용납하지 못한다고 해야 말이 되지, 아난 자체는 아난을 그대로 용납하고 있는 것이니, 허공 자체에 허공은 온갖 것을 용납하며 아난의 체에도 아난을 용납한다고 해야 한다 이렇게 봅니다.

계환사의 얘기와 같이 아난의 체에는 아난을 용납하지 못한다고 해도 되지만, 거기다 왜 아난을 썼겠는가. 아난의 체에다 마하가섭摩訶迦葉을 용납하지 못한다고 하면 우리가 알기 쉬울 텐데 아난의 체에 아난을 용납하지 못한다고 하면 그 아난은 웬 아난이냐는 얘깁니다. 아난의 체에 가섭을 용납하지 못한다고 하면 말이 되는데, 자체에 자체를 용납하지 못한다는 말은 안 된다는 것입니다.

그래서 아난의 체에 아난을 용납하지 못한다는 것이 성립된다는 증명으로 보기도 하고, 성립하지 않는다는 증명으로 보기도 하는데, 이것을 가만히 생각하면 아난의 체에 아난을 용납하지 못한다는 말이 안 된다는 게 맞을 것 같습니다.

아난이 하나이어서 아난 자체가 벌써 아난을 용납하고 있는데 아난을 용납하지 못한다고 하면 아난이라고 부르지도 않았을 것이라는 말이니까 『정맥소』에서 하는 말이 옳지 않은가 합니다.

若目出者 旣從目出 還從目入
약 목 출 자 기 종 목 출 환 종 목 입

만일 눈에서 나왔다면 이미 눈에서 나왔을새 도로 눈으로 들어가야 할 것이며,

旣此華性 從目出故 當合有見
기 차 화 성 종 목 출 고 당 합 유 견

이 꽃의 바탕이 눈에서 나왔으므로 마땅히 견見이 있어야 할 것이요,

눈은 보는 성질을 가진 것이니까 눈에서 허공화虛空華가 나왔다고 하면 그 허공화도 보는 성질을 가지고 있어야 할 것이다. 그게 당합유견當合有見입니다.

마땅히 허공화도 견이 있어야 할 텐데,

若有見者 去旣華空
약 유 견 자 거 기 화 공

만일 견이 있다면 가서 허공의 공화空華가 되었을새,

눈에서 나와 다시 허공에 가서 꽃 노릇을 했기 때문에 그것이 견見하는 작용을 가지고 있는 것입니다.

가서는 이미 허공의 꽃이 되었기 때문에,

旋合見眼
선 합 견 안

돌아올 적에는 마땅히 눈을 보아야 할 것이니라.

허공화虛空華가 견見하는 작용이 있다면 나가서는 허공의 꽃이 되어 작용하고 있고, 눈으로 되돌아올 때는 눈을 보아야 할 거라는 그 말입니다. 그러니 허공화가 눈을 본다는 말은 안 맞습니다. 견이 있다면 눈을 봐야 할 텐데 눈을 보지 못하니까 견이 없는 것이고, 견이 없다고 하면 눈은 견하는 작용을 갖지 못했으니 견이 눈에서 나왔다는 말이 안 된다는 것입니다.

若無見者 出旣翳空
약 무 견 자 출 기 예 공

만일 견이 없다면 나와서 허공을 가리었을새,

눈에서 나오긴 나왔지만 허공화가 견하는 작용이 없다고 하면, 허공을 가리는 기능은 있으니,

旋當翳眼
선 당 예 안

돌아와서는 눈을 가리어야 할 것이니라.

그것이 나가서 허공을 가리었으니까 눈에 돌아오면 눈에 병이 나서 또 눈을 가려야 한다는 얘기인데, 그러나 그렇지 않으니 눈에서 나왔다고 할 수 없다는 말입니다.

又見華時 目應無翳
우 견 화 시 목 응 무 예

또 광화狂華를 볼 적에 눈에는 빽빽이 가림이 없어야 하거늘,

허공의 광화狂華를 볼 때에 그 광화가 눈에서 나왔다면 눈에는 가림이 없어야 할 것이라는 얘깁니다. 허공화가 있는 것을 볼 때에 허공화가 눈에서 나갔다고 하면 눈에 있던 것이 밖에 나가서 허공화가 되었으니까 눈에는 가림이 없을 거라는 그 말입니다.

云何晴空 號淸明眼
운 하 청 공 호 청 명 안

어찌하여 청명한 허공을 볼 때를 청명한 눈이라 하리오.

깨끗한 허공이라고 하면 눈에서 나갔던 허공화가 눈에 와 있을 테니까 깨끗한 허공 볼 때는 청명한 눈이 아니고 예안翳眼이 되어야 할 텐데 깨끗한 허공 보는 것을 깨끗한 눈이라 하고, 광화狂華 보는 것을 예안이라고 하니까 눈에서 나왔다는 말이 안 된다는 얘깁니다.

이것을 그냥 볼 때는 뜻이 잘 안 나타나지만 맑은 허공 보는 것을 어째서

호號를 청명안이라고 하느냐는 것이, 청공이라고 하면 허공화가 없어지는 것인데 허공화가 없다고 하면 그때는 허공화가 눈에 있겠다는 말입니다.

눈에 있겠으니까 깨끗한 허공 보는 것을 도리어 예안이라고 해야 할 텐데 깨끗한 허공 보는 것을 청명안이라고 이름한다면 눈에서 나온 게 아니라는 말입니다.

是故當知 色陰虛妄 本非因緣 非自然性
시 고 당 지 색 음 허 망 본 비 인 연 비 자 연 성

이런고로 마땅히 알아라. 색음이 허망하여 본래 인연도 아니요, 자연도 아닌 성性이니라.

이것도 계환사戒環師가 볼 때는 '본래 인연도 아니고 자연성도 아니니라' 이렇게 했는데, 여기에서 지금 '인연도 아니고 자연도 아닌 성품이다' 하는 것은, 그 성性 자가 묘진여성妙眞如性이라는 말이기 때문입니다.

보통으로 볼 때는 '인연도 아니고 자연성도 아니니라'라고 했으니까 그렇다면 인연에도 성性 자가 붙었어야 한다는 얘깁니다.

'인연성因緣性도 아니고 자연성도 아니다' 해서 인연과 자연을 성性에다 댔는데, 그렇게 되면 아니라고만 하는 말이지, 저 위에서는 '어째서 오음五陰이 본여래장묘진여성本如來藏妙眞如性이라 하느냐?'라고 성性 자를 붙였으니까 자연 밑의 성性 자를 여래장묘진여성으로 봐서 '인연도 아니고 자연도 아닌 여래장묘진여성이니라' 이렇게 보는 것입니다.

그래서 먼저 오음 가운데 색음을 얘기했고, 이제 수受 · 상想 · 행行 · 식識이 나옵니다.

阿難 譬如有人 手足宴安
아난 비여유인 수족연안

아난아, 비유컨대 마치 어떤 사람이 수족이 편안하고,

편안하다는 것은 괴로운 것을 상대해서 하는 말이지만, 연안하다는 것은 편안한 것까지도 모르는, 괴로운 것도 편안한 것도 없는 것을 말합니다.

百骸調適 忽如忘生
백해조적 홀여망생

백해가 조적하여 홀연히 생生을 잊은 듯하여,

해骸 자는 전체보다도 손톱 하나 발톱 하나의 부분적인 것을 가리킵니다. 조적이란 조화롭고 마땅해서 조금도 좋고 나쁘거나 하지 않는 것을 말합니다.

홀여망생이란 고苦·낙樂·사捨 중의 사捨의 경계입니다. 『장자莊子』에도 나를 잊어버렸다고 하는 얘기가 있는데, 우리는 지금 내 존재를 인정하지 못하지만 너무 편안해서 조금도 거슬리는 것도 없고 편안한 것도 모르고 해서 그 존재를 잊어버렸다는 말입니다.

性無違順
성무위순

성性에 위違하고 순順함이 없다가,

낙樂은 순順이고, 고苦는 위違이고, 망생忘生이란 고와 낙이 다 없어진 사捨의 경계입니다. 고 · 낙 · 사가 삼수三受인데 사捨는 불고불락不苦不樂을 말하는 것이니까 망생妄生한다는 것과 같습니다.

其人無故 以二手掌 於空相摩 於二手中 妄生澁滑
기 인 무 고 이 이 수 장 어 공 상 마 어 이 수 중 망 생 삽 활
冷熱諸相
냉 열 제 상

그 사람이 무고히 공중에서 두 손을 서로 비비면 두 손바닥 중에 허망하게 삽澁하거나 활滑하거나 차거나 더운 상相들이 생하나니,

受陰當知 亦復如是
수 음 당 지 역 부 여 시

수음도 마땅히 이러한 것임을 알아야 하느니라.

까닭 없이 생겼으니 허망하다는 말입니다.

阿難 是諸幻觸 不從空來 不從掌出
아 난 시 제 환 촉 부 종 공 래 부 종 장 출

아난아, 이 여러 가지 환촉이 허공에서 온 것도 아니며, 손바닥에서

난 것도 아니니라.

삽활냉열澁滑冷熱이 없던 데서 온 것이니까 환촉幻觸입니다.

如是阿難 若空來者 旣能觸掌 何不觸身
여시아난 약공래자 기능촉장 하불촉신

여시如是하니라, 아난아. 만일 허공에서 왔다면 이미 손바닥에는 촉觸하였는데 어째서 몸에는 촉하지 않는가?

허공에서 왔다고 하면 허공이 손바닥에만 촉할 것이 아니라 몸에도 촉해야 할 텐데 몸은 촉하지 않고 손바닥에만 생기는 것이니, 허공에서 온 것이 아니라는 말입니다.

不應虛空 選擇來觸
불응허공 선택래촉

응당 허공이 선택하여 와서 촉하지는 아니하리라.

아무 데나 촉할 텐데 손바닥에만 촉하고 몸에는 삽활냉열이 생기지 않으니 허공에서 손바닥만 선택해서 왔다고 할 수 없지 않느냐는 말입니다.

若從掌出 應非待合
약종장출 응비대합

만일 손바닥에서 난다면 응당 합슴하기를 기다리지 않을 것이며,

그냥 있을 때도 삽활냉열이 생겨야 하는데 어째서 합해서 비벼야만 삽활냉열이 생기느냐? 그러니 손바닥에서 나올 수가 없다는 것이 하나이고,

又掌出故 合則掌知 離則觸入
우 장 출 고 합 즉 장 지 이 즉 촉 입

또 손바닥에서 나온고로 합한즉 손바닥이 안다면 여읜즉 촉觸이 들어갈 것이니,

합할 때는 나와서 삽활냉열이 있다가 떼면 삽활냉열이 몸으로 들어갔을 것이다.

그것을,

臂腕骨髓 應亦覺知 入時蹤跡
비 완 골 수 응 역 각 지 입 시 종 적

팔과 손목과 골수들이 들어가는 종적을 알아야 할 것이니라.

나왔다가 들어간다고 하면 들어가는 것을 알아야 할 것 아니냐는 말입니다.

必有覺心 知出知入 自有一物 身中往來
필 유 각 심 지 출 지 입 자 유 일 물 신 중 왕 래

만일 깨닫는 마음이 있어 나옴을 알고 들어감을 안다면, 스스로 일

물一物이 있어서 신중身中에서 왕래하는 것이거늘,

나오는 것도 알고 들어가는 것도 안다고 하면 그 촉觸이라는 물건 자체가 하나 있어 왔다 갔다 할 거라는 말입니다.

何待合知 要名爲觸
하 대 합 지 요 명 위 촉

어찌하여 합해서 아는 것을 촉이라 하느냐?

합하지 않고 아는 것도 촉이라 할 게 아니냐. 그러니 손바닥에서 나온 것이 아니다, 이 말입니다.

是故當知
시 고 당 지

이런고로 마땅히 알아라.

受陰虛妄 本非因緣 非自然性
수 음 허 망 본 비 인 연 비 자 연 성

수음이 허망하여 본래 인연도 아니요, 자연도 아닌 성性이니라.

阿難 譬如有人 談說醋梅 口中水出 思踏懸崖 足心
아난 비여유인 담설초매 구중수출 사답현애 족심
酸澁
산삽

아난아, 마치 어떤 사람이 신 매梅를 말하면 입에 물이 생기고, 현애에 오르는 것을 생각하면 족심이 새그럽나니,

심心 자는 발바닥을 가리킵니다. 매실은 얘기만 해도 입에 침이 생기고, 벼랑에 올라갈 생각만 해도 발바닥이 새그러운 것이 다 상想으로 나타나는 것이니, 허망하여 실재한 것이 아니라는 말입니다.

想陰當知 亦復如是
상음당지 역부여시

상음도 이러한 것임을 알아야 하느니라.

阿難 如是醋說 不從梅生 非從口入
아난 여시초설 부종매생 비종구입

아난아, 이러한 신맛이 매梅에서 나는 것도 아니며, 입으로 들어가는 것도 아니니라.

如是阿難 若梅生者 梅合自談 何待人說
여 시 아 난 약 매 생 자 매 합 자 담 하 대 인 설

그러하다, 아난아. 만일 매梅에서 난다면 매가 스스로 말할 것이니, 어째서 사람이 말하기를 기다리느냐?

매실에서 신맛이 났다고 하면 매실 스스로 얘기해야 할 텐데 왜 사람이 얘기해야 하느냐, 그 말입니다.

若從口入
약 종 구 입

만일 입으로 들어간다면,

自合口聞 何須待耳
자 합 구 문 하 수 대 이

스스로 합당히 입으로 들어야 할 텐데 어찌하여 귀를 기다리느냐?

若獨耳聞 此水何不耳中而出
약 독 이 문 차 수 하 불 이 중 이 출

만일 귀만으로 듣는다면 이 물이 어찌 귀에서는 나지 않는가?

想踏懸崖 與說相類
상답현애 여설상류

현애에 오를 것을 생각함도 말하는 것과 같으니라.

是故當知 想陰虛妄 本非因緣 非自然性
시고당지 상음허망 본비인연 비자연성

그러므로 알아라. 상음이 허망하여 본래 인연도 아니요, 자연도 아닌 성性이니라.

阿難 譬如瀑流 波浪相續 前際後際 不相踰越
아난 비여폭류 파랑상속 전제후제 불상유월

아난아, 마치 폭류가, 파랑이 상속하여 전제와 후제가 서로 유월하지 않는 것과 같나니,

폭류는 처마 끝에 흐르는 물처럼 끊기지 않고 조르르 흘러서 물기둥이 생기는 것을 말합니다. 전제후제가 불상유월이라는 것은, 앞에 나가는 물과 뒤에 나가는 물이 순서 정연하게 흘러내리고 있다는 것을 말합니다. 그게 바로 행음行陰이라는 얘깁니다.

行陰當知 亦復如是
행음당지 역부여시

행음行陰도 이러한 것임을 알아야 하느니라.

행음은 자꾸 계속한다는 것을 알라는 말입니다.

阿難 如是流性 不因空生 不因水有 亦非水性 非離空水
아난 여시류성 불인공생 불인수유 역비수성 비리공수

아난아, 이와 같이 흐르는 성性이 허공을 인하여 나는 것도 아니며, 물을 인하여 있는 것도 아니며, 물의 성性도 아니며, 허공과 물을 여읜 것도 아니니라.

물을 인하여 있는 것도 아니라는 말은, 물을 인하여 흐름이 있다면 모母를 인하여 자子가 있다고 하는 것과 같다는 말입니다. 어머니와 아들은 다른데 물을 인해서 폭류가 있다면 물과 폭류가 달라야 할 것이니, 능인能因의 흐름과 소인所因의 물이 두 가지의 모양이라야 할 터이나 폭류와 물은 둘이 아니라는 말입니다.

如是阿難 若因空生 則諸十方 無盡虛空
여시아난 약인공생 즉제시방 무진허공

그러하다, 아난아. 만일 허공에서 난다면 시방의 다함없는 허공이,

成無盡流 世界自然 俱受淪溺
성 무 진 류 세 계 자 연 구 수 윤 닉

다함없는 흐름을 이루리니 세계가 자연히 윤닉하게 되리라.

물이 허공에서 난다면 모두가 물속에 빠져야 할 것이라는 말입니다.

若因水有 則此瀑流 性應非水
약 인 수 유 즉 차 폭 류 성 응 비 수

만일 물을 인하여 있다면, 이 폭류의 성性은 물이 아닐 것이며,

어머니를 인해서 아들이 있다고 하면 아들은 어머니가 아닌 것처럼, 폭류가 물을 인해서 있다고 하면, 이 폭류의 성품은 물이 아닐 것이라는 말입니다.

有所有相 今應現在
유 소 유 상 금 응 현 재

유有와 소유의 상相이 현재하여야 할 것이요,

위의 유有 자는 능유能有이니까 물을 가리키고, 아래의 소유所有는 폭류를 가리킵니다. 어머니와 아들이 있다고 하면, 어머니와 아들이 따로따로인 것처럼 물과 폭류도 따로따로이어야 할 것입니다.

若卽水性 則澄淸時 應非水體
약 즉 수 성 즉 징 청 시 응 비 수 체

만일 물의 성性이라면 징청할 때에는 물의 체성이 아니리라.

흐르는 것이 물의 성품이라면 흐르지 않고 징청할 때엔 물이 아닐 것이라는 말입니다.

若離空水 空非有外
약 리 공 수 공 비 유 외

만일 흐름이 허공과 물을 여의었다면, 허공은 밖이 있는 것이 아니며,

허공도 떠나고 물도 떠나서 폭류가 있다고 하면, 허공은 외外가 있는 것이 아니다. 즉 허공이란 가득 찬 것이지 허공 아닌 밖이 없다. 다시 말하면 허공 밖에 다른 것이 있는 게 아니라는 말입니다.

水外無流
수 외 무 류

물 밖에는 흐름이 없느니라.

是故當知 行陰虛妄 本非因緣 非自然性
시 고 당 지 행 음 허 망 본 비 인 연 비 자 연 성

그러므로 알아라. 행음이 허망하여 본래 인연도 아니요, 자연도 아닌 성性이니라.

阿難 譬如有人 取頻伽缾 塞其兩孔
아난 비여유인 취빈가병 색기양공

아난아, 어떤 사람이 빈가병을 취해 그 두 구멍을 막고,

빈가병의 빈가는 새 이름인데, 인도에서는 병을 빈가새 모양으로 만드나 봅니다. 우리가 생각하는 병은 구멍이 하나인데, 이 빈가병은 연적처럼 한 곳에는 물이 들어가고, 한 곳에는 공기가 들어가는 두 구멍을 가진 병인 모양입니다.

滿中擎空 千里遠行 用餉他國
만중경공 천리원행 용향타국

가운데 가득히 허공을 담아서 천 리로 원행하여 타국에서 사용하는 것과 같나니,

용향타국에 대해 이렇다 할 설명은 없지만, 바닷속을 다니며 작업하는 사람이 빈가병으로 호흡을 한다는 뜻에서 쓰는 얘기인 것 같습니다.

識陰當知 亦復如是
식음당지 역부여시

식음도 마땅히 이와 같은 줄 알지니라.

몸은 병과 같고, 몸속에 들어 있는 식음識陰은, 병 가운데 있는 허공과 같은 줄을 알라는 얘깁니다.

阿難 如是虛空 非彼方來 非此方入
아난 여시허공 비피방래 비차방입

아난아, 이와 같은 허공이 피방에서 오는 것도 아니며, 차방에서 들어가는 것도 아니니라.

빈가병이 있던 그 자리에서 온 것도 아니며, 여기에서 들어간 것도 아니라는 말입니다.

如是阿難 若彼方來 則本缾中 旣貯空去 於本缾地 應少虛空
여시아난 약피방래 즉본병중 기저공거 어본병지 응소허공

여시니라, 아난아. 만일 피방에서 왔다면 병 속에 허공을 담아 가지고 갔으므로 본래 병 속(병 있던 곳)에는 허공이 조금 적어졌어야 하리라.

빈가병 속에 있는 허공이 본래 빈가병 가지고 떠나던 그 자리에서 왔다고 하면, 여기에서 허공을 떼어 갔으므로 본래 병이 있던 자리에는 병 속에 허공을 넣어 간 만큼 허공이 없어져야 한다는 말입니다.

若此方入 開孔倒缾 應見空出
약 차 방 입 개 공 도 병 응 견 공 출

만일 차방에서 들어갔다고 하면 구멍을 열고 병을 도倒할 적에는 빽빽이 허공이 나와야 하리라.

빈가병을 가지고 사용하던 거기에서 허공이 들어갔다고 하면, 개공도병에 응견공출이라 했는데, 허공이 나오지 않으니, 그 허공 자체가 여기에서 온 것도 아니고, 저기에서 들어간 것도 아니라는 말입니다.

是故當知 識陰虛妄 本非因緣 非自然性
시 고 당 지 식 음 허 망 본 비 인 연 비 자 연 성

그러므로 알아라. 식음이 허망하여 본래 인연도 아니요, 자연도 아닌 성性이니라.

식음이 이 몸을 임시 의지해 있는 것이니까 허망하다는 얘깁니다.

대불정여래밀인수증요의제보살만행수릉엄경
| 제3권 |

당 천축 사문 반랄밀제 역
唐 天竺 沙門 般剌蜜帝 譯

오장국 사문 미가석가 역어
烏萇國 沙門 彌伽釋迦 譯語

보살계제자전정간대부동중서문하평장사청하 방융 필수
菩薩戒弟子前正諫大夫同中書門下平章事清河 房融 筆授

봉선사 사문 운허용하 강설
奉先寺 沙門 耘虛龍夏 講說

능엄경 강화

제3권

2) 육입이 곧 여래장

復次阿難 云何六入 本如來藏 妙眞如性
부 차 아 난 운 하 육 입 본 여 래 장 묘 진 여 성

또 아난아, 어찌하여 육입이 본래 여래장인 묘한 진여의 성性이라 하느냐?

육입이란 육근을 말하는 것인데, 눈을 가지고 빛을 흡수해 들이고, 귀로는 소리를 받아들이는 등 육근이 제각기 받아들이는 작용을 하기 때문에 육입이라 그럽니다.

阿難 卽彼目睛 瞪發勞者
아 난 즉 피 목 정 징 발 로 자

아난아, 저 목정이 징瞪하여 로勞를 발한 것은,

저 목정이 징瞪하여 로勞를 발했다는 것은, 그 피彼 자가 위에서 얘기한 오음五陰 가운데에서 '징瞪하여 로勞를 발하면'이라 했던 것을 인용한 내용입니다.

兼目與勞 同是菩提 瞪發勞相
겸목여로 동시보리 징발로상

겸하여 눈과 피로한 것이 모두가 보리가 징瞪하여 로勞를 발한 상相이니라.

눈은 부근浮根이며, 피로한 것은 눈을 징瞪하여 발한 것이니, 두 가지 다 보리의 성품으로 보면 모두 환망幻妄이므로 보리가 징瞪하여 로勞를 발한 상相이라 했습니다.

아마 한문에는 보리가 피로해진다고 하는 것에 대한 글자는 없는 모양입니다. 그래서 눈이 피로해진다고 하는 징瞪 자를 갖다 쓴 모양입니다.

저 위에서는 눈이 피로해져서 광화狂華를 본다고 했는데, 여기에서는 광화를 보는 것도 보리가 피로해져서 본다고 했으니까 광화를 보는 그 눈 자체도 보리가 피로해져서 생겼다는 말입니다.

본래는 눈과 귀가 있을 수 없는데, 보리가 피로해져서 눈이 생겼다, 말하자면 지금 우리가 눈을 가지고 산하대지를 보는데 눈이 피로해져서 허공화虛空華를 보듯이, 산하대지를 보는 것도 보리가 피로해져서 그렇다는 말입니다.

因于明暗 二種妄塵 發見居中 吸此塵象 名爲見性
인 우 명 암 이 종 망 진 발 견 거 중 흡 차 진 상 명 위 견 성

명明과 암暗의 두 가지 망진을 인하여 견見을 발하여 가운데 있으면서 이 진상을 흡취하는 것을 견見하는 성性이라 이름하거니와,

명암明暗을 보기 때문에 눈으로 보는 작용이 있게 되는데 명암이 없이 뭘 보겠느냐는 말입니다. 거중居中이란 명암 가운데를 말하고, 흡吸 자는 받아들인다는 말이니까 입入 자의 뜻입니다.

진상塵象은 명암을 가리키는 말이고, 이 진상 받아들이는 것을 견見의 성性이라 하는 거니까 명암 때문에 보는 게 생겼다는 말입니다.

此見離彼 明暗二塵 畢竟無體
차 견 이 피 명 암 이 진 필 경 무 체

이 견見이 명明과 암暗의 이진을 여의고는 필경에 자체가 없느니라.

보는 것이 근根에서 생겼지만 명암 이진二塵이 아니고는 보는 작용이 안 생긴다는 말입니다. 필경무체라는 것은 견見하는 자체에 체성體性이 없다는 말입니다.

如是 阿難當知
여 시 아 난 당 지

여시如是하니라, 아난아. 마땅히 알아라.

是見 非明暗來 非於根出 不於空生
시견 비명암래 비어근출 불어공생

이 견見이 명암明暗에서 오는 것도 아니며, 근根에서 나는 것도 아니며, 허공에서 생기는 것도 아니니라.

견見하는 것이 명암을 의지하지만 명암 때문에 있는 것도 아니고, 근에서 나는 것도 아니고, 허공에서 나는 것도 아니니까, 말하자면 견이 생긴 데가 없다는 말입니다. 또한 생긴 데가 없으니 자체가 허망하다는 얘깁니다.

何以故 若從明來 暗卽隨滅 應非見暗
하이고 약종명래 암즉수멸 응비견암

왜냐하면 만일 명明에서 왔다면 암暗하면 따라서 멸할 것이니 암을 보지 못해야 하며,

밝은 것 때문에 견見이 생겼으니까, 어두울 때는 밝은 게 없으니까 명明에서 났던 견見이 따라서 없어질 게 마땅하다. 그러면 어두운 것도 못 보아야 할 거라는 말입니다.

그래서 명明에서 왔다고 할 수가 없고,

若從暗來 明卽隨滅 應無見明
약종암래 명즉수멸 응무견명

만일 암暗에서 왔다면 명明하면 따라서 멸할 것이니 명明을 봄이 없

어야 하리라.

밝은 것도 보고, 어두운 것도 보니까 명암明暗에서 왔다는 말이 안 되고,

若從根生 必無明暗 如是見精 本無自性
약종근생 필무명암 여시견정 본무자성

만일 근根에서 났다면 반드시 명明과 암暗이 없으리니, 이와 같이 견정도 본래 자성이 없을 것이니라.

명암이 없다는 말은 명암과는 아무 상관이 없겠다는 말입니다. 명암 보는 게 견見인데 명암이 없이 근根에서만 생겼다고 하면 명암의 진塵은 없을 테니, 본다고 하는 자체의 성품에 뭐가 있겠느냐는 그 말입니다. 그래서 근根에서만 왔다고 해도 안 된다는 말입니다.

若於空出 前矚塵象 歸當見根
약어공출 전촉진상 귀당견근

만일 허공에서 생긴다면 앞으로 진상을 보았으니 물러오면서는 근根을 보아야 할 것이며,

전前 자는 앞으로 나간다는 뜻이니까 허공에서 생긴 견見이 앞으로 나가서 명암의 진상을 봤다고 하면 돌아올 때는 마땅히 근根을 봐야 할 것입니다.

그러니 허공에서 생겼다는 말이 안 된다 하는 것이 하나이고,

又空自觀 何關汝入
우 공 자 관 하 관 여 입

또 허공이 스스로 보는 것이니, 너의 입入에 무슨 관계가 있으리오.

입入 자는 눈으로 받아들인다는 입 자입니다. 허공에서 견見이 생겼으면 허공이 스스로 볼 텐데, 명암을 어떻게 받아들여 알겠느냐는 말입니다. 그러니까 허공에서 생겼다는 말도 안 된다는 것입니다.

是故當知 眼入虛妄 本非因緣 非自然性
시 고 당 지 안 입 허 망 본 비 인 연 비 자 연 성

그러므로 알아라. 안입이 허망하여 본래 인연도 아니요, 자연도 아닌 성性이니라.

눈으로 받아들인다는 것은, 허망하지만 당체는 여래장묘진여성如來藏妙眞如性이라고 해서 육입 가운데 안입을 먼저 얘기했습니다.

阿難 譬如有人 以兩手指 急塞其耳 耳根勞故 頭中作聲
아 난 비 여 유 인 이 량 수 지 급 색 기 이 이 근 로 고 두 중 작 성

아난아, 마치 사람이 두 손으로 귀를 급히 막으면 이근이 피로한 까닭으로 머리에서 소리가 나나니,

귀를 막기 전에는 안 생기던 것이 왜 손가락으로 막는다고 해서 소리가 나느냐, 그 자체가 허망하다는 말입니다.

兼耳與勞 同是菩提 瞪發勞相
겸 이 여 로 동 시 보 리 징 발 로 상

귀와 피로한 것이 모두 보리가 징瞪하여 로勞를 발한 상相이니라.

보리와 여래장묘진여성如來藏妙眞如性은 같은 말이니까 그 여래장묘진여성이 피로해졌기 때문에 육근六根이라든지 육진六塵 등의 온갖 모양이 생긴다는 말입니다.

因于動靜 二種妄塵
인 우 동 정 이 종 망 진

동動하고 정靜하는 2종의 망진을 인하여,

동動하면 소리가 나고 정靜하면 소리가 안 나는 두 가지 성진聲塵을 인한다는 말입니다.

發聞居中 吸此塵象 名聽聞性
발 문 거 중 흡 차 진 상 명 청 문 성

문聞을 발하여 가운데 있으면서 이 진상을 흡취하는 것을 청문하는 성性이라 하거니와,

우리말에는 '소리 듣는다'와 '냄새 맡는다'가 다르지만, 한문에는 두 가지 다 문聞 자를 씁니다. 청문성聽聞性이란 귀로 듣는 성性을 말합니다.

此聞離彼動靜二塵 畢竟無體
차 문 이 피 동 정 이 진 필 경 무 체

이 문聞이 동動과 정靜의 이진을 여의고는 필경에 자체가 없느니라.

동하고 정하는 두 진塵을 떠나서는 문聞의 자체가 없다는 말입니다.

如是阿難 當知是聞 非動靜來 非於根出 不於空生
여 시 아 난 당 지 시 문 비 동 정 래 비 어 근 출 불 어 공 생

그러하다, 아난아. 마땅히 알아라. 이 문聞이 동動이나 정靜에서 오는 것도 아니며, 근根에서 오는 것도 아니며, 허공에서 생기는 것도 아니니라.

何以故 若從靜來 動卽隨滅 應非聞動
하 이 고 약 종 정 래 동 즉 수 멸 응 비 문 동

왜냐하면 만일 정靜에서 왔다면 동動하면 따라서 멸할 것이니, 동을 듣지 못해야 하며,

若從動來 靜卽隨滅 應無覺靜
약 종 동 래 정 즉 수 멸 응 무 각 정

만일 동動에서 왔다면 정靜하면 따라서 멸할 것이니, 정靜함을 각覺하지 못해야 하리라.

각정覺靜을 문정聞靜이라고 해도 되겠지만, 소리를 듣는다고는 하지만 고요한 걸 듣는다고는 안 하니까 각정覺靜이라고 했습니다.

若從根生 必無動靜 如是聞體 本無自性
약 종 근 생 필 무 동 정 여 시 문 체 본 무 자 성

만일 근根에서 생生했다면 반드시 동動과 정靜이 없으리니, 이와 같이 문체가 본래 자성이 없을 것이니라.

소리를 듣고 고요한 것을 아는 것이 듣는 것의 자성인데, 동정動靜이 없다고 하면 듣는 성품이 성립될 수 없지 않느냐, 그러니 자성이 없을 것이라는 말입니다.

若於空出 有聞成性
약 어 공 출 유 문 성 성

만일 허공에서 생긴다면, 들음이 있어 성性이 되었으리니,

공空이라고 하면 듣는 작용이 원래 없는 것인데, 공空에서 문聞하는 것이 생겼다면 공이 문하는 작용이 있기 때문에 허공이 성품으로 바뀐다는

말입니다. 즉 듣는 성품이 있기 때문에 허공의 심성을 이루게 된다는 말입니다.

卽非虛空
즉 비 허 공

허공이 아니니라.

허공은 아무것도 하는 게 없는 것인데 허공에서 듣는 작용이 생긴다고 하면, 듣는 작용이 허공 가운데 있으니까 허공이라 할 수가 없다는 말입니다.

又空自聞 何關汝入
우 공 자 문 하 관 여 입

또 허공이 스스로 듣는 것이니, 너의 입入에 무슨 관계가 있으리오.

동정動靜을 듣더라도 허공이 듣는 거니까 너는 동정을 몰라야 하지 않겠느냐는 말입니다.

是故當知 耳入虛妄 本非因緣 非自然性
시 고 당 지 이 입 허 망 본 비 인 연 비 자 연 성

그러므로 알아라. 이입耳入이 허망하여 본래 인연도 아니요 자연도 아닌 성性이니라.

阿難 譬如有人 急畜其鼻 畜久成勞 則於鼻中 聞有
아난 비여유인 급축기비 축구성로 즉어비중 문유
冷觸
냉촉

아난아, 어떤 사람이 코를 급히 들이켜 오래하여 로勞를 이루면 비鼻 중에 냉촉이 있음을 맡으며,

축畜 자는 줄일 축縮 자와 같으니, 공기를 압축, 단축시킨다는 말입니다. 여기의 문聞 자는 맡는다는 말인데, 우리는 냉촉을 맡는다고 안 하고 냄새를 맡는다고 하지만, 역시 냉촉도 그걸 감각하는 것이니까 문聞이라고 썼습니다.

因觸分別 通塞虛實 如是乃至 諸香臭氣
인촉분별 통색허실 여시내지 제향취기

촉觸을 인하여 통색허실과 내지 향기와 취기를 맡나니,

막혔다는 말은 꽉 막혀서 냄새를 못 맡는다는 것이 아니고, 아무 작용도 없는, 아무 냄새도 없다는 뜻으로 썼습니다. 촉觸하는 작용을 의지해서 모든 냄새가 난다고 해도 그 냄새가 와서 코를 촉하기 때문에 감각하는 것이니까 촉하는 자체가 허망하다는 얘기고, 분별의 뜻이 여기까지 내려와서 마쳐집니다.

兼鼻與勞 同是菩提 瞪發勞相
겸비여로 동시보리 징발로상

코와 피로한 것이 모두 보리가 징瞪하여 로勞를 발한 상相이니라.

因于通塞 二種妄塵 發聞居中 吸此塵象 名齅聞性
인우통색 이종망진 발문거중 흡차진상 명후문성
此聞離彼通塞二塵 畢竟無體
차문이피통색이진 필경무체

통색의 2종 망진을 인하여 맡음을 내어 가운데 있으면서 이 진상을 흡취하는 것을 후문하는 성性이라 하거니와, 이 후문이 통색의 이진二塵을 여의고는 필경에 자체가 없느니라.

문聞은 듣는다는 뜻과 맡는다는 뜻으로 쓰이니까 후문齅聞은 맡는다는 뜻입니다.

當知是聞 非通塞來 非於根出 不於空生
당지시문 비통색래 비어근출 불어공생

마땅히 알아라. 이 문聞이 통색에서 오는 것도 아니며, 근根에서 나는 것도 아니며, 허공에서 생기는 것도 아니니라.

何以故 若從通來 塞則聞[1]滅 云何知塞
하 이 고 약 종 통 래 색 즉 문 멸 운 하 지 색

왜냐하면 만일 통通에서 왔다면 색塞하면 문聞이 멸할 것이니, 어떻게 색塞함을 알며,

문聞하는 작용이 있어야 막히는 것을 알 텐데, 문하는 작용이 통通이 멸할 때 없어졌으니, 어떻게 막히는 것을 아느냐는 말입니다.

如因塞有 通則無聞 云何發明 香臭等觸
여 인 색 유 통 즉 무 문 운 하 발 명 향 취 등 촉

색塞을 인하여 있다면 통通하면 문聞이 없으리니, 어떻게 향촉香觸과 취촉臭觸을 발명하리오.

若從根生 必無通塞 如是聞機[2] 本無自性
약 종 근 생 필 무 통 색 여 시 문 기 본 무 자 성

만일 근根에서 났다면 반드시 통색이 없으리니 그렇다면 문기가 본래 자성이 없을 것이니라.

---

1 고려대장경에는 자수自隨로 되어 있으나, 송본 · 원본 · 명본에는 즉문則聞으로 되어 있다.

2 고려대장경에는 체體로 되어 있으나, 송본 · 원본 · 명본에는 본문과 같이 되어 있다.

若從空出 是聞自當 廻齅汝鼻
약종공출 시문자당 회후여비

만일 허공에서 생긴다면, 이 문聞이 도로 네 코를 맡아야 할 것이며,

허공에서 생긴 맡는 성품이니까 냄새만 맡을 것이 아니라 네 코의 냄새도 맡아야 할 테니, 허공에서 생겼다는 것도 안 될 말이라는 게 하나이고, 또,

空自有聞 何關汝入
공자유문 하관여입

허공이 스스로 맡는 것이니, 너의 입入에야 무슨 관계가 있으리오.

是故當知 鼻入虛妄 本非因緣 非自然性
시고당지 비입허망 본비인연 비자연성

그러므로 알아라. 비입이 허망하여 본래 인연도 아니요, 자연도 아닌 성性이니라.

阿難 譬如有人 以舌舐吻 熟舐令勞 其人若病 則有
아난 비여유인 이설지문 숙지영로 기인약병 즉유
苦味 無病之人 微有甛觸
고미 무병지인 미유지촉

아난아, 비유컨대 어떤 사람이 혀로 입술을 핥아 오래 빨면 피로하여지므로 그 사람이 병이 있으면 고미苦味가 있고, 병이 없으면 지촉舐觸이 있으리라.

본래 입술에는 쓰거나 단것이 없는데 입술을 오래 핥아 로勞를 발하면 병난 사람은 쓴맛을 느끼게 되고, 병이 안 난 사람은 달콤한 감촉이 있게 된다는 말입니다.

由甛與苦 顯此舌根 不動之時 淡性常在
유 첨 여 고 현 차 설 근 부 동 지 시 담 성 상 재

첨甛하고 고苦함을 말미암아 혀가 동하지 않을 적에는 담성이 항상 있음을 나타내나니,

'첨甛과 고苦를 말미암아 이 설근을 나툼이니, 부동지시에는 담성이 상재라' 이렇게 새겨도 문법 상 되고, '첨甛과 고苦를 말미암아 혀가 동하지 않을 적에는 담성이 상재함을 나타내나니' 이렇게 새겨도 되지만, '설근舌根이 동하지 않을 때는 담성이 상재라' 이렇게 하는 것이 더 좋을 것 같습니다.

兼舌與勞 同是菩提 瞪發勞相
겸 설 여 로 동 시 보 리 징 발 로 상

혀와 피로한 것이 모두 보리가 징瞪하여 로勞를 발한 상相이니라.

因甛苦淡 二種妄塵 發知居中 吸此塵象 名知味性
인첨고담 이종망진 발지거중 흡차진상 명지미성
此知味性 離彼甛苦 及淡二塵 畢竟無體
차지미성 이피첨고 급담이진 필경무체

첨甛하고 고苦하고 담淡한 2종의 망진을 인하여 알음을 내어 중中에 있으면서 이 진상을 흡취하는 것을 맛을 아는 성性이라 하거니와, 이 맛을 아는 성性이 첨과 고와 담의 이진을 여의고는 필경에 자체가 없느니라.

첨甛·고苦·담淡 하면 세 가지가 되는데, 첨과 고는 맛이 있는 것이므로 하나로 잡고, 담은 아무 맛도 없으므로 하나로 잡아 2종이라 했습니다.

如是阿難 當知
여시아난 당지

그러므로 아난아, 마땅히 알아라.

如是嘗苦淡知
여시상고담지

이 고苦와 담淡을 맛보아 아는 지知가,

여기에서는 첨甛은 안 쓰고 고苦만 썼습니다.

非甛苦來 非因淡有 又非根出 不於空生
비첨고래 비인담유 우비근출 불어공생

첨甛이나 고苦에서 오는 것도 아니며, 담淡을 인하여 있는 것도 아니며, 근根에서 나는 것도 아니며, 허공에서 생기는 것도 아니니라.

何以故 若甛苦來 淡則知滅
하이고 약첨고래 담즉지멸

왜냐하면 만일 첨甛과 고苦에서 왔다면, 담淡하면 지知가 멸할 것이니,

云何知淡 若從淡出 甛卽知亡 復云何知 甛苦二相
운하지담 약종담출 첨즉지망 부운하지 첨고이상

어떻게 담淡함을 알며, 담으로부터 왔다면 첨甛하면 지知가 없어질지니, 어찌 첨과 고의 이상二相을 알리오.

若從舌生 必無甛淡 及與苦塵
약종설생 필무첨담 급여고진

만일 설舌에서 생했다면, 반드시 첨甛과 담淡과 고苦의 진塵이 없으리니,

斯知味根 本無自性
사지미근 본무자성

이 맛을 아는 근根이 본래 자성이 없을 것이니라.

若於空出 虛空自味 非汝口知 又空自知 何關汝入
약어공출 허공자미 비여구지 우공자지 하관여입

만일 허공에서 생긴다면 허공이 스스로 맛볼 것이니, 네 입으로 알 것이 아니며, 또한 허공이 스스로 아는 것이니, 너의 입入에 무슨 관계가 있으리오.

是故當知 舌入虛妄 本非因緣 非自然性
시고당지 설입허망 본비인연 비자연성

그러므로 알아라. 설입이 허망하여 본래 인연도 아니며, 자연도 아닌 성性이니라.

阿難 譬如有人 以一冷手 觸於熱手
아난 비여유인 이일냉수 촉어열수

아난아, 마치 어떤 사람이 찬 손으로 더운 손을 촉觸할 적에,

두 손이 똑같이 차고 똑같이 더울 때도 있겠지만, 한 손은 주머니에 넣

고 한 손은 밖에 있어서 하나는 차고 하나는 따뜻한 경우를 말합니다.

若冷勢多 熱者從冷
약 냉 세 다 열 자 종 냉

만약 찬 세력이 많으면 더운 것이 차지고,

그러니까 찬 한 손과 더운 한 손을 마주 대면 찬 세력이 많으면 덥던 것이 따라서 싸늘해질 것이라는 말입니다.

若熱功勝 冷者成熱
약 열 공 승 냉 자 성 열

만약 더운 세력이 승勝하면 찬 것이 더워지는 것과 같으니라.

如是以此 合覺之觸 顯於離知
여 시 이 차 합 각 지 촉 현 어 이 지

이와 같이 합하여 아는 촉으로 이離할 적에 앎을 나타내거니와,

이 부분은 대강 봐서는 뜻이 드러나지 않습니다. 손 둘을 합해서 깨닫는 촉觸을 가지고 찬 손은 더운 것을 깨닫고 더운 손은 찬 것을 알게 됩니다. 이것이 합하여 아는 촉입니다.

합하지 않을 때는, 찬 손도 찬 것을 모르고 더운 손도 더운 것을 모르는데, 이걸 마주 갖다 대서 합하면, 그 합할 때에 깨닫는 감각을 가지고서 떼

었을 때의 아는 것을 나타낸다, 그 말입니다. 찬 손은 더운 것을 깨달을 것이고, 더운 손은 찬 것을 깨달을 것이니까 합해서 깨닫는 것을 가지고 떼었을 때에도 이것은 차다, 이것은 덥다 하는 것을 알게 되는 도리가 자연히 드러난다는 말입니다. 이것이 다음에 말하는 섭세涉勢의 바탕입니다.

이 문장이 주註에서도 자세히 설명되지 않았고, 글로 볼 때도 뜻이 분명하게 나타나질 않습니다.

涉勢若成 因于勞觸
섭 세 약 성 인 우 로 촉

섭涉하는 세력이 이루어지는 것은 피로한 촉을 인함이니,

찬 세력이 많으면 더운 손도 차지고, 더운 세력이 많으면 찬 손도 더워지는 그것이 섭세입니다.

兼身與勞 同是菩提 瞪發勞相
겸 신 여 로 동 시 보 리 징 발 로 상

몸과 피로한 것이 모두 보리가 징瞪하여 로勞를 발한 상相이니라.

因于離合 二種妄塵 發覺居中 吸此塵象 名知覺性
인 우 이 합 이 종 망 진 발 각 거 중 흡 차 진 상 명 지 각 성

이離하고 합하는 2종의 망진을 인하여 각覺을 내어 가운데 있으면

서 이 진상을 흡취하는 것을 지각하는 성性이라 하거니와,

此知覺體 離彼離合 違順二塵 畢竟無體
차 지 각 체 이 피 이 합 위 순 이 진 필 경 무 체

이 지각의 체가 이離와 합合과 위違와 순順의 이진을 여의고는 필경에 자체가 없느니라.

위순은 이離하는 데서도 생길 수 있고, 합하는 데서도 생길 수 있는데, 위순은 자기의 몸에 알맞고 알맞지 않고를 말합니다.

如是阿難 當知是覺 非離合來 非違順有 不於根出
여 시 아 난 당 지 시 각 비 리 합 래 비 위 순 유 불 어 근 출
又非空生
우 비 공 생

그러므로 아난아, 마땅히 알아라. 이 각覺이 이離나 합合에서 오는 것도 아니며, 위違나 순順으로 있는 것도 아니며, 근根에서 나는 것도 아니며, 허공에서 생기는 것도 아니니라.

何以故 若合時來 離當已滅
하 이 고 약 합 시 래 이 당 이 멸

왜냐하면 만일 합할 때에 온다면, 이離할 적에는 멸할 것이니,

촉감으로 냉난冷煖을 아는, 그런 지각하는 성性이 합할 때에 생겼다고 하면 이離할 때는 이미 멸해질 테니,

云何覺離 違順二相 亦復如是
운 하 각 리 위 순 이 상 역 부 여 시

어찌 이離함을 각覺하겠는가?(알겠는가?) 위違와 순順의 이상도 역시 그러하니라.

위違할 때 왔다고 하면 순順하면 없어질 테니 어떻게 순順하는 것을 아느냐는 말입니다.

若從根出 必無離合 違順四相 則汝身知 元無自性
약 종 근 출 필 무 이 합 위 순 사 상 즉 여 신 지 원 무 자 성

만일 근根에서 났다면 반드시 이離와 합合과 위違와 순順의 사상四相이 없으리니, 너의 신身으로 지각하는 것이 원래 자성이 없으리라.

진塵이라고 할 때는 이진二塵이라 하고, 상相이라고 할 때는 사상四相이라고 했습니다. 몸으로 안다고 하는 것이 근根에서만 생겼다고 하면, 이합위순離合違順이 없을 때는 몸으로 안다는 것이 자성이 없을 텐데 뭘 알겠느냐는 말입니다.

必於空出 空自知覺 何關汝入
필 어 공 출 공 자 지 각 하 관 여 입

반드시 허공에서 생긴다면 허공이 스스로 지각할 것이니, 너의 입入에 무슨 관계가 있으리오.

是故當知 身入虛妄 本非因緣 非自然性
시 고 당 지 신 입 허 망 본 비 인 연 비 자 연 성

그러므로 알아라. 신입이 허망하여 본래 인연도 아니요 자연도 아닌 성性이니라.

阿難 譬如有人 勞倦則眠 睡熟便寤
아 난 비 여 유 인 노 권 즉 면 수 숙 변 오

아난아, 마치 어떤 사람이 피로하면 자고, 오래 자고는 깨어서,

자고 깨고 하는 것은 의근意根의 작용입니다.

覽塵斯憶 失憶爲忘
남 진 사 억 실 억 위 망

진塵을 보고는 기억하고 기억을 잃으면 망각하나니,

의근意根의 작용을 법진法塵이라고 하는데, 법진法塵은 생멸입니다. 감각이 생기는 것이 생이고, 없어지는 것이 멸인데, 억憶과 망忘이 다 생멸입니다.

是其顚倒 生住異滅
시 기 전 도 생 주 이 멸

이것이 전도한 생주이멸이라.

잘 때는 없어지고 깰 때는 있는 것이니까 전도한 생주이멸입니다. 생멸이라고만 할 텐데, 사상四相을 다 이야기했습니다. 생生은 뜻으로 생각하는 감각이 처음 생기는 것이고, 주住는 생긴 것이 얼마간 지속되는 것이며, 이異는 생에서 멸로 옮겨가는 과정이고, 멸은 없어지는 상태입니다. 그러나 주住는 생에 속하고 이異는 멸에 속하는 것이니까 결국 생주이멸의 사상四相이 생멸이라는 말입니다.

吸習中歸 不相踰越 稱意知根
흡 습 중 귀 불 상 유 월 칭 의 지 근

흡습하여 가운데로 돌아가서 서로 유월하지 아니함을 의지意知의 근根이라 하나니,

사람이 다리를 건너갈 때에 앞사람이 건너간 후에 뒷사람이 건너가듯이 의근意根의 작용도 차례차례 한다는 것이 불상유월입니다.

兼意與勞 同是菩提 瞪發勞相
겸 의 여 로 동 시 보 리 징 발 로 상

의意와 로勞가 모두 보리가 징瞪하여 로勞를 발한 상相이니라.

因于生滅 二種妄塵 集知居中 吸撮內塵
인 우 생 멸 이 종 망 진 집 지 거 중 흡 촬 내 진

생하고 멸하는 2종의 망진을 인하여 지知를 집集하여 가운데 있으면서 내진內塵을 흡촬하되,

내진과 법진法塵은 같은 말이니, 우리의 뜻(意根) 안에 있기 때문에 내진이라고 하고, 내 몸 밖에 있는 색 · 성 · 향 · 미 · 촉을 외진外塵이라고 하며, 우리의 눈과 귀 등 전오근前五根의 작용은 현재의 것만을 보고 듣고 감각하지 지나간 것이라든지 앞에 올 것은 감각을 못 하는데, 의근의 작용은 과거 · 현재 · 미래의 삼세법을 감각할 수가 있기 때문에 법진이라고 합니다.

見聞逆流 流不及地 名覺知性
견 문 역 류 유 불 급 지 명 각 지 성

견문이 역류하거나, 류流로 미칠 수 없는 자리를 각지覺知하는 성性이라 하거니와,

'류流하는 것은 현재까지만인데, 유불급지란 거슬러 올라가서 지난 과거까지를 안다' 이렇게 흔히 보는데, 『정맥소』에서는 '견문이 역류하여 의근의 인식하는 작용이 생기는 것은 생生이고, 유불급지하여 견見으로 미치지 못하는 건 멸이다' 이렇게 봅니다.

그래서 견문역류는 생진生塵을 가리키고, 유불급지는 멸진滅塵을 가리키는 것으로 본다는 얘깁니다.

此覺知性 離彼寤寐 生滅二塵 畢竟無體
차각지성 이피오매 생멸이진 필경무체

이 각지하는 성性이 오寤와 매寐와 생生과 멸滅의 이진을 여의고는 필경에 자체가 없어지느니라.

오寤할 때는 생하고, 매寐할 때는 멸하는 것이라서 오매생멸을 이진이라고 했고, 매寐 자는 위의 잠잘 면眠 자나 같은 말입니다.

如是阿難 當知
여시아난 당지

그러므로 아난아, 마땅히 알아라.

如是覺知之根 非寤寐來 非生滅有 不於根出 亦非空生
여시각지지근 비오매래 비생멸유 불어근출 역비공생

이와 같이 각지하는 근根이 오매에서 오는 것도 아니며, 생멸로 있는 것도 아니며, 근에서 나는 것도 아니며, 허공에서 생기는 것도 아니니라.

何以故 若從寤來 寐卽隨滅 將何爲寐
하이고 약종오래 매즉수멸 장하위매

왜냐하면 만일 오寤에서 온다면 매寐하면 따라 멸하리니 무엇으로

매하며,

오매寤寐에서 왔던 의근意根의 작용이 매寐할 때는 오寤가 없어져 의근의 작용이 따라서 멸할 텐데 무엇으로 자는 줄을 아느냐는 말입니다. 깨면 기억하고 자면 잊어버리니까 그 잠자는 자체가 의근이 잊어버리는 작용이라는 그런 말입니다. 장하위매將何爲寐의 할 위爲 자를 알 지知 자로 보면 됩니다.

必生時有 滅卽同無 令誰受滅
필 생 시 유 멸 즉 동 무 영 수 수 멸

반드시 생할 때에 있다면 멸할 적에는 없을 것이니 무엇이 멸을 받으며,

영수수멸令誰受滅의 수受 자 역시 알 지知 자의 뜻으로 보면 쉽습니다.

若從滅有 生卽滅無 孰知生者
약 종 멸 유 생 즉 멸 무 숙 지 생 자

만약 멸하므로 있다면 생할 적에는 멸이 없으리니 무엇이 생함을 알겠는가.

생멸이 오매寤寐에서 왔다고 해도 안 된다는 말입니다.

若從根出 寤寐二相 隨身開合
약 종 근 출 오 매 이 상 수 신 개 합

만일 근根에서 났다면, 오寤와 매寐의 이상二相은 몸의 개합開合을 따름이니,

離斯二體 此覺知者 同於空華 畢竟無性
이 사 이 체 차 각 지 자 동 어 공 화 필 경 무 성

이 이체를 여의고는 이 각지가 공화와 같아서 필경에 성性이 없으리라.

앞 문장의 수신개합隨身開合이라는 말이, 몸 신身 자가 이 몸을 가리키는 것이 아니고 의근의 부진근浮塵根을 말하는 것이니, 그것이 개開할 때는 기억이 생하고, 닫힐 때는 잊어버린다고 보기도 하고, 또 깨는 것은 형상이 열리는 것이고, 자는 것은 몸이 합하는 것이라고 해서 두 가지로 본다고 했습니다.

若從空生 自是空知 何關汝入
약 종 공 생 자 시 공 지 하 관 여 입

만일 허공에서 생긴다면, 스스로 이 허공이 아는 것이니, 너의 입入에 무슨 관계가 있으리오.

是故當知 意入虛妄 本非因緣 非自然性
시 고 당 지 의 입 허 망 본 비 인 연 비 자 연 성

그러므로 알아라. 의입意入이 허망하여 본래 인연도 아니요, 자연도 아닌 성性이니라.

여기까지 해서 육입六入은 끝냈습니다.

3) 십이처가 곧 여래장

復次阿難 云何十二處 本如來藏 妙眞如性
부 차 아 난 운 하 십 이 처 본 여 래 장 묘 진 여 성

또 아난아, 어찌하여 십이처가 본래 여래장인 묘한 진여의 성性이라 하느냐?

십이처는 육근六根과 육진六塵을 말하는 것이니까 근根은 근의 처소가 있고, 진塵은 진의 처소가 있어서 근은 안에, 진은 밖에 정해진 처소가 있기 때문에 십이처라고 합니다.

阿難 汝且觀此祇陀樹林 及諸泉池 於意云何
아 난 여 차 관 차 기 타 수 림 급 제 천 지 어 의 운 하

아난아, 네가 이 기타림과 천지들을 보나니, 어찌 생각하는가?

此等爲是色生眼見 眼生色相
차 등 위 시 색 생 안 견 안 생 색 상

이 등等은 색色이 안眼의 견見을 내는가, 안眼이 색상色相을 내는가?

색色은 진塵이요 안眼은 근根이니까 색이 들어서 안의 견見하는 작용을 냈는지, 눈이 들어서 색의 모양을 냈는지 묻는 말입니다.

阿難 若復眼根 生色相者 見空非色
아 난 약 부 안 근 생 색 상 자 견 공 비 색

아난아, 만일 안근이 색상을 낸다면 공空을 볼 적에는 색이 아니니,

色性應銷 銷則顯發一切都無
색 성 응 소 소 즉 현 발 일 체 도 무

색의 성性이 소멸하였을 것이요, 소멸하였으면 일체를 현발함이 아주 없으리니,

안근의 색성이 다 없어졌다고 하면, 색만 못 보는 것이 아니라 공空도 못 보게 되고, 일체를 다 못 보게 된다는 말입니다.

色相旣無 誰明空質
색 상 기 무 수 명 공 질

색상이 없으면 어떻게 공空의 질質을 밝히겠는가?

空亦如是
공 역 여 시

공空 또한 그러하니라.

색상色相 아닌 것이 공空이요, 공 아닌 것이 색상이니, 색상으로 인하여 공을 알게 되는데 색상이 없다면 무엇으로 공을 밝히겠는가. 안근이 공상空相을 낸다고 하는 것도 이 색상을 낸다고 하는 것을 유례하여 알 것이라는 말입니다.

若復色塵 生眼見者 觀空非色 見卽銷亡
약 부 색 진 생 안 견 자 관 공 비 색 견 즉 소 망

만일 색진이 안眼의 견見을 생한다면 공空을 볼 적에는 색이 아니니, 견은 곧 소망할 것이며,

색이 들어서 보는 작용을 냈었는데 공을 볼 때는 색이 아니기 때문에 보는 것이 곧 없어질 거라는 말입니다.

亡則都無 誰明空色
망 즉 도 무 수 명 공 색

소망銷亡한즉 아무것도 없으리니, 무엇이 공과 색을 밝히겠는가?

是故當知 見與色空 俱無處所
시고당지 견여색공 구무처소

이런고로 마땅히 알아라. 견見과 색色과 공空이 모두 처소가 없어서,

旣色與見 二處虛妄 本非因緣 非自然性
기색여견 이처허망 본비인연 비자연성

색과 견의 이처가 허망하여 본래 인연도 아니요, 자연도 아닌 성性이니라.

阿難 汝更聽此祇陀園中 食辦擊鼓 衆集撞鐘 鐘鼓
아난 여갱청차기타원중 식판격고 중집당종 종고
音聲 前後相續
음성 전후상속

아난아, 네가 이 기타원에서 밥이 마련되면 북을 치고, 대중이 모이면 종을 쳐서 종과 북소리가 전후로 상속함을 듣나니,

원園은 스님들이 사는 절을 말합니다.

於意云何
어의운하

어찌 생각하는가?

此等爲是聲來耳邊 耳往聲處
차 등 위 시 성 래 이 변 이 왕 성 처

이것은 소리가 이변에 오는 것이냐, 귀가 성처에 가는 것이냐?

阿難 若復此聲 來於耳邊
아 난 약 부 차 성 내 어 이 변

아난아, 만일 소리가 이변에 온다면,

如我乞食 室羅筏城 在祇陀林 則無有我
여 아 걸 식 실 라 벌 성 재 기 타 림 즉 무 유 아

내가 실라벌성에서 걸식할 적에는 기타림에는 내가 없듯이,

부처님께서 실라벌성에 밥 빌러 가실 때는 기타림엔 안 계신다는 말입니다.

此聲必來阿難耳處 目連迦葉 應不俱聞
차 성 필 래 아 난 이 처 목 련 가 섭 응 불 구 문

이 소리가 아난의 이변耳邊에 왔으면, 목련과 가섭은 빽빽이 다 듣

지 못할 것이거늘,

何況其中 一千二百五十沙門 一聞鐘聲 同來食處
하 황 기 중 일 천 이 백 오 십 사 문 일 문 종 성 동 래 식 처

어찌 1,250 사문이 다 종소리를 듣고 식처에 오는가?

若復汝耳 往彼聲邊 如我歸住祇陀林中 在室羅城
약 부 여 이 왕 피 성 변 여 아 귀 주 기 타 림 중 재 실 라 성
則無有我
즉 무 유 아

만일 너의 귀가 성처聲處에 갔다면, 내가 기타림에 돌아왔을 적에는 실라벌성엔 내가 없듯이,

汝聞鼓聲 其耳已往擊鼓之處 鐘聲齊出 應不俱聞
여 문 고 성 기 이 이 왕 격 고 지 처 종 성 제 출 응 불 구 문

네가 북소리를 들을 적에는 귀가 북치는 곳에 갔을 터이니, 종소리가 함께 날지라도 모두 듣지 못해야 할지니,

何況其中 象馬牛羊 種種音響
하 황 기 중 상 마 우 양 종 종 음 향

하물며 상象 · 마馬 · 우牛 · 양羊의 종종 음향이겠는가.

'만일 소리가 이변耳邊에 온다면', 이 말은 소리가 오는 것도 가는 것도 아니라 하여 허망하다는 것을 증명한 것입니다.

그런데 과학으로 말하여도 소리가 나는 물체에서 생긴 음파가 공기를 통해 듣는 사람의 귀에 이른다고 하는데, 소리가 귀로 오는 것이 아니라는 경의 논리는 과학과 맞지 않다고 항의하는 이가 있는데, 십수 년 전 중국의 한 과학자가 어떤 책에서 이런 말을 했습니다.

부처님의 경전은 진실로 과학적이라고 찬탄하면서 경전 첫머리의 육성취六成就가 그렇고, 그 외에 여러 가지를 감탄하면서 『능엄경』의 '소리가 가고 오는 것이 아니다'라는 논리가 당연하다고 말을 했습니다. 왜냐하면 음파가 간다고 하지만 사람이나 배나 차가 가듯이 공간을 뚫고 지나가는 것이 아니고, 소리라는 것은 물체가 진동하면서 생기는 현상인데, 물체가 진동하는 현상이 곁에 있는 공기를 흔들고, 그 흔들리는 공기가 또 곁의 공기를 흔들고, 이렇게 공기가 흔들려서 듣는 이의 고막에까지 미치면 그 고막이 흔들리는 작용으로 듣는 이가 소리를 감각하게 된다는 얘깁니다. 그러니까 음파가 가는 것이 아니고, 쉽게 말하자면 기파氣波가 퍼진다는 말입니다. 그래서 소리가 간다고 하는 것은 논리에 맞지 않습니다.

若無來往 亦復無聞
약 무 래 왕 역 부 무 문

만일 오지도 가지도 않을진댄 또한 들음도 없어야 하리라.

是故當知
시 고 당 지

이런고로 마땅히 알아라.

聽與音聲 俱無處所 卽聽與聲 二處虛妄 本非因緣
청 여 음 성 구 무 처 소 즉 청 여 성 이 처 허 망 본 비 인 연
非自然性
비 자 연 성

청聽과 음성이 모두 처소가 없어서 청성聽聲의 이처가 허망하여 본래 인연도 아니요 자연도 아닌 성性이니라.

阿難 汝又齅此 鑪中栴檀
아 난 여 우 후 차 노 중 전 단

아난아, 네가 또 노鑪 중의 전단을 맡으라.

此香 若復然於一銖
차 향 약 부 연 어 일 수

이 향을 만약 1수만 태운다면(태워도),

중국의 중량 단위로는 24수가 한 냥쯤 되니까 1수는 4푼쯤 됩니다.

室羅筏城 四十里內 同時聞氣 於意云何
실 라 벌 성 사 십 리 내 동 시 문 기 어 의 운 하

실라벌성의 40리 내에서 동시에 향기를 맡나니, 어찌 생각하는가?

전단 향기를 기氣라고 했고, 맡는 작용을 문聞이라고 표현했습니다. 전단이란 인도 말로서 여약與藥이라 번역합니다.

此香爲復生栴檀木
차 향 위 부 생 전 단 목

이 향기가 다시 전단목에서 나느냐?

生於汝鼻 爲生於空
생 어 여 비 위 생 어 공

너의 코에서 생기는가, 허공에서 생기는가?

阿難 若復此香 生於汝鼻 稱鼻所生
아 난 약 부 차 향 생 어 여 비 칭 비 소 생

아난아, 만일 이 향기가 네 코에서 난다면 코에서 생한 바라 칭하므로,

當從鼻出 鼻非栴檀 云何鼻中 有栴檀氣
당종비출 비비전단 운하비중 유전단기

마땅히 코에서 출出해야 할 것이나, 코는 전단이 아니거늘 어찌 코에 전단향이 있겠는가?

코가 전단향이 아니니, 코에서 전단 향기가 나올 수 없다는 것이 한 가지 이유입니다.

稱汝聞香 當於鼻入 鼻中出香 說聞非義
칭여문향 당어비입 비중출향 설문비의

네가 향기를 맡는다 칭하니 마땅히 코로 들어가야 하거늘, 코에서 향이 출出한 것을 맡는다(聞)는 말이 옳지 아니하니라.

맡는다고 하면, 전단 향기가 다른 곳으로부터 코에 들어가야지, 코에서 나는 것을 어떻게 맡는다고 하겠느냐는 말이며, 코는 전단이 아니니까 전단 향기가 코에서 나올 리가 없으니 말이 안 된다는 얘깁니다.

若生於空 空性常恒 香應常在
약생어공 공성상항 향응상재

만일 허공에서 생긴다면 공空의 성性이 항상한 것이니, 향기도 항상 있어야 하거늘,

허공은 늘 있는 것이니, 그렇다면 전단 향기도 늘 있어야 할 것이라는

말입니다.

何藉鑪中 爇此枯木
하 자 노 중 설 차 고 목

어찌 향로에 이 고목 태움을 가자假藉하는고?

그러니 허공에서 난다는 말이 안 되고,

若生於木 則此香質 因爇成煙
약 생 어 목 즉 차 향 질 인 설 성 연

만일 나무에서 난다면, 이 향질이 타서 연기가 되었으니,

若鼻得聞 合蒙煙氣
약 비 득 문 합 몽 연 기

만약 코로 맡을 적에 연기가 코로 들어가야 할 것이거늘(合蒙),

其煙騰空 未及遙遠 四十里內 云何已聞
기 연 등 공 미 급 요 원 사 십 리 내 운 하 이 문

그 연기가 공중으로 올라가 멀리 퍼지기도 전에 40리 안에서 어찌 맡겠는가?

전단향을 태워서 연기가 되었으니, 연기가 간 후에 맡으면 나무에서 난다고 할 텐데, 연기가 가기 전에 맡게 되니까 나무에서 난다는 말이 안 된다는 얘깁니다.

是故當知
시 고 당 지

이런고로 마땅히 알아라.

香鼻[3]與聞 俱無處所
향비 여문 구무처소

향香과 비鼻와 취문臭聞이 모두 처소가 없어서,

卽齅與香 二處虛妄 本非因緣 非自然性
즉후여향 이처허망 본비인연 비자연성

후齅와 향香의 이처가 허망하여 본래 인연도 아니요, 자연도 아닌 성性이니라.

3 고려대장경에는 취臭로 되어 있으나, 송본 · 원본 · 명본에는 본문과 같이 되어 있다.

阿難 汝常二時 衆中持鉢 其間 或遇酥酪醍醐 名爲上
아난 여상이시 중중지발 기간 혹우소락제호 명위상
味 於意云何
미 어의운하

아난아, 네가 항상 이시二時에 대중 가운데서 지발할 적에 간혹 소락제호를 만나면 상미라 하나니, 어찌 생각하는가?

이시二時란 아침과 점심을 말하고, 지발持鉢이란 바리때를 들고 밥을 받아 오는 것을 말합니다. 소락제호酥酪醍醐란, 우유를 정제한 것을 낙酪이라 하고, 그 낙을 정제한 것을 또 생소生酥라 하고, 생소를 정제한 것을 열소熱酥라 하며, 열소를 정제한 것을 제호라 합니다. 그러니까 제호란, 우유로 만든 가운데는 가장 좋아서 이것만 먹으면 만병이 통치된다고 합니다. 그래서 최상미最上味란 제호를 가리키는 말입니다.

此味爲復生於空中
차미위부생어공중

이 맛이 다시 공중에서 생하느냐,

生於舌中 爲生食中
생어설중 위생식중

혀에서 생하느냐, 음식에서 생하느냐?

阿難 若復此味 生於汝舌 在汝口中 秖有一舌
아난 약부차미 생어여설 재여구중 지유일설

아난아, 만일 다시 이 맛이 네 혀에서 난다면 네 입에는 다만 혀가 하나이니,

其舌爾時 已成酥味
기설이시 이성소미

그 혀가 그때에 소酥 맛이 되었으면,

遇黑石蜜 應不推移
우흑석밀 응불추이

흑석밀을 만나도 응당히 추이(옮기지) 아니하리라.

혀에서 난다고 하면, 흑석밀을 먹어도 소酥 맛이 나야 한다는 말입니다. 흑석밀을 어떤 스님은 엿이라고도 한다는데, 분명히 사전에도 단단한 사탕이라고 되어 있습니다.

若不變移 不名知味
약불변이 불명지미

만일 변이하지(달라지지) 아니하면 맛을 안다고 이름할 수 없고,

若變移者 舌非多體
약 변 이 자 설 비 다 체

만일 변이한다면 혀는 다체가 아니니,

云何多味 一舌之知
운 하 다 미 일 설 지 지

어찌 여러 맛을 일설로 알리오.

若生於食 食非有識 云何自知
약 생 어 식 식 비 유 식 운 하 자 지

만일 음식에서 난다면, 음식은 식識이 있는 것이 아니거니, 어찌 스스로 알겠는가?

유정이라야 식지識知하는 작용이 있어서 알지, 음식은 무정물인데 어떻게 알겠느냐는 말입니다.

又食自知 卽同他食
우 식 자 지 즉 동 타 식

또 음식이 스스로 아는 것이므로 다른 사람이 먹는 것과 같으리니,

음식에서 난다면 다른 사람이 그 음식을 먹을 때 너는 쓴맛인지 단맛인

지 모르지 않느냐, 그러니까 다른 사람이 먹는 것과 같다는 것입니다.

何預於汝 名味之知
하 예 어 여 명 미 지 지

너에게 하예(무슨 관계)함이 있길래 맛을 안다고 이름하는가?

若生於空 汝噉虛空
약 생 어 공 여 담 허 공

만일 허공에서 생긴다면, 네가 허공을 씹어 보라.

當作何味
당 작 하 미

마땅히 무슨 맛을 짓는가?

必其虛空 若作鹹味 旣鹹汝舌 亦鹹汝面
필 기 허 공 약 작 함 미 기 함 여 설 역 함 여 면

반드시 그 허공이 짠맛을 짓는다면 이미 네 혀가 짜므로 또한 너의 얼굴도 짜야 하리니,

則此界人 同於海魚
즉차계인 동어해어

곧 차계의 사람들도 해어와 같을 것이며,

旣常受鹹 了不知淡
기상수함 요부지담

이미 항상 짜다면 담淡한 것은 알지 못할 것이요,

若不識淡 亦不覺鹹 必無所知 云何名味
약불식담 역불각함 필무소지 운하명미

만일 담淡을 알지 못한다면 또한 함鹹도 각覺하지 못하리니, 반드시 아는 바가 없다면 어찌 맛이라 이름하겠는가?

是故當知 味舌與嘗 俱無處所
시고당지 미설여상 구무처소

그러므로 마땅히 알아라. 미味와 설舌과 상嘗이 모두 처소가 없어서,

旣嘗與味 二俱虛妄 本非因緣 非自然性
기 상 여 미 이 구 허 망 본 비 인 연 비 자 연 성

상嘗과 미味의 이처가 다 허망하여 본래 인연도 아니요, 자연도 아닌 성性이니라.

상嘗은 설舌을 가리킵니다.

阿難 汝常晨朝 以手摩頭 於意云何
아 난 여 상 신 조 이 수 마 두 어 의 운 하

아난아, 네가 항상 신조에 손으로 머리를 만지나니, 어찌 생각하는가?

부처님 율律에 보면, 아침마다 일어나서 자기의 머리를 세 번씩 만지면서 외우는 것이 있습니다. '입을 지켜 말하지 말고, 뜻을 섭攝하며, 몸으로는 범하지 마라' 하는 이러한 게송을 외우고, 또한 몸치장을 안 하며, 걸식으로 생활하여 탐심과 만심慢心을 일으키지 않게 한다는 내용입니다.

此摩所知 誰爲能觸
차 마 소 지 수 위 능 촉

이 만져서 아는 바는 어느 것이 능촉이 되는가?

촉觸이라는 것은, 우리 몸으로 감각하는 것이지 감각하지 않고는 촉이 아닙니다. 예를 들면 책상을 손으로 만질 때 만지는 것이 촉진觸塵인데, 손

으로 만지지 않는다면 색진色塵이지 촉진이 아니라는 얘깁니다.

색진色塵이나 미진味塵이나 성진聲塵 등은 그 자체가 있으니까 '색이 즉 진塵이다' 이렇게 해서 지업석持業釋인데, 촉진觸塵은 몸으로 능촉能觸하는 것을 의지해서 진이 생기기 때문에 의주석依主釋이 됩니다. 그래서 촉진이라 할 때의 촉은 몸으로 감각하지 않으면 촉진이 아니라는 얘깁니다. 그래서 다른 진과 다른 것은 촉 자체가 몸으로 감각한다는 촉이기 때문에 몸으로 감각할 때에 촉진 작용을 하지 이걸 떼면 색진밖에 안 된다는 얘깁니다.

그러니 여기에서 능촉, 소촉 하는 게 자기 손을 가지고 자기 머리를 만져서 아는 것이니까 능촉, 소촉이 따로 있지 않게 된다는 말입니다.

만약 책상을 손으로 대서 안다면 손이 능촉이 되고, 책상은 소촉이 되겠지만, 손으로 머리를 만질 때는 양쪽이 모두 감각이 있으니, 서로 능촉도 되고 소촉도 될 것 같습니다. 그러니 어느 것이 능촉이냐는 말입니다.

能爲在手 爲復在頭
능 위 재 수 위 부 재 두

능촉能觸이 손에 있는가, 다시 머리에 있는가?

若在於手 頭則無知 云何成觸
약 재 어 수 두 즉 무 지 운 하 성 촉

만일 손에 있다면 머리는 앎이 없을 터이니, 어찌 촉을 이루며,

손으로 머리를 만져서 알 때에 능촉이 손에 있다고 하면, 손이 능촉이고 머리는 소촉이 되었으니, 소촉은 알지 못해야 합니다. 책상을 만질 때

에 손이 알지 책상은 손이 와 닿는 걸 모른다는 말과 같습니다. 그러니까 만약 능촉이 손에 있다고 하면 네 머리는 능촉이 아니니까 머리에는 지知가 없어야 한다는 말입니다.

若在於頭 手則無用 云何名觸
약재어두 수즉무용 운하명촉

만일 머리에 있다면 손에는 용用이 없으리니, 어떻게 촉이라 하느냐?

앞에서는 두즉무지頭則無知라 해서 지知 자를 썼는데, 같은 자를 안 쓰려고 용用 자를 썼으나 뜻은 같습니다.

여기까지의 얘기는 머리와 손의 체體는 하나(한 사람)인데, 능촉이면 능촉만 되고, 소촉이면 소촉만 되어야 할 텐데, 능能과 소所의 구별이 없지 않느냐는 말입니다.

若各各有 則汝阿難 應有二身
약각각유 즉여아난 응유이신

만일 각각 있다면, 너 아난이 이신二身이 있으리라.

머리에도 능촉이 있고, 손에도 능촉이 있다고 하면, 아난이 몸을 둘 가진 게 아니냐는 말입니다.

若頭與手 一觸所生 則手與頭 當爲一體
약 두 여 수 일 촉 소 생 즉 수 여 두 당 위 일 체

만일 머리와 손이 한 촉觸에서 생한 바일진댄, 손과 머리가 마땅히 일체가 되어야 할 것이요,

머리에 생기는 것과 손에 생기는 것이 일촉一觸으로 생긴다고 하면, 머리와 손이 각각 다른데 어떻게 일촉소생이라 할 수 있느냐? 일촉이라고 하면 일촉인 것을 의지해서 머리의 체와 손의 체가 하나이어야 하겠다는 말입니다. 촉觸이 하나인 것을 따라서 머리와 손이 하나가 되어야 하겠다, 머리와 손이 따로 둘이 있어서는 일촉이 될 수가 없겠다는 말입니다.

若一體者 觸則無成
약 일 체 자 촉 즉 무 성

만일 일체라면 촉觸을 이룰 수 없고,

일촉소생이라고 하더라도 머리와 손이 따로라고 하면 이체二體가 되고, 하나라고 하면 촉이 성립하지 못한다는 말입니다. 다시 말해 촉은 능촉과 소촉이 있음으로써 이루어지는 것인데, 일체만 가지고는 촉이라는 것이 성립될 수 없다는 말이지요.

若二體者 觸誰爲在
약 이 체 자 촉 수 위 재

만일 이체二體라면 촉觸이 어디에 재在하는가?

수誰 자는 어디라는 뜻이니까 능能과 소所에서 무엇이냐는 말이고, 재在 자는 소속의 뜻으로 보면 되겠습니다.

在能非所
재 능 비 소

능촉能觸에 속하면 소촉所觸이 아닐 것이요,

在所非能
재 소 비 능

소촉에 속하면 능촉이 아닐 것이며,

능촉이면 혼자 능촉이고, 소촉이면 혼자 소촉이니까 능촉과 소촉의 둘이 합했어야 성립될 텐데, 이것이 이체二體라고 하더라도 일촉一觸이니까 그 촉이 능촉에서 나는 게냐, 소촉에서 나는 게냐, 그 말입니다. 그러니까 능촉이라고 하면 머리와 손이 다 능촉일 테고, 소촉이라고 하면 머리와 손이 다 소촉일 테니, 능能과 소所가 상대하지 않고 어떻게 촉이 성립하느냐, 이런 말입니다.

不應虛空 與汝成觸
불 응 허 공 여 여 성 촉

빽빽이 허공이 너를 위하여 촉이 되지도 아니하리라.

손이 능촉이 될 때는 허공이 와서 소촉 노릇을 하고, 손이 소촉이 될 때는 허공이 와서 능촉이 되고 그러지는 않을 것이라는 말이니까 일촉소생一觸所生이라고 해도 안 된다는 말입니다.

위에서 두여수頭與手가 일촉소생이라고 전제했으니까 머리와 손이 한 촉인데, 머리와 손이 이체二體라면 그 한 촉이란 것이 능촉인지 소촉인지에 대해 따지는 말입니다. 이 부분이 이론이 어려워서 그냥 보아서는 뜻이 드러나지 않습니다.

是故當知
시 고 당 지

이런고로 마땅히 알아라.

覺觸與身 俱無處所
각 촉 여 신 구 무 처 소

깨닫는 촉觸과 몸이 모두 처소가 없어서,

卽身與觸 二俱虛妄 本非因緣 非自然性
즉 신 여 촉 이 구 허 망 본 비 인 연 비 자 연 성

몸과 촉觸의 이처二處가 다 허망하여 본래 인연도 아니요, 자연도

아닌 성性이니라.

阿難 汝常意中 所緣善惡無記三性 生成法則
아난 여상의중 소연선악무기삼성 생성법칙

아난아, 네가 항상 의意 중에 반연하는바 선 · 악 · 무기의 삼성이 법칙을 이루나니,

좋은 걸 생각하는 것은 선성善性이고, 나쁜 걸 생각하는 것은 악성惡性이며, 선도 아니고 악도 아닌 것이 무기無記입니다.

무기에도 두 가지가 있는데, 하나는 혼침昏沈해서 아무 기억도 없는 것을 말하고, 또 하나는 비선비악非善非惡이라고 해서 선이라고 기억할 수도 없고 악이라고 기억할 수도 없는 것을 말하는데, 여기에서의 무기는 비선비악非善非惡을 말합니다. 법칙은 법진法塵의 정칙定則을 말합니다.

此法爲復卽心所生
차법위부즉심소생

이 법진法塵이 심心에 즉하여 생긴 것인가?

의근意根에 즉卽해서 법진이 생겼을 뿐이지 법진은 있는 처소가 없습니다. 그런데 그 법진이 의근을 의지해서 있느냐, 의근을 떠나서 따로 있느냐, 이 말입니다. 법은 법진을 가리키고 심心은 의근을 가리킵니다.

爲當離心 別有方所
위 당 이 심 별 유 방 소

마땅히 의근意根을 여의고서 따로 방소가 있는가?

법진法塵이 어디 있느냐는 말입니다.

阿難 若卽心者 法則非塵 非心所緣
아 난 약 즉 심 자 법 칙 비 진 비 심 소 연

아난아, 만일 심心에 즉하였다면, 법칙은 진塵이 아니므로 심心으로 연緣할 바가 아니니,

마음에 즉卽했으니 그것은 심心이지 진塵이 아니라는 말입니다. 비심소연이라는 말은, 마음으로 반연攀緣하는 것이 법진法塵인데, 마음에 즉했다고 하면 능연지심能緣之心이지 소연지진所緣之塵이 아닐 것이라는 말입니다. 마음으로 반연할 바가 아니니,

云何成處
운 하 성 처

어떻게 처處를 이루겠는가?

마음에 즉卽했다고 하면, 그게 즉 마음이니까 진처塵處가 따로 있지 못하게 된다는 말입니다.

若離於心 別有方所
약리어심 별유방소

만일 심心을 떠나서 따로 방소가 있다면,

則法自性 爲知非知
즉법자성 위지비지

즉 법의 자성에는 앎이 있는가, 앎이 없는가?

마음을 떠나서 따로 법진法塵의 처소가 있다고 하면, 이 법의 자성은 아는 작용을 하느냐 못 하느냐, 이 말입니다.

知則名心
지즉명심

지知한다고 하면 이름이 마음이라.

위에서의 '약리어심若離於心하고 별유방소別有方所거든'을 전제한 말인데, 마음을 떠나서 따로 법진이 있는데 그 따로 있는 법진이 지知하는 작용을 한다고 하면, 그것은 마음이지 진塵이 아니라는 말입니다.

異汝非塵
이여비진

너와는 다르고 진塵이 아니니라.

너의 근根, 너의 마음을 떠나서 따로 있으니까 네 마음과는 다르고, 또 진塵도 아니므로,

同他心量
동 타 심 량

다른 사람의 심량과 같으리라.

마음은 마음인데 네 마음 밖에 따로 있으니까 그건 다른 사람의 마음과 같은 것이다, 이런 말입니다. 다시 따져 본다면, 법진法塵이 지知하는 작용이 있다고 하면 그건 마음이 하는 것이다, 무정물은 지하는 작용을 못 하는 것이니까. 그럼 마음이라고 할 텐데 마음이라고 하면 너의 의근意根을 떠나서 따로 있으니까 네 마음과는 다르고, 또 진塵이 아니니까 다른 사람의 마음과 같을 것이라는 말입니다. 그 법진이 지하는 작용이 있으면 마음이니까 다른 사람의 마음과 같을 것이라는 말입니다.

卽汝卽心
즉 여 즉 심

네게 즉卽했고 곧 마음이라고 하면,

云何汝心 更二於汝
운 하 여 심 갱 이 어 여

어찌하여 네 마음이 다시 둘이 되는가?

네 마음과는 다르고, 네 마음을 떠나서 따로 있다고는 하나 다른 사람의 마음은 아니라고 하면 네게 마음이 둘이어야 할 게 아니냐는 말입니다. 그러니 그 법진이 지知하는 작용이 있다고 해서는 안 되겠다는 말입니다.

若非知者
약 비 지 자

만일 앎이 없다면,

此塵旣非色聲香味 離合冷煖 及虛空相 當於何在
차 진 기 비 색 성 향 미 이 합 냉 난 급 허 공 상 당 어 하 재

이 법진은 이미 색 · 성 · 향 · 미와 이합과 냉난과 허공상이 아니니, 마땅히 어디에 있는가?

법진에 지知가 없다면 따져 봅시다. 그 법진에 지知하는 작용이 없으니 마음도 아니고, 색 · 성 · 향 · 미 · 촉도 아니고, 허공상도 아닌데 그 법진의 자체가 어떤 것이냐는 얘깁니다. 이합離合과 냉난冷煖은 촉진觸塵입니다.

今於色空 都無表示
금 어 색 공 도 무 표 시

이제 색과 공에 모두 표시할 수 없으며,

색色 자 하나가 색 · 성 · 향 · 미 · 촉을 다 가리키는 말입니다.

不應人間 更有空外
불 응 인 간 갱 유 공 외

빽빽이 인간에 공외가 있을 수 없느니라.

공외지물空外之物은 없다는 말입니다.

心非所緣 處從誰立
심 비 소 연 처 종 수 립

심心이라면 소연이 아니니, 처處가 어떻게 성립하겠는가?

위에서 부처님께서 지知가 없는 법진法塵이 색과 공 어디에 있느냐, 공외空外에 있다고도 할 수 없지 않느냐 하고 추궁하시니, 아난이 전계轉計하기를, '그래도 마음입니다' 할까 보아 여기에서 심비소연이라 했습니다. 즉 심心이라면 연緣할 바가 아니니 어찌 처處가 성립하겠느냐, 이 말이지요.

이 심비소연은 위 '법칙비진法則非塵 비심소연非心所緣'과 비슷해서 혼동하기 쉬운데, 이 책이나 『정맥소』에서 모두 심비소연心非所緣을 비심소연非心所緣으로 풀이했어요. 정맥正脈이 본 책에 심비소연이 비심소연으로 기록되었는지, 아니면 다른 생각이 있어 그랬는지는 모르겠으나, 내 생각에는 심비소연은 마음이라면 소연所緣이 아니다 해서 마음까지 부정했고, 비심소연은 심으로 연할 바가 아니다 하여 심은 부否하지 않고 소연所緣만 부정하는 말이 됩니다. 그래서 내가 이렇게 보아 봤습니다. 그런데 아무도 여기에 대해서 언급한 이가 없다는 것입니다.

마음이라고 하면 능연能緣이지 소연所緣이 아니고, 소연이 아니라고 하면 처處가 어느 것을 좇아 성립하느냐, 마음으로 반연할 바가 되어야 법진처法塵處가 생기지, 마음이라고 하면 능연이지 소연이 아니니까 진처塵處가 성립하지 못한다는 말입니다.

是故當知 法則與心 俱無處所
시고당지 법칙여심 구무처소

이런고로 마땅히 알아라. 법칙과 다못 마음이 다 처소가 없어서,

則意與法 二俱虛妄 本非因緣 非自然性
즉의여법 이구허망 본비인연 비자연성

의근意根과 다못 법진法塵의 이처二處가 다 허망하여 본래 인연도 아니요, 자연도 아닌 성性이니라.

앞의 심비소연心非所緣을 해석하자면 '심心이라면 소연이 아니니' 이렇게 되니, 비심소연非心所緣과는 뜻이 같을 수가 없다, 그 앞에서 색色과 공空에 모두 표시할 수 없으며, 또 인간에 공외空外가 있을 수 없다는 말을 듣고 아난이 억지 쓰기를 공외空外가 있으니 그것은 심이라고 말할 듯하니까 심이라면 소연이 아니요 능연이라고 부정한 것입니다. 그러니 모두가 허망하여 여래장묘진여성如來藏妙眞如性이라는 것입니다.

4) 십팔계가 곧 여래장

復次阿難 云何十八界 本如來藏 妙眞如性
부 차 아 난 운 하 십 팔 계 본 여 래 장 묘 진 여 성

또 아난아, 어찌하여 십팔계가 본래 여래장인 묘한 진여의 성性이라 하느냐?

육근은 안에 있고 육진은 밖에 있으며 육식은 중간에 있어서 경계라는 뜻으로도 되고, 또 같은 종족種族끼리 모여 있다고 해서 종족이라고도 하는데, 가령 안근眼根에 대해서 색진色塵, 안근의 색진에 대해서 안식이라는 뜻에서 종족이라 합니다.

阿難 如汝所明 眼色爲緣 生於眼識
아 난 여 여 소 명 안 색 위 연 생 어 안 식

아난아, 네가 밝힌 바와 같아서 안眼과 색이 연緣이 되어 안식을 낸다 하나니,

이것은 저 위의 칠처징심七處徵心 가운데 중간이라고 할 때 그 중中이라는 것이 '안眼과 색色이 인연이 되어서 안식眼識을 낸다' 이렇게 얘기한 적이 있으니, 그것에 대한 여여소명이라고 해도 되고, 또 한 가지는 안색이 연이 되어서 안식을 낸다고 하는 것은 소승에서 하는 말이요, 아난은 소승이니까 소승에 대해서 잘 안다는 뜻에서 여여소명이라고 해도 되고, 두 가지로 새길 수가 있습니다.

此識爲復因眼所生 以眼爲界
차 식 위 부 인 안 소 생 이 안 위 계

이 식識은 다시 안眼을 인하여 생한 바라 하여 안으로써 계界라 하겠는가,

이안위계라는 말은, 눈으로 보는 안식을 따라 이름을 안식계라고 하겠느냐는 말입니다.

因色所生 以色爲界
인 색 소 생 이 색 위 계

색色을 인하여 났다 하여 색으로 계라 하겠느냐?

안근眼根과 색진色塵이 인연이 되어서 생겼으니, 그렇게 생긴 것을 안식계라고 하겠느냐, 색식계色識界라고 하겠느냐, 이런 말입니다. 가령 아버지와 어머니의 사이에서 태어난 아들을 아버지의 아들이라고 하겠느냐, 어머니의 아들이라고 하겠느냐, 이런 말입니다.

이안위계以眼爲界라고 하는 것은, 안眼의 이름을 가지고 안식계라고 하겠느냐, 색의 이름을 가지고 색식계라고 하겠느냐, 이런 말입니다.

阿難 若因眼生 旣無色空 無可分別
아 난 약 인 안 생 기 무 색 공 무 가 분 별

아난아, 만일 안眼을 인하여 생했다면 이미 색과 공이 없으므로 분

별할 것이 없으리니,

분별하는 것이 식識의 작용인데 색과 공이 없으면 분별할 게 없다는 말입니다.

縱有汝識 欲將何用
종 유 여 식 욕 장 하 용

비록 너의 식識이 있은들 무엇에 쓰리오.

안眼에 색과 공이 없으면 안식이 생긴들 무엇을 분별하겠느냐는 말입니다.

汝見又非青黃赤白 無所表示
여 견 우 비 청 황 적 백 무 소 표 시

네 견見이 또한 청황적백이 아니니 표시할 바가 없으리니,

아난의 안근에 생긴 견見이 청황적백의 진塵이 아니면 분별할 것이 없다는 말입니다. 청황적백을 가지고 식識의 작용을 표시하는데, 청황적백은 색진色塵에 있으나, 이것은 색진과 관계가 없으니 표시할 바가 없다는 말입니다.

從何立界
종 하 입 계

무엇을 좇아 계界를 세우리오.

진塵이 없이 안근眼根만 생긴다고 하면 표시할 게 없는데 무엇을 가지고 계界를 세우겠느냐, 그러니까 안근에서 만났다고 해도 안 된다는 말입니다.

'네 견見이 청황적백이 아니니', 이 말은 안식 자체가 청황적백을 가지고 있지 않다는 말이고, 여견汝見이란 안식을 가리키는 말입니다.

이 문장에서 '청황적백이 아니면' 하고 '면' 토를 다는 것은, 색진을 가리키는 말이 되고, '견 자체, 안식 자체가 청황적백을 가지고 있지 않으니 무엇을 표시하겠느냐' 이렇게 하면, 색진을 가리키는 말이 아니라 견 자체에 청황적백이 없다는 말입니다.

若因色生 空無色時 汝識應滅
약 인 색 생 공 무 색 시 여 식 응 멸

만일 색을 인하여 생했을진댄 공하여 색이 없을 때에는 너의 식이 멸하리니,

색으로 인해 안식이 생겼으니까 허공에는 색이 없을 테니, 색이 없으면 허공을 볼 안식이 없을 것이라는 말입니다.

云何識知 是虛空性
운 하 식 지 시 허 공 성

어찌 이 허공성인 줄을 식지하겠는가?

공空일 때는 공을 몰라야 하겠다는 말입니다.

若色變時
약 색 변 시

만일 색이 변천할 적에,

가령 빨간색의 것이 있다가 푸른색의 것으로 변한다든지 하는 예입니다.

汝亦識其色相遷變
여 역 식 기 색 상 천 변

네가 그 색상의 변천함을 안다면,

가령 나무를 볼 때에 나무라는 색에서 안식이 생겼으면 그 나무가 없어질 때에 없어지는 줄을 알면 식識은 변천하지 않는 것입니다.

식識이 나무에서 생겼는데 나무가 없어질 때에 식이 따라서 없어진다고 하면 변천하는 줄을 모를 것이라는 말입니다. 변천하는 줄을 안다고 하면 색진色塵은 없어지지만, 식 자체는 없어지지 않는다는 이런 말입니다.

汝識不遷
여 식 불 천

네 식識은 변천하지 않음이라.

색상色相은 변천하지만 너의 식은 변천하지 않으니, 색에서 식이 생겼던 것인데, 색상이 없어질 때에 식은 변천하지 않고 그냥 있다고 하면,

界從何立
계 종 하 립

계界가 무엇을 좇아 성립하리오.

색色에서 안식眼識이 생겨서 색식色識이라고 하던 것이, 색이 없어졌으면 안식을 내는 색은 없어졌는데 그래도 식은 그냥 남아 있으니, 그 식이 무엇을 가지고 경계가 되겠느냐는 말입니다. 색진계色塵界가 안 된다는 말입니다. 그러니까 변천하지 않는다고 해도 계가 성립하지 않는다는 말이고,

從變則變 界相自無
종 변 즉 변 계 상 자 무

따라 변천한다면 곧 변천할 것이니, 계상이 스스로 없을 것이며,

종변이란, '색진色塵이 변천할 때에 안식이 따라서 변천한다고 하면' 이런 말이니까 색진과 같이 따라가 버리고 만다고 할 것 같으면 색진이 없어지고, 허공이 생길 때에는 색진이 없어질 때에 색을 인해 생겼던 식이 없어졌으니까 색식계의 계상이 스스로 없을 것이라는 말입니다.

식이 없어진다는 말이니까 변한다고 해도 안 된다는 말이고,

不變則恒 旣從色生
불 변 즉 항 기 종 색 생

변천하지 않는다면 항상할 것이니, 이미 색으로 좇아 생했는지라.

항상 변천하지 않는 안식이 색진을 따라서 생겼다고 하면, 늘 색진을 따라 생겼으니까 변천하는 것이 색진을 의지해서 있을 것이라는 말입니다.

應不識知 虛空所在
응불식지 허공소재

허공의 소재를 식지하지 못해야 하리라.

색色에서 생겼으니까 색만 알게 되지, 색에서 생긴 것이 항상 하다고 한들 색진에서 생긴 그대로 항상 하니까 허공이 생길 때에는 허공은 몰라야 하겠다는 말입니다.

색진에서 생겼다고 하면 색진이 변할 때 따라서 변한다고 해도 계界가 성립하지 못하고, 색진은 변천하지만 식은 변천하지 않는다고 하더라도 식계가 성립하지 못한다는 말입니다.

허공의 소재를 몰라야겠다고 하는 말은 분별을 못 해야겠다는 말입니다.

若兼二種 眼色共生
약겸이종 안색공생

만일 2종을 겸하여 안眼과 색色이 함께 생했다 할진댄,

저 위에서는 안근에서만 생했다고 하는 게 처음이고, 그 다음엔 색진에서 생했다고 하는 게 둘째인데, 여기에서는 그 안근과 색진 둘이 함께 냈

다는 그 말입니다.

合則中離
합 즉 중 리

합하였다면 중中이 이離하였을 것이요,

한데 붙어서 중간이 떨어질 수 없는 게 합合인데 안근과 색진이 합했다고 하면, 하나가 되는 것입니다. 안眼과 색진이 조금 간격을 두고 있어야 그 사이에서 식識이 생길 텐데 합해 붙어 있으면 중간이 이離하여 없을 테니, 중간이 없으면 식이 있을 곳이 없습니다.

중中 자는 안식을 가리키는 말이니까 안식이 있을 자리가 없어서 거기를 떠나 다른 곳에 가 있겠다는 말입니다.

『정맥소』에서는 '안근과 색진이 한데 합해서 생했다고 하면 중이라는 존재(眼識)가 떠나야 한다'라고 했는데, 내가 생각할 때는 리離 자는 없다는 뜻도 되니까 '합했다고 하면 중中이라고 할 자체가 없다'라고 했으면 더 좋지 않나 싶습니다.

離則兩合
이 즉 양 합

이離했다면 두 군데로 합했을 것이다.

여기의 리離 자는 합즉중리合則中離의 리離 자가 아닙니다. 위에서의 안근과 색진이 합했다고 하는 거기에 대해서 이離했다, 즉 안眼과 색진이 따로따로 있어 가지고서 안식을 냈다는 그 말이지, 중리中離라고 하는 그 리離 자는 아니라는 얘깁니다.

흔히 합즉중리合則中離의 리離 자와 그 아래 있는 리離 자를 같이 보고 있고, 또 글로 봐서도 그럴 것 같지만 뜻이 그게 아닙니다. 합즉合則이라는 합合 자와 이즉離則이라는 리離 자는 안근과 색진이 합했다 떨어졌다 한다는 말이고, 중리中離라고 하는 리離 자는 식識이 이離했다는 말이니, 다르다는 얘깁니다.

만약 안근과 색진이 따로 떨어져 있어서 그 중간에 식을 냈다고 하면 그 중간에 있는 식이 한쪽은 안근에 속했고, 한쪽은 색진에 속했을 거라는 그게 양합兩合입니다. 다시 말하자면 안근 편으로는 안근에 합하고, 색진 편으로는 색진에 합할 테니 식 자체가 두 가지의 성질을 가지게 된다는 말입니다. 그러니까 안근에 합하는 성질도 있고, 색진에 합하는 성질도 있는 그게 이즉량합離則兩合입니다.

합즉合則이라는 합合 자와 리즉離則이라는 리離 자는 안근과 색진이 합했다 떨어졌다 한다는 말이고, 합즉중리合則中離라는 리離 자와 이즉양합離則兩合이라는 합合 자는 안식이 이離했다 합했다 한다는 말입니다.

體性雜亂 云何成界
체 성 잡 란 운 하 성 계

체성이 잡란하리니, 어떻게 계界를 이루겠는가?

중간이 떨어졌다, 또 양쪽이 합해졌다 하면 체성이 잡란할 것이라는 말입니다. 그러니까 양합兩合이란, 하나는 안근에 소속되고, 하나는 색진에 소속되니까 잡雜이겠고, 또 중中이 없어져 제 위치에 못 있고 떨어져 있다고 하면 난亂이라고 볼 수가 있습니다. 결국 색계色界가 성립하지 못한다는 말입니다.

是故當知
시 고 당 지

이런고로 마땅히 알아라.

眼色爲緣 生眼識界
안 색 위 연 생 안 식 계

안眼과 색色이 연이 되어 안식계를 낸다 하거니와,

三處都無 則眼與色 及色界三
삼 처 도 무 즉 안 여 색 급 색 계 삼

삼처가 모두 허무하여 안眼과 색과 색계의 셋이,

삼처도무란 근根 · 진塵 · 식識 자체가 허망하다는 말입니다.

本非因緣 非自然性
본 비 인 연 비 자 연 성

본래 인연도 아니요, 자연도 아닌 성性이니라.

성性 자 하나가 여래장묘진여성如來藏妙眞如性을 가리킵니다. 그러니까 삼처도무三處都無라는 것은 망妄을 가리키는 말이고, '즉안여색則眼與色 급색계삼及色界三이 본비인연本非因緣 비자연성非自然性이라' 하는 것은 여래장묘진여성인 진眞을 말하는 것입니다.

여기에서 색계라고 했는데, 저 위에서 '안眼으로 계를 삼겠느냐' 할 때는 안식계라고 하느냐는 말이고, '색으로 계를 삼겠느냐' 할 때는 색식계色識界라고 하느냐는 말로서, 색계라는 말의 가운데에 식識 자가 생략됐습니다.

대개 안식이라고 많이 하지 색식色識이라고 하지 않는데, 이것도 보면 처음에는 색계라고 쓰고, 또 저 아래 내려가서는 근根을 따라서 가령 의계意界라든지 신계身界라고도 썼다는 말입니다.

근을 의지해서 식의 이름을 짓기도 하고, 진塵을 의지해서 식의 이름을 짓기도 하는데, 여기에서 색계라고 하는 것을 보면 색식계라는 말이 됩니다.

阿難 又汝所明 耳聲爲緣 生於耳識
아 난 우 여 소 명 이 성 위 연 생 어 이 식

아난아, 또 네가 밝히는 바와 같아서 이耳와 성聲이 연이 되어 이식을 낸다 하나니,

此識爲復因耳所生 以耳爲界
차 식 위 부 인 이 소 생 이 이 위 계

이 식識이 이耳를 인하여 났다 하여 이耳로써 계界라 하겠느냐,

因聲所生 以聲爲界
인 성 소 생 이 성 위 계

성聲을 인하여 났다 하여 성으로 계라 하겠느냐?

阿難 若因耳生
아 난 약 인 이 생

아난아, 만일 이耳를 인하여 났다면,

여기에 약인이생이라 했고, 또 아래에 내려가면 약취이문若取耳聞이라는 두 가지의 말이 있는데, 이전 어른들이 얘기할 때 처음의 약인이생은 승의근勝義根을 의지해서 하는 말이고, 그 아래의 약취이문若取耳聞은 부진근浮塵根을 의지해서 하는 말이라고 했습니다.

가령 눈이라고 할 때에 우리가 가지고 있는 눈은, 즉 물질로 생긴 것은 부진근이고, 그 부진근 속에 있어서 능히 보는 작용을 하는 것은 승의근입니다.

승의근은 우리는 못 봅니다. 생각을 해서 그런 게 있겠다 그럴 뿐이지, 보살이나 아라한, 또는 천안통天眼通을 얻은 천상 사람들이나 보지, 우리는 승의근을 못 봅니다. 그런데 지금의 생리학으로 볼 때는 안신경眼神經이 보는 작용을 한다고 하니까 과학 상으로는 안신경을 승의근이라고 그럴 것입니다.

動靜二相 旣不現前
동정이상 기불현전

동動과 정靜의 이상이 현전하지 않으면,

소리가 나는 것은 동動이고, 안 나는 것은 정靜이니까 성진聲塵을 말하는 것입니다.

根不成知
근불성지

근根이 알 것이 없을 것이다.

동정動靜을 듣는 게 이근耳根(耳識)의 작용인데, 동정이 없으면 이식耳識이 무엇을 분별하겠느냐는 말입니다. 안근眼根부터가 지知하는 작용이 없다는 말입니다. 안근은, 인식은 안 하지만 지知는 하는데 안근이 작용해서 눈으로 보아 알 때에 동시에 제육식第六識이 안근과 작용을 해줘야 분별한다는 말입니다. 안근만 가지고 본다고 하면 보기는 하지만 무엇이라고 분별하지는 못합니다. 안근이 작용할 때에 제육식이 동시 작용을 해줘야 이것은 사람이요, 사람 가운데 누구라고 안다는 말입니다. 그러니까 근根 자체는 거울마냥 환하게 비추기만 하지 분별을 못 한다는 말입니다. 그래도 근은 비추는 작용을 하니까 지知라고 하지만 위에서 말하던 안眼과 색色이 함께 냈다고 할 때 반半이 안근에 속하는 편으로는 반유지半有知라고 하고, 색진色塵에 속하는 편으로는 반무지半無知라고 했습니다.

그래서 근불성지라는 말의 지知 자는 인식해서 분별한다는 말이 아니고, 거울과 같이 비추기만 하는 작용을 말합니다. 거기서 분별해 내는 것은 사량思量이 들어야 하는 것입니다. 그러니까 귀도, 소리 나는 줄만 아는 것은 오근五根의 작용입니다.

동시에 의식이 작용해 주지 않으면 무슨 소리인 줄을 모른다는 말입니다. 우리가 어떤 생각을 골똘히 하고 있을 때 누가 와도 의식은 생각하는 데에 있고 안眼은 그냥 있으니까 뭐가 오는 것까지는 알 수 있지만 누군지는 인식하지 못한다는 말입니다.

그러니까 앞에 있는 오근(前五根)의 작용은 제팔식第八識의 작용과 같아서 비추고 드러낼 수만 있지 그것을 분별하지는 못한다는 것입니다. 그러니까 이 근불성지根不成知라는 말은 동정이상動靜二相인 성진聲塵이 없으면 근이 뭘 가지고 지知하겠느냐는 말입니다. 근불성지의 지知 자는 식識과는 달라서 그저 총체적으로만 보는 것이지 자세하게 아는 것은 아닙니다. 그러니까 성진이 없이는 근의 작용을 못 하게 된다는 말입니다.

必無所知 知尚無成
필 무 소 지 지 상 무 성

반드시 알 바가 없을진댄 지知도 오히려 성립할 수 없거니,

소지는 성진聲塵을 가리키는 게 아니라 근根의 작용을 말합니다. 즉 근불성지根不成知의 지知 자를 가리키는 말입니다. 지상무성이란 근根이 지知하는 것도 오히려 성립할 수 없다면, 이 말입니다.

識何形貌
식 하 형 모

식識이 무슨 모양이리오.

식識은 이식耳識을 가리키는 말입니다. 근根이 갖다 대 주는, 소리가 나는 줄을 알아주는 그것이 있어야 그것을 의지해서 식이 작용을 하는데, 소리인가 하는 그것도 깨닫는 지知가 없는데 어떻게 식이 생기겠느냐는 얘기를 승의근勝義根을 가지고 했습니다.

若取耳聞
약 취 이 문

만일 귀로 듣는 것을 취한다면,

이것은 부진근浮塵根을 가리키는 말인데, 귀가 듣는 것을 취해서 이식耳識이라고 한다면,

無動靜故 聞無所成
무 동 정 고 문 무 소 성

동動과 정靜이 없는 고로 문聞이 성립할 수 없으리라.

동정動靜인 성진聲塵이 없기 때문에 부진근浮塵根의 듣는 것이 성립될 수 없다는 말입니다. '이문耳聞인댄' 그랬으니까 문聞 자는 이근耳根의 듣는 작용이 성립하지 못한다는 말입니다. 듣는다고 하면 동정을 듣는 것인데, 동정이 없으니 성립하지 못한다는 말입니다.

云何耳形 雜色觸塵 名爲識界
운하이형 잡색촉진 명위식계

어떻게 이형耳形의 색진色塵 · 촉진觸塵 들이 잡雜한 것을 식계라 하리오.

온갖 물건이 색 · 향 · 미 · 촉의 사진四塵인데, 여기는 처음의 색과 나중의 촉만 들었지 중간의 향과 미는 안 들었습니다. 그런데 계환사戒環師는 잡색촉진을 색에 잡雜해 가지고 진塵에 촉한다고 봤습니다. 이 귀가 생길 때 형상이 생기니까 그게 색에 잡해 가지고 성진에 촉한다 이렇게 계환사가 새겼는데, 그건 안 될 말입니다.

이형耳形이 색 · 성 · 향 · 미 · 촉이 섞여 가지고 된 것이니까 이형이 색진 · 촉진에 섞여 있는 것을 가지고 이름을 식계라고 할 수가 없지 않느냐, 승의근勝義根이 있어야지 승의근이 없이 부진근浮塵根인 색진 · 촉진 두 개만을 가지고 이식계耳識界라고 할 수는 없지 않느냐는 말입니다.

則耳識界 復從誰立
즉이식계 부종수립

곧 이식계가 무엇으로 좇아 성립하리오.

이것은 위의 승의근과 부진근을 둘 다 아울러서 하는 말이니까 승의근을 가지고 해도 식識이라는 게 생길 수가 없고, 부진근을 가지고 해도 식識이라는 게 생길 수가 없으니, 이식계가 성립할 수 없다는 말입니다.

若生於聲 識因聲有
약 생 어 성 식 인 성 유

만일 성聲에서 생했을진댄 식識이 성聲을 인하여 있는지라,

성진聲塵에서만 생기니까 귀는 상관없이 이식耳識이 생겼다는 말입니다. 그러니까 식識이 성진을 인해서 있는 것이기 때문에,

則不關聞
즉 불 관 문

문聞과는 관계가 없을 것이니,

근根은 상관이 없으니까 문聞하는 이근耳根과는 상관이 없을 테니,

無聞則亡聲相所在
무 문 즉 망 성 상 소 재

문聞이 없으면 성상의 소재가 없으리라.

망亡 자는 성상소재聲相所在가 없어졌다는 말입니다. 소리에서만 식識이 생기고, 근根에는 듣는 작용이 없다고 하면, 동쪽에서 소리가 나는지 서쪽에서 소리가 나는지, 북소리인지 종소리인지, 성상의 소재를 알 수 없을 것이라는 말입니다.

그러니 이근耳根이 없이 성진聲塵에서만 생겼다고 하는 것이 안 된다는 게 하나이고,

識從聲生 許聲因聞 而有聲相
식종성생 허성인문 이유성상

식識이 성聲에서 난다 하고 성은 문聞함을 인해서야 성상聲相이 있다고 허許한다면,

소리는 귀로 듣는 걸 인해 가지고서야 소리의 형상(聲相)이 있다고 승낙한다. 들어야 성상이지, 듣지 않고 소리에서만 무슨 성상이 있겠느냐는 그걸 허한다고 하면, 즉 소리에서 나는 식識을 귀로 들어야 성상이 있다고 하면,

聞應聞識
문응문식

들을 때 응당히 식識을 들어야 하리라.

소리에서 식識이 생기니 소리와 식은 같은 것이어서 소리 가운데 식이 있습니다. 그러니까 소리에서 식이 생기니까 소리를 들을 때에 소리만 듣는 게 아니라 식도 들어야 하겠다, 소리 가운데 있는 식도 들어야 하겠다는 게 문응문식입니다.

소리는 듣지만 이식耳識은 들을 수 없습니다. 이식은 소리를 들어서 생기는 것인데 어떻게 듣겠느냐, 문응문식聞應聞識의 문聞 자가 '소리는 듣는 걸 인해 가지고서야 성상聲相이 있다고 하면 그 들을 때에 식이 들어야 하겠다'라는 그 말입니다.

글을 너무 깎아 써서 그냥 봐 가지고는 글쓴이의 뜻이 잘 드러나지 않습니다.

不聞非界
불 문 비 계

듣지 못한다면 계界가 아니요,

위에서 귀로 들을 때에 식識을 들어야겠다, 문응문식聞應聞識해 놓고, 소리를 들을 때에 식을 듣지 못한다고 하면, 소리만 들었지 식을 못 들었다고 하면 성식계聲識界가 못 된다는 말입니다.

귀와 소리가 들어서 식을 내니까 귀와 소리가 계가 되었는데, 들을 때에 식을 듣지 못한다고 하면, 그 말입니다.

聞則同聲
문 즉 동 성

들은즉 성聲과 같은지라.

식識을 듣는다고 하면 식이 소리와 같을 것이라는 말인데, 글을 깎아 써서 더 복잡합니다. 소리를 들을 때에 식을 듣지 못한다고 하면 이식계耳識界가 성립하지 못하고, 또 만약 소리를 들을 때에 식을 듣는다고 하면 식이 소리와 같을 것입니다.

識已被聞 誰知聞識
식 이 피 문 수 지 문 식

식識이 이미 들림을 입었으니 무엇이 식이 듣는 줄을 알리오.

귀로 식을 들었으니까 식이 소문所聞이 되었다는 말입니다. 식이 알아야 하는데, 즉 식이 능문能聞이어야 하는데 소문이 되었으니까 무엇이 있어 가지고 식 듣는 줄을 알겠느냐는 그 말입니다. 소리 듣는 걸 아는 것은 이식인데, 이식이 들리어서 소리와 같아졌으니까 이식 듣는다는 것을 무엇이 알겠느냐는 말입니다.

若無知者 終如草木
약 무 지 자 종 여 초 목

만일 아는 자가 없을진댄 마침내 초목과 같으리라.

능히 지知하는 작용이 있어야 유정인데 지知하는 작용이 없다고 하면, 무정물이 되지 않겠느냐는 말입니다. 그래서 여기까지는 소리에서 생기지 않았다, 귀에서 생기지 않았다를 얘기해 놓고, 또 '약겸이종若兼二種하여 안근眼根과 색진色塵이 공생할진대' 그와 같이 해야 하는 건데, 위에서 그렇게 했으니까 간략히 썼지만 여기도 앞의 문장처럼 하려면 '약겸이종若兼二種하여 이성耳聲이 공생할진댄'이래야 할 텐데 위에 있는 게니까 바로,

不應聲聞 雜成中界
불 응 성 문 잡 성 중 계

성聲과 문聞이 섞이어서 중계를 이루지는 않았을 것이니,

문聞 자는 이근耳根을 가리킵니다. 그러니까 공생이 아니라는 말입니다.

界無中位
계 무 중 위

계界라는 중위가 없으면,

근根과 진塵의 사이에 있는 것이 계界인데 그 둘이 잡성중계雜成中界하지 않았다고 하면, 계界에 중中이라고 하는 이식계耳識界의 위치가 없을 테니,

則內外相 復從何成
즉 내 외 상 부 종 하 성

즉 내외의 상相이 다시 어디로 좇아 성립하겠는가?

내內는 근根을 가리키는 말이고, 외外는 성진聲塵을 가리키는 말입니다. 예를 들어서 동쪽에 방이 있고 서쪽에도 방이 있고 가운데도 방이 있어서 세 칸짜리 방을 가진 집이 있다고 하면 동쪽 방은 이근耳根이라 하고, 서쪽 방은 성진聲塵이라 하고, 중간 방은 이식耳識이라 할 수 있는데, 이식耳識이 없이는 내외상內外相이 안 생긴다는 것입니다.

이식이 있어야 이건 근根이요, 저건 진塵이라 할 수가 있는데, 가운데가 없으니 어떻게 생기겠느냐, 식을 중간에 두고 중계中界가 있어야 내외상을 말하게 되는데, 중계가 없다고 하면 내외상이 성립하지 못한다는 말입니다.

是故當知
시 고 당 지

이런고로 마땅히 알아라.

耳聲爲緣 生耳識界
이 성 위 연 생 이 식 계

이耳와 성聲이 연이 되어 이식계를 낸다 하거니와,

三處都無 則耳與聲 及聲界三
삼 처 도 무 즉 이 여 성 급 성 계 삼

삼처가 모두 허무하여 이耳와 성聲과 성계의 셋이,

本非因緣 非自然性
본 비 인 연 비 자 연 성

본래 인연도 아니요 자연도 아닌 성性이니라.

성계聲界란 성식계聲識界를 말합니다.

阿難 又汝所明 鼻香爲緣 生於鼻識
아 난 우 여 소 명 비 향 위 연 생 어 비 식

아난아, 또 네가 밝히 아는 바와 같이 비鼻와 향香이 연이 되어 비식을 낸다 하나니,

此識爲復因鼻所生 以鼻爲界
차 식 위 부 인 비 소 생 이 비 위 계

이 식識은 비鼻를 인하여 났다 하여 비로 계界라 하겠느냐,

因香所生 以香爲界
인 향 소 생 이 향 위 계

향香을 인하여 났다 하여 향으로 계라 하겠느냐?

阿難 若因鼻生 則汝心中 以何爲鼻
아 난 약 인 비 생 즉 여 심 중 이 하 위 비

아난아, 만일 비鼻를 인하여 난다면, 네 마음에는 무엇을 비라 하느냐?

爲取肉形 雙爪之相
위 취 육 형 쌍 조 지 상

육肉으로 된 쌍손톱 모양을 취하느냐,

부진근浮塵根을 취해서 코라 하느냐는 말입니다.

爲取齅知 動搖之性
위 취 후 지 동 요 지 성

말아서 아는 동요動搖하는 성性을 취하느냐?

아는 것이니까 동한다고 했고, 승의근勝義根을 말합니다. 다시 말하면 부진근을 코라고 하느냐, 승의근을 코라고 하느냐는 말입니다.

若取宍形
약 취 육 형

만약 살로 된 형상을 취한다면,

부진근인 코의 형상을 취해서 그걸 코라고 한다면,

肉質乃身
육 질 내 신

육질肉質은 이에 몸이요,

육肉으로 된 것은 다 신근身根이니까 그 안에 냄새를 맡는 승의근이 있기 때문에 코라고 하는 말을 따로 듣게 되지, 그게 없다고 할 것 같으면 몸이지 코가 되겠느냐는 말입니다.

身知卽觸
신 지 즉 촉

몸으로 아는 것은 촉觸이라,

부진근浮塵根인 코로 아는 것을 비식鼻識이라고 하지만 몸으로 나온 것은 촉觸이 되지 비식이 되지 않는다는 말입니다. 살로 된 바탕은 몸이니까 부진근을 가지고 비식이 생긴다는 것은 안 된다는 말입니다.

名身非鼻
명 신 비 비

몸이라 하면 비鼻가 아니요,

육질肉質은 내신乃身이라고 그랬으니까 신身이라고 하면 그건 몸이지 코가 아니고,

名觸卽塵
명 촉 즉 진

촉觸이라 하면 곧 진塵이라.

촉진觸塵이 되었지 이근이라 하지 못한다는 말입니다. 신지즉촉身知卽觸이라고 했으니까 촉이라고 이름하면 이건 진이지 식이 되지 못한다는 말입니다. 그렇다면 코라고 하는 자체가 성립하지 않는다는 말입니다.

鼻尙無名 云何立界
비 상 무 명 운 하 입 계

비鼻가 오히려 이름도 없거니 어떻게 계界를 성립하리오.

코 자체가 이름이 없는데 코에서 생긴 식識의 계界가 어떻게 성립하겠느냐, 그러니 코에서 생겼다고 하는 게 안 된다는 말입니다.

부진근浮塵根 자체가 없으니 부진근에서 식識이 생겼다고 해서는 안 되고, 또한 신근身根이지 비근鼻根이라 해도 안 된다는 말입니다.

若取齅知
약 취 후 지

만약 맡아 아는 것을 취한다면,

이것은 승의근勝義根을 가지고 하는 말입니다.

그러니까 코에서 맡아서 아는 작용을 취해서 그것이 후근齅根이라고 하면,

又汝心中 以何爲知
우 여 심 중 이 하 위 지

또 네 심중(생각)에 무엇이 안다 하겠는가?

그러니까 승의근勝義根을 가지고 할 때에 그래도 무엇이 있어야 맡을 게 아니냐는 말입니다.

以肉爲知
이 육 위 지

살로써 안다고 할진댄,

則肉之知 元觸非鼻
즉 육 지 지 원 촉 비 비

즉 살로 아는 것은 원래 촉觸이요, 비鼻가 아니니라.

살이 안다고 해도 촉觸이어서 식識이 안 되고, 승의근勝義根 자체는 형상이 없다는 얘깁니다.

以空爲知
이 공 위 지

허공이 안다면,

공空은 밖의 허공이 아니고 콧구멍 속에 있는 허공을 말합니다.

空卽自知 肉應非覺
공 즉 자 지 육 응 비 각

허공은 제가 아는 것이매, 육肉은 뻑뻑이 깨닫는 것이 아니리니,

공空이 설사 안다고 하더라도 코가 안다고 할 수가 없고,

如是則應虛空是汝 汝身非知
여 시 즉 응 허 공 시 여 여 신 비 지

이와 같은즉, 허공이 네가 되고 네 몸은 아는 것이 아닐새,

허공이 아는 것이니 허공이 네 몸이지 너의 육신은 지知하는 작용이 없을 것이며, 그러니 아난의 몸에 아는 작용이 있는데 지금 허공이 안다고 하면 아난의 몸은 아는 작용이 없을 테니 아난의 몸이 알지 못한다고 하면,

今日阿難 應無所在
금 일 아 난 응 무 소 재

오늘날 아난의 소재가 없으리라.

허공이 아는 것이니까 네 몸은 아는 게 없을 터이니, 아난이라는 자체가 존재하지 못한다는 말입니다.

以香爲知
이 향 위 지

향으로써 안다고 할진댄,

코로 안다고 할 때에 코가 있고 그 안에 허공이 있고 허공 속에서 향을 감각하는 것이니까 향으로써 안다는 것은 콧구멍 속에 있는 향을 가리키는 말입니다. 그런데 이것을 자세히 보지 않고 이향위지만 보고 '향진香

塵에서 나느냐?'라고 보게 되어서 계환사戒環師가 이렇게 과목을 쳤는데, 향진香塵의 향을 가리키는 말이 아니고, '콧구멍 속에 있는 향이 작용하느냐?'라고 해서 코라고 하면 살로 된 코가 있고 그 속에 허공이 있고 그 속에 향기가 들어가서 아는 것이니까 콧구멍 속에 있는 것을 가지고 하는 말이지 밖에 있는 향진으로 생겼다는 말이 아닙니다.

知自屬香 何預於汝
지 자 속 향 하 예 어 여

아는 것이 향에 속하였거니 네게는 무슨 관계가 있겠는가?

그러니까 코에서 안다고 하는 게 안 된다는 말입니다.

若香臭氣 必生汝鼻
약 향 취 기 필 생 여 비

만일 향기와 취기가 반드시 네 코에서 생했을진댄,

則彼香臭 二種流氣
즉 피 향 취 이 종 유 기

저 향기와 취기의 2종 유기가,

향香도 취臭도 고정되어 있는 게 아니니까 유기流氣입니다.

不生伊蘭 及栴檀木
불생이란 급전단목

이란과 전단에서 나는 것이 아니리니,

이란伊蘭은 구린내같이 나쁜 냄새가 나는 인도의 식물입니다.
코에서 나고, 이란이나 전단과는 상관이 없다고 하면,

二物不來 汝自齅鼻
이물불래 여자후비

두 물物(나무)이 오지(있지) 않을 적에 네가 스스로 코를 맡아 보라.

爲香爲臭
위향위취

향내인가, 구린내인가?

臭則非香 香應非臭
취즉비향 향응비취

구린내라면 향은 아니요, 향은 응당히 구린내가 아니리니,

향기와 취기가 코에서 난다고 하면, 이란伊蘭과 전단栴檀이 없을 때에도 코에서 향기와 취기가 나야 할 텐데 그 둘이 없을 때는 아무리 해도 향기와

취기가 없다는 것입니다. 또한 코는 하나인데 두 가지를 맡을 수 없다는 것입니다.

코 하나만 가지고 봤을 때 코에서 난다고 하면 구린내, 향내 두 가지를 맡을 수 없지 않느냐, 그러니 근根에서 난다는 말이 안 된다는 것을 여기까지 얘기했습니다.

若香臭二 俱能聞者
약 향 취 이 구 능 문 자

만일 향香과 취臭의 둘을 다 능히 맡는다고 할진댄,

則汝一人 應有兩鼻
즉 여 일 인 응 유 양 비

너 일인一人에 응당히 두 코가 있으리니,

향기 나는 코 하나, 구린내 나는 코 하나가 각각 있어야 한쪽 코에서는 구린내를 맡고, 한쪽 코에서는 향기를 맡을 수 있을 테니, 그렇다면 사람의 코가 둘이어야 하지 않느냐는 말입니다.

對我問道 有二阿難
대 아 문 도 유 이 아 난

나에게 도道를 묻는 데에도 두 아난이 있을 것이니,

향기 맡는 코를 가진 아난과 구린내 맡는 코를 가진 아난이 있을 테니,

誰爲汝體
수 위 여 체

어느 것이 너의 본체이냐?

그러니까 코가 둘이라고 할 수가 없는 것입니다.

若鼻是一 香臭無二
약 비 시 일 향 취 무 이

만일 코가 하나라면 향기와 취기가 둘이 없을 것이니,

코가 하나라면 향기가 나든지 취기가 나든지 하지, 어떤 때는 향기가 나고, 어떤 때는 취기가 날 수 없으니, 향香과 취臭가 둘이 없을 것이라는 말입니다.

臭旣爲香 香復成臭
취 기 위 향 향 부 성 취

취기가 이미 향기가 되고, 향기도 다시 취기가 되어,

그러니까 분간이 없게 된다는 말입니다.

二性不有 界從誰立
이 성 불 유 계 종 수 립

이성二性이 있지 아니하리니 계界가 무엇을 의지하여 성립하겠는가?

지금까지는 코에서 난다는 말을 한 것이고, 이제부터는 향진香塵에서 난다는 말을 합니다.

若因香生 識因香有
약 인 향 생 식 인 향 유

만일 향으로 인하여 난다면, 식識이 향을 인하여 나는 것이니,

구린내도 마찬가지이지만, 향기에서 식識이 난다고 하면 향 때문에 식이 있다는 말이 됩니다.

如眼有見 不能觀眼
여 안 유 견 불 능 관 안

마치 눈에 보는 작용은 있으나 능히 눈을 보지 못함과 같아서,

눈에서 보는 작용이 생기는데 눈을 보지 못하니까 향기에서 식識이 생긴다면 향기는 맡아 알지 못해야 할 거라는 말입니다.

因香有故 應不知香
인 향 유 고 응 부 지 향

향을 인하여 있는 고로 뻑뻑이 향을 알지 못해야 하리라.

코로 맡아 아는 비식鼻識이 향을 인해서 있기 때문에 향을 알지 못해야 할 것이라는 말입니다.

知卽非生
지 즉 비 생

안다면 난 것이 아니요,

지知 자는 앞의 응부지향應不知香이라는 지知 자를 내온 말로서 비식鼻識이 향기를 안다고 하는 지知 자입니다. 그러니까 만일 향기를 안다고 하면 향진香塵에서 난 것이 아니라는 말입니다. 이것도 자세히 생각해야 알 수 있지 대강 보아서는 뜻이 잘 드러나지 않습니다.

不知非識
부 지 비 식

알지 못한다면 식識이 아니니라.

향취기香臭氣를 아는 게 식識인데 향을 알지 못한다고 하면 식일 수가 없다는 말입니다.

香非知有
향 비 지 유

향이 지知로 유有함이 아니라면,

이건 비식鼻識을 가리키는 말이니까 식識의 아는 작용을 가지고서 하기 때문에 존재하는 것이 아니면, 그 말입니다. 즉 식지識知하는 비식의 작용으로 향진香塵을 인식하지 않는다고 하면, 그 말입니다. 지知는 비식이 식지하는 것인데 '비식을 말미암아서 있는 게 아니라고 하면' 이 말은, '비식이 향을 모른다고 하면', 그 말입니다.

향비지유香非知有면, 이 문장은 '향이 지知로 유有함이 아니라고 하면', 그 밖에는 새길 수가 없습니다. 글로는 '향이 유有를 알지 못하다고 하면'이라고도 새길 수는 있으나 뜻이 성립하지 않습니다.

香界不成
향 계 불 성

향계가 성립하지 못하고,

식識이 들어 가지고 밖에는 향진香塵이요, 안에는 비근鼻根인데, 즉 비근과 향진이 둘 다 있어야 성립하는데, 향기가 성립하지 못하니까 향계香界가 성립될 수가 없고,

識不知香
식 부 지 향

식識이 향을 알지 못하면,

식識 자는 비식鼻識을 가리키는 말이니까 '비식이 향기를 알지 못한다고

하면', 그 말입니다.

因界則非從香建立
인 계 즉 비 종 향 건 립

인因한 계(識界)가 향으로 좇아 건립한 것이 아니리라.

계界 자가 인因 자의 뜻도 되니까 인계因界라고 하는 건 비식계鼻識界를 가리키는 말입니다. 식識이 생겼다고 해도 향을 모른다면 향으로부터 생긴 식이 아니라는 말입니다. 저 위에서는 비근鼻根에서 생기지 않았다고 했고, 여기에서는 향진香塵에서 생기지 않았다고 했으며, 이제 또 공생共生을 말합니다.

旣無中間 不成內外
기 무 중 간 불 성 내 외

이미 중간이 없으면 내內와 외外가 성립하지 못하리라.

중간은 비식을 가리키는 말이니까 중간이 없이는 내內의 비근鼻根과 외外의 향진香塵이 성립하지 못한다는 말입니다.

彼諸聞性 畢竟虛妄
피 제 문 성 필 경 허 망

저 여러 가지 맡는 성性이 필경에 허망하리라.

是故當知
시 고 당 지

이런고로 마땅히 알라.

鼻香爲緣 生鼻識界
비 향 위 연 생 비 식 계

비鼻와 향香이 연이 되어 비식계를 낸다 하거니와,

三處都無 則鼻與香 及香界三
삼 처 도 무 즉 비 여 향 급 향 계 삼

삼처가 모두 허무하여 비鼻와 향香과 향계香界의 셋이,

처음엔 색계色界라고 하고, 그 다음엔 성계聲界라고 하고, 여기는 향계香界라고 해서 진塵을 좇아서 이름을 세웠고, 이 아래의 셋은 근根을 좇아서 이름을 세웁니다.

本非因緣 非自然性
본 비 인 연 비 자 연 성

본래 인연도 아니요, 자연도 아닌 성性이니라.

阿難 又汝所明 舌味爲緣 生於舌識
아난 우여소명 설미위연 생어설식

아난아, 또 네가 밝혀 아는 바와 같이 설舌과 미味가 연이 되어 설식舌識을 낸다 하나니,

此識爲復因舌所生 以舌爲界
차식위부인설소생 이설위계

이 식識은 설舌을 인하여 났다 하여 설로 계界라 하겠느냐?

因味所生 以味爲界
인미소생 이미위계

미味를 인하여 났다 하여 미로 계界라 하겠느냐?

阿難 若因舌生
아난 약인설생

아난아, 만일 설舌을 인하여 났다면,

則諸世間 甘蔗烏梅 黃連石鹽 細辛薑桂 都無有味
즉제세간 감자오매 황련석염 세신강계 도무유미

세간에 있는 감자, 오매, 황련, 석염, 세신, 강薑, 계桂가 모두 맛이 없을 것이니,

감자甘蔗는 사탕 만드는 무로서 단맛이 나고, 오매烏梅는 매실 같은 신맛 나는 것이며, 석염石鹽은 돌에서 나는 소금이니까 짠맛 나는 것이고, 세신細辛은 약풀로서 매운맛 나는 것입니다.

혀에서만 난다고 하면 단맛, 쓴맛, 신맛이 있을 필요가 어디 있느냐는 말입니다.

汝自嘗舌
여 자 상 설

네가 스스로 설舌을 맛보라.

爲甛爲苦
위 첨 위 고

단맛인가, 쓴맛인가?

若舌性苦
약 설 성 고

만일 설舌의 성性이 쓰다면,

쓴 것이든 단것이든 맛 나는 걸 말하고 있습니다.

誰來嘗舌
수 래 상 설

누가 와서 설舌을 맛보는고?

식識이 있어야 할 텐데 혀에서만 난다고 하면 무엇이 와서 혀를 맛보겠느냐는 말입니다.

舌不自嘗
설 부 자 상

설舌이 스스로 맛보지는 못하리니,

혀에서 나는 것을 다른 것이 와서 맛을 봐야지 혀 제가 스스로 맛을 보지 못할 테니,

孰爲知覺
숙 위 지 각

무엇이 지각하겠느냐?

혀에서 난다고 하면 알 자가 없다는 말입니다.

舌性非苦
설 성 비 고

설舌의 성性이 쓰지 않다면,

쓰지 않은 것 하나를 가지고, 모든 맛을 대신해 하는 말입니다.

味自不生 云何立界
미자불생 운하입계

맛이 스스로 생하지 못하리니, 어떻게 계界를 성립하겠느냐?

若因味生 識自爲味
약인미생 식자위미

만일 맛을 인하여 났다면 식識이 스스로 맛이 되었는지라,

맛에서 식이 생기니까 식 그 자체가 맛일 거라는 말입니다.

同於舌根 應不自嘗
동어설근 응부자상

설근이 스스로 맛보지 못함과 같으리니,

설근舌根이 스스로 맛보지 못하는 것과 같아서 맛에서 나는 식識이 곧 맛인데, 어떻게 맛을 알겠느냐는 얘깁니다.

식이 맛을 보고야 알 텐데 혀가 혀를 맛보지 못하는 것과 같이 식이 곧 맛이니까 맛을 맛보지 못하리니,

云何識知 是味非味
운 하 식 지 시 미 비 미

어떻게 맛인지 맛 아닌지를 알리오.

맛에서 난다는 말이 안 된다는 얘깁니다.

又一切味 非一物生
우 일 체 미 비 일 물 생

또 일체의 맛이 한 물건에서 나는 것이 아니니,

味旣多生 識應多體
미 기 다 생 식 응 다 체

맛이 이미 여러 가지에서 나는 것이니, 식識도 여러 체體가 되어야 하리라.

맛에서 난다고 하면 맛이 여러 가지에서 나는 것이니까 그것마다의 식識이 있을 테니, 식이 다체多體라고 해야겠는데, 그래서는 안 된다는 말입니다.

識體若一 體必味生
식 체 약 일 체 필 미 생

식체의 체가 하나라 하고 체가 반드시 맛에서 난다면,

鹹淡甘辛 和合俱生 諸變異相
함 담 감 신 화 합 구 생 제 변 이 상

함鹹·담淡·감甘·신辛·화합·구생과 여러 가지 변이한 상相이,

화합은 둘 이상의 맛이 한데 섞인 것이고, 구생俱生은 날 때부터 가지고 난 것이 변하지 않는 맛이며, 변이상은 본래의 맛이 그대로 있는 게 아니고 자체가 달라지기도 하며 인위적으로 변하기도 하는 맛을 말합니다.

同爲一味 應無分別
동 위 일 미 응 무 분 별

모두 한맛이 되어 분별이 없을 것이요,

식체識體가 하나이니까 식체가 맛에서 난다고 하면 맛이 하나이어야 할 테니, 그렇다면 여러 가지 차별이 없겠다는 말입니다.

분별하는 게 식識의 작용인데 맛이 하나만 된다고 하면 분별이 없을 것이니, 식의 작용이 없다는 말입니다.

分別旣無 則不名識 云何復名舌味識界
분 별 기 무 즉 불 명 식 운 하 부 명 설 미 식 계

분별이 이미 없으면 식識이라 이름하지 못하리니, 어떻게 설식계라 하겠느냐?

식識이 들어서 단맛, 쓴맛을 분별해야 하는데 분별하지 않는다고 하면

무엇을 식이라고 하겠느냐는 말입니다.

不應虛空 生汝心識
불 응 허 공 생 여 심 식

빽빽이 허공이 너의 심식을 생하지는 아니하리라.

이 허공 얘기는 위의 안색계眼色界라든지 거기에서는 없던 것인데, 여기에만 특별나게 들어가 있습니다. 그래서 어떤 이는 없을 게 있다고 해서 연문衍文이라 하기도 합니다.

舌味和合 卽於是中 元無自性
설 미 화 합 즉 어 시 중 원 무 자 성

설舌과 미味가 화합하여 낸다면 그 가운데는 원래 자성이 없으리니,

이건 공생共生입니다. '설근舌根과 미진味塵이 합해서 되었다면', 이런 말입니다.

저 위에서 '합즉중리合則中離요, 이즉양합離則兩合'이라고 하듯이 자성이 뚜렷하게 나타나지 않는다는 말입니다.

云何界生
운 하 계 생

어떻게 계가 생기겠는가?

是故當知
시 고 당 지

이런고로 마땅히 알아라.

舌味爲緣 生舌識界
설 미 위 연 생 설 식 계

설舌과 미味가 연이 되어 설식계를 낸다 하거니와,

三處都無 則舌與味 及舌界三
삼 처 도 무 즉 설 여 미 급 설 계 삼

삼처가 모두 허무하여서 설舌과 미味와 설계舌界의 셋이,

이 위까지는 처處를 의지해서 얘기했지만 여기에서는 근根을 의지해서 설식계라고 했습니다.

本非因緣 非自然性
본 비 인 연 비 자 연 성

본래 인연도 아니요, 자연도 아닌 성性이니라.

阿難 又汝所明 身觸爲緣 生於身識
아 난 우 여 소 명 신 촉 위 연 생 어 신 식

아난아, 또 네가 밝힌 바와 같아서 신身과 촉觸이 연이 되어 신식을 낸다 하나니,

此識爲復因身所生 以身爲界
차 식 위 부 인 신 소 생 이 신 위 계

이 식識은 신身을 인하여 났다 하여 신身으로써 계界라 하겠는가?

因觸所生 以觸爲界
인 촉 소 생 이 촉 위 계

촉觸을 인하여 난 바라 하여 촉으로 계라 하겠느냐?

阿難 若因身生
아 난 약 인 신 생

아난아, 만일 신身을 인하여 났다면,

必無合離 二覺觀緣
필 무 합 리 이 각 관 연

반드시 합合과 이離의 두 각관할 연이 없으리니,

합合은 몸에 대어 아는 것이고, 이離는 몸에 대지 않고도 아는 것을 말합니다. 각관覺觀이란 신식身識의 작용을 말합니다.

다른 곳에서의 각관은, 각覺은 대강 아는 것을 말하고, 관觀은 자세하게 아는 것이라고 해서 각과 관 두 가지를 따로 얘기하는데, 여기에서는 신근身根(몸)으로 아는 것을 각관이라 합니다.

그러니 각관할 연이 없으리니, 그렇다면,

身何所識
신 하 소 식

신身이 무엇을 알리오.

합리合離가 없이 뭘 알겠느냐는 말이니까 이건 근根에서 나지 않았다는 말입니다.

若因觸生 必無汝身
약 인 촉 생 필 무 여 신

만일 촉觸을 인하여 났다면 반드시 네 신身이 없으리니,

誰有非身 知合離者
수 유 비 신 지 합 리 자

어찌 신身이 아니고서 합合과 리離를 아는 것이 있겠는가?

몸이 들어서야 합리合離를 알지 몸 아니고 몸과는 상관없이 촉진觸塵에서 만난다고 해서는 안 된다는 말입니다. 여기에서는 합해서 난다는 말이 없는데, 공생共生으로 봐서 신근身根과 촉진觸塵이 합해서 난다고 봤습니다.

阿難 物不觸知
아 난 물 불 촉 지

아난아, 물物은 촉觸하여도 알지 못하고,

물건끼리는 아무리 촉觸해도 모릅니다. 몸이 감각하는 것을 촉진이라고 하지 무정물끼리는 아무리 촉해도 모르는 것인데, 그것이 물불촉지입니다.

身知有觸
신 지 유 촉

신身으로 지知하여야 촉觸이 있나니,

전에도 밝혔지만 촉진觸塵은 다른 진塵과는 달리 혼자서 지知하지 못합니다. 몸이 알아야 촉진 노릇을 합니다. '신지身知라야 유촉有觸이라', 몸이 아는 걸 가지고야 촉觸이 있는 것이니, 무정물만으로는 촉해도 알지 못하고 신身이 지知하여야 촉이 있고 신에 닿아 지하기 전에는 촉이 아닙니다. 그래서 '물불촉지物不觸知 신지유촉身知有觸'이라는 말도 그냥 봐 가지고는 뜻이 드러나지 않습니다.

知身卽觸 知觸卽身
지 신 즉 촉 지 촉 즉 신

신身을 아는 것은 곧 촉觸이요, 촉을 아는 것은 곧 신이라.

계환사戒環師는 여기를 신身이 즉 촉이요, 촉이 즉 신이라고 해석을 했습니다. 그러나 『정맥소』에서는 그게 아닙니다. 우리가 몸이나 손으로 대어야 뭘 알게 되는데, 그 감각하는 게 촉입니다. 몸을 안다고 하면 촉진觸塵밖에 없고, 촉을 안다고 하면 몸일 것입니다.

몸으로 아는 것은 곧 촉이어야지 다른 건 상관없으니까 지촉즉신이라, 촉을 아는 것은 몸이다, 그럽니다. 그래서 신身과 촉觸이 하나이지 둘이 따로따로 갈라서지 못한다는 것입니다.

신을 아는 것은 곧 촉이요, 즉 신을 아는 그 지知가 촉이라는 말입니다. 신이 즉 촉인 줄을 알고, 촉이 즉 신인 줄을 안다고 하면 『정맥소』도 안 된다 했지만 문장으로 봐도 싱겁게 됩니다.

내가 새기자면 '지신즉촉이요' 할 때, '몸에 알려지는 것은 곧 촉觸이요'라고 하자는 것입니다. '신身을 지知하는 것은 촉이요' 한다면, 촉이 신을 안다는 말이 되는데, 촉은 무정인데 그 촉이 어떻게 몸을 아느냐는 말입니다.

그래서 신근身根(몸)에 알게 되는 지신知身, '몸에 알려지는 것은 촉이요' 이렇게 해야 하니, 촉은 능지能知가 아니기 때문입니다. 내가 생각할 때는 이래야 할 것 같은데 이렇게 한 사람이 없습니다. 그러나 내가 볼 때는 '몸에 알려지는 것은 촉이요' 이래야겠다는 말입니다. 촉이 어떻게 몸을 알겠습니까? 이 지知가 하나 있어서 '몸을 아는 것은 촉이요, 촉을 아는 것은 몸이다' 이러지만, 촉觸이 몸을 안다는 말이 안 되는 것 같습니다.

卽觸非身
즉 촉 비 신

곧 촉觸이라면 신身이 아니요,

지신즉촉知身卽觸, 신身을 아는 것이 곧 촉觸이니까 신이 아니고, 그 말입니다. 신과 촉이 하나이지 둘이 성립하지 않는다는 말입니다. 지신즉촉知身卽觸이요 지촉즉신知觸卽身이라, 이것도 계환사戒環師가 볼 때는 '곧 촉이 즉 신이요, 곧 신이 즉 촉이다' 이렇게 했습니다. 지신즉촉知身卽觸이 신식身識을 가리키는 말이니까 즉촉卽觸이라고 하면 '신身이 아니요'라는 말이지, '촉觸이 신身 아닌 것이다' 이렇게 하는 말은 아니라는 것입니다.

卽身非觸 身觸二相 元無處所
즉 신 비 촉 신 촉 이 상 원 무 처 소

곧 신身이라면 촉이 아니니, 신과 촉의 이상이 원래 처소가 없느니라.

지신즉촉知身卽觸이고 지촉즉신知觸卽身이며, 즉촉卽觸이면 비신非身이고, 즉신卽身이면 비촉非觸이니까 촉觸과 신身의 이상二相이 따로따로 성립하지 못한다는 말입니다.

合身卽爲身自體性
합 신 즉 위 신 자 체 성

신身에 합하였다면 곧 신身의 자체성일 것이요,

촉觸이 몸에 합했다고 하면 몸 자체성自體性이 될 테지 다른 게 있을 수가 없고,

離身卽是虛空等相
이 신 즉 시 허 공 등 상

신身을 이離하였으면 곧 허공과 같은 상相이리라.

허공만 가지고는 등等 자가 성립하지 않으니까 허공과 같은 상相이다, 이렇게 동등하다는 등等 자로 봐야겠습니다. 허공 외에 뭐 다른 게 있어야 다른 것까지 등취等取하게 되지만, 허공은 하나이지 등취할 것이 없으니까 허공과 동등한 상이라고 했습니다.

그러니,

內外不成
내 외 불 성

내內와 외外를 이루지 못하니,

내외불성 때문에 물불촉지物不觸知라고 하는 데서부터 공생共生으로 본 것입니다.

中云何立
중 운 하 립

중中이 어떻게 성립되겠는가?

중中이라고 하는 식계識界가 어떻게 성립되겠느냐는 말입니다.

中不復立 內外性空
중 불 부 립 내 외 성 공

중中이 성립되지 못하면 내외의 성性이 공空하리니,

공空하다는 것은 없다는 것입니다. 내성內性은 근根이요, 외성外性은 촉觸인데, 내외성內外性이 공하다고 했으니까 공생共生이 아니라는 말입니다.

則汝識生 從誰立界
즉 여 식 생 종 수 입 계

네 식識이 난다 하더라도 무엇을 의지하여 계界를 세우겠느냐?

내외內外가 있어야 중간계中間界가 성립되는데 내외內外가 없으니 이식耳識이 생긴다고 한들 무엇을 좇아서 계界가 성립되겠느냐는 말입니다.

是故當知
시 고 당 지

이런고로 마땅히 알아라.

身觸爲緣 生身識界
신 촉 위 연 생 신 식 계

신身과 촉觸이 연緣이 되어 신식계를 낸다 하거니와,

三處都無 則身與觸 及身界三
삼 처 도 무 즉 신 여 촉 급 신 계 삼

삼처가 모두 허무하여 신身과 촉觸과 신계身界의 셋이,

本非因緣 非自然性
본 비 인 연 비 자 연 성

본래 인연도 아니요, 자연도 아닌 성性이니라.

阿難 又汝所明 意法爲緣 生於意識
아 난 우 여 소 명 의 법 위 연 생 어 의 식

아난아, 또 네가 밝힌 바와 같이 의意와 법이 연이 되어 의식을 낸다 하나니,

此識爲復因意所生 以意爲界
차 식 위 부 인 의 소 생 이 의 위 계

이 식識은 의意를 인하여 났다 하여 의로 계라 하겠느냐?

因法所生 以法爲界
인 법 소 생 이 법 위 계

법을 인하여 생한 바라 하여 법으로 계界라 하겠느냐?

여기에서의 법은 법진法塵을 말합니다.

阿難 若因意生
아 난 약 인 의 생

아난아, 만일 의意를 인하여 났다면,

'의근意根에서부터 의식意識이 생긴다면' 이 얘긴데, 의근이란 의식의 근根이니 제칠식第七識을 말합니다.

於汝意中 必有所思
어 여 의 중 필 유 소 사

네 의중에 반드시 생각하는 바가 있어야,

의식이란 것은 뭘 생각하는 것인데 이것이 의근에서 난다고 하면, 이 의근 가운데 생각하는바 상대가 있어야 할 게 아니냐, 이런 말입니다.

發明汝意
발 명 여 의

네 의意를 발명하나니,

소사所思가 있어야, 의근을 가지고 생각하는 바가 있어야 의근이 작용을 하게 된다는 말입니다.

若無前法
약 무 전 법

만일 앞의 법이 없으면,

법진法塵의 작용은 생멸이니까 앞에 있는 법진이 없다고 하면,

意無所生
의 무 소 생

의意가 생할 바가 없으리라.

의근 자체가 생할 바가 없다는 얘깁니다. 의근이 생한바 의식이 없다는 말이 아니라 의근 자체를 뭐라고 하겠느냐, 법진法塵을 의지해서 법진을 분별하는 게 의근인데 법진이 없으면 의근이 생할 바가 없다, 의근이 다른 것을 냈다가 없는 게 아니라 의근 자체가 성립하지 못한다는 말입니다.

離緣無形 識將何用
이 연 무 형 식 장 하 용

연緣을 여의고는 형상이 없으리니, 식識이 장차 무슨 작용을 하겠는가?

연緣은 법진法塵입니다. 의중意中의 필요소사必有所思가 법진을 가리키는 말이니까 법진의 연을 여의고는 의근意根의 형상이 없다는 말입니다.

又汝識心 與諸思量 兼了別性 爲同爲異
우 여 식 심 여 제 사 량 겸 요 별 성 위 동 위 이

또 너의 식심이 사량함과 요별하는 성性으로 더불어 같음이 되느냐, 다름이 되느냐?

식심은 의식의 심心이요, 사량은 제칠식 의근의 작용을 말하고, 요별성은 제팔식이 하는 것입니다. 그런데 의식은 사량(제칠식)이 필요하지 제팔식은 필요하지 않지만, 제칠식 · 제팔식이 호의근互依根이라 했습니다.

팔식은 제칠식을 근根으로 삼고, 제칠식은 팔식을 근으로 삼으니까 제칠식 · 제팔식이 서로 넘나드는 것이기 때문에 겸요별성이라 했습니다.

다시 말하자면 의식이 의근으로 더불어 같은가 다른가, 의근에서 생긴 식識인데 의식이 의근과 같은가 다른가, 이 말입니다.

同意卽意
동 의 즉 의

의意와 같으면 곧 의일 것이니,

사량思量은 의근意根이니까 의근에서 생긴 의식이 의근과 같다고 하면 곧 의근일 텐데,

云何所生
운 하 소 생

어떻게 낸 것(생한 바)**이라 하겠느냐?**

소생所生은 생한 의식이라 하겠느냐는 말입니다. 동同이란 '의식이 의근과 같다고 하면', 그 말입니다. 이것은 '위동爲同가 위이爲異아' 하는 데서의 같고 다른 것을 말하는 것이니까 같으면 곧 의근이 되지 따로 없을 테니, 가령 어머니가 아들을 낳았다고 하면 어머니와 아들은 달라야 하는데, 아들이 즉 어머니라고 하면 어머니가 낳았다고 할 수가 없지 않느냐는 말입니다. 어째서 의식을 의근에서 생한 바라 하겠느냐는 말입니다.

異意不同
이 의 부 동

의意와 다르면 같지 아니하리라.

이것도 역시 위의 '위동위이爲同爲異아' 하는 데의 말입니다. 의근은 아는 작용이 있는데 의식이 의근과 같지 않다고 하면 아는 작용이 없어야 할 것입니다.

의근과 다르다고 하면 같지 않으니, 같지 않다고 하는 데는 의근은 법

진法塵을 분별할 수가 있는데 의식은 분별할 수가 없어야 같지 않은 것이니까 그렇다면,

應無所識
응 무 소 식

뻑뻑이 식識이 없어야 할 것이다.

의근意根은 알음알이가 있지만 의식意識은 의근과 다르니까 알음알이가 없어야 할 터이다, 그러니 알음알이가 없으면 의식이라 할 수가 없는 것입니다.

若無所識
약 무 소 식

만일 식識이 없다면,

'의식이 아는 작용이 없다고 하면' 이 말인데, 앞에서 응무소식應無所識이라 했기 때문에 그것을 다시 들고 나오는 겁니다.

云何意生
운 하 의 생

어찌 의意에서 났다 하며,

의意는 아는 것인데, 의식이 아는 작용이 있어야 의근에서 났다고 하지,

의식이 생기고도 아는 바가 없다고 하면 어떻게 의근에서 났다고 하겠느냐는 말입니다.

그러니 의근과 다르기 때문에 의에서 났다고 할 수가 없고,

若有所識
약 유 소 식

만약 아는 바가 있다고 하면,

의근에서 나온 것이 의근과 다르면서도 아는 바가 있다고 하면, 이것은 다르다고 하는 것을 전제하고 하는 말입니다.

의식이 의근과는 다른데 아는 바가 있다고 하면,

云何識意
운 하 식 의

어떻게 식識의 의意라 하리오.

어떻게 식識을 낸 의근意根이라고 하겠느냐, 의근도 식이 있고 의식도 식이 있으면 다 같은 것인데, 어떻게 의식을 낸 식이라고 하겠느냐, 생식근生識根이니까 식識의 의意라고 하겠느냐, 이렇게 본 것이 『정맥소』의 얘깁니다.(識의 意라고 할 수 없다는 것이야.)

그러니까 『정맥소』에서는 '식識을 낸 의意라고 할 수가 없다' 이렇게 봤는데, 『지장소指掌疏』에서는 의근도 식하는 바가 있고, 의식도 식하는 바가 있으면 식하는 작용이 같은데, 어떻게 의식이다 의근이다 하겠느냐, 이렇

게 봤습니다.

'운하식의云何識意하리오', 이걸 '어떻게 식識이라, 의意라 하겠느냐', 이렇게 하는 것이 글로는 좀 낫습니다.

'식識을 낸 의意'라고 하는 것을 식의識意라고 한 것은, 글을 너무 줄였다는 말입니다. 그리고 이걸 그냥 글로만 보면 '어떻게 의意를 식識하겠느냐' 이렇게도 볼 수가 있습니다. 그래서 인유因由가 성립되도록 보려니까 『정맥소』에서는 '식識을 낸 의근이라 할 수가 없다'라고 봤습니다. 이것을 계환사戒環師의 해解를 가지고는 어떻게 분별할 수가 없어서 많은 애를 먹었는데, 『정맥소』를 보니까 뜻을 분명하게 해 놓았습니다.

唯同與異 二性無成
유 동 여 이 이 성 무 성

동同과 다못 이異의 이성二性이 이루지 못하면,

위에서 '위동爲同가 위이爲異아'라고 전제해 놓고, 의식이 의근과 같다고 해도 성립되지 않고, 의근과 다르다고 해도 성립되지 않는데,

界云何立
계 운 하 립

계界가 어떻게 성립되리오.

여기까지가 의근에서 났다고 하는 말입니다.

若因法生
약 인 법 생

만일 법을 인하여 생한다면,

법은 법진法塵을 가리킵니다.

世間諸法 不離五塵
세 간 제 법 불 리 오 진

세간의 모든 법이 오진을 여의지 못하나니,

세간제법의 법法 자는 법진法塵이 아니고 밖에 있는 법을 말합니다.

汝觀色法 及諸聲法 香法味法 及與觸法 相狀分明
여 관 색 법 급 제 성 법 향 법 미 법 급 여 촉 법 상 상 분 명

네가 보라. 색법 · 성법 · 향법 · 미법 · 촉법의 상상이 분명하여,

색법이 분명히 다르고, 성법이 분명히 다르며, 향법 · 미법 · 촉법이 분명히 다릅니다.

以對五根 非意所攝
이 대 오 근 비 의 소 섭

오근五根을 대하는 것이므로 의意에 섭攝할 것이 없느니라.

색법은 안근을 대하고 촉법은 의근을 대하는 등 오법이 각기 오근을 대하는 것이므로 의근에 섭攝할 것이 없다는 말입니다. 그러니까 법진은 의근에 섭해 있는데 세간법은 이 다섯 가지밖에 없는 데다 상대가 따로따로 있는데 의근에 섭하는 것은 뭐냐, 그 말입니다.

汝識決定 依於法生
여 식 결 정 의 어 법 생

네 식識이 결정코 법을 의지해(法에서) 난다면,

汝今諦觀 法法何狀
여 금 제 관 법 법 하 상

네가 이제 자세히 관하라. 법진法塵이라는 법이 무슨 모양인가?

위의 법法 자는 법진이라는 말이고, 아래의 법法 자는 세간만법世間萬法이라고 하는 법法 자입니다. 색 · 성 · 향 · 미 · 촉은 아니고, 그밖에 의근이 상대하는 법진은 어떤 모양을 가지고 있느냐는 말입니다.

若離色空 動靜通塞 合離生滅
약 리 색 공 동 정 통 색 합 리 생 멸

만일 색과 공, 동과 정, 통과 색, 합과 리, 생과 멸을 여읜다면,

越此諸相 終無所得
월 차 제 상 종 무 소 득

이 여러 가지 상相을 떠나서는 마침내 얻을 바가 없느니라.

색공色空은 색법色法이고, 동정動靜은 성법聲法이고, 통색通塞은 향법香法이고, 합리合離는 촉법觸法이고, 생멸은 맛을 가지고 한 말이니까 법이란 이 다섯 가지 외엔 얻을 바가 없으니,

生則色空 諸法等生
생 즉 색 공 제 법 등 생

생한다면 색공 등의 법이 생하고,

의근意根은 생멸하는 것인데, '의근이 작용을 해서 법진法塵이 생한다고 하면', 그 말입니다.

滅則色空 諸法等滅
멸 즉 색 공 제 법 등 멸

멸한다면 색공 등의 법이 멸하느니라.

所因旣無
소 인 기 무

인할 바가 이미 없다면,

법진法塵을 인해 생해서 의식이 생긴다고 하면 법진이 소인所因입니다. 법진을 인해서 의식이 생겼다고 하지만 법진 자체가 없다면 하는 말입니다.

생했다고 하면 색공色空 등 제법諸法이고, 멸했다고 해도 색공 등 제법이지, 색 · 성 · 향 · 미 · 촉 외에 다른 법이 없다는 얘깁니다. 그러니 법진이라는 법이 성립하지 않는다는 말입니다.

법진을 인해서 의식이 생겼는데 인할바 법진이 이미 없다고 하면,

因生有識
인 생 유 식

인因하여 났다는 식識이,

법진法塵을 인해서 생해서 식識이 있다고 하는 그 식이,

作何形相
작 하 형 상

무슨 형상을 짓는가?

相狀不有 界云何生
상 상 불 유 계 운 하 생

상상이 없으면 계가 어떻게 생하리오.

법진法塵 자체가 없으니 거기서 생했다는 의식 자체가 성립하지 못한다는 말입니다.

是故當知
시 고 당 지

이런고로 마땅히 알아라.

意法爲緣 生意識界
의 법 위 연 생 의 식 계

의意와 법法이 연이 되어 의식계를 낸다 하거니와,

三處都無 則意與法 及意界三
삼 처 도 무 즉 의 여 법 급 의 계 삼

삼처가 허무하여 의意와 법과 의계의 셋이,

本非因緣 非自然性
본 비 인 연 비 자 연 성

본래 인연도 아니요, 자연도 아닌 성性이니라.

지금 우리가 보는 것은 오음五陰 · 육입六入 · 십이처十二處 · 십팔계十八

界가 다 육근으로 상대해서 인식하는 것인데, 이 인식한다는 것이 실제가 아닌 모양이라는 얘깁니다.

금장이가 금을 길쭉하게 만들면 비녀가 되고, 동그랗게 만들면 반지가 되기도 하는 것이니, 반지 자체에 금 자체가 없다는 말입니다.

형상은 다 인연소생因緣所生이기 때문에 인연소생의 법은 다 허망하다는 것입니다. 그러니 오음 · 육입 · 십이처 · 십팔계가 다 인연소생이니 허망한 것이고, 유형지물有形之物은 다 허망한 것인데, 그 유형지물은 실질은 무엇이겠느냐는 말입니다. 비녀의 실질도 금이요 반지의 실질도 금이니까 금이라고 하는 것만이 참입니다.

여래장묘진여성如來藏妙眞如性에서 오음·육입·십이처·십팔계가 생겼기 때문에 여래장묘진여성만이 실존이지 다른 것은 실존이 아니라는 것입니다.

법상종法相宗에서는 상相을 의지해서 말하기 때문에 이런 말을 못 하지만 법성종法性宗에서는 자꾸 변해서 생긴 형상이기 때문에 실제가 아니라는 말을 합니다.

다른 곳에서도 이런 얘기를 한 데가 있긴 하지만 분명하게 여래장묘진여성이라고 이유를 설명해서 나온 것이 『능엄경』입니다. 여래장묘진여성은 하나인데, 그 하나에서 여러 가지가 존재해 나오는 것을 『기신론起信論』에서는 불변不變과 수연隨緣이라 합니다. 우리 마음에 불변하고 수연하는 두 가지 작용이 있어서 수연하는 편으로는 온갖 산하대지와 유형물이 생기고, 불변하는 편으로는 여래장묘진여성이 존재합니다.

반지가 되었어도 금은 그대로 있고, 비녀가 되었어도 금은 그대로 있으니까 그것은 불변이고, 금장이가 하는 작용을 따라 반지도 되고 비녀도 되는 그것이 수연입니다. 만약 여래장묘진여성이 수연하는 작용이 없다고 하면 산하대지가 생기지 못하게 됩니다.

그런데 법상종에서는 진여연기眞如緣起를 말하지 못합니다. 그래서 진여는 견여옥석堅如玉石이라고 해서 굳은 것이 옥이나 돌과 같아서 부서지거나 늘어지지 않는다고 하며, 팔식이 온갖 작용을 한다고 하는 것(唯識論)이 법상종에서 하는 말입니다.

법성종에서는 식이 어디서 왔느냐, 진여, 여래장묘진여성에서 나왔다는 얘기고, 진여 자체는 작용할 수 없다고 하는 것이 유식론에서 하는 말인데, 바로 법상종의 주장입니다.

십팔계十八界까지 얘기를 다 해 놓고 이제 칠대七大를 얘기합니다.

14. 칠대七大에서 여래장如來藏을 보이다

阿難白佛言
아 난 백 불 언

아난이 부처님께 아뢰었다.

世尊 如來常說 和合因緣 一切世間 種種變化
세 존 여 래 상 설 화 합 인 연 일 체 세 간 종 종 변 화

세존이시여, 여래께서 항상 화합하는 인연을 말씀하실 적에 일체 세간의 가지가지 변화하는 것이,

皆因四大 和合發明
개 인 사 대 화 합 발 명

다 사대의 화합으로 인하여 발명한다 하시더니,

요사이는 없던 것을 찾아내는 걸 발명發明이라고 그러는데, 여기에서의 발명은 사대가 화합하는 걸 인해서 생겨난다는 뜻입니다.

云何如來 因緣自然 二俱排擯
운 하 여 래 인 연 자 연 이 구 배 빈

어찌하여 여래께서 인연과 자연을 모두 배빈하시나이까?

배빈排擯은 부인한다는 뜻으로서, 배排 자는 옳지 않다는 뜻이요, 빈擯 자는 배척排斥한다는 뜻입니다.

我今不知斯義所屬
아 금 부 지 사 의 소 속

제가 지금 이 뜻의 속屬한 바를 알지 못하오니,

부처님께서 인연, 자연을 다 배빈排擯하시는 그 뜻이 어디에 소속되는지, 인연도 아니고 자연도 아니면 부처님께서 전에 말씀하시던 것과는 다른데 그 뜻을 알지 못하겠노라고 자기(아난)의 의심을 얘기하고 있습니다.

唯垂哀愍 開示衆生 中道了義 無戲論法
유 수 애 민 개 시 중 생 중 도 요 의 무 희 론 법

바라옵건대 애민히 하사 중생에게 중도이고 요의了義이어서 희론

이 아닌 법을 개시하소서.

중도中道라는 것은 양극단이 아니라는 말입니다. 인도의 학자들이 세상 온갖 것이 존재가 있다고 해서 유有를 주장하기도 하고, 또 없다 해서 무無를 주장하기도 하는데, 그 유무有無의 양극단을 피해서 유有가 아니면서 유이고 무가 아니면서 무인 그것이 중도입니다. 또한 중도는 부처님의 본뜻이기도 합니다.

요의了義라는 것은 분명하다는 뜻입니다. 끝까지 얘기하지 않은 게 불료의不了義요 소승법인데, 대승에서는 성종性宗이 요의입니다. 그래서 인연이다, 자연이다 하는 것은 다 희론법인데 중도, 요의인 무희론법을 말씀해 주시기를 지금 기다리고 있습니다.

爾時世尊 告阿難言
이 시 세 존 고 아 난 언

이때 세존께서 아난에게 말씀하셨다.

汝先厭離 聲聞緣覺 諸小乘法
여 선 염 리 성 문 연 각 제 소 승 법

네가 먼저 성문과 연각의 소승법을 염리하고,

본래 아난은 성문인데 성문, 연각을 떠나서 부처님 되는 법을 물었다는 말입니다.

發心勤求 無上菩提
발 심 근 구 무 상 보 리

발심하여 무상보리를 구할새,

처음에 아난이 마등가녀에게 홀려 갔다 와서 부처님께 시방 여래께서 보리를 이루신 묘사마타妙奢摩他 · 삼마三摩 · 선나禪那를 물었을 때에 성문, 연각의 소승법을 염리厭離한다든가 좋아한다는 말은 안 했지만 성불하는 무상보리를 묻는 것이 성문, 연각의 소승법은 염리한다는 말입니다.

그렇기 때문에,

故我今時 爲汝開示 第一義諦
고 아 금 시 위 여 개 시 제 일 의 제

내가 지금 너를 위하여 제일의제를 개시하였거늘,

제일의제는 불성佛性 자리, 여래장묘진여성如來藏妙眞如性을 말합니다. 그러니까 지금 소승법을 얘기하는 게 아니라 제일의제를 얘기한다, 즉 제일의제 가운데 인연, 자연을 말한다는 것은 안 된다는 얘깁니다.

세간법을 얘기할 때에 인연, 자연을 얘기하지, 제일의제를 얘기하는데 인연, 자연이 어디 있겠느냐는 말입니다. 그래서 제일의제를 얘기하느라고 인연도 아니고 자연도 아닌 성性을 얘기해 주었는데,

如何復將 世間戲論 妄想因緣 而自纏繞
여 하 부 장 세 간 희 론 망 상 인 연 이 자 전 요

어찌하여 또 세간의 희론, 망상인 인연을 가져다가 스스로 얽매이느냐?

희론戱論이란 장난거리 논리를 말합니다. 저 위에서는 아난 존자가 부처님께 '인연, 자연을 다 배빈排擯하십니까?'라고 물었는데, 여기에서 자연 얘기는 안 하고 인연, 망상에 얽매인다고만 한 것은, 자연이라는 말이 불교 가운데는 없고, 외도들이 하는 말이기 때문입니다.

지금 아난이 말하기는 인연과 자연을 다 의심하는 것 같지만 실지로는 인연을 의심하는 것입니다. 부처님께서 늘 말씀하실 때에 인연법을 얘기했지 자연을 얘기하지 않았으니까 지금 '인연을 가지고 스스로 전요纏繞하느냐?'라고 하셨습니다.

汝雖多聞 如說藥人 眞藥現前 不能分別
여 수 다 문 여 설 약 인 진 약 현 전 불 능 분 별

네가 비록 다문하나 마치 약을 말하는 사람이 현전한 진약을 분별하지 못함과 같나니,

약藥을 실지로 보지는 못하고 말만 잘하는 사람이 실물이 앞에 나타났는데도 말로만 알지 실물은 보지 못한 거니까 지금 진약眞藥이 현전現前하는데도 모른다는 말입니다. 즉 인연도 아니고 자연도 아닌 여래장묘진여성이 그 진약과 같은 것인데, 다문多聞하다 보니 말로는 잘하면서도 참 실물을 보면 모른다는 말입니다.

如來說爲 眞可憐愍
여 래 설 위 진 가 연 민

여래가 너에 대하여 말하기를 가련하다 하느니라.

汝今諦聽
여 금 제 청

네가 지금 자세히 들으라.

吾當爲汝 分別開示
오 당 위 여 분 별 개 시

내가 지금 너를 위하여 분별하여 개시하며,

이건 부처님께서 아난 존자에게 말씀해 주시는 것인데 오늘날 글로 쓰여 우리가 보고 있습니다.

亦令當來 修大乘者 通達實相
역 령 당 래 수 대 승 자 통 달 실 상

또한 당래에 대승을 수행하려는 이로 하여금 실상을 통달하게 하리라.

실상實相이라고 애기하기도 하고, 진여眞如라고 하기도 하며, 그 외 여러 가지로 말하는데, 다 제일의제第一義諦입니다.

阿難默然 承佛聖旨
아 난 묵 연 승 불 성 지

아난이 묵연히 부처님의 성지를 받잡더라.

阿難 如汝所言 四大和合 發明世間 種種變化
아 난 여 여 소 언 사 대 화 합 발 명 세 간 종 종 변 화

아난아, 네가 말한 바와 같아서 사대의 화합으로 세간의 가지가지 변화하는 것이 발명한다 하거니와,

아난은 화합해서 세간의 모든 법이 생긴다고 했는데, 부처님께서는 화합도 아니고 불화합도 아닌 중도中道, 제일의제로 말씀하시는 겁니다.

阿難 若彼大性 體非和合
아 난 약 피 대 성 체 비 화 합

아난아, 만일 대大의 성性이 자체가 화합이 아니라면,

허공 자체는 화합이 아니기 때문에 다른 것과 화합하지 못합니다. 사대의 성性이 화합和合이 아니라고 하면 다른 것과 화합하지 못할 텐데, 다른 것과 화합하는 걸 보면 사대가 비화합非和合이라는 말입니다. 지금 제자가 화합이라고 하니까 부처님께서 화합 아니라는 것을 말씀하십니다.

則不能與諸大雜和
즉 불 능 여 제 대 잡 화

능히 제대와 잡화하지 못하리니,

화합은 두 가지 이상의 물건이 합해져서 하나 되는 걸 말합니다.

猶如虛空 不和諸色
유 여 허 공 불 화 제 색

마치 허공이 제색과 화합하지 못함과 같을 것이요,

若和合者 同於變化 始終相成 生滅相續
약 화 합 자 동 어 변 화 시 종 상 성 생 멸 상 속

만일 화합일진댄 변화함과 같아서 시始와 종終이 서로 이루어지며, 생과 멸이 서로 이어져서,

시종상성이나 생멸상속이 같은 말 같지만 시종상성은 생 가운데도 시종始終이 있다는 말입니다.

생주이멸生住異滅이라는 것의 생은 없던 것이 처음 난 것이요, 생겨서 얼마 동안 계속되는 것이 주住니까 생에 대해서 시초는 생이고, 생에 대해서 종終은 주住요, 주하던 것이 변해 가지고야 멸해지니까 달라지는(異) 것은 멸의 시始라고 하고, 없어지는 것을 멸의 종이라고 봅니다. 그러니까 시종상성은 시始에서부터 종으로 가지만, 가는 게 아니라 종했다가 또 시한

다, 그래야 시종이 상성한다는 말이 됩니다.

生死死生 生生死死
생 사 사 생 생 생 사 사

났다 죽고 죽었다 나며, 나고 나고 죽고 죽어,

생사사생生死死生은 생사生死하는 것을 차례로 한 말이고, 생생사사生生死死는 생했던 것이 다시 죽었다 나는 것인데, 죽는 것은 빼고, '생했다가 또 생했다'라고 했고, 사사死死도 죽었다가 다시 나서 죽는 것인데, 생한 것은 뺀 말이나 모두 생사사생하는 것이 계속된다는 말입니다.

如旋火輪 未有休息
여 선 화 륜 미 유 휴 식

마치 선화륜이 휴식하지 못함과 같으리라.

선화륜旋火輪은 불을 쥐고 빨리 돌릴 때에 불바퀴처럼 보이는 현상을 말합니다. 위에서는 비화합을 부인했고, 여기에서는 화합을 부인해서 화합도 아니고, 비화합도 아니라고 했습니다.

질문 이 문장 끝의 미유휴식未有休息을 미유간단未有間斷으로 보면 안 됩니까?

답 간단間斷이라고 하면 잠시 끊이기도 하는 것을 말하지만 휴식은 끝이 없어서 없어질 때가 없다는 말입니다.

阿難 如水成氷 氷還成水
아 난 여 수 성 빙 빙 환 성 수

아난아, 마치 물이 얼음이 되고 얼음이 도로 물이 되는 것과 같으니라.

물 자체가 언다는 것이 변한 것입니다. 물이 얼음으로 변했지만 물 외에 다른 것이 들어가 화합된 것은 아닙니다. 즉 화합도 아니고 비화합도 아닌 것을 비유하는 말입니다.

汝觀地性
여 관 지 성

네가 지대地大의 성性을 보라.

麁爲大地
추 위 대 지

큰 것은 대지大地요,

추麁 자는 굵다는 것이요, 대지는 지구 땅덩어리를 말합니다.
즉, 큰 것은 지구가 되었고,

細爲微塵
세 위 미 진

가는 것은 미진이라.

온갖 형상 있는 물질은 미진微塵으로부터 되었다. 지금 말하는 분자分子라는 것이 미진이라는 말이나 같습니다. 유형한 물질의 더 쪼갤 수 없는 것이 곧 미진입니다.

至隣虛塵
지 인 허 진

인허진에 이르러서는,

인허진隣虛塵은 미진보다도 더 적은 것이며, 인허隣虛란 말은 허공의 가장자리를 일컫는 말이니, 곧 허공이 될 티끌입니다.

析彼極微 色邊際相 七分所成
석 피 극 미 색 변 제 상 칠 분 소 성

저 극미인 색변제상을 칠분으로 쪼개어 된 것이니,

여기에서는 극미진極微塵을 더 쪼개면 인허진隣虛塵이 된다고 했는데, 다른 데 보면 극미진을 인허진이라고도 한다고 되어 있습니다. 그래서 인도에서는 극미極微는 혼자 존재하지 못하고, 일곱 극미가 모여서 한 미진이 된다고 했습니다. 그래서 말은 극미라고 하지만 극미진 일곱 개가 모이면 미진이 되는데, 미진은 혼자 존재할 수가 없습니다.

또 범안凡眼, 우리의 눈으로는 보지 못하고, 천안天眼이나 성인의 눈으로만 본다고 했습니다.

극미진 일곱 개가 모여서 한 미진이 된다는 것이 육방六方 중심 칠극미설七極微說입니다. 중심 속에 극미가 하나 있고 사방과 상하(六方)의 일곱을 한 미진으로 한다는 말입니다.

그래서 인도에서 죽은 다음에 칠칠일七七日을 얘기하고 삼칠일三七日을 얘기하는, 그 칠일이라는 것이 여기에서 인유因由하지 않았나, 그런 생각을 해 봅니다.

여기에서 '추위대지麁爲大地요, 세위미진細爲微塵이라'라고 하는 것이 극미가 일곱이 모여 가지고 한 미진이 된다는 것인데, 미진의 일곱 배가 투금진透金塵이라 해서 일곱 개, 일곱 개가 모이면서 다른 단위가 생긴다고 했습니다.

更析隣虛 卽實空性
갱 석 인 허 즉 실 공 성

다시 인허隣虛를 쪼개면 곧 허공의 성性이 되느니라.

阿難 若此隣虛 析成虛空
아 난 약 차 인 허 석 성 허 공

아난아, 만일 인허진隣虛塵을 쪼개어 허공이 된다면,

인허진은 색상色相인데, 그것을 쪼개어 허공이 되었다면 허공이 모여서 색상, 즉 인허진을 이루었을 것이라는 가능성을 내포한 말입니다.

當知虛空 出生色相
당 지 허 공 출 생 색 상

마땅히 허공이 색상을 내는 것임을 알 것이니라.

汝今問言 由和合故 出生世間 諸變化相
여 금 문 언 유 화 합 고 출 생 세 간 제 변 화 상

네가 지금 물어 말하되, 화합함을 말미암아 세간의 모든 변화상이 생긴다 하나니,

汝且觀此 一隣虛塵 用幾虛空 和合而有
여 차 관 차 일 인 허 진 용 기 허 공 화 합 이 유

네가 보라. 1인허진隣虛塵에는 허공이 얼마나 화합하여 있느냐?

인허진을 쪼개어 허공이 되었으니, 얼마나 많은 허공을 화합해야 한 인허진이 되었느냐는 말입니다. 허공과 인허진은 하나는 공空이요, 하나는 색이니까 따로인데, 그것이 화합했다고 하면 허공 얼마를 합해야 인허진 하나가 되겠느냐는 이런 말입니다.

不應隣虛 合成隣虛
불 응 인 허 합 성 인 허

응당히 인허가 화합하여 인허가 되지는 않았으리라.

화합이란 둘 이상의 다른 것이 한데로 합해져서 다른 물건이 되는 것인데, 그러니까 적은 게 합해져서 큰 게 된다든지 하는 것인데, 인허진이 합해서 인허진이 될 수가 없지 않느냐는 말입니다.

인허진 저 혼자서 인허진인데, 인허진과 인허진이 합해 가지고 인허진이 된다고 할 수는 없지 않느냐? 이것을 부처님께서 '허공을 화합해서 인허진 된다고 하는 것은 안 된다'라고 하시니까, 아난이 '인허진끼리 합해 가지고 인허진이 된다'라고 할까 봐서 이렇게 하는 말입니다.

'인허진이 화합하여 인허진이 되지는 않았으리라' 하는 것은, 더 얘기하지는 않았다고 하더라도 화합하지 않고도 인허진인데, 인허진을 합해서 인허진이 되었다는 말이 성립되지 않는다는 얘깁니다.

又隣虛塵 析入空者
우 인 허 진 석 입 공 자

또 인허진隣虛塵을 쪼개어 허공이 된다면,

用幾色相 合成虛空
용 기 색 상 합 성 허 공

얼마의 색상을 합하여 허공을 이루었는가?

허공이 합해 가지고 인허진이 된다고 해도 안 되고, 인허진이 합해서 허공이 된다고 해도 안 된다는 말입니다.

인허진을 쪼개어 허공이 된다고 하면 얼마나 많은 색상色相, 색상은 인허진이니까 얼마나 많은 인허진을 써 가지고서 그것을 화합해서 허공이 되었겠느냐, 화합을 부인하는 말입니다. 즉 인허진이 합해 가지고 허공이 된다는 것이 안 된다는 말입니다.

若色合時 合色非空
약 색 합 시 합 색 비 공

만일 색상色相을 합하였을 때에는 색을 합한 것이라 공空이 아닐 것이요,

인허진이 색상이니까 색상이 합한 것이지 공이 될 수가 없다는 말입니다.

若空合時 合空非色
약 공 합 시 합 공 비 색

만약 공空을 합하였을 때에는 공을 합한 것이라 색이 아닐 것이니라.

그러니까 인허진이 합해져 가지고 허공이 된다는 말도 안 되고, 허공이 합해 가지고 인허진이 된다는 말도 안 된다는 얘깁니다.

色猶可析 空云何合
색 유 가 석 공 운 하 합

색상色相은 오히려 가히 쪼갤 수 있다 하거니와 허공을 어떻게 합

하겠는가?

본래 인허진은 쪼갤 수도 없는 것이지만, 즉 색은 오히려 가히 쪼갠다고 이론상으로 할는지 모르지만, 공을 어떻게 합하겠느냐, 그러니까 화합이라는 말이 안 된다는 얘깁니다. 그러면 인허진을 쪼개서 허공 되는 이치가 어떻게 되느냐?

汝元不知 如來藏中 性色眞空 性空眞色
여 원 부 지 여 래 장 중 성 색 진 공 성 공 진 색

네가 원래 알지 못하는구나. 여래장 중에 성性이 색色인 진공과 성이 공인 진색이,

성性이 색色인 진공眞空이라는 것은, 성性으로 구족해 있는 색이 곧 진체眞體의 공이라는 말입니다. 즉 여래장 가운데 색성色性이 될 만한 분分이 있는 것을 말합니다.

성性과 상相을 얘기할 때는 색은 상을 가리키는 말이 되지만, 여기에서의 상은 성에서 색상이 나올 수 있는 기분을 가리키는 말입니다. 그리고 진공은 체를 가리키는 말이니까 여래장 자체를 말합니다. 그러니까 여기까지의 말은 공이면서도 색이 될 수 있는 것이고, 색이면서도 자체는 공이라는 말입니다.

아래 내려가면서도 늘 이런 얘기를 했는데, 그 색은 성품으로 뭔가가 나타난 색이 아니라 색이 될 기분이 있다고 해서 성색性色이라고 합니다. 그러니까 여래장 중의 진공이지만 색이 나올 수 있다는 것입니다. 즉 진체에서 색상이 나오고 색상을 인해서 진체가 된다는 얘깁니다.

清淨本然 周遍法界
청 정 본 연 주 변 법 계

청정하고 본연하여 법계에 주변하여 있으면서,

청정하다는 것은 깨끗하고 허물이 없는 것을 말하며, 본연이라는 것은 본래 여래장 가운데 구족되어 있는 것을 말합니다. 법계는 지금 말로 우주인데 불교에서는 법계라고 합니다. 주변이라는 것은 안 미치는 데가 없이 다 있다는 말입니다.

성색性色인 진공眞空과 성공性空인 진색眞色이 법계에 주변해 있다, 본래 여래장 가운데 큰 것은 땅이고 작은 것은 미진이라고 하는 자체가 본래 있는 것이지 화합해서 있다든지 하는 것이 아니다, 즉 그 성품 가운데 색상色相의 기분이 있어 가지고 주변법계해 있으면서 어떤 기회를 만나면 색으로 나타난다는 말입니다.

위에서는 오음 · 육입 · 십이처 · 십팔계가 다 여래장묘진여성如來藏妙眞如性이라고 했는데, 여기에서는 여래장 가운데 있는 색 하나하나가 성색性色인 진공眞空이니까 그 색 하나의 위력이 온 법계에 가득해 있다는 말입니다.

지금 우리가 볼 때는 어떤 그릇에 쌀을 가득히 담으면 다른 것이 못 들어간다고 생각하지만 쌀을 가득히 담고도 그 외의 것을 채우는 데 조그만치도 방해가 되지 않는다는 것이 바로 주변법계周遍法界입니다. 그러니까 성性으로 봐서는 온갖 것을 채워도 방해가 안 되지만, 색으로 봐서는 그렇게 할 수 없는 것입니다.

청정하고 본연本然하고 법계에 주변해 있으면서 본래 있는 것이 나타날 때에는,

隨衆生心 應所知量
수중생심 응소지량

중생의 마음을 따르고 소지所知의 양量에 응하느니라.

중생들의 마음을 따라 색상色相을 나오게 하면 색상이 나오고, 불을 나오게 하면 불이 나오고, 온갖 게 다 나온다는 말입니다.

마음 가운데는 좀 측은한 마음도 있고, 용맹한 마음도 있겠지만, 수승殊勝한 중생의 수승한 마음을 따라서는 색상이 나타날 때에도 크게 나타날 것이고, 또 열등한 중생의 열등한 마음을 따라서는 색상이 나타날 때에도 적게 나타나서 그 사람에게 맞도록 수隨 자가 중생의 마음을 따라 있다는 뜻입니다.

이렇게 중생의 마음을 따르고, 따라서 나타날 때에도 양量을 따라서 큰 양에는 크게 나타나고, 적은 양에는 적게 나타나는 것이 수중생심隨衆生心 응소지량應所知量입니다.

전기를 발명했다고 하지만 전기가 본래 이 우주 가운데 가득해 있었을 것입니다. 그런데 그것을 발명한 것이 중생심을 따르고 소지량所知量에 응하는 것입니다. 그런데 이것이 화합으로 되는 것이 아니라 중생의 마음을 따르고 그 소지량에 맞추어서 수隨 자나 응應 자나 같은 말이니까 응해서 구하는 대로 나타난다는 것입니다.

그렇게 나타날 때에는,

循業發現
순업발현

업을 따라 발현하는 것이거늘,

염업染業도 있고, 정업淨業도 있겠지만 이 업을 따라서 발현하는 것이지, 이것이 화합도 아니고 자연도 아니고 불화합도 아니지만 여래장 가운데 성색性色인 진공眞空과 성공性空인 진색眞色이 청정본연하고 주변법계하므로 중생의 마음을 따르고 아는바 분량에 응하면서 나타날 때는 업을 따른다는 얘깁니다.

여기의 '수중생심隨衆生心하며 응소지량應所知量하야 순업발현循業發現이라'라는 말이 매우 중요합니다.

이렇게 화합이라든지 자연이 아니고 그렇게 하는 본래의 원칙이 있는데,

世間無知 惑爲因緣 及自然性
세 간 무 지 혹 위 인 연 급 자 연 성

세간이 무지하여 인연 및 자연성이라 의혹하나니,

인연은 내내 화합이고 자연은 불화합인데 세간 사람들이 의혹해서 인연이다, 자연이다 의심하고, 자기 소견대로 얘기하고 있다는 말입니다.

皆是識心 分別計度
개 시 식 심 분 별 계 탁

다 식심으로 분별하고 계탁하는 것이라,

식심은 육식六識의 심心을 말합니다. 분별은 대체로 하는 말이고, 계탁計度은 거기에 대해서 이와 같다고 자기의 주장을 달아 내는 것을 말합니다.

但有言說 都無實義
단 유 언 설 도 무 실 의

다만 언설만 있을지언정 도무지 실의가 없느니라.

다만 인연이라는 말이나 자연이라는 말만 있지 실제로는 인연도 아니고 자연도 아니다, 청정본연하여 법계에 가득해 있으면서 '수중생심隨衆生心하고 응소지량應所知量하여 순업발현循業發現이라'라는 말이지, 인연으로 생긴다, 자연으로 생긴다 하는 말이 안 된다는 애깁니다.

인연과 자연을 다 부인하면서 지地·수水·화火·풍風의 온갖 물건의 존재는 근본 원소 생기는 것부터가 여래장 가운데 그 기분이 들어 있다는 그 말입니다.

阿難 火性無我 寄於諸緣
아 난 화 성 무 아 기 어 제 연

아난아, 화대火大의 성性이 아我가 없어서 여러 연緣에 기탁寄托하나니,

아我라는 것은 자체입니다. 물은 혼자도 독립해 있지만 불은 혼자 독립해 있지 못한다는 그것이 아가 없다, 자체가 없다는 것입니다. 종이에 붙어 불이 생긴다든지 나무에 붙으면 탄다든지 이렇게 기탁寄托해야지 혼자는 못 생긴다는 애깁니다. 이건 지금 화대火大의 원리를 애기하고 있습니다.

汝觀城中 未食之家
여 관 성 중 미 식 지 가

네가 이 성중에 밥 먹지 않은 집을 보라.

성城은 실라벌성을 말합니다.

欲炊爨時
욕 취 찬 시

취찬하려 할 때에,

취炊 자와 찬爨 자가 다 쌀을 솥에 넣고 불 지피는 것을 말하는 것으로 그냥 불 때는 게 아니라 밥 짓기 위해 불 때는 것을 말합니다.

手執陽燧 日前求火
수 집 양 수 일 전 구 화

손에 양수를 잡고 해 앞에서(해에 비추어) 불을 구하나니,

본래 유리는 땅속에 자연으로 있는 수정을 가리키는 말로서, 그 수정이라는 것이 흔히 나는 것도 아니고, 양수라는 것은 동銅으로 만들었는데, 모양은 둥그렇고 그 속에 구멍이 폭 패여 복판이 오목하며, 물상物象을 비추면 그림자가 거꾸로 비치고, 해를 향하면 불이 나는 것을 말합니다.

그때는 성냥도 없고 유황도 발명이 안 되었으니까 양수를 가지고 해에 대어서 불을 구한다, 그러니까 화火, 불이 생기게 된 이유입니다.

阿難 名和合者
아 난 명 화 합 자

아난아, 이것의 이름을 화합이라 한다면,

화합의 정의를 내린다는 얘깁니다.

如我與汝 一千二百五十比丘 今爲一衆
여 아 여 여 일 천 이 백 오 십 비 구 금 위 일 중

마치 나와 다못 너와 1,250비구가 일중一衆이 되었나니,

아我는 부처님, 여汝는 아난을 가리키며, 1,250비구는 석가모니부처님을 따르는 상수대중常隨大衆을 가리킵니다.

중衆이라는 말이 승가僧伽를 번역한 말인데, 우리가 흔히 스님을 중이라고 하는 것이 이 중衆 자입니다. 또한 여러 사람이 모여 한 대중이 된 것을 승가라고 하는데, 승가란 화합이라고 번역됩니다. 어떤 데는 승이라는 말이 3인 이상이라 하는 데도 있고, 4인 이상이라 하는 데도 있지만 적어도 3인 이상이 한데 모여서 한 대중이 된 것을 승가라고 합니다. 한문자로는 뜻이 잘 안 맞는지 모르지만 중衆 자가 인도 말로는 화합이라는 말입니다. 화합이라면 여러 사람이 모여서 하는 것이지 개체가 따로 있는 것은 아닙니다.

지금 이 1,250인이 한데 모여서 승단(和合)이 되었는데,

衆雖爲一
중 수 위 일

중衆은 비록 하나이나,

화합중和合衆으로는 하나이지만,

詰其根本 各各有身
힐 기 근 본 각 각 유 신

그 근본을 힐詰하면 각각 신身이 있고,

1,250인의 근본을 따져 보면 아난 몸 따로, 가섭의 몸이 따로 있고, 몸만 따로 있는 게 아니라,

皆有所生 氏族名字
개 유 소 생 씨 족 명 자

다 생生한바 민족과 명자가 있어서,

如舍利弗 婆羅門種
여 사 리 불 바 라 문 종

사리불은 바라문종이요,

인도의 사성四姓 가운데 하나인 바라문종을 말합니다.

優盧頻螺 迦葉波種
우 로 빈 라 가 섭 파 종

우로빈라는 가섭파종이요,

乃至阿難 瞿曇種姓
내 지 아 난 구 담 종 성

내지 아난은 구담 종성이니라.

이렇게 따로 있어서 한데 모인 것이 화합이라는 말입니다.

阿難 若此火性 因和合有
아 난 약 차 화 성 인 화 합 유

아난아, 이 화火의 성性이 화합하여 생긴 것이라면,

彼手執鏡 於日求火
피 수 집 경 어 일 구 화

저 사람이 손에 화경火鏡을 들고 해에서 불을 구하나니,

화합이라면 한 곳에 있어야지 그렇게 서로 멀리 있는데 어떻게 화합이 되겠느냐는 말입니다.

此火爲從鏡中而出
차 화 위 종 경 중 이 출

이 불이 거울에서 나오느냐,

爲從艾出
위 종 애 출

쑥에서 나오는가,

爲於日來
위 어 일 래

해에서 오느냐?

阿難 若日來者
아 난 약 일 래 자

아난아, 만일 해에서 온다면,

自能燒汝手中之艾
자 능 소 여 수 중 지 애

능히 네 손안의 쑥을 태울 터이며,

來處林木 皆應受焚
내 처 임 목 개 응 수 분

오는 곳마다 숲과 나무가 모두 타야 할 것이니라.

그러니 해에서 온다는 것이 안 되겠다는 말입니다.

若鏡中出 自能於鏡 出然于艾 鏡何不鎔
약 경 중 출 자 능 어 경 출 연 우 애 경 하 불 용

만일 거울에서 출出했을진댄 스스로 능히 거울에서 출出하여 쑥을 태우거늘 거울은 어찌해서 녹지 않느냐?

紆汝手執 尙無熱相 云何融泮
우 여 수 집 상 무 열 상 운 하 융 반

네 손에 잡혀(들려) 있으면서 오히려 열熱한 상相도 없는데 어찌하여 녹으리오.

若生於艾
약 생 어 애

만일 쑥에서 생한다면,

何藉日鏡 光明相接 然後火生
하 자 일 경 광 명 상 접 연 후 화 생

어찌 해와 거울의 광명이 서로 닿음을 가자假藉한 후에야 불이 생하는가?

汝又諦觀
여 우 제 관

네가 또 자세히 보라.

鏡因手執 日從天來 艾本地生
경 인 수 집 일 종 천 래 애 본 지 생

경鏡은 손에 들렸고 해는 하늘을 좇아오고 쑥은 본래 땅에서 났으니,

서로의 거리가 멀다는 얘깁니다.

火從何方 遊歷於此
화 종 하 방 유 력 어 차

화火가 어디로부터 여기에 유력遊歷(옴)하느냐?

日鏡相遠 非和非合
일 경 상 원 비 화 비 합

일日과 경鏡의 상거相距가 멀어서 화和도 아니고 합도 아니며,

같이 한 군데에 있어야 화합이지, 멀리 있으니 화합이 되겠느냐는 말입니다.

不應火光 無從自有
불 응 화 광 무 종 자 유

응당히 화광이 좇음이 없이 스스로 있지는 아니하리라.

그래서 이제 화합이 아니라는 이유를 얘기합니다.

汝猶不知
여 유 부 지

네가 오히려 알지 못하는도다.

如來藏中 性火眞空 性空眞火
여 래 장 중 성 화 진 공 성 공 진 화

여래장 중에 성性이 화火인 진공眞空과 성性이 공空인 진화眞火가,

淸淨本然 周遍法界 隨衆生心 應所知量
청정본연 주변법계 수중생심 응소지량

청정하고 본연하여 법계에 주변하여 있으면서 중생의 마음을 따르고 소지所知의 양量에 응應하느니라.

阿難當知
아난당지

아난아, 마땅히 알아라.

世人 一處執鏡 一處火生
세인 일처집경 일처화생

세인이 한 곳에서 화경火鏡을 들면 한 곳에 화火가 생기고,

遍法界執 滿世間起 起遍世間
변법계집 만세간기 기변세간

법계에 두루 하게 들면 세간에 가득하게 일어나서 세간에 두루 하게 생기나니,

세상 사람들이 다 불을 들고 나오면 불이 세계에 가득 찰 것입니다.

寧有方所
영 유 방 소

어찌 방소가 있으리오.

循業發現
순 업 발 현

업을 따라 발현하거늘,

본래 있는 것인데 햇빛과 화경火鏡과 쑥의 업을 따라서 발현한 것입니다.

世間無知 惑爲因緣 及自然性
세 간 무 지 혹 위 인 연 급 자 연 성

세간이 무지하여 인연이라 자연성이라 의혹하나니,

皆是識心 分別計度
개 시 식 심 분 별 계 탁

다 식심으로 분별하고 계탁하는 것이라,

但有言說 都無實義
단 유 언 설 도 무 실 의

다만 언설이 있을지언정 도무지 실의實義가 없느니라.

阿難 水性不定 流息無恒
아 난 수 성 부 정 유 식 무 항

아난아, 수水의 성性이 일정하지 아니하여 흐르고 그치는 것이 항상 하지 아니하리라.

물이 흐르기도 하고 그치기도 하여 항상 한 것이 없는 그것이 유식무항流息無恒이기 때문에 부정不定입니다.

如室羅城 迦毗羅仙 斫迦羅仙 及鉢頭摩 訶薩多等
여 실 라 성 가 비 라 선 작 가 라 선 급 발 두 마 하 살 다 등
諸大幻師
제 대 환 사

실라벌성의 가비라선, 작가라선, 발두마, 하살다 등 대환사들이,

선仙 자는 사람으로서 사람 이상 되는 것을 말합니다. 지금 외도들 가운데 네 사람을 들었는데, 환술하는 사람들이 중국에도 좀 있지만 인도에 많다고 합니다.

求太陰精 用和幻藥
구 태 음 정 용 화 환 약

태음의 정精을 구하여 환약을 용화用和할(갤) 적에,

태음太陰은 달인데 달에서 정기를 받았다는 것은 달에서 흐르는 물을 받는 것입니다. 용화환약用和幻藥이라는 것은 달의 물을 받아 가지고 환약幻藥을 만든다는 얘깁니다.

是諸師等 於白月晝
시 제 사 등 어 백 월 주

이 환사幻師들이 백월주에,

백월주는 보름날의 밤중을 말합니다. 초하루에서부터 보름날까지를 백월白月이라 하고, 열엿새 날부터 그믐날까지를 흑월黑月이라고 하는데, 여기에서의 백월은 초이튿날이나 초사흘은 아니고 열나흘 날이나 보름을 말합니다. 주晝 자는 보름날 자정 때를 말하는데, 낮의 해가 정오가 되면 아주 밝은 것처럼 밤이지만 밝은 것이 낮과 같다고 해서 백월주白月晝라고 했습니다.

手執方諸 承月中水
수 집 방 저 승 월 중 수

손에 방저를 들고 월중의 수水를 받나니,

방저라는 말은, 한문으로서 어떤 데에서는 조개껍질이라고 하기도 하고, 또 옥돌이라고 하기도 하며, 『치문緇門』에도 나오는데, 아마 옥돌로 된 술잔 모양으로 자꾸 닦으면 뜨끈해지고 달을 향하면 물이 흐르는 것인 듯합니다. 방저 가운데 물이 없던 게 생기는 것이니까 어디서 와서 생기느냐는 얘깁니다.

아난의 이론대로 하면 화합에서 난다고 할 텐데 무엇이 화합한 것이겠느냐는 말입니다.

此水爲復從珠中出
차 수 위 부 종 주 중 출

이 수水가 주珠 중에서 나느냐?

주珠는 방저를 말하는 것이니까 아마 옥석玉石같이 된 모양입니다.

空中自有 爲從月來
공 중 자 유 위 종 월 래

허공에 스스로 있느냐, 달을 좇아오는가?

阿難 若從月來
아 난 약 종 월 래

아난아, 만일 달에서 온다면,

尙能遠方 令珠出水
상 능 원 방 영 주 출 수

능히 원방遠方에서 방저方諸로 하여금 수水를 내게 하는 터이니,

所經林木 皆應吐流
소경임목 개응토류

지나는바 임목마다 응당히 토류해야 하리라.

달빛이 지나오는 데 있는 임목은 다 물이 흘러야 한다는 말입니다.

流則何待 方諸[4]所出
유즉하대 방저 소출

흐른다면 어찌하여 방저에서 출出하기를 기다리느냐?

방저가 없을 때도 그냥 물이 나와야 하지 않겠느냐, 그러니 달에서 오는 게 아니라는 걸 얘기하고,

不流明水 非從月降
불류명수 비종월강

흐르지 않는다면 수水가 달을 좇아 내려오지 않음이 분명하리라.

---

4 고려대장경에는 주珠로 되어 있으나, 송본 · 원본 · 명본에는 본문과 같이 되어 있다.

若從珠出 則此珠中 常應流水
약 종 주 출 즉 차 주 중 상 응 유 수

만일 방저에서 난다면 이 주珠 중에서 항상 물이 흘러야 할 텐데,

何待中宵 承白月晝
하 대 중 소 승 백 월 주

어찌하여 중소(밤중)에 백월주에만 받기를 기다리겠는가?

방저에서 난다고 하면 아무 때나 나지 어찌하여 밤중에 백월주에 받아야만 나게 되느냐, 그러니 방저에서 나는 게 아니고,

若從空生 空性無邊 水當無際
약 종 공 생 공 성 무 변 수 당 무 제

만일 허공에서 생긴다면 공空의 성性이 무변하니 수水도 마땅히 무제하여,

從人洎天 皆同滔溺 云何復有 水陸空行
종 인 계 천 개 동 도 닉 운 하 부 유 수 륙 공 행

인간을 좇아 천상에 이르기까지 다 함께 도닉할 것이니, 어찌 수행水行·육행陸行·공행空行이 있으리오.

그러니까 허공에서 난다는 게 안 된다는 말입니다.

汝更諦觀
여 갱 제 관

네가 다시 자세히 보라.

月從天陟
월 종 천 척

달은 하늘로 좇아 척陟하고,

척陟 자는 달이 뜬다, 즉 하늘에 달이 지나간다는 말입니다.

珠因手持
주 인 수 지

주珠(방저)는 손을 인해서 가지고 있고,

承珠水盤 本人敷設
승 주 수 반 본 인 부 설

주珠의 수水를 받는 반盤은 사람(本人)이 부설한 것이니,

水從何方 流注於此
수 종 하 방 유 주 어 차

수水는 하방으로 좇아 여기에 흐르는가?

月珠相遠 非和非合
월 주 상 원 비 화 비 합

달과 주珠(방저)는 상거相距가 멀어서 화和도 아니고 합도 아니며,

不應水精 無從自有
불 응 수 정 무 종 자 유

응당히 수水의 정精이 오는 곳이 없이 스스로 있지는 아니하리라.

汝尚不知
여 상 부 지

네가 아직도 알지 못하는구나.

앞 문장의 정精 자는 물의 정기를 말하지만 보통 물이 아니고 방저方諸에서 나니까 정精이라고 그럽니다.

如來藏中 性水眞空 性空眞水
여래장중 성수진공 성공진수

여래장 중에 성性이 수水인 진공과 성性이 공空인 진수가,

清淨本然 周遍法界 隨衆生心 應所知量
청정본연 주변법계 수중생심 응소지량

청정하고 본연하여 법계에 주변하여서 중생의 마음을 따르고 소지의 양에 응하나니,

一處執珠 一處水出
일처집주 일처수출

한 곳에서 주珠를 들면 한 곳에서 수水가 출하고,

遍法界執 滿法界生
변법계집 만법계생

법계에 두루 하게 들면 법계에 가득히 생기어서,

生滿世間 寧有方所
생만세간 영유방소

세간에 가득히 생기리니, 어찌 방소方所가 따로 있겠는가?

循業發現
순 업 발 현

업을 따라 발현하거늘,

이것이 중생의 마음으로 하는 염업染業, 정업淨業도 될 터이고, 이런 것들이 다 순업循業일 것이며, 방저方諸를 달빛에 갖다 대고 하는 것도 다 순업일 것입니다.

世間無知 惑爲因緣 及自然性
세 간 무 지 혹 위 인 연 급 자 연 성

세간이 무지하여 인연이라 자연성이라 의혹하나니,

皆是識心 分別計度
개 시 식 심 분 별 계 탁

다 식심으로 분별하고 계탁하는 것이라.

但有言說 都無實義
단 유 언 설 도 무 실 의

다만 언설이 있을지언정 모두 실의가 없느니라.

阿難 風性無體 動靜不常
아난 풍성무체 동정불상

아난아, 풍風의 성性이 자체가 없어 동하고 정함이 항상 하지 아니하리라.

동動은 바람이 부는 것이고, 정靜은 바람이 안 부는 것이니까 인연 만나서 불기도 하고 안 불기도 한다는 말입니다.

汝常整衣 入於大衆
여상정의 입어대중

네가 항상 의衣(袈裟)를 단정히 하고 대중에 들어갈 적에,

경전에 나오는 옷 의衣 자는 모두 가사袈裟를 가리킵니다. 가사에 여러 가지가 있어서 오조五條 가사도 있고, 칠조七條, 구조九條 이상 이십오조까지 있는데, 구조九條 이상은 승가리僧伽梨로서 겉에 입는 대의大衣를 말합니다.

칠조는 중의中衣로서 대의가 못 되고 울다라승鬱多羅僧이라고 하는데, 보통 때 그냥 입는 것이고, 예식할 때는 으레 승가리를 입게 됩니다. 그리고 오조 가사는 안타회安陀會라고 합니다.

인도에서는 승가리만 수垂하는 이는 없습니다. 으레 몸 위에다 오조 가사를 수하고, 오조 가사 위에 칠조 가사를 수하고, 칠조 위에 승가리를 수

해서 그 셋을 한꺼번에 수하는 게 원칙인데, 큰 예식이 아니면 승가리는 수하지 않으니까 혹 오조 가사 위에 칠조만 수하고 다니는 경우도 있습니다. 또 오조 위에 칠조는 그만두고, 승가리만 수하기도 한다고 했습니다.

지금 우리는 장삼을 입고도 화장실 갈 때는 다 벗어놓고 가지만 그 사람들은 오조를 벗으면 맨몸이 되니까 가사 수하는 그대로 갑니다.

僧伽梨角 動及傍人
승 가 리 각 동 급 방 인

승가리각(자락)이 동하여 방인에게 미치면,

가사가 펄럭거린다는 말입니다.

則有微風 拂彼人面
즉 유 미 풍 불 피 인 면

미풍이 저 사람의 얼굴에 스치나니,

없던 바람이 가사가 펄럭 하니까 거기서 나는 것을 말합니다.

此風爲復出袈裟角
차 풍 위 부 출 가 사 각

이 바람은 가사각에서 나느냐,

發於虛空 生彼人面
발 어 허 공 생 피 인 면

허공에서 생기는가, 저 사람의 얼굴에서 생기는가?

阿難 此風若復出袈裟角
아 난 차 풍 약 부 출 가 사 각

아난아, 이 바람이 가사 자락에서 난다면,

가사각에서 바람이 난다고 하면 가사각이 바람 나는 장소겠구나, 이 말입니다.

汝乃披風 其衣飛搖 應離汝體
여 내 피 풍 기 의 비 요 응 리 여 체

네가 바람을 입었으므로 그 옷이 날려서 네 몸에서 벗겨져야 할 것이니라.

가사가 늘 날려서 몸에서 달아나야 할 것이라는 말입니다.

我今說法 會中垂衣
아 금 설 법 회 중 수 의

내가 지금 설법하매 회중에서 가사를 수垂했으니,

汝看我衣 風何所在
여 간 아 의 풍 하 소 재

네가 내 가사를 보라. 바람의 소재가 어디인가?

不應衣中 有藏風地
불 응 의 중 유 장 풍 지

응당히 가사 속에 바람을 장藏하는 곳이 있지는 아니하리라.

가사 가운데 바람 간직하는 곳이 따로 있지는 않을 테니, 가사에서 바람이 나지는 않는다는 애깁니다.

若生虛空 汝衣不動 何因無拂
약 생 허 공 여 의 부 동 하 인 무 불

만일 허공에서 생긴다면 네 가사가 펄럭거리지 않았을 적에는 어찌하여 바람이 나지 않느냐?

空性常住
공 성 상 주

허공의 성性이 항상 있는 것이니,

허공이 항상 하니 바람도 허공에서 항상 나와야 할 것 아니냐, 이 말입니다.

風應常生
풍 응 상 생

바람도 항상 생겨야 할 것이요,

若無風時 虛空當滅
약 무 풍 시 허 공 당 멸

만약 바람이 없을 때에는 허공이 마땅히 멸했어야 할 것이니,

허공에서 바람이 난다고 하면 바람이 안 날 때는 허공도 없어져야 할 테니,

滅風可見 滅空何狀
멸 풍 가 견 멸 공 하 장

바람이 멸함은 가히 볼 수 있거니와 허공이 멸함은 무슨 모양이겠는가?

허공이 없어지면 없어진 자리는 무슨 모양이겠느냐. 그러니 멸한다는 게 안 된다는 말이고,

若有生滅 不名虛空
약 유 생 멸 불 명 허 공

만약 생하고 멸함이 있다면 허공이라 이름할 수 없고,

아무것도 없는 게 허공이지 생멸이 있다면 허공이라 할 수가 없다는 얘깁니다.

名爲虛空 云何風出
명 위 허 공 운 하 풍 출

이름을 허공이라 한다면 어떻게 바람이 출出하겠는가?

若風自生彼拂之面
약 풍 자 생 피 불 지 면

만일 바람이 저 사람의 얼굴에서 스스로 난다면,

바람 쏘임을 입는 얼굴, 곁의 사람의 얼굴에서 난다고 하면,

從彼面生 當應拂汝
종 피 면 생 당 응 불 여

저 사람의 얼굴에서 나는 것이니, 응당히 네게로 불어와야 할 것이거늘,

自汝整衣 云何倒拂
자 여 정 의 운 하 도 불

네가 가사를 바로 하는데 어찌 거꾸로 불겠는가?

저 사람의 얼굴로 도로 불어가는 것이 도불倒拂입니다. 즉 얼굴에서 난다면 너한테로 불어와야 할 텐데 네가 옷을 정돈할 때 저 사람의 얼굴에 부니, 그게 도불입니다.

汝審諦觀
여 심 제 관

너는 자세히 보라.

整衣在汝 面屬彼人 虛空寂然 不參流動
정 의 재 여 면 속 피 인 허 공 적 연 불 참 류 동

가사는 네가 바로 하고, 얼굴은 저 사람에게 속하고, 허공은 적연寂然하여 유동하지 않거늘,

風自誰方 鼓動來此
풍 자 수 방 고 동 래 차

바람이 수방으로부터 고동하여(불어) 이로 오는가?

風空性隔
풍 공 성 격

바람과 허공은 성질이 격隔하여,

바람은 동하는 것이고, 허공은 고요한 것이니, 성질이 위반된다는 말입니다.

非和非合 不應風性 無從自有
비 화 비 합 불 응 풍 성 무 종 자 유

화和도 아니고 합도 아니며, 응당히 바람이 오는 데 없이 스스로 생기지도 아니하리라.

汝宛不知
여 완 부 지

네가 완연히 알지 못하는구나.

如來藏中 性風眞空 性空眞風
여 래 장 중 성 풍 진 공 성 공 진 풍

여래장 중에 성性이 풍風인 진공과 성性이 공空인 진풍이,

清淨本然 周遍法界 隨衆生心 應所知量
청정본연 주변법계 수중생심 응소지량

청정하고 본연하여 법계에 주변하면서 중생의 마음을 따르고 소지의 양에 응하느니라.

阿難 如汝一人 微動服衣 有微風出
아난 여여일인 미동복의 유미풍출

아난아, 너 일인一人이 가사를 펄럭거리면 미풍이 일어나고,

遍法界拂 滿國土生
변법계불 만국토생

법계에 두루 하여 펄럭거리면 국토에 가득하게 생하나니,

周遍世間 寧有方所
주변세간 영유방소

세간에 주변했거니 어찌 방소가 있으리오.

循業發現 世間無知 惑爲因緣 及自然性
순업발현 세간무지 혹위인연 급자연성

업을 따라 발현發現하거늘 세간이 무지하여 인연이다 자연성이라 의혹하나니,

皆是識心 分別計度
개 시 식 심 분 별 계 탁

다 식심으로 분별하고 계탁하는 것이라,

但有言說 都無實義
단 유 언 설 도 무 실 의

다만 언설이 있을지언정 전혀 실의가 없느니라.

여기까지 지地 · 수水 · 화火 · 풍風의 사대를 얘기했습니다.

阿難 空性無形 因色顯發
아 난 공 성 무 형 인 색 현 발

아난아, 공空의 성性이 형상이 없어서 색을 인하여 현발하느니라.

물질 아닌 데를 허공이라 그러는데 아무것도 없으면 허공을 인식하지 못한다는 말입니다.

如室羅城 去河遙處
여 실 라 성 거 하 요 처

실라벌성에서 하河(江)와 먼 곳에 있는,

諸剎利種 及婆羅門 毗舍首陀 兼頗羅墮 旃陀羅等
제 찰 리 종 급 바 라 문 비 사 수 다 겸 바 라 타 전 다 라 등
新立安居
신 립 안 거

찰제리, 바라문, 비사, 수다, 바라타, 전다라 등이 안거安居를 새로 세우려 하여,

바라문과 찰제리와 비사와 수다라를 인도의 사성四姓이라고 하는데, 원래는 바라문이 첫째인데, 여기에서는 찰제리를 먼저 썼습니다. 바라타는, 바라타라는 다른 계급이 있는 것이 아니고, 바라문들의 여러 성姓 가운데 총명하고 지혜 있는 사람을 말합니다. 전다라는 수다에도 들지 못하는 백정 같은 계급입니다. 그러니까 바라타는 지혜 있고, 전다라는 둔하다고 봅니다.

안거라는 것은, 우리가 말하는 하안거夏安居, 동안거冬安居를 일컫는 것이 아니고 집을 말합니다.

그 집을 새로 지으려고 할 때에 집을 지으려면 물이 있어야 하니까,

鑿井求水
착 정 구 수

우물을 파서 물을 구할 적에,

出土一尺 於中則有一尺虛空
출 토 일 척 어 중 즉 유 일 척 허 공

흙이 1척이 나오면 그 속에 1척의 허공이 생기고,

흙 파낸 그 자리는 허공이 있게 된다는 말입니다.

如是乃至 出土一丈 中間還得 一丈虛空
여 시 내 지 출 토 일 장 중 간 환 득 일 장 허 공

그와 같이 흙이 1장이 나오면 그 중간에 도리어 1장의 허공이 생겨(得),

空虛淺深 隨出多少
공 허 천 심 수 출 다 소

허공의 천심이 흙이 많고 적게 나옴을 따르나니,

출出 자는 흙이 나온다는 얘기니까 흙 나오는 것의 많고 적은 걸 따라서 허공도 깊고 얕고 한다는 말입니다.

此空爲當因土所出
차 공 위 당 인 토 소 출

이 허공은 흙을 인하여 출出한 바인가,

因鑿所有 無因自生
인 착 소 유 무 인 자 생

팜을 인하여 있느냐, 인이 없이 스스로 생기는가?

착鑿 자는 명사로 하면 괭이나 끌을 말하고, 동사로 하면 판다는 뜻입니다. 여기에서는 동명사動名詞로 보면 되겠습니다.

阿難 若復此空 無因自生
아 난 약 부 차 공 무 인 자 생

아난아, 만일 이 허공이 인因이 없이 스스로 생긴다면,

未鑿土前 何不無礙
미 착 토 전 하 불 무 애

파기 전에는 어찌하여 유애留礙함이 없지 못하고,

흙 파기 전에도 늘 허공이 있어야 할 텐데, 흙 파기 전에는 유애하지 못하여 흙이 있어서 막혀 있다는 말입니다.

唯見大地 迥無通達
유 견 대 지 형 무 통 달

오직 대지만 보일 뿐 전혀 통달하지 못하는가?

땅만 있지 허공은 하나도 없겠다는 말입니다.

그러니 허공이 까닭 없이 스스로 생겼다는 것은 말이 안 되고,

若因土出 則土出時 應見空入
약 인 토 출 즉 토 출 시 응 견 공 입

만일 흙을 인하여 난다면 흙이 나올 적에 응당히 허공이 들어감을 보아야 할 것이며,

若土先出 無空入者
약 토 선 출 무 공 입 자

만일 흙만 먼저 나오고 허공이 들어가지 않는다면,

云何虛空 因土而出
운 하 허 공 인 토 이 출

어찌하여 허공이 흙을 인하여 난다 하겠느냐?

若無出入 則應空土 元無異因
약 무 출 입 즉 응 공 토 원 무 이 인

만약 나오거나 들어감이 없다면, 허공과 흙이 원래 다른 인이 없는

것이며,

허공이 즉 흙이요, 흙이 즉 허공이어야 하겠다는 말입니다. 그러니까 흙이 나오는데도 허공 들어가는 게 없다고 하면 본래 파기 전에 허공과 흙이 같이 있어야 하겠다는 말입니다.

無異則同
무 이 즉 동

다르지 않으면 같은지라,

허공과 흙이 같다는 말입니다.

則土出時 空何不出
즉 토 출 시 공 하 불 출

흙이 출出하는 때에 허공은 어찌하여 나오지 않는가?

흙은 나오는데 허공은 안 나오니까 같다고 할 수가 없다는 말입니다.

若因鑿出 則鑿出空 應非出土
약 인 착 출 즉 착 출 공 응 비 출 토

만일 팜을 인하여 난다면 파서 허공이 나는 것이니, 응당히 흙은 나오지 않아야 할 것이며,

不因鑿出 鑿自出土 云何見空
불인착출 착자출토 운하견공

팜을 인하여 나는 것이 아니라면 팔 때에 흙이 출出하는데, 어째서 허공을 보게 되느냐?

불인착출을 '파는 것을 인하지 않고 난다'라고 해도 말이 되고, '파는 것을 인해 나는 게 아니다'라고 해도 말이 됩니다.

汝更審諦 諦審諦觀
여갱심제 제심제관

네가 다시 자세하게 살피고 살펴서 자세히 보라.

鑿從人手 隨方運轉
착종인수 수방운전

파는 괭이는 사람의 손을 따라 이리저리 옮겨지고,

土因地移
토인지이

흙은 땅을 인하여 옮겨지나니,

여기 있던 흙을 파 가지고 저쪽으로 옮기는 것이니까 흙은 땅을 인해서

옮겨진다, 그러니까 다른 게 생기는 것이 아니라 옮겨지는 것이,

如是虛空 因何所出
여 시 허 공 인 하 소 출

이와 같이 허공은 무엇을 인하여 생기는가?

鑿空虛實
착 공 허 실

착鑿과 공空은 허하고 실하여서,

허공은 허한 것이고, 파는 것은 사실 실제라는 얘깁니다.

不相爲用 非和非合
불 상 위 용 비 화 비 합

서로 작용할 수 없으므로 화和도 아니고 합도 아니며,

不應虛空 無從自出
불 응 허 공 무 종 자 출

허공이 오는 데 없이 스스로 생기지도 아니하리라.

若此虛空 性圓周遍 本不動搖
약 차 허 공 성 원 주 변 본 부 동 요

만일 이 허공의 성性이 원만하고 주변하여 본래 동요하지 않는 것이라면,

이 법계에 허공이 가득 차겠다는 말입니다. 성원주변하여 본부동요라고 하는 것이 대大의 성질입니다. 가령 지대地大라든지, 풍대風大, 화대火大가 원圓하고 주변하여 어디든지 없는 데가 없다고 해서 대大라고 하는, 바로 대大 자의 정의를 내린 것입니다. 그렇다면 허공이 대가 될 자격이 있다, 그런 말입니다.

當知現前 地水火風 均名五大
당 지 현 전 지 수 화 풍 균 명 오 대

마땅히 현전의 지 · 수 · 화 · 풍과 함께 오대라고 이름하는 줄 알아야 할지니,

성性은 주변한 것이 다 같으니까 사대四大만을 대大라고 할 것이 아니라 허공까지도 대라고 해서 허공이 대에 참례할 자격이 있다는 것입니다.

性眞圓融 皆如來藏 本無生滅
성 진 원 융 개 여 래 장 본 무 생 멸

성性이 참되고 원융하여 다 여래장이라 본래 생멸이 없느니라.

허공도 본래 생멸이 없는 것이다. 그러니까 성性이 원융해서 본무생멸本無生滅하는 것이 대大의 작용인데 공空도 대에 참례할 자격이 있다는 얘깁니다.

阿難 汝心昏迷 不悟四大 元如來藏
아 난 여 심 혼 미 불 오 사 대 원 여 래 장

아난아, 너의 마음이 혼미하여 사대가 원래 여래장임을 깨닫지 못하나니,

當觀虛空
당 관 허 공

마땅히 허공을 보라.

爲出爲入 爲非出入
위 출 위 입 위 비 출 입

출하느냐, 입하느냐, 출입하지 않느냐?

汝全不知 如來藏中 性覺眞空 性空眞覺
여 전 부 지 여 래 장 중 성 각 진 공 성 공 진 각

네가 전혀 알지 못하는구나. 여래장 중에 성性이 각覺인 진공과 성性이 공空인 진각이,

위의 사대四大의 경우에 예例하면, 성공性空인 진공眞空과, 성性이 공空인 진공眞空이라고 해야 할 테지만, 성공인 진공이라고 하면 공 자가 어느 것이 공空이라는 공空 자이고, 어느 것이 진공이라는 공空 자인지 분간이 안 생기기 때문에 공空 자를 바꾸어 각覺이라고 한 것입니다.

본래 여래장이 각覺에서 나온 것이기 때문에 '성공인 진각과' 이것을 먼저 써야 하지만, '성각인 진공'을 먼저 썼습니다.

각覺은 체體요, 공대空大라고 하면 상相으로 나오는 것이니까 다른 데보다 체를 먼저 갖다 쓴 것입니다.

清淨本然 周遍法界 隨衆生心 應所知量
청정본연 주변법계 수중생심 응소지량

청정하고 본연하여 법계에 주변하여서 중생의 마음을 따르고 소지所知의 양量에 응應하느니라.

阿難 如一井空 空生一井
아난 여일정공 공생일정

아난아, 한 우물이 공하면 허공이 한 우물만큼 생하고,

지금 우물 파는 얘기를 하고 있습니다.

十方虛空 亦復如是
시 방 허 공 역 부 여 시

시방의 허공도 다시 그러하니라.

圓滿十方 寧有方所
원 만 시 방 영 유 방 소

시방에 원만하거늘 어찌 방소가 있으리오.

중생의 마음을 따르고, 그저 소지량所知量에 응해서 우물 파는 대로 나온다는 겁니다.

循業發現
순 업 발 현

업을 따라 발현하거늘,

世間無知 惑爲因緣 及自然性
세 간 무 지 혹 위 인 연 급 자 연 성

세간이 무지하여 인연이라 자연성이라 의혹하나니,

皆是識心 分別計度
개 시 식 심 분 별 계 탁

다 식심으로 분별하고 계탁하는 것이라,

但有言說 都無實義
단 유 언 설 도 무 실 의

다만 언설이 있을지언정 전혀 실의實義가 없느니라.

阿難 見覺無知
아 난 견 각 무 지

아난아, 견見의 각覺이 앎이 없어서,

견각은 눈으로 보고 깨닫는 것입니다. 눈으로 보는 것인데 눈 하나만이 아니라 귀라든지 코라든지 육근을 다 가리키는 말이 되어서 공견식空見識할 때에 견대見大라고 하는데, 견대라고 할 게 아니라 근대根大라고 해야 옳겠다는 얘깁니다.

육근을 다 가리키는 말이니 근대라고 해야 할 텐데, 육근 가운데 안근이 첫째이고, 안근은 보는 것이 주장이기 때문에 견대라고 했다는 것입니다. 그러니까 견각을 견見과 각覺이라고 보면 안 됩니다. 견각이 무지하다는 것은 견 자체는 분별을 못 한다는 얘깁니다.

우리가 무엇을 본다고 할 때에 눈은 거울과 같아서 환하게 비치기만 하지 구체적으로 분별하지는 못합니다.

견각見覺, 안근眼根 자체로는 분별하는 작용을 못 하고, 오팔五八이 동체同體라고 해서 안 · 이 · 비 · 설 · 신의 전오식前五識과 제팔식第八識이 분별하는 작용이 없는 편으로 체가 같다는 것입니다.

팔식이 전오식과 체가 같기 때문에 눈으로 본다는 얘깁니다. 동시 작용이라고 해서 안근으로 물건을 봐서 안식이 작용할 때에 안식이 작용하는 동시에 제육第六 의식意識이 같이 작용을 해줘야 눈으로 보고 무엇이라고 아는 것이지, 의식이 작용해 주지 않으면 구체적으로 분별하지 못한다는 얘깁니다. 그래서 견각이 무지하다는 것입니다.

因色空有
인 색 공 유

색과 공을 인하여 있느니라.

색과 공 없이 안근 혼자만은 안 된다는 얘깁니다.

如汝今者 在祇陀林 朝明夕昏
여 여 금 자 재 기 타 림 조 명 석 혼

네가 지금 기타림에 있을 적에 아침에는 밝고 저녁에는 어두우며,

設居中宵 白月則光 黑月便暗
설 거 중 소 백 월 즉 광 흑 월 변 암

설사 밤중이라도 백월白月에는 빛나고 흑월黑月에는 어둡나니,

則明暗等 因見分析
즉명암등 인견분석

즉 명明과 암暗 등으로 인하여 견見이 분석되느니라.

이것을 지금 글로 보면 '밝고 어두운 것 등을 견見을 인해서 분석한다', 이렇게 해야겠지만, 명암 등을 분석하는 것이 여기에서 필요한 게 아니고, 견見 생기는 작용을 말하는 것이기 때문에 원글로는 좀 잘못되지만 '명암 등을 인해서 견이 분석된다', 이렇게 봐야 합니다. 명암 등을 인해 가지고 견이 작용한다는 말이기 때문에 글의 문맥으로는 서툴지만 그래도 이치가 닿아야 하니까 '견을 인해 분석한다'라고 하면 견의 화합을 파破하는 데 안 맞다는 얘깁니다. 아마 번역할 때에 뭐가 좀 잘못된 것 같습니다.

그러니 '명암 등으로 인하여 견이 분석되나니', 이렇게 봐야겠습니다.

此見爲復 與明暗相 幷太虛空 爲同一體
차견위부 여명암상 병태허공 위동일체

이 견見이 명암상과 태허공으로 더불어 동일체인가,

명암상은 색色입니다. 견見과 명明 · 암暗 · 색色 · 공空이 같냐는 말입니다.

爲非一體 或同非同 或異非異
위비일체 혹동비동 혹이비이

일체가 아닌가? 혹 같기도 하고 같지 않기도 하며, 다르기도 하고 다르지 않기도 하는가?

이것은 이치로 따진다면 혹동혹이或同或異, 비동비이非同非異라 해서 같고 다른 것을 한 군데로 해야 하는데, 혹동혹이或同或異하며 비동비이非同非異라고 하기가 싫으니까 동同은 동끼리 모아서 혹 같기도 하고 같지 않기도 하다고 했고, 이異는 이끼리 모아 혹이비이或異非異라고 해서 다르기도 하고 다르지 않기도 하느냐고 했습니다.

阿難 此見若復與明與暗 及與虛空 元一體者
아 난 차 견 약 부 여 명 여 암 급 여 허 공 원 일 체 자

아난아, 이 견見이 만일 명明과 암暗과 허공과 일체라면,

여섯 가지를 낱낱이 얘기합니다.

則明與暗 二體相亡
즉 명 여 암 이 체 상 망

명明과 암暗은 이체가 서로 없어서,

暗時無明 明時非暗
암 시 무 명 명 시 비 암

암暗할 때는 명明이 없고 명할 때는 암이 없느니라.

일체가 될 수 없는 이유를 얘기하는 겁니다.

若與暗一 明則見亡
약 여 암 일 명 즉 견 망

만일 암暗과 더불어 하나라면 명明할 적에는 견見이 없을 것이며,

암暗과 일체이던 것이 밝으면 암이 없어지니까 견見이 없어질 것이고, 견이 없어졌으면 밝은 걸 몰라야 할 텐데 밝은 걸 아니까 없어졌다고 할 수가 없습니다.

必一於明 暗時當滅
필 일 어 명 암 시 당 멸

반드시 명明과 일체라면 암暗할 적에는 마땅히 멸하리니,

견망見亡과 견멸見滅을 같은 뜻으로 본 말입니다.

滅則云何 見明見暗
멸 즉 운 하 견 명 견 암

멸하였으면 어떻게 명明을 보고 암暗을 보겠는가?

그러니 밝은 것과 어두운 것과 일체라는 말이 안 맞고,

若暗明殊 見無生滅 一云何成
약 암 명 수 견 무 생 멸 일 운 하 성

만일 암暗과 명明은 다르나 견見은 생멸함이 없다면 일체가 어떻게 성립되리오.

일一 자는 일체라는 말입니다. 명明과 암暗은 다른데 견見은 생멸이 없다고 하면 일체가 될 수 없다는 말입니다.

若此見精 與暗與明 非一體者
약 차 견 정 여 암 여 명 비 일 체 자

만일 이 견정이 암暗과 명明과 일체가 아니라면,

여기에 허공 얘기는 빠졌습니다.

汝離明暗 及與虛空 分析見元
여 리 명 암 급 여 허 공 분 석 견 원

네가 명明과 암暗 및 허공을 떠나서(離) 견見의 근원을 분석하라.

명明과 암暗과 공空이 없을 때 견見의 근원을 분석해 보라는 말입니다.

作何形相
작 하 형 상

어떤 형상을 짓겠는가?

견見이라는 것은 밝은 것과 어두운 것을 알고, 허공을 알기 때문에 그것을 가지고 견見하는 작용이라고 하는데, 그게 없다고 하면 견이라는 것이 무슨 형상을 가지고 있겠느냐는 말입니다.

離明離暗 及離虛空 是見元同 龜毛兎角
이 명 이 암 급 이 허 공 시 견 원 동 귀 모 토 각

명明을 여의고 암暗을 여의고 허공을 여읜다면, 이 견見이 귀모, 토각과 같으리니,

실물이 없다는 말입니다.

明暗虛空 三事俱異 從何立見
명 암 허 공 삼 사 구 이 종 하 입 견

명明과 암暗과 허공의 삼사와 다르다면 무엇을 좇아 견見을 세우겠는가?

다르다는 말을 여읜다는 뜻으로 보면 됩니다. 명明 · 암暗 · 색色 · 공空 때문에 견見이 작용을 하는데, 명암 그것이 없다고 하면 무엇을 좇아 견見을 세우겠느냐는 말입니다.

明暗相背
명 암 상 배

명明과 암暗은 서로 배치되니,

명明은 암暗과 배치되고, 암은 명과 배치된다는 얘깁니다.

云何或同
운 하 혹 동

어찌 혹 같다 하리오.

혹동비동或同非同 혹이비이或異非異를 가리키는 말입니다.

離三元無 云何或異
이 삼 원 무 운 하 혹 이

삼을 여의고는 원래 없으니, 어떻게 혹 다르다 하겠는가?

삼三은 명明과 암暗과 공空인데, 그것을 떠나서는 견見이 없으니까 명암과 견이 다르다고도 할 수 없다는 것입니다.

分空分見 本無邊畔
분 공 분 견 본 무 변 반

허공을 나누고 견을 나누려면 본래 변반이 없으니,

내내 공空이 견見이요 견이 공이지, 어디까지는 공이고 어디까지는 견이라는 살표, 변반邊畔이 없다는 말입니다.

云何非同
운 하 비 동

어찌 같지 않다 하리오.

見暗見明 性非遷改 云何非異
견 암 견 명 성 비 천 개 운 하 비 이

암暗을 보고 명明을 보아도 성性이 천개하지 않으니 어떻게 다르지 않다 하겠는가?

명암은 달라지는데 견見은 달라지지 않으니까 다르지 않다고 할 수가 없다, 다른 것이다, 이 말입니다. 그래서 일체一體와 비일체非一體와 혹동혹이或同或異와 비동비이非同非異를 다 같이 얘기하는 것입니다.

汝更細審 微細審詳 審諦審觀
여 갱 세 심 미 세 심 상 심 제 심 관

네가 다시 자세하게 살피며 미세하게 살펴서 심제하고 심관하라.

明從太陽 暗隨黑月 通屬虛空 壅歸大地
명 종 태 양 암 수 흑 월 통 속 허 공 옹 귀 대 지

명明은 태양을 좇고, 암暗은 흑월에 따르고, 통通은 허공에 속하고,

옹壅은 대지에 돌아가니,

如是見精 因何所出
여 시 견 정 인 하 소 출

이 견見의 정精은 무엇을 인하여 생기는가?

見覺空頑
견 각 공 완

견見은 각覺하는 것이요, 공空은 완頑한 것이어서,

非和非合 不應見精 無從自出
비 화 비 합 불 응 견 정 무 종 자 출

화和도 아니고 합合도 아니며, 견정이 좇음이 없이 스스로 생기지도 아니하리라.

若見聞知
약 견 문 지

만약 보고 듣고 아는,

여기에 각覺 자가 들어가야 하는데, 넉 자씩 맞추다 보니 그렇게 했지만, 그 속에는 각覺 자가 포함되어 있습니다.

性圓周遍 本不動搖
성원주변 본부동요

성性이 원만하고 주변하여 본래부터 동요하지 않는다면,

여기에서 견見 하나만 얘기했지만, 육근의 작용을 다 가리키는 말입니다. 그러니까 '견문지見聞知가 성원주변性圓周遍하여 본부동요本不動搖'입니다.

當知無邊 不動虛空 幷其動搖 地水火風 均名六大
당지무변 부동허공 병기동요 지수화풍 균명육대

마땅히 무변하고 부동하는 허공이나 동요하는 지 · 수 · 화 · 풍과 아울러 육대라고 이름한 것인 줄 알리니,

공空까지 해서 오대五大라고 했는데 근根이 하나 더 들어왔으니 육대六大라고 해야 할 것이라는 말입니다.

육대의 자격이 있는 것이,

性眞圓融 皆如來藏 本無生滅
성진원융 개여래장 본무생멸

성性이 참되고 원융하여 다 여래장이라 본래 생멸이 없느니라.

阿難 汝性沈淪 不悟汝之見聞覺知 本如來藏
아난 여성침륜 불오여지견문각지 본여래장

아난아, 너의 성性이 침륜하여 너의 견·문·각·지가 본래 여래장임을 깨닫지 못하나니,

汝當觀此見聞覺知
여당관차견문각지

네가 마땅히 이 견·문·각·지함을 보라.

爲生爲滅 爲同爲異
위생위멸 위동위이

생하는가, 멸하는가, 동同하는가, 이異하는가?

爲非生滅 爲非同異
위비생멸 위비동이

생과 멸이 아니냐, 동同과 이異가 아니냐?

汝曾不知
여증부지

네가 일찍이 알지 못하는구나.

如來藏中 性見覺明 覺精明見
여 래 장 중 성 견 각 명 각 정 명 견

여래장 중에 성性이 견見인 각명과 각覺이 정精인 명견이,

성性 중의 견見이 곧 각상覺上의 명明이라는 뜻이니까 지대地大 중에서 말한 성性이 색色인 진공眞空과 같다는 것이 성性이 견見인 각명覺明의 뜻이고, 진각眞覺의 정精이 곧 성명性明의 견이라는 뜻이니, 지대地大 중의 성性이 공空인 진색眞色과 같다는 것이 각정인 명견이라는 뜻입니다.

清淨本然 周遍法界 隨衆生心 應所知量
청 정 본 연 주 변 법 계 수 중 생 심 응 소 지 량

청정하고 본연하여 법계에 주변周遍하여 있으면서 중생의 마음을 따르고 소지의 양에 응하느니라.

如一見根 見周法界
여 일 견 근 견 주 법 계

한 견근의 견見이 법계에 주변함과 같이,

聽齅嘗觸 覺觸覺知 妙德瑩然
청후상촉 각촉각지 묘덕영연

청聽과 후齅와 상촉과 각촉과 각지의 묘덕이 영연하여,

육근六根의 작용을 다 쓴 것입니다.

遍周法界 圓滿十虛 寧有方所
변주법계 원만십허 영유방소

법계에 주변하여 시방 허공에 원만하나니 어찌 방소가 따로 있겠는가?

지금 이것은 각覺의 작용이라서 청정본연하다고 얘기할 수 없으니까 묘덕妙德이 영연瑩然이라고 했습니다. 영瑩 자는 옥을 잘 다듬어서 조그만치의 티도 없는 것을 말합니다.

循業發現 世間無知 惑爲因緣 及自然性
순업발현 세간무지 혹위인연 급자연성

업을 따라 발현하는 것이거늘 세간이 무지하여 인연이라 자연성이라 의혹하나니,

皆是識心 分別計度
개시식심 분별계탁

다 식심으로 분별하고 계탁하는 것이라,

但有言說 都無實義
단 유 언 설 도 무 실 의

다만 언설이 있을지언정 전혀 실의가 없느니라.

저 위에서는 오음 · 육입 · 십이처 · 십팔계가 여래장묘진여성如來藏妙眞如性이라고 해서 범위가 좁았는데, 여기에서는 지地 · 수水 · 화火 · 풍風 · 공空 · 견見 · 식識이 다 여래장묘진여성이고, 법계에 가득 차서 조금도 서로 방해하지 않는다고 해서 범위가 더 넓어졌습니다.

이제 마지막 식대識大에 대해서 얘기합니다.

阿難 識性無源
아 난 식 성 무 원

아난아, 식識의 성性이 원源이 없어서,

여기의 식識은 아래로 내려가다 보면 육식六識을 가리키는 말입니다. 그 성性 자는 본 성품이라는 것보다도 식은 본 성품이 아니니까 식의 자체라는 의미로 보는 것이 좋겠습니다.

因於六種 根塵妄出
인 어 육 종 근 진 망 출

6종의 근진을 인하여 망출하느니라.

육근六根, 육진六塵을 인해 가지고 허망하게 생기게 된다는 얘기인데, 식성識性은 6종 근진이니까 칠식과 팔식은 없다는 말입니다.

그래서 여기는 그냥 육식으로 보는 게 좋겠다 싶습니다. 제칠식은 의근이고, 제팔식은 제칠식의 근根이 되고 하니까 전문前文으로 보면 전육식前六識만을 가리키는 모양이고, 칠식, 팔식이 안 되어 있는 것은 칠식은 의근이니까 저 위의 육식 얘기할 때에 근대根大에서 나오는 것이고, 제팔식도 역시 오팔五八이 동체同體라고 해서 전오근前五根의 근성根性과 같은 것이니까 그래서 여기를 육식으로만 봐도 칠식, 팔식이 포함되어 있다는 그 말입니다.

그러니까 지금 6종 근진根塵에서 생기는 것이 참말 생기는 것이 아니라 망출妄出이기 때문에 근원이 없다고 한 것이다, 그 말입니다.

汝今遍觀 此會聖衆 用目循歷
여 금 변 관 차 회 성 중 용 목 순 력

네가 지금 이 회會의 성중聖衆을 변관하되 눈을 써서 순력循歷하나니,

다 아라한들이니까 성중聖衆이라고 했습니다. 성중聖衆은 안식眼識의 상대니까 진塵을 가리키는 말이고, 용목순력은 근根이라고 해야 좋을 것 같은데, 『정맥소』에서는 용목순력을 식識이라고 했으니, 육근 가운데 안근만 가지고 하는 것이니까 관觀 자를 근根이라고 하고, 용목순력을 식識이라고 해서, 여기에 근根·진塵·식識 셋이 다 들어 있다고 하는데, 용목순력을 식이라고 하기는 좀 어렵지 않은가 합니다. 그래서 이것은 그냥 근진根塵만 가리키는 방향으로 성중聖衆은 진塵이요, 용목순력은 근根이라고만

보는 게 좋지 않겠나, 그런 생각을 해 봤습니다. 여기에 보면 분명히 목目은 식識의 작용이 아닌 것을 얘기했습니다.

其目周視 但如鏡中 無別分析
기 목 주 시 단 여 경 중 무 별 분 석

눈으로 두루 보는 것은 경중鏡中과 같아서 별로 분석함이 없느니라.

거울에 영상이 나타날 때에 거울 가운데 영상이 드러나지만 거울이 빨갛다 노랗다는 등의 분별은 하지 못하는데, 근根의 근성根性으로는 대상이 드러나기만 하지 분별하는 것은 식識이 하는 것이다, 이 말입니다.

그래서 여기에서 '그 눈으로 보되, 경중과 같아서 별로 분석이 없다'라고 한 것을 보면, 이 목目 자가 용목순력用目循歷의 목目 자를 가리키는 것이니, 용목순력을 근으로 보는 것이 적당하지 않겠나 하는 그런 생각입니다.

汝識於中
여 식 어 중

너의 식識 중에,

식識은 안식眼識을 가리키는 말입니다. '네 안식이 있어 가지고 성중聖衆을 용목순력用目循歷하는 가운데서', 그런 말입니다. 안식 그 자체는 저 혼자만으로는 분별을 못 내는데, 그때에 안식과 함께하는 소위 동시의식同時意識이 있어야 사실을 분별해 알지, 안근眼根만 가지고는 자세한 분별은 못 한다는 것입니다.

次第標指 此是文殊
차 제 표 지 차 시 문 수

차제로 표지하여 이는 문수요,

문수文殊인 줄 아는 것은 식識이 들어서 하는 것입니다.

此富樓那 此目犍連 此須菩提 此舍利弗
차 부 루 나 차 목 건 련 차 수 보 리 차 사 리 불

이는 부루나요, 이는 목건련이요, 이는 수보리요, 이는 사리불이라 하느니라.

그러니까 지금 근根과 진塵이 들어 가지고 생기는 것을 얘기하는 것입니다.

此識了知 爲生於見
차 식 요 지 위 생 어 견

이 식識으로 아는 것이 견見에서 나느냐,

견見은 안근眼根을 가리키는 말입니다.

爲生於相
위 생 어 상

상相에서 생하느냐,

상相은 성중聖衆을 가리키는 말이니까 색진色塵을 가리키는 말입니다.

為生虛空
위 생 허 공

허공에서 생하는가,

허공은 근根과 진塵을 떠나서 하는 말입니다.

為無所因 突然而出
위 무 소 인 돌 연 이 출

인한 바가 없이 돌연히 출하는가?

근根이나 진塵이나 허공이 없이 무인無因으로 생기지 않았다는 것을 말하기 위해 이렇게 물어 놓습니다.

阿難 若汝識性 生於見中
아 난 약 여 식 성 생 어 견 중

아난아, 만일 너의 식성이 견見 가운데에서만 생한다면,

성性 자는 식識의 체體를 가리키는 말입니다. 견見 중에서 생했다는 것은 안근眼根으로 보는 것이니까 안근 가운데서 생겼느냐는 말입니다.

如無明暗 及與色空
여 무 명 암 급 여 색 공

명明과 암暗, 그리고 색과 공은 없을 것이니,

명암明暗이 즉 색色이고, 여기에 공空이 하나 더 들어왔습니다.

四種必無
사 종 필 무

네 가지가 반드시 없으면,

'근根만 있고 진塵이 없으면', 그 말입니다. 생어견중生於見中이라고 하는 것은 근根을 인정하고 하는 말이고, 명明 · 암暗 · 색色 · 공空 4종이라고 하는 것은 진을 말합니다.

元無汝見
원 무 여 견

원래 네 견見도 없으리라.

진塵을 보는 것이 견見인데, 안근眼根만 있고 진이 없다고 하면 견이 성립하지 못한다는 말입니다.

見性尚無 從何發識
견 성 상 무 종 하 발 식

견見의 성性도 오히려 없거니, 무엇을 좇아 식識을 발하겠는가?

여기의 성性 자도 작용을 가리키는 말입니다. 발發 자는 생긴다는 말이니까 견見으로부터 식識이 발생하는데 명明·암暗·색色·공空이 없으면 견의 작용이 없는데 어떻게 식을 발생하게 되겠느냐, 그러니까 근根만 가지고는 식이 생기지 않는다는 얘깁니다.

若汝識性 生於相中
약 여 식 성 생 어 상 중

만일 너의 식성이 상相에서 생한다면,

상相은 진塵을 가리키는 말입니다.

不從見生
부 종 견 생

견見으로 좇아 나는 것은 아니리니,

근根과는 상관없다는 말입니다.

旣不見明 亦不見暗
기 불 견 명 역 불 견 암

이미 명明도 보지 않고, 또한 암暗도 보지 않을 것이며,

근根이 있어야 보는데, 근이 견見에서 생기지 않았다고 하면, 밝은 것은 있지만 밝은 것은 보지 않으며,

明暗不矚 卽無色空
명 암 불 촉 즉 무 색 공

명明과 암暗을 보지 않는다면 색과 공도 없으리니,

명明 · 암暗 · 색色 · 공空은 상相인데, 견見이 없이는 명 · 암 · 색 · 공의 존재를 인정하지 못한다는 말입니다.

彼相尙無
피 상 상 무

저 상相도 오히려 없거니,

상相에서 났다고 하는 진상塵相도 오히려 없는데,

識從何發
식 종 하 발

식識이 무엇을 좇아 발發하리오.

위의 종하발식從何發識과, 이 식종하발識從何發은 같은 말입니다. 그러니까 근根에서만 날 수도 없고, 상相에서만 날 수도 없다는 말입니다.

若生於空 非相非見
약 생 어 공 비 상 비 견

만일 허공에서 생긴다면, 상相도 아니고 견見도 아니니라.

허공은 상相도 아니고 견見도 아니니까 색상色相도 아니고 안眼으로 보는 것도 아니니, 허공에서 난다고 하면 비상비견이기 때문입니다.

非見無辨
비 견 무 변

견見이 아니면 분변함이 없어서,

보는 것이 아니면 크다, 작다고 분변分辨할 수가 없다는 말입니다.

自不能知 明暗色空
자 불 능 지 명 암 색 공

스스로 능히 명 · 암 · 색 · 공을 알지 못할 것이며,

견見 없이는 모를 테니까 공空에서 난다고 하면 견이 없이는 안 된다는 말이고,

非相滅緣
비 상 멸 연

상相이 아니면 연緣이 멸滅하여서,

진塵을 가지고야 식識이 생기는데 상相이 아니라고 하면 연緣이 없어진 것이니,

見聞覺知 無處安立
견 문 각 지 무 처 안 립

견·문·각·지가 안립할 곳이 없으리라.

저 위에서는 견見 하나만 가지고 얘기를 했는데, 여기에서는 육근六根의 작용을 다 얘기했습니다.

무처안립이라는 말은 무안립처無安立處나 같은 말로서 자기 근성根性을 두고서 분별이 존재하는 것이 안립安立인데, 무처안립이란 존재할 수가 없다는 말입니다. 그러니까 여기에서 무처안립이라는 말을 아난 존자가 듣고 비색비공非色非空 비상비견非相非見에 안립한다고 할까 봐서 다음에 '처차이비處此二非인댄'이라고 하는 것입니다.

處此二非
처 차 이 비

이 이비(非相, 非見)에 처한다면,

이비二非라는 것은 진상塵相도 아니고, 안근眼根의 견見도 아닌 비상非相, 비견非見에 안립한다고 하면, 그렇다면 비상, 비견에 식識이 처한다. 비상, 비견에 식이 처한다고 하면 그 식 자체가 어떠하냐?

空則同無
공 즉 동 무

공空이라면 없는 것과 같은 것이요,

공空이란 실제實際가 아니라는 말입니다. 공空 자는 이비二非인 비상非相, 비견非見에 처하는 것인데 식識이 공空하다고 하면(非相, 非見이니까 空으로 보는 겁니다.) 아주 없는 것과 같으니, 식이 존재할 수가 없는 것이요,

有非同物
유 비 동 물

있다 하여도 물物과는 같지 아니하리니,

식識의 존재가 있다고 하더라도 물건과는 같지 않다는 말입니다. 즉 상相과 견見이 물건인데, 상과 견을 초월해서 있다고 하면 실제한 물건은 되지 않는다는 말입니다.

縱發汝識 欲何分別
종 발 여 식 욕 하 분 별

비록 네 식識을 발하나 무엇을 분별하고자 하리오.

식識을 발한다고 하나 상相 없이 무엇을 분별하겠느냐? 즉 식이 있어도 식의 작용을 할 수가 없다는 그런 말입니다.

若無所因 突然而出
약무소인 돌연이출

만일 인因함이 없이 돌연히 생긴다면,

무인이출無因而出, 인이 없이 난다는 말입니다.

돌突 자는 불쑥 나왔다는 말입니다. 돌突 자 자체가 구멍 혈穴 밑에 개 견犬 자를 써서 담구멍 밑에 개가 숨어 있다가 불쑥 나오는 것을 가리키는 말입니다.

아무 까닭 없이 식識이 생긴다고 하면,

何不日中 別識明月
하불일중 별식명월

어찌하여 일중日中(낮)에는 명월明月을 인식하지 못하는가?

까닭 없이 식識이 생긴다고 하면, 낮에도 달을 봐야 하지 않겠느냐는 말입니다. 지금 낮에도 달 형상은 있지만 밝은 것이 작용을 못 하니까 명明 자에 뜻을 두어 환하게 밝은 달을 보지 못하느냐, 그것은 인因이 있는 것이지 무인無因이라고 하면 안 된다는 것입니다.

그래서 식 자체가 생긴 데가 없다, 있다고 하면 그것은 있는 곳에만 치우치지 여기에서는 식도 대大라고 해서 청정본연淸淨本然하고 주변법계周徧法界한 얘기를 하려니까 어디 한 곳에서만 난다고 할 수가 없다고 하는 말입니다.

汝更細詳 微細詳審
여 갱 세 상 미 세 상 심

네가 다시 자세하게 생각하고 미세하게 살피라.

見託汝睛
견 탁 여 정

견見은 네 눈에 의탁하고,

눈은 근根을 가리키는 말입니다.

相推前境
상 추 전 경

상相은 전경에 미루는 것이니,

전경前境에 대해서 하는 말인데, 그건 상相을 가리키는 말입니다.

可狀成有 不相成無
가 상 성 유 불 상 성 무

형상形狀할 수 있는 것은 유有가 되고, 형상할 수 없는 것은 무無가 되거니와,

如是識緣 因何所出
여 시 식 연 인 하 소 출

이와 같은 식識의 연緣은 무엇을 인하여 나는가?

견見도 아니고, 경境도 아니고 어디서 식識이 생기느냐는 말입니다.

인하소출이라는 말은, 본래부터 그냥 있는 것이지, 뭘 의지해서 새로 생기는 것이 아니라는 말입니다.

識動見澄
식 동 견 징

식識은 동하고 견見은 징澄하여서,

우리가 보고 분별하는 것은 동動하는 것이고, 저 위에서 거울과 같아서 분별이 없다고 했으니, 그것은(見澄) 징澄하는 것입니다.

견見은 눈의 작용입니다.

非和非合
비 화 비 합

화和도 아니고 합合도 아니니,

동動과 징澄이 성질이 서로 위배되니까 화합한다고 할 수가 없으니,

聞聽覺知 亦復如是
문 청 각 지 역 부 여 시

문청과 각지도 다시 그러하니라.

견見 하나를 가지고 육식六識을 다 드러내는 것이니까 청聽 자를 귀로 듣는다고 한다면, 문聞 자는 냄새 맡는다고 봐야 합니다.

不應識緣 無從自出
불 응 식 연 무 종 자 출

응당히 식연이 좇음이 없이 스스로 생기지도 아니하리라.

무슨 원인이 있기는 있을 텐데 어디 한 곳으로부터 나오는 것도 아니고, 무종자출도 아니라고 한다면, 식識 자체가 어떻게 된 것이냐는 말입니다.

若此識心 本無所從
약 차 식 심 본 무 소 종

만일 이 식심이 본래 의지한 데가 없을진댄,

좇아온 데라고 하는 것은 견見이나 상相이나 허공이나 이런 것인데, 본래부터 구비해 있는 것이지, 어디서 온다고 할 수가 없다는 것입니다.

當知了別 見聞覺知
당 지 요 별 견 문 각 지

요별하는 보고 듣고 깨닫고 아는 것도,

요별견문각지了別見聞覺知는 근대根大를 가리키는 말입니다.

식심識心(大)이 어디서부터 생긴 데가 없다고 하면, 위에서 말한 육대六大가 법계에 편만하듯이 식대識大도 법계에 두루 했음을 모르기 때문이라는 것입니다. 오대는 지地 · 수水 · 화火 · 풍風 · 공空을 얘기한 것이고, 지 · 수 · 화 · 풍 · 공 등의 칠대七大를 얘기하자면 근대根大가 나와야 하겠으니까 요별견문각지를 근대根大라고 하는데, 이것을 다른 이들은 식대라고 그랬습니다.

저 위의 견대見大에서도 견見 자체를 얘기하지 않았는데, 여기 와서 하필 식대의 작용을 다시 얘기할 리가 없고, 또 근대가 들어오지 않는다고 하면 칠대七大가 성립하지 못하니까 요별견문각지는 근대라고 봐야 합니다. 그러니 요별견문각지는 그 자체, 견대만을 가리키는 말이 아니라 식심識心까지를 다 가리키는 말입니다.

圓滿湛然
원 만 담 연

원만하고 담연하여,

원만圓滿은 한 곳에 치우치지 않는 것이고, 담연湛然은 본래부터 구족해 있는 것입니다. 그러니까 원만담연이라고 하는 것은, 식識이 대大가 될 자격이 있다는 얘깁니다.

性非從所
성 비 종 소

성性이 좇아온 곳이 없는지라,

그 성품이 어디로부터 좇아서 나는 것이 아니니까 무엇 때문에 생긴 게 아니고, 본래부터 변만遍滿해 있다는 얘깁니다.

성비종소라는 것은 저 위의 본무소종本無所從이라고 하는 말이나 같습니다.

그러나 이것은 지금 식대識大하고 근대根大를 가리키는 말인데, 그것이 다 어디로부터 좇아 생긴 데가 없다고 하면,

兼彼虛空 地水火風 均名七大
겸 피 허 공 지 수 화 풍 균 명 칠 대

겸하여 저 허공이나 지 · 수 · 화 · 풍과 함께 칠대七大라고 할 것인 줄을 알아야 하리니,

식識도 대大 될 만한 자격이 있다는 얘깁니다.

왜 그런고 하니,

性眞圓融 皆如來藏 本無生滅
성 진 원 융 개 여 래 장 본 무 생 멸

성性이 참되고 원융하여 다 여래장이라, 본래 생멸이 없느니라.

어디서 왔다고 하면 생하는 것인데 본래 생하고 멸하는 것이 없으니, 견見에서 나오는 것도 아니고 상相에서 오는 것도 아니라는 말을 하는 것입니다. 그래서 여기에서 식識이 대大에 참여할 수 있다는 것을 얘기했습니다.

阿難 汝心麁浮
아 난 여 심 추 부

아난아, 너의 마음이 추부麁浮하여,

不悟見聞 發明了知 本如來藏
불 오 견 문 발 명 요 지 본 여 래 장

보고 듣고 발명하고 요지하는 것이 본래 여래장인 줄을 알지 못하나니,

견문발명요지란 식識의 작용을 말합니다.

汝應觀此六處識心
여 응 관 차 육 처 식 심

네가 이 육처六處의 식심識心을 보라.

발명요지發明了知가 여래장인 것을 보라는 말입니다.

爲同爲異
위 동 위 이

갈은가, 다른가?

육처식심六處識心이 저희끼리 같다는 말이 아니라 육처식심이 근根과 진塵과 같으냐, 다르냐, 이 말입니다.

그러니까 근根과 진塵에 상대해서 동同과 이異가 되느냐는 말입니다.

爲空爲有
위 공 위 유

공空인가, 유有인가?

이것은 식심識心 자체에 대해서 하는 말입니다.

爲非同異 爲非空有
위 비 동 이 위 비 공 유

같은 것도 아니요, 다른 것도 아니요, 공空도 아니요, 유有도 아닌가?

네 가지가 다 아니라는 말입니다.

그러니,

汝元不知
여 원 부 지

네가 원래 알지 못하는구나.

如來藏中 性識明知 覺明眞識
여 래 장 중 성 식 명 지 각 명 진 식

여래장 중에 성性이 식識인 명지와 각명인 진식이,

성性은 본래 그 자체를 가리키는 말이고, 식識은 용用을 가리키는 말이니까 체體와 용用이 상응하는 의미에서 성이 식인 명지라고 했으며, 명지는 밝게 아는 것이니까 본각本覺 자리를 가리키는 말입니다. 즉 진명眞明에 지知하는 것입니다.

각명覺明인 진식眞識이라는 각명은 내내 명지를 가리키는 말입니다. 성식性識이라는 말이나, 진식眞識이라는 말이나 다 같은 말입니다.

妙覺湛然 遍周法界
묘 각 담 연 변 주 법 계

묘각이 담연하여 법계에 주변하여 있으면서,

저 위에서는 '청정본연하여 주변법계周遍法界하다'라고 했는데, 그 청정본연이라는 말을 여기에서는 묘각妙覺이 담연이라고 갖다 댔습니다.

식識은 각覺의 담연이기 때문에 묘각이 담연이라고 하는 걸 가지고, 위의 청정본연이라는 것을 대신 얘기했다는 얘깁니다.

含吐十虛 寧有方所
함 토 십 허 영 유 방 소

시방 허공을 함토하나니, 어찌 방소가 따로 있겠는가?

시방 허공을 다 포함하기도 하고, 토해 내기도 한다. 생각을 가지면 함含하는 것이고, 생각을 안 하면 토吐하는 것이라는 것입니다. 그래서 어디서 온 것이 아니라는 것을 얘기하는 것입니다.

저 위에서는 '수중생심隨衆生心하고 응소지량應所知量이라'라고 얘기했는데, 여기는 그것이 없이 '함토십허含吐十虛커니 영유방소寧有方所리오', 이렇게 했는데, 왜 '수중생심隨衆生心하고 응소지량應所知量이라'라는 말을 안 하고 이렇게 했는고 하니, 중생심이 내내 식심識心인데, 중생심을 따른다는 말을 하면, 그 식識이 자기가 자기를 따르는 것이 될 거라는 말입니다.

응소지량應所知量이라고 하는 량量도 식지識知하는 량이니까, 즉 식의 작용이니까 응소지량이라고 할 것이 없다는 말입니다. 그래서 '함토십허커니 영유방소리오'라고 했다는 것입니다. 그래서 그 수중생심 응소지량이라고 안 한 것을 이렇게 발명했습니다. 자체가 식심識心인데, 자기가 자기를 따르고 응하고 해야 할 테니 그게 안 된다, 그 말입니다.

그렇지만 그게 나타날 때는,

循業發現
순 업 발 현

업을 따라 발현하거늘,

식識이 작용을 나타낼 때에는 정업淨業을 따르면 선식善識이 나타나고, 염업染業을 따르면 우리와 같은 식의 작용이 나타날 것입니다.

질문 각명覺明과 묘각妙覺이 어떻게 다릅니까?

답 같은 말인데, 각명覺明은 각覺의 명明한 작용 있는 것을 가리키는 말이고, 묘각은 순전히 식識 자체에서만 하는 말입니다.

청정본연이라고 하는 대신에 묘각담연妙覺湛然이라고 했으나 담연이 내내 청정일 테고, 본연이라는 말이 내내 묘각을 가리키는 말이니까 본래 그런 것이지, 새로 생긴 게 아니라고 해서 한 말이니까 내내 묘각담연을 가지고 청정본연 대신에 썼다는 말입니다.

世間無知 惑爲因緣 及自然性
세 간 무 지 혹 위 인 연 급 자 연 성

세간이 무지하여 인연이라 자연성이라 의혹하나니,

皆是識心 分別計度
개 시 식 심 분 별 계 탁

다 식심으로 분별하고 계탁하는 것이라,

但有言說 都無實義
단 유 언 설 도 무 실 의

다만 언설이 있을지언정 전혀 실의가 없느니라.

그래서 여래장묘진여성如來藏妙眞如性 가운데는 미迷하고 오悟하고 생하고 멸하는 거래去來가 없다는 것을 낱낱이 오음 · 육입 · 십이처 · 십팔계 · 칠대까지의 증거를 들어서 얘기를 했습니다. 십팔계에 육입 · 십이처가 다 포함된 것입니다. 십팔계하고 칠대는 여기에서 따로 들었는데, 이 아래에 보면 십팔계와 칠대가 내내 이십오원통二十五圓通이 됩니다. 십팔계와 칠대가 다 여래장묘진여성이라고 해서 안근을 가지고 하든지, 이근을 가지고 하든지 어느 것을 가지고 공부해도 다 성공할 수 있다는 얘깁니다.

15. 아난이 기뻐하다

爾時阿難 及諸大衆 蒙佛如來 微妙開示
이 시 아 난 급 제 대 중 몽 불 여 래 미 묘 개 시

이때에 아난과 대중들이 불여래께서 미묘하게 개시함을 받잡고,

위에서부터 내려오는 얘기 전부를 다 가리키는 말일 것입니다. 대중들이 부처님께서 이렇게 말씀하시니까 그것을 깨달아 알았다는 얘기인데, 깨달아 알았다는 것은 증證했다는 말은 아닙니다.

오悟하는 가운데 증해서 아는 것과 해解해서 아는 두 가지가 있는데, 증

證한다고 하면 견성見性한다는 것을 말하고, 해解라고 하는 것은 삼현三賢 가운데 십주十住를 십해十解라고 하니까 이론에 의지해서, 즉 확실히 그 경지에 이르러 가지는 못 했지만 이론상으로 보아 '이건 이렇게 된 것이겠다' 라고 아는 것을 말합니다.

身心蕩然
신 심 탕 연

신심이 탕연하여,

탕연이란 어디 걸리는 데가 없이 훤칠하다는 말입니다. 지금 우리는 이 몸이 어디든지 걸리고 마음도 자꾸 속박을 받아 걸려서 훤칠하지를 못한데, 오음 · 육입 · 십이처 · 십팔계 · 칠대 · 만법이 다 묘진여성妙眞如性이라는 말을 듣고 깨달아 알아진 것입니다.

得無罣礙
득 무 괘 애

걸림이 없음을 득得하고,

탕연하니까 어디든지 걸릴 게 없어서 무괘애한 경지에 이르러 갔다는 것이 득得 자의 뜻입니다.

是諸大衆 各各自知 心遍十方
시 제 대 중 각 각 자 지 심 변 시 방

대중들이 마음이 시방에 두루 함을 알았고,

변遍 자는 변만遍滿해서 가득 차 있는 것을 말합니다. 지금까지 자기 마음이 몸속에 있는 줄 알고 몸속에 있는 이 마음이 자기 마음이지 산하대지가 다 자기 마음이라는 것을 몰랐는데, 여기 와서 그것을 알게 된 것입니다.

지금 우리가 생각하는 망심妄心은 한 곳에 국집해서 있는 것이지만 진심 자리인 여래장묘진여성은 시방에 두루 해 있다는 말만 가지고는 표현이 부족할 정도입니다.

'공생대각중空生大覺中이 여해일구발如海一漚發이라'라고 했습니다. 공空이 대각大覺에서 나는 것이 바다의 물거품과 같다. 심변시방心遍十方의 시방도 여해일구발如海一漚發밖에 안 되는 것입니다.

그러니까 마음이 이 몸속에만 있는 게 아니라 정말 시방에 변만한 것인 줄 아는 그것이 탕연蕩然입니다.

見十方空 如觀手中 所持葉物
견시방공 여관수중 소지엽물

시방의 허공을 보되, 손 가운데 가진바 엽물을 보는 듯하며,

자기 손바닥 가운데 가지고 있는 나뭇잎새 하나 보는 것과 같이 분명하다는 애긴데, 시방 허공이 엽물과 같이 작다는 말도 되고, 시방 허공을 볼 때에 조금도 막히는 게 없이 분명하게 본다는 말도 됩니다.

그러니까 시방 허공이 손바닥에 올려질 이파리 하나만큼밖에 안 된다고 적게 보는 것이고, 또 조금도 흐리터분한 것이 없이 분명하게 본다는 이 두 가지입니다.

그런데 『정맥소』에서는 이것을 패엽貝葉이라고 그랬습니다. 인도의 글 쓰는 패다라수貝多羅樹, 즉 패엽이라고 할 때의 패貝 자가 엽葉 자의 뜻이라는 것입니다.

여기(『정맥소』)에서 얘기하기는 경을 전부 다 패엽에다 썼으니까 우리가 늘 손에 가지고 있다고 해서 패엽이라 해야 한다는 주장이지만, 나뭇잎새만큼 작다고 해도 되고, 자기 손에 들고 있는 나뭇잎새 보듯이 분명하다고 봐도 될 텐데, 패엽이라 해서 안 될 건 없지만, 엽물이라 하면 무슨 이파리든지 다 되는데, 하필 패엽(經)이라고 볼 필요가 어디 있겠느냐는 얘깁니다.

그래서 여기 『정맥소』에서의 얘기는, 늘 대중이 손에 경을 들고 있는 것이기 때문에 수중소지엽물手中所持葉物이라고 한다 이렇게 했으나, 그런게 꼭 옳다고 하기는 어렵습니다.

> 一切世間 諸所有物 皆卽菩提 妙明元心
> 일체세간 제소유물 개즉보리 묘명원심

일체 세간의 모든 있는바 물物이 곧 보리의 묘명한 원심인 줄을 알았다.

보리묘명원심이라는 말이 여래장묘진여성如來藏妙眞如性이라는 말과 같습니다. 그러니까 세간 온갖 존재가 다 여래장묘진여성인 줄을 알았다. 지금 이 말은 내 몸 밖에 따로 물건이 있는데 여기 와서는 다 보리의 묘명원심이 되었으니까 온갖 존재가 다 내 마음이지 내 마음 외에 다른 것이 없다는 그런 얘기를 하는 것입니다.

心精遍圓 含裏十方
심 정 변 원 함 리 시 방

심정이 주변하고 원만하여 시방을 함리하였는지라,

정精 자는 청정한 본심을 가리키는 말입니다. 심정心精이 변원遍圓하다는 것은 넓이로도 안 들어가는 데가 없고, 또 조금도 부족한 데가 없이 시방을 함리含裏한다는 말입니다.

우리는 오대五大가 들어서 오장육부를 싸 가지고 있는 것이고, 사대四大에 세계가 들어 가지고 온갖 만물을 싸 가지고 있는 것이니까 저 위에서의 신심탕연身心蕩然은 마음이 탕연한 것을 얘기하고, 이것은 몸이 탕연한 것으로 보자, 그러니까 심정心精이라는 것은 법신法身을 가리킵니다.

그래서 몸이, 법신이 시방을 둘러싸고 있는 것을 인정하고,

反觀父母所生之身
반 관 부 모 소 생 지 신

부모가 낳아 준 바 신체를 반관하니,

'심정心精이 변만遍滿해서 함리시방含裏十方이라'라고 한 것은 법신을 가리키는 말이고, 여기에서는 법신을 깨닫고 나니까 육신이 보잘것없다는 것을 얘기하는 것입니다.

돌아와서 부모가 낳아 준 육신을 볼 때에 무엇과 같은고 하니,

猶彼十方 虛空之中 吹一微塵
유 피 시 방 허 공 지 중 취 일 미 진

마치 시방 허공 중에 한 미진을 부는 것과 같은지라.

조그마한 티끌 하나를 불어 날리는 것과 같다고 해서 이 육신의 존재가 그것밖에 안 된다는 것을 미진에 비유했습니다.

若存若亡
약 존 약 망

있는 듯하고 없는 듯한 것이,

그 존재가 보잘것없다는 말입니다. 있는 듯하면서 없는 듯하고 없는 듯하면서 있는 듯한, 그것이 약존약망입니다.

如湛巨海 流一浮漚
여 담 거 해 유 일 부 구

또 담湛한 거해에 한 부구가 흐르는 것이,

담湛은 동하지 않는다는 말이고, 거巨 자는 가이없다는 말입니다.

起滅無從
기 멸 무 종

기起하고 멸滅함이 좇음이 없는 듯하며,

무종無從은 일어난다고 해도 좇아온 데가 없고, 멸한다고 해도 가는 데가 없다고 해서 약존약망若存若亡이라고 하는 말과 같습니다.

그래 이것은 이 육신을 볼 때에 보잘것없다는 것을 얘기하는 것입니다.

了然自知 獲本妙心 常住不滅
요 연 자 지 획 본 묘 심 상 주 불 멸

요연히 본묘한 마음이 상주하여 멸하지 아니함을 얻은 줄 스스로 알았다.

본래부터 묘한 여래장묘진여성을 얻어서 그 묘진여성이 상주불멸하는 것을 알았다는 말입니다. 상주불멸이라는 말은 거래去來가 없으니 상주요, 생멸이 없으니 불멸이라는 말입니다.

본묘심本妙心을 얻어서 상주불멸하는 것을 요연了然하게 잘 알고 있었다.

그래서 부처님께서 법문하시는 것을 듣고 그때 대중이 이러한 경지에 이르러 갔다는 것을 얘기하고, 그렇기 때문에 그 대중들이 부처님께,

禮佛合掌 得未曾有 於如來前 說偈讚佛
예 불 합 장 득 미 증 유 어 여 래 전 설 게 찬 불

부처님께 예배하고 합장하여 미증유함을 얻고는 여래 앞에서 게偈를 말하여 부처님을 찬탄하였다.

부처님을 찬탄한 것이지만, 법도 부처님한테 나온 것이니까 부처님 찬

탄하는 것만 가지고도 부처님과 법에 다 통한다는 말입니다.

妙湛總持不動尊
묘 담 총 지 부 동 존

묘담하고 총지하고 부동하시는 세존,

묘妙하고 담연湛然하다는 것은 진제眞諦를 가리키는 말이고, 총지總持라는 것은 온갖 것을 다 가지고 있는 것이니까 속제俗諦를 가리키며, 부동不動이란 진제眞諦, 속제俗諦를 초월한 중도中道라고 해야 좋겠다는 얘깁니다. 진제, 속제, 중도, 제일의제第一義諦를 다 가지고 계시는 분이 부처님이시니까 묘담하시고 총지하시고 부동하시는 세존, 그건 부처님을 가리키는 말입니다.

그래서 묘담총지부동존은 불보佛寶를 가리키는 말이고,

首楞嚴王 世希有
수 릉 엄 왕 세 희 유

수릉엄의 왕이시여, 세상에 희유하외다.

위에서 삼마제三摩提가 있으니 이름이 수릉엄왕首楞嚴王이라고 했었습니다만, 수릉엄은 법보法寶를 가리키는 말입니다. 왕은 자재自在하다는 말입니다.

수릉엄왕, 이것은 『능엄경』의 대체大體를 가리키는 말입니다. 수릉엄왕이 세희유世希有라는 것은 불법보佛法寶를 다 통해서 하는 말일 것입니다.

'묘담하고 총지하고 부동하신 세존이시여, 수릉엄왕이어서 세상에 희유하십니다'라고 하는 여기까지는 불법을 찬탄한 것이고, 그 아래는 고맙다는 내용입니다.

銷我億劫顚倒想
소 아 억 겁 전 도 상

억겁 동안 전도顚倒한 망상을 소멸하고,

3아승지겁을 닦아야 할 텐데, 억겁 동안 내려오던 전도상顚倒想을 한꺼번에 부처님 그 법문에 녹여 버리고, 그래서 그 결과는,

不歷僧祇獲法身
불 력 승 지 획 법 신

아승지를 지내지 아니하고 법신을 얻게 하셨나이다.

석가모니부처님께서 3아승지겁을 닦으셨다고 그러는데, 그렇게 세월을 길게 끌어 닦지 않고 법신을 얻게 해준 부처님께 고맙다는 사례를 하는 말입니다. 소아억겁銷我億劫이니까 나로 하여금 억겁 전도상顚倒想을 씻고 법신을 얻게 했는데, 3아승지라는 세월을 닦지 않고도 지금 금방 법신을 깨달아 알았다는 말입니다. 그래서 저 위에서는 부처님을 찬탄하고, 여기에서는 고맙다는 사례를 하는 말입니다.

願今得果成寶王
원 금 득 과 성 보 왕

원컨대 저도 지금 과위果位 얻어 보왕을 이루고,

금今 자는 세월을 많이 끌지 않고 그 자리에서, 그 말입니다. 저 위에서는 마음으로 법신을 깨달았고, 여기에서는 참말 부처님과 같이 성불을 해야겠다는 말입니다. 보왕寶王은 삼보이니까 부처님입니다.

그래서 부처님이 되어 가지고,

還度如是恒沙衆
환 도 여 시 항 사 중

도리어 이와 같은 항사 중생 건져지이다.

부처님께서 세상 중생을 제도하신 것과 같이 저도 성불해서 항하사恒河沙 중생을 제도하려고 합니다. 이것은 사홍서원四弘誓願이 다 들어 있는 얘깁니다.

자기 혼자만 성불해 있는 것이 아니라 중생을 다 제도하려고 한다, 지금 득과성보왕得果成寶王이라고 했지만 부처 되어서 제도하겠다는 말도 아니고, 지금 여기에서부터 진짜 하겠다는 말입니다.

將此深心奉塵剎
장 차 심 심 봉 진 찰

이 심심을 가지고 진찰에 받잡는 것이,

심심은 환도여시항사중還度如是恒沙衆한다는 심심입니다.

중생을 다 제도하려는 것이 심심인데, 이것을 가지고 진찰에 받든다고 하는 것을 세 가지로 얘기하는데, '진찰에 계신 부처님을 받들겠습니다' 이래도 되고, '진찰시방塵刹十方에 계시는 여러 부처님께 이 깊은 마음을 가지고 받들겠습니다' 이래도 되고, 또 '진찰에 있는 모든 중생을 다 제도한다' 이래도 됩니다.

그런데 그 위에서 지금 보왕寶王을 이루고 항사 중생을 제도한다는 얘기를 했으니까 치우치기만 할 게 아니라 '진찰세계塵刹世界를 장엄한다', 봉奉 자를 장엄한다고 하면 부처님께 공양하는 것도 되고, 또 의보依報까지 장엄하는 게 되니까 의보依報 · 정보正報 · 삼세간三世間을 전부 다 장엄한다고 보는 게 좋지 않은가 합니다.

그렇게 하는 것이,

是則名爲報佛恩
시 즉 명 위 보 불 은

이것이 곧 이름하여 불은을 갚는다 하겠나이다.

이렇게 해서 부처님의 은혜를 갚으려 한다는 자기의 원을 얘기합니다.

질문 그러면 모두 세 가지가 되지 않습니까?

답 '진찰塵刹에 있는 부처님께 받듭니다' 이게 하나이고, '진찰에 있는 중생을 받들겠습니다' 이게 하나이고, 그 다음 하나는 '진찰세계를 장엄하겠습니다'입니다. 장엄이라는 것이, 성불도 하고 중생도 제도하고 의보依

報까지 다 장엄해야 할 것이니까 그렇게 하는 것이 더 원만하지 않겠느냐, 이렇게 하려고 하니, 그 말입니다.

이렇게 부처님의 은혜를 갚으려고 하니,

伏請世尊爲證明
복 청 세 존 위 증 명

엎드려 청하노니, 세존께서 증명하소서.

석가모니부처님을 위해 제가 이렇게 하려는 것을 증명해 주십시오. 증명해 달라는 말이 가피加被해 달라는 말입니다.

五濁惡世誓先入
오 탁 악 세 서 선 입

오탁악세五濁惡世에 서원하고 먼저 들어가,

진찰세계塵刹世界에 다니면서 중생을 다 제도해야 할 텐데 특별히 오탁악세五濁惡世에 있는 중생부터 제도해야겠다, 그래서 선입先入입니다.

먼저 들어간다는 것은, 다른 세계 중생보다도 오탁악세 중생을 먼저 제도한다는 말도 되고, 또 다른 사람보다도 내가 먼저 가겠다, 다른 사람이 오탁악세에 들어간 중생 제도하는 것보다도 내가 다른 사람을 대해서 내가 먼저 가겠다, 이렇게 해도 됩니다.

오탁악세에 서원하고 먼저 들어가서 중생제도를 하겠는데,

如一衆生未成佛
여 일 중 생 미 성 불

만일 한 중생이라도 성불하지 못하면,

오탁악세에 들어가서 중생을 제도하는데 그 많은 중생 가운데 한 중생만이라도 부처를 이루지 못하는 이가 있다고 하면,

終不於此取泥洹
종 불 어 차 취 니 원

마침내 여기에서 니원(涅槃)을 취하지 않겠나이다.

중생을 하나도 없이 다 제도해 놓고 열반에 들겠다 이 말인데, 열반한다는 것은 성불한다는 말입니다. 한 중생만이라도 남는다면 그 중생마저 다 제도해 놓고 성불하지 한 중생이라도 남겨 놓고는 내가 성불하지 않겠다는 대단히 큰 서원인데, 사람이 이렇게 큰 서원을 세울 수 있을까 생각해 봅니다.

大雄大力大慈悲
대 웅 대 력 대 자 비

대웅하고 대력하고 대자비하신 이여,

대자비大慈悲는 글자를 일곱 자로 쓰려니까 줄여 쓴 것이지, 대자대비大慈大悲를 말합니다.

希更審除微細惑
희 갱 심 제 미 세 혹

바라건대 다시 미세한 혹惑을 끊게 하시고,

아난 존자가 추혹麤惑은 없지만 세혹細惑이 아직 남아 있습니다. 아난 존자가 수다원須陀洹을 증證했는데, 수다원은 초과初果이며, 대승으로 말하자면 초지初地입니다. 초지가 견도위見道位인데, 견도위에 들어가면서 견혹見惑은 추麤한 것이니까 끊었지만, 수도혹修道惑이 남아 있으니까 수도혹인 세혹細惑까지 다 끊게 해 달라는 말입니다.

令我早登無上覺
영 아 조 등 무 상 각

저로 하여금 일찍이 무상각에 오르게 하여,

이건 마음으로만 깨닫는 게 아니라 몸까지 무상각이 되는 것입니다.

於十方界坐道場
어 시 방 계 좌 도 량

시방의 법계에서 도량에 앉게 하소서.

도량에 앉는다는 것은, 수도하는 도량이니까 앉아서 중생들을 교화하는 것을 가리키는 말입니다.

여기까지 아난 존자가 서원을 얘기하고,

舜若多性可銷亡
순 야 다 성 가 소 망

순야다의 성性은 가히 소망할 수 있거니와,

순야다舜若多는 범어로서 공성空性이라고 번역합니다. 허공은 공한 것이니까 소망銷亡할 수가 없지만, 그래도 설사 소망한다고 할지라도 없애버려 끝날 때가 있을지언정,

爍迦囉心 無動轉
삭 가 라 심 무 동 전

삭가라한 마음이야 동전할 리 있으리까?

삭가라爍迦囉는 범어로 번역하면 금강金剛입니다. 견고하여 강철 같은 마음이라는 말입니다.

동전動轉이라는 말은 퇴전退轉이라는 말이나 같으니까, '허공이 없어졌으면 없어졌지 저의 이 서원은 조금도 동하지 않겠습니다'라고 끝에 이 서원이 견고한 것임을 얘기했습니다.

이제 제3권까지 해서 망妄을 다 소멸해 버리고, 진眞이 나타나게 되니까 아난 존자와 그때의 대중들이 이만한 경지에 이르러 이만한 서원을 세우는 것입니다.

질문 '복청세존위증명伏請世尊爲證明 오탁악세서선입五濁惡世誓先入 여일중생미성불如一衆生未成佛 종불어차취니원終不於此取泥洹', 거기까지가 다 증명한 것 아니겠습니까?

답 그래요, 다 증명한 것입니다.

질문 '오탁악세서선입五濁惡世誓先入 여일중생미성불如一衆生未成佛 종불어차취니원終不於此取泥洹', 뒤에 '복청세존위증명伏請世尊爲證明', 그렇게 하면 글이 더 안 좋겠습니까?

답 증명證明한다는 말이 내가 이렇게 할 것을 인정해 달라는 말도 되지만, 부처님의 가피를 입어 가지고 한다는 얘깁니다. 그러니까 가피를 입어 가지고야 오탁악세五濁惡世에 선입先入도 하고, 중생도 제도하기 때문에 먼저 쓴 것입니다.

능엄경 강화 1

2022년 6월 10일 초판 1쇄 인쇄
2022년 6월 30일 초판 1쇄 발행

저 자 운 허
발행인 박기련
발행처 동국역경원

출판등록 제1964-000001호
주소 04626 서울시 중구 퇴계로36길2 신관1층 105호
전화 02-2264-4714
팩스 02-2268-7851
Homepage http://dgpress.dongguk.edu
E-mail abook@jeongjincorp.com

편집디자인 다름 이순하
인쇄처 한일문화사

ISBN 978-89-5590-384-3 94220
978-89-5590-383-6 (세트)

값 38,000원